Beltz Taschenbuch 146

Über dieses Buch:
Seelisches Erleben ist in seinen normalen und krankhaften Entwicklungen sowohl mit einer körperlichen Dynamik wie auch mit der sozialen Lage des Menschen verbunden. Psychotherapie ist so an dem modernen Wissensstand von Biologie und Verhaltensgenetik ebenso zu orientieren wie an einer modernen Entwicklungspsychologie. Denn die unterschiedlichen psychischen Störungen beruhen ja immer auch auf der naturgegebenen Ungleichheit der Menschen, die sich in ihrer lebenslangen Entwicklung manifestiert und in geglückten aber auch krankhaften Formen mit ihrer Umwelt verbindet. Die bio-psycho-soziale Entwicklung des Menschen ist im letzten Jahrhundert mit den Aussagen von Biologie und Genetik neu begründet worden, und Psychotherapie muss dies zur Kenntnis nehmen und sie nutzen.

Der Autor:
Walter Bräutigam, Prof. em., Dr. med., war von 1969 bis 1988 Direktor der psychosomatischen Universitätsklinik in Heidelberg und gilt als Pionier einer sich interdisziplinär orientierenden Psychosomatischen Medizin.

Walter Bräutigam

Psychotherapie

Neue Grundlagen – neue Wege

Die Dynamik bio-psycho-sozialer
Lebenszeitentwicklungen

BELTZ
Taschenbuch

Besuchen Sie uns im Internet:
www.Beltz.de

Beltz Taschenbuch 146

1 2 3 4 5   07 06 05 04 03

Umschlaggestaltung: Federico Luci, Köln
Umschlagabbildung: Paul Klee
Der Graue und die Küste, 1938, 125 (J 5)
104 × 70 cm; Kleisterfarben auf Jute
Schenkung LK, Klee-Museum, Bern

Satz: Mediapartner Satz und Repro GmbH, Hemsbach
Druck und Bindung: Druckhaus Beltz, Hemsbach
Printed in Germany

ISBN 3 407 22146 0

Inhalt

3. Kapitel: Empirie der bio-psycho-sozialen Entwicklungspsychologie 113

4. Kapitel: Die Entwicklungen aus psychoanalytischer Sicht 168

5. Kapitel: Adoleszente Sozialisationen, Ursachen und Formen von Gewalt 225

Einführung

Geschichte und Selbstverständnis der Psychotherapie

Ärztliche und psychologische Behandlungen von Kranken, die mit dem Begriff »Psychotherapie« verbunden sind, haben eine mehr als 100-jährige Geschichte. In den praktizierten Formen und im theoretischen Selbstverständnis ihres Vorgehens hat sich die Psychotherapie in der Welt weit verbreitet und dabei differenziert. Ihre Aufnahme war in den verschiedenen Ländern und Kontinenten sehr unterschiedlich und ist dort bis heute immer noch beträchtlichen Wechseln ihrer jeweiligen Ausrichtung unterworfen. Das ist in einer zunehmend globalisierten Welt ungewöhnlich, denn zumindest in der Medizin verbreiten sich wissenschaftliche Fortschritte bei den therapeutischen Verfahren international schnell und dauerhaft. So deuten sich bereits *historische Bedingungen und soziokulturelle Einflüsse* an, die mit der Rezeption von Psychotherapien verbunden waren und es bis heute sind.

Psychotherapien waren und sind individuelle Behandlungen, die dem subjektiven Befinden und Erleben des einzelnen Menschen in seiner jeweiligen Lebenslage Gewicht und Aufmerksamkeit geben. Ihnen stellt sich die Aufgabe, bei Kranken seelische Störungen zu erfassen und seelisch zu behandeln. Im 19. Jahrhundert hatten Ärzte viele Krankheiten durch neu entdeckte organische Befunde in den ursächlichen Grundlagen erklären und bald auch behandeln können. Menschen mit körperlichen und seelischen Beschwerden und mit Störungen, für die sich keine organischen Grundlagen finden ließen, forderten jedoch andere Formen des ärztlichen Umgangs heraus. Sie wurden als »Psychotherapie« durch den Internisten Bernheim in Nancy zunächst in verbalen Persuasionen, Suggestionen und Hypnosen praktiziert (3). Eine junge Frau in Wien, von ihrem Arzt Breuer 1880 wegen körperlicher Schwäche und Ängsten über ein Jahr täglich behandelt, entdeckte, wie entlastend es für sie war, von ihren Lebensnöten sprechen zu können. Sie nannte es ihre »talking cure« und *Psychotherapie als Gespräch* war gefunden.

Die seelischen Beschwerden und ihre Behandlungen erforderten aber auch neue Erklärungen der Ursachen. Profilierte Gründergestalten machten dazu im Laufe des 20. Jahrhunderts unterschiedliche Aussagen über die verursachenden Einflüsse. In Wien entwarf Sigmund Freud eine Entwicklungspsychologie als seelische Krankheitslehre, die in seiner psychoanalytischen Schule bis heute gelehrt wird.

In Deutschland fand die Psychotherapie als Psychoanalyse eine interessierte Aufnahme in der Medizin mit vielfältigen praktischen Anwendungen. Eine erste Poliklinik und auch eine klinische Station bestanden in den Zwanzigerjahren in Berlin und hier wie in mehreren anderen Städten wurden Ausbildungsinstitute gegründet. Selbst in den Jahren der Diktatur und der Verfolgungen von 1933 bis 1945 gab es noch psychotherapeutische Institute mit individuell ausgerichteten Behandlungen und Ausbildungen. Das machte nach dem II. Weltkrieg einen baldigen Wiederaufbau möglich. Von Psychoanalytikern geleitete und in Berlin von Krankenkassen getragene Ambulanzen sowie weitere Ausbildungsinstitute in vielen Städten wurden gegründet, Ärzte und Psychologen ausgebildet. An beinahe allen deutschen Universitäten wurden klinische psychotherapeutische Abteilungen geschaffen.

Seit 1967 waren in der BRD analytische und tiefenpsychologische Psychotherapie in der kassenärztlichen Behandlung für Menschen aller Schichten und Altersstufen erreichbar und seit 1987 ist die aus den angelsächsischen Ländern kommende Verhaltenstherapie ebenso zugelassen. Sie ist, mit anderen Methoden und Theorien erfolgreich, den analytisch orientierten Therapien eine mächtige und nützliche Konkurrenz. Wie in keinem anderen Land besteht in Deutschland eine differenzierte psychotherapeutische Versorgung. Das gibt den hier arbeitenden Psychotherapeuten breite Erfahrungsmöglichkeiten und damit eine große Verantwortung.

In Nordamerika und England war die Aufnahme und Entwicklung der Psychoanalyse zunächst noch positiver, auch unter dem Einfluss der politischen Verfolgungen in Deutschland und der erzwungenen Emigration vieler Psychoanalytiker. Die Begriffe »Psychiater« und »Psychoanalytiker« waren nach 1945 für Jahrzehnte in den USA beinahe identisch. Jetzt ist die Psychoanalyse aber dort, wie ein führender Repräsentant 1994 feststellen musste, »aus der Medizin ausgewandert« (32). Krankheit soll es für Ärzte und auch für Psychiater nur im Organischen geben. Eine solche rückläufige Tendenz zeichnet sich in Deutschland und der Schweiz ebenso bedrohlich ab. Die seelische Ursachen bei Organleiden vertretende Psychosomatische Medizin hat ihre frühere Stellung in der Inneren Medizin und in weiteren Fachgebieten vielerorts verloren. In anderen europäischen Ländern und auch in den USA wird ambulante Psychotherapie meist nur noch von privaten Krankenkassen bezahlt, ist in der Stundenzahl begrenzt und beinahe nur noch verhaltenstherapeutisch in den großen Städten vertreten.

Dieser wechselvolle Verlauf psychotherapeutischer Anstrengungen muss auch als Zeichen dafür gesehen werden, dass die wesentlichen Ursachen und lebenszeitlichen Bedingungen der auftretenden und behandelten Störungen offensichtlich noch nicht eindeutig erfasst sind. Theorien und damit verbundene Therapien entsprechen nicht immer dem allgemeinen wissenschaftlichen Stand. Sicherlich aber ist seelisches Leben in seinen normalen und krankhaften Entwicklungen sowohl mit einer körperlichen Dynamik wie mit der sozialen Lage des Menschen verbunden. Psychotherapie ist so an den modernen Wissenstand von *Biologie* und *Verhaltensgenetik* wie der *Entwicklungspsychologie* gebunden.

Es ist hier nicht möglich, alle psychotherapeutischen Richtungen und Behandlungsformen vorzustellen und zu diskutieren. Man spricht heute von mehr als hundert Schulen, die im Laufe des letzten Jahrhunderts aufgetreten und oft schnell wieder untergegangen sind, sich an Anthroposophie oder Yoga orientierend, in Großgruppen oder mit Urschrei behandelnd. Der Geschichte und dem gegenwärtigen Gewicht in Praxis und Theorie entsprechend sollen hier nur die psychoanalytische und die verhaltenstherapeutische Richtung herausgestellt werden, systemische und gesprächstherapeutische Aussagen am Rande einbeziehend. Es hat sich aber schon innerhalb dieser zwei Schulen eine Vielfalt praktischer und theoretischer Ausrichtungen herausgebildet, so dass eine genügende Breite der Verfahren in Hinsicht auf die auftretenden und zu behandelnden Störungen gegeben ist.

In den psychoanalytischen Ursachentheorien werden durchweg von außen kommende, fremdbestimmte seelische Schädigungen des Kindes, Traumen oder negative Beziehungserfahrungen herausgestellt. Auch für die Verhaltenstherapie kamen die ursächlichen Schäden zunächst von außen, stammten aus kontingenten, äußeren Belastungen und negativen Lernerfahrungen oder sozialem Stress. Die Aufdeckung der Traumen wird psychoanalytisch als therapeutischer Wirkfaktor betrachtet. In der Verhaltenstherapie werden falsche Lernerfahrungen als Ursachen beschrieben, und es wird versucht, sie durch neue Erfahrungen auszulöschen.

Psychotherapie hatte sich vor hundert Jahren zunächst auf die Behandlung bestimmter seelischer, als »Neurosen« bezeichneter Störungen konzentriert und diese in ihren Ursachen erklärt. Wir mussten erleben, dass der Begriff »Neurose« am Ende des Jahrhunderts wegen seiner Unschärfe aus den internationalen Diagnoseregistern gestrichen wurde, was die Unzufriedenheit der Schulmedizin mit den theoretischen Konstrukten zur Psychogenese seelischer und körperlicher Störungen wiederspiegelt.

Nun ist es schon für Psychiater nicht einfach, seelisches Erleben und Verhalten bei den verschiedenen Kranken in Symptomen und Diagnosen »psychopathologisch« zu fassen. Das gilt ebenso für psychische Krankheitsbegriffe und ihre Abgrenzung zum »normalen« Verhalten samt seiner vielfältigen seelischen Varianten. Psychotherapeuten können angesichts der bei ihnen gegebenen weichen Daten Internisten und Fachärzte beneiden, die histologische Befunde austauschen und sich so sinnlich anschaulich über eine bestimmte Diagnose zu einigen vermögen. Die psychotherapeutischen Aussagen zu den körperlichen und den seelischen Ursachen sowie zu sozialen lebenszeitlichen Bedingungen der behandelten Störungen sind hingegen meist komplex und im einzelnen Fall unsicher.

Ebenso ist bis heute wissenschaftlich schwer zu klären, was bei einer Heilung die Wirkfaktoren für den Patienten sind: die Methode des Therapeuten oder dessen Person; etwas, was der Patient vom

Therapeuten hörte und an ihm erlebte; oder dass er etwas selbst bei sich entdeckte und in seinem Leben draußen nutzte. Aber wäre es bei ihm »spontan«, also ohne Behandlung und unter neuen Lebenserfahrungen nicht ebenso zur Heilung gekommen? Bei Medikamentenprüfungen werden heute stets doppelte Blindversuche unternommen, um die immer mitwirkenden suggestiven Einflüsse zwischen Ärzten und Patienten abzugrenzen. Manche Schulen der Psychotherapie meinen deshalb, es komme allein darauf an, wirksam zu sein, theoretische Fragen seien überflüssig.

In der sich wissenschaftlich begründenden Medizin wird jedoch die Behandlung bestimmter Krankheitsformen mit einem differenzierten Wissen über die jeweiligen Ursachen verbunden. Das trennt sie von den paramedizinischen Richtungen und gilt gerade auch bei seelischen Störungen. Es geht hier darum, wie in der leiblichen und seelischen Entwicklung in Interdependenz mit der Umwelt seelische Krankheiten beim Menschen entstehen können. Wenn Psychotherapie nicht in Bereiche der Alternativmedizin (Akupunktur, Homöopathie etc.) geraten will, muss sie ihre Behandlungsziele und Wirkfaktoren stringent mit dem gegenwärtigen Wissensstand über die Krankheitsursachen verbinden. Dabei ist sie auf die Aussagen weiterer Gebiete angewiesen und muss, über den eigenen Tellerrand hinausschauend, die modernen biologischen, psychologischen und medizinischen Befunde zur Kenntnis nehmen, besonders die Aussagen der synthetischen Evolutionstheorie wie der verhaltensgenetischen Entwicklungspsychologie. Was sind die ursächlichen Bedingungen für die Formen ihres Auftretens, was kommt aus dem Menschen und was sind die Umweltbedingungen dabei, wann und wie kommen diese zusammen? Es sind Fragen, die nicht länger auf intuitiv erworbenes und einfühlendes Wissen gegründet werden können, sondern an einen Wissensstand in den *Lebenswissenschaften* gebunden sind. In den letzten Jahrzehnten wurden hier Beobachtungen gesammelt und Aussagen gemacht, die nicht länger übergangen werden können. Eine sich in ihren Schulen isolierende Psychotherapie ist nicht lebensfähig. Psychotherapie wirkt in der körperlichen und seelischen Entwicklung des Menschen in seiner sozialen und kulturellen Umwelt und muss sich im Denken und Handeln interdisziplinär orientieren.

Vor 50 Jahren stellte ein Psychologe ironisch fest, Psychotherapie behandle »unspezifische Fälle mit einer undefinierten Methode und unvorhersehbaren Erfolgen«, für ihre Methode sei dabei »ein striktes Training erforderlich« (38). Ebenso kritisch, aber nützlicher ist, was viel später Peter Propping schrieb, ein Psychiater und humangenetischer Wissenschaftler, der 1989 die Forschungsstrategien verschiedener Gebiete der Psychiatrie charakterisierte: Psychotherapie erfreue sich bei vielen Menschen besonderer Attraktivität; man müsse hier aber berücksichtigen, dass »die in psychotherapeutischen Verfahren wirksamen Abläufe nahezu unverstanden, schwer objektivierbar, kaum verallgemeinerungsfähig und deshalb schwer vorhersagbar sind« (37). Die Psychotherapie befinde sich noch im Suchstadium, es stehe ihr aber eine große Zukunft bevor, wenn es gelinge, genetische feste Daten am kranken Menschen zu fassen (z. B. molekulargenetische Marker, die für die Hirnfunktionen Bedeutung haben) und diese Erkenntnisse über psychische Unterschiede zwischen den Menschen in der Psychotherapie zu berücksichtigen.

Psychotherapeuten können nicht oft genug auf körperliche Grundlagen auch des Seelischen im Menschen hingewiesen werden. Die neuen Befunde auf den genetischen und molekularen Ebenen sowie die jetzt sichtbar zu machenden Erregungsmuster im Gehirn beim Erleben und Handeln in der Welt, müssen gesichtet und reflektiert werden. Psychotherapeuten neigen dazu, über das, was sie im Seelischen entdecken, den Körper in seiner biologischen Ordnung grundlegend zu verkennen. Er wird etwa als durch frühkindliche oder vorgeburtliche seelische Einflüsse ihrer Mütter geprägt beschrieben, ohne nach empirischen Grundlagen und dem evolutionären Nutzen solcher Einwirkungen zu fragen. Aber zu Proppings Empfehlung ist festzustellen, dass wir nicht warten können, bis Genkarten erstellt und die betroffenen genetischen Marker mit den molekularen Abläufen chemisch geklärt sind, um zu relevanten psychologischen Hilfen zu kommen. Es gibt sicher, so wie bei Psychosen auch, bestimmte seelische Entwicklungen, bei deren Behandlung genetisches und molekulares Wissen – zusammen mit dann entwickelten Medikamenten – die psychosozialen Therapien wesentlich bereichern kann.

In den letzten Jahrzehnten haben Befunde und Aussagen der Genetik eine neue körperliche Dimension aufgezeigt, indem die Disziplin der *Verhaltensgenetik* am Naturexperiment der Zwillinge die genetisch gewichtete Varianz normaler und krankhafter seelischer Lebensentwicklungen aufzeigte. Es liegen biologische und verhaltensgenetische Daten vor, welche über diese Varianz seelischer Entwicklungen in ihren lebenszeitlichen Verbindungen mit der Umwelt grundlegende Aussagen machen. Sie verbinden sich mit neuen psychotherapeutischen Ansätzen, die sich in der Praxis aufgedrängt haben. Aus psychoanalytischen und aus verhaltenstherapeutischen Traditionen kommende Psychotherapeuten haben in ihren Behandlungen im letzten Jahrhundert vielfältige Erfahrungen sammeln und festhalten können, dabei neue Methoden und Zielrichtungen in der Praxis entwickelt. Allerdings sind das Stimmen Einzelner, die in den herrschenden Schulen der Psychoanalyse mit ihren traditionellen Ausbildungsrichtlinien ohne Wirkung blieben. Was fortdauerte, waren die traditionellen Ursachenkonstrukte, die aber der sich jetzt aufdrängenden differenzierten Praxis widersprechen.

Dabei gehört die genetisch neu aufgezeigte, zunächst naturgegeben sich manifestierende und dann lebenszeitlich mitbedingte *Ungleichheit der Menschen* in körperlichen wie seelischen Merkmalen zur Ausgangssituation, gerade auch in der Psychotherapie. Jetzt fassbare genetische Befunde liefern zu den verschiedenen Krankheitsformen, die im subjektiven Erleben und im Verhalten beschrieben wurden, neue therapeutische Gesichtspunkte. Auch körperlich Kranken und medikamentös behandelten psychiatrischen Patienten wird heute sozialpsychiatrisch beim Wohnen und Arbeiten geholfen, sie dabei psychotherapeutisch persönlich begleitend. Sie in ihrer psychosozialen Lebenslage zu begleiten, wird weiter eine psychotherapeutische Aufgabe für die behandelnden Ärzte, Psychologen und Therapeuten bleiben. Psychotherapie ist nicht an psychogenetisch fremdbestimmte Theorien gebunden.

Mit den entwicklungspsychologischen Ursachentheorien und ihren Ausrichtungen verbinden sich sehr unterschiedliche *Menschenbilder*, sie spiegeln latente Anthropologien. Man kann heute die gegenwärtige seelische Lage des Menschen wie seine vergangene und zukünftige Entwicklung mit der in seiner Natur liegenden Anlage verbinden und mit der von ihm selbst lebenslang subjektiv aktiv wahrgenommenen und verarbeiteten Umwelt. Aber meist wird dies Geschehen noch als Folge in früher oder späterer Kindheit erlittener Schädigungen durch andere aufgefasst, beruhend auf Traumen, die zu bleibenden Schäden geführt haben. Diese in der Therapie aufzudecken und damit zu beseitigen wird als Therapieziel gesehen. Die erste Anschauung verweist auf die jeweils im Menschen selbst liegenden natürlichen Anlagen, die naturgegebene Ungleichheit mit ihren Gaben und Grenzen. Sie betont die lebenslang möglichen eigenen Entscheidungen, auch in der Therapie dann zu aktivierenden neuen Einstellungen und Verhaltensweisen als Gegenkräfte. Die zweite stellt ein Wissen der Therapeuten über im Patienten liegende unbewusste Kräfte in den Mittelpunkt und deren Bewusstmachung in der Beziehung zum Therapeuten. In der ersten Auffassung ist der Mensch selbst mitbestimmend tätig und gibt die Richtung. Er kann auch seine Zukunft gestalten durch eigenes Verhalten, gewinnt Selbstbewusstsein in der Selbstverantwortung für sich. Das ist für Psychotherapie, die sowohl vom Patienten im Gespräch mit dem Therapeuten und zugleich in seinem Leben »draußen« aktiv zu betreiben ist, ein angemessenes Menschenbild. In der anderen Auffassung ist der Mensch Opfer der anderen, ein mehr oder weniger geschädigtes Wesen. Seine Persönlichkeitsstruktur wird ihm durch andere Menschen oder ungünstige Umstände gegeben, was zu Selbstmitleid verführen kann.

Wie bereits kurz erwähnt, zeigten Entwicklungen der Medizin in den USA, wie dort als Reaktion auf die psychoanalytisch inspirierte und in ihren psychogenen Theorien einseitige Psychiatrie der Nachkriegszeit Mediziner auftraten, die Krankheit nur in organisch körperlichen Befunden zulassen wollten: Es sollte keine im Seelischen auftretenden Krankheiten und keine Geisteskrankheit mehr geben. Doch schon seit den 60er-Jahren ist George L. Engel, Psychiater in Rochester, den sich auf somatisches Denken beschränkenden Einstellungen entgegengetreten (14). Er betonte die körperlichen und seelischen Wechselwirkungen: Auch die körperliche Krankheit Diabetes oder Schizophrenie manifestiere sich im seelischen Befinden und Erleben; dieses Befinden wirke nicht nur auf den Verlauf der körperlichen Prozesse zurück, sondern sei auch selbst wiederum von den sozialen Bedingungen in der Umwelt abhängig. Dem einseitigen und sich körpermedizinisch abgrenzenden Denken stellt er ein *bio-psycho-soziales Modell* gegenüber, ein nicht nur interdisziplinäres, sondern auch interaktionelles, in dem die Lebensbereiche des körperlichen Geschehens und seelischen Erlebens in Wechselwirkung mit der Umwelt stehen. Nun sind Modelle anschauliche und verkleinernde Nachbildungen, Entwürfe in materiellen Gegenständen oder auch gedankliche Konstrukte. Mit dem Nebeneinander von Körper und Seele werden verschiedene Wirklichkeiten beschrieben: Im natürlichen und sozialen Raum, in dem alles Lebendige existiert, wirken unterschiedliche Einflüsse und Kräfte. So geht es uns als Psychotherapeuten darum, wie sich lebenszeitlich die leiblichen Reifungen im seelischen Erleben manifestieren und wie sie sich im weiteren Verhalten in der naturgegebenen und sozialen Umwelt verbinden in einer *bio-psycho-sozialen Lebensbewegung*. Wie entwickelt sich beim einzelnen Menschen die biologisch begründete individuelle Natur in Emotionen und Antrieben in der wahrgenommenen und bewussten Verarbeitung der Umwelt? Wie findet diese seelische Dynamik draußen in der sinnlichen Umwelt und in den sozialen und kulturellen Ordnungen dann die Aufgaben und einen Raum, die dem Menschen Sicherheit und Selbstbewusstsein geben? Was hat dabei im Lebenslauf zu den seelischen Störungen beigetragen, auf die sich Psychotherapie richtet?

Der wissenschaftlichen Frage, wie sich beim Menschen biologische Reifungsprozesse mit seelischem Erleben und Verhalten manifestieren und wie er sich in der sozialen und kulturellen Umwelt selbst finden kann, soll in diesem Buch differenziert nachgegangen werden. Die seelische Wirklichkeit des Menschen liegt nicht primär in Ideen und Phantasien, sie entwickelt sich im Handeln in der sinnlichen Welt. Sie ist angelegt in der allgemeinen und individuellen Varianz des Menschen und manifestiert sich in der Umwelt, in seiner Familie, dann unter seinen Altersgenossen und in der Gesellschaft, in die er hineinwächst. Hier kann er krank werden, aber auch zu sich selbst finden, wenn er eine Arbeit und ein Zuhause für sich entdeckt. Eine Entwicklungspsychologie der gesamten Lebenszeit kann und soll hier in den empirischen Befunden und an Einzelfällen anschaulich gemacht werden.

Schon die Gene sind leibliche Lebenselemente, die in komplexer Interaktion miteinander und reifend auf verschiedenen körperlichen Ebenen im Austausch mit einer ebenso komplexen Umwelt in lebenszeitlicher Entwicklung zum Phänotyp werden. Dabei sind verhaltensgenetische Aussagen über seelische Entwicklungen grundlegend, die systematisch an Gruppenverläufen an mehreren Menschen gewonnen wurden. Die Biologie hat sich in Synthese mit der Genetik, und indem sie physikalische und chemische Abläufe in die Lebensprozesse integrierte, mit den naturwissenschaftlichen Befunden des 19. Jahrhunderts verbunden.

Es charakterisiert die bisherige Mentalität in den verschiedenen Schulen der Psychoanalyse, der Verhaltenstherapie und der Psychosomatischen Medizin, dass sie sich schon untereinander eher abgrenzen als austauschen. Noch weniger werden die Aussagen der sie unmittelbar berührenden Grundlagenfächer der Biologie, der Verhaltensgenetik und der neuen Entwicklungspsychologie zur Kenntnis genommen. Im folgenden Überblick über die Themen und Abschnitte dieses Buches wird diese interdisziplinäre Weite der mit Psychotherapie aufgeworfenen Fragestellungen deutlich werden.

Hier behandelte Praxis und Theorien

1. Kapitel

Zuerst werden Geburtsstunden, kultureller Wandel und Weichenstellungen für die Psychotherapie dargestellt. Dabei sollen zunächst einige Probleme der Psychotherapie von ihren wesentlichen Bedingungen her an einem besonderen Menschen anschaulich gemacht werden. Einzelfälle gehören zur Geschichte der Psychotherapie, sie bergen indes große Gefahren, wenn sie, theoretisch mehr oder weniger einseitig interpretiert, als ausreichende Basis für eine Schulrichtung benutzt werden. Das zeigte sich schon an der Behandlung von Bertha Pappenheim durch Joseph Breuer 1879 bis 1881, der bis heute umstrittene *erste Versuch von Psychotherapie*, dem wir zu Beginn des 1. Kapitels nachgehen werden. Die als Hysterika behandelte Frau entdeckte für sich die »talking cure«, indem sie ihre persönlichen Nöte und Erwartungen zum Ausdruck brachte. Ihr engagierter und ihr wohlgesonnener, aber retrospektiv denkender Therapeut sah in ihr eine durch traumatische Erlebnisse geschädigte Person und versuchte bei ihr, gefundene belastende Erlebnisse kathartisch zu entlasten. Er half nicht, eine ihrem Lebensanspruch, ihren Interessen und besonderen Gaben beruflich angemessene Aufgabe in einem eigenen Lebensraum zu finden, obwohl er ihre realen Nöte durchaus wahrnahm. Ihre Zukunft wurde bei dem theoretisch voreingenommenen Arzt nicht zum Thema der Behandlung, sie blieb krank. Erst zehn Jahre später konnte sie sich selbst aus der bedrohlichen Enge ihres familiären Kreises lösen und dann aus eigener Kraft historisch bedeutende Leistungen erbringen. Die bis heute bestimmenden Elemente von Psychotherapie, die sowohl im Patienten als auch beim Behandler liegen, sind am Scheitern der Behandlung und im weiteren Lebensgang dieser bedeutenden Frau zu zeigen.

Ergänzend dazu wird dann im zweiten Abschnitt dieses Kapitels das 19. Jahrhundert als sich wandelnde *naturwissenschaftliche und kulturgeschichtliche Epoche* in einigen Aspekten beschrieben, die Psychotherapie möglich, ja sogar notwendig machten. Die Aufklärung organischer Krankheiten mit makro- und mikroskopischen Befunden eröffnete neues Wissen und führte zu Therapien, die vorher undenkbar waren. Seelisch kranke Menschen ohne körperliche Befunde, die »Irren« und die mit organisch nicht begründeten Beschwerden, stellten nun eine neue Herausforderung dar. Zugleich eröffneten der soziale und kulturelle Wandel individuelle Lebensansprüche bei Frauen, die über die bisherigen familiären Rollen hinausgingen. Sie äußerten ihren Protest gegenüber den mächtigen konservativen Männern in dramatisierten Formen, was als Hysterie charakterisiert wurde. Allgemein wurde man auf die in der individuellen Entwicklung auftauchenden seelischen Konflikte, Nöte und Affekte aufmerksam und behandelte sie.

Im dritten Abschnitt folgt mit *Sigmund Freud die Gründergestalt* der Psychoanalyse und es werden weitere Geburtsstunden der Psychotherapie aufgeführt. Es war für Mediziner ein großer Schritt, bei dem weiter körperlich bestimmten Krankheitsmodell der Neurose zu sprachlichen Behandlungen zu kommen und zu einer Verständigung mit den Kranken. Bei Sigmund Freud verbanden sich richtunggebend für die Psychoanalyse die seelischen Konflikte und Krankheiten ursächlich mit einem Entwicklungskonstrukt der ersten fünf Lebensjahre und lebensgeschichtlich mit bestimmten akzidentellen Erlebnissen, die in den *Raum des Unbewussten* verdrängt wurden. Und es war ebenso sein bedeutsamer Schritt, die Beziehung zwischen Arzt und Patient zu thematisieren, sie mit dem Begriff *Übertragung* als einen Vorgang von sich wiederholenden früheren Erlebnissen festzulegen.

Die Ideen Freuds und die von ihm geschaffenen Theorien sind ein reicher, mit großer sprachlicher Überzeugungskraft entworfener und dann lebenslang verteidigter Besitzstand. Er blieb in der medizinischen und psychologischen Fachwelt allerdings umstritten. Die weitere Geschichte der psychoanalytischen Theorien und ihre Praxis bis zur Gegenwart zeigen sowohl konservative wie innovative Tendenzen. Die traditionellen Methoden haben sich theoretisch differenziert, Psychotherapeuten mit *anderen Perspektiven und andere Behandlungen* fordern, wie im vierten Abschnitt aufgezeigt wird, seit langem, die Behandlungsziele zu ändern, die »archäologischen Forschungen« aufzugeben und sich auf die gegenwärtige Lebenslage in der Behandlung auszurichten. Zur Erweiterung der Perspektive sollen noch die Anfänge und Entwicklungen der *Verhaltenstherapie* einbezogen und beschrieben werden. Hier waren es Psychologen, aus einem anderen akademischen Fach mit anderen wissenschaftlichen Traditionen und Methoden kommend, die zu psychotherapeutischen Aufgaben fanden. Die bis in die Gegenwart unterschiedlichen Krankheitsmodelle und sich wandelnden Therapieziele der verschiedenen Schulen und Gruppen werden dabei deutlich. Der durchweg pragmatisch auf die gegenwärtige und zukünftige Lebenslage ausgerichteten Verhaltenstherapie hat man im Vergleich mit den kühnen Ideen und luftigen Begriffen der Psychoanalyse Theoriearmut vorgeworfen. Die beiden Richtungen fanden aber in der Praxis auch zu Gemeinsamkeiten, was die mächtige

Realität der gegebenen therapeutischen Aufgabe zeigt, den seelisch kranken Menschen zu helfen.

2. Kapitel

Es ist notwendig, nach dem *Stand der Grundlagenfächer* zu fragen, die für die Krankheitstheorien in den Gründerjahren bestimmend waren, und zu prüfen, ob sie es heute noch sind. Deren moderner Wissensstand muss zur Kenntnis genommen und genutzt werden. Es ist wohl angemessen, wenn vom 20. Jahrhundert, oder jedenfalls von seiner zweiten Hälfte, festgestellt wurde, es sei das »*Jahrhundert der Biologie*«, der Lebenswissenschaft, worauf ich im ersten Abschnitt dieses Kapitels eingehe. Die Natur des Menschen und seine Stellung in der Welt der Natur, in ihren evolutionären Zuordnungen von Charles Darwin beschrieben, sind ein Schlüssel auch zum Verstehen seelischer Lebensentwicklung. In einer Synthese von genetischer Konstanz und ihrer Varianz sind die Lebewesen mit ihren Formen des Erlebens und Verhaltens in Anpassung mit ihrer artgemäßen Umwelt verbunden. Im letzten Viertel des vergangenen Jahrhunderts sind bestimmte naturgegebene Gemeinsamkeiten von Tieren und Menschen beschrieben worden. Es manifestieren sich in epigenetischer Sicht *biosoziologische Formen des Verhaltens*: schutzsuchende affektive Bindungen zwischen Nachkommen und Eltern und davon abweichend eine spätere exogame sexuelle Einstellung, der Altruismus gegenüber dem Nachwuchs und vertrauten Menschen, territoriale Aggression gegenüber Fremden und noch weitere, welche wir Menschen mit vielen Tieren gemeinsam haben.

Besonders lehrreich für Psychotherapeuten ist das in ihren Schulen noch völlig ausgeblendete Gebiet der *Verhaltensgenetik*. Diese nutzt vor allem das Angebot der Natur, indem zwei körperlich gleiche Menschen als erbgleiche Zwillinge oder als erbungleiche in ihren Lebenslauf geschickt werden. Verlaufsbeobachtungen und Vergleiche von gemeinsam und getrennt aufgewachsenen Paaren werden dabei herangezogen. Damit kann das Gewicht bestimmter erblicher Anlagen erfasst werden und auch abgrenzend, wann soziokulturelle Angebote auftreten und wie sie verarbeitet werden.

Ebenso bereichernd ist es für Ärzte und Psychotherapeuten, das

Wissen und die Entwürfe der modernen *Entwicklungspsychologie* zur Kenntnis zu nehmen, worauf ich im dritten Abschnitt eingehe. Wenn die normale Entwicklungspsychologie früher auf Kindheit und Jugend beschränkt war, so sind seit Jahrzehnten innovative theoretische Entwürfe hinzugetreten, die den subjektiv aktiven Einstellungen und ihrem genetischen Gewicht nachgehen. Wenn hier nicht mehr eine Entwicklung in Stufenform auf ein bestimmtes Ziel für alle angenommen wird, sondern eine genetisch verankerte und breit gestreute Psychologie der verschiedenen Lebensalter mit ihren Wandlungen vertreten wird, so kommt das den Aufgaben und neuen Auffassungen der Psychotherapie entgegen. Ein großer, innovativer Entwurf von Paul Baltes war vor Jahrzehnten die »life-span-development-psychology«, also eine Entwicklungspsychologie der gesamten Lebenszeit, die heute bestimmend ist. Sie thematisiert die unterschiedlichen Anforderungen der verschiedenen Altersphasen mit Gewinnen und Verlusten bis ins hohe Alter.

3. Kapitel

Im Hauptteil des Buches wird in einer Reihe repräsentativer empirischer Untersuchungen Einblick gegeben in den aktuellen *Wissensstand der Entwicklungspsychologie* unter Zuhilfenahme von *verhaltensgenetischen und allgemeinen Längsschnittbefunden.* Die modernen interaktionistischen Theorien von aktiven Subjekten mit der sinnentnehmend, d. h. subjektiv selektiv wahrgenommenen und verarbeiteten Umwelt sind dabei anschaulich zu machen. Die Frage nach den endogenen Konstanten in der Persönlichkeitsreifung wie die nach den wesentlichen Umweltangeboten in normalen wie in abweichenden Entwicklungen sind grundlegend für die individuelle Psychotherapie wie für Sozialtherapie und Prävention.

4. Kapitel

Dem werden die *entwicklungspsychologischen Theorien der Psychoanalyse* in ihren Grundzügen und an Beispielen gegenübergestellt, wie sie bei Freud und anderen Autoren nach ihm entworfen wurden und in der Ausbildung bis heute gelehrt werden. Sie entsprechen einem bestimmten Entwicklungsmodell des Menschen, der in wesentlichen Persönlichkeitszügen in der familiären Umwelt in seiner Kindheit passiv geformt wird. Den für verschiedene Richtungen repräsentativen Vertretern und deren empirischen Begründungen soll nachgegangen werden, auch in epidemiologischen und klinischen Beobachtungen. Die historische Macht eines großen theoretischen Entwurfes wie auch die kulturelle Attraktivität eines bestimmten Menschenbildes dieser Epoche werden dabei deutlich werden.

5. Kapitel

In der psychotherapeutischen Praxis wie in den Theorien hat die Lebensphase der *Adoleszenz*, die sich heute zeitlich immer weiter ausdehnt, besondere Aufmerksamkeit gefunden. Es ist die Zeit, in der sich junge Menschen von der Familie lösen und lernend und arbeitend in ihrer Altersgruppe mit anderen Menschen zu sich selbst finden sollen. An angemessenen Aufgaben eigene Interessen und Gaben zu testen, seine Grenzen dabei zu erfahren ist bestimmend für die Sozialisation, in der sich die persönlichen mit den soziokulturellen Bedingungen verbinden. Dabei kommt es häufig zu ersten Nöten und Krisen, in denen die jugendlichen Menschen von Psychotherapien Hilfe empfangen können. Es ist auf das sich ausweitende und von den Schulen der Psychotherapie vernachlässigte Gebiet der Gewalthandlungen Jugendlicher einzugehen, in ihren politischen und Gruppenbedingungen wie in der individuellen Problematik. Das in diesen Jahren bestehende Gewicht der psychosozialen Umwelt in individuell angemessenen Schulformen und Arbeitsfeldern ist aufzuzeigen.

6. Kapitel

Den neuen und grundlegenden wissenschaftlichen Ergebnissen und ihren Konsequenzen wird *die gegenwärtige Lage* der Psychotherapie *in Praxis, Theorien und Ausbildung* gegenübergestellt. Es ist einerseits ein Wandel der traditionellen Praxis deutlich, indem sich unter dem Druck der Aufgabe, seelisch kranken Menschen zu helfen, in der tiefenpsychologischen Psychotherapie und den Verhaltenstherapien auf die *gegenwärtige psychosoziale Lebenslage gerichtete Methoden* durchgesetzt haben. Dem stehen formal und inhaltlich die traditionellen Theorien gegenüber, die weiter im Denken und in der Weiterbildung vorherrschen. Auf bestimmte neue theoretische und praktische Ansätze in den tiefenpsychologischen wie verhaltenstherapeutischen Bewegungen, die in den offiziellen Weiterbildungen aber noch keinen Platz gefunden haben, ist ebenso hinzuweisen. Diese kaum zu vertretende Diskrepanz wirft die Frage auf, wie das differenziertere Wissen über genetische Ursachen und soziale Bedingungen der Lebensgeschichte bei den verschiedenen Krankheitsformen in einem gemeinsamen Verstehen zu nutzen ist. Dabei sieht sich Psychotherapie in einem modernen Wissenschaftsverständnis neu herausgefordert, nicht allein ihre Wirksamkeit der Behandlungen zu zeigen, sondern ebenso die wissenschaftliche Gültigkeit der angewendeten Krankheits- und Therapietheorien. Dem kann eine sich in den Schulen isolierende Einstellung kaum gerecht werden.

7. Kapitel

Die allgemeine Lage therapeutischer Möglichkeiten – auch des psychotherapeutischen Gesprächs in der Medizin – soll an einigen aktuellen psychotherapeutischen *Praxisfeldern* aufgezeigt werden. Eines liegt heute in der ärztlichen *Allgemeinpraxis* im Rahmen einer bevölkerungsnahen Versorgung und in der *Praxis von Psychiatern.* Aufgaben stellen sich hier vor allem bei Ärzten, die niederfrequente Kontakte mit kranken Menschen über eine längere Zeit haben. Jedes Gespräch hat hier Gewicht, indem es die Patienten über ihre Krankheit, deren Ursachen, Verlauf und die Prognose informiert, sie über ihren äußeren wie inneren Zustand berichten können und so ein gemeinsames Wissen geschaffen wird. Ihr weiteres Verhalten in der Krankheit und ebenso ihr Gesundheitsverhalten können geklärt und mit Hilfe ärztlicher Autorität optimiert werden. Die traditionelle und auch neu gestiftete Verbindung von Psychiatrie und Psychotherapie wird an den Lebensläufen psychotisch Kranker behandelt, die bei modernen körperlichen Behandlungen nicht nur sozialpsychiatrische Hilfen, sondern auch persönliche, verstehend begleitende Gespräche nutzen können.

8. Kapitel

Das besonders in Deutschland hervorgetretene Gebiet der *Psychosomatischen Medizin* soll in einer historischen Rückschau allgemein behandelt werden, wie auch in Hinsicht neuen Wissens und der damit gewandelten psychosozialen Aufgaben und ihrer Praxis. An einer besonderen Krankheit, an der *Anorexia nervosa*, wird eine bestimmte seelische, zu einer bedrohlichen Krankheit führende Entwicklung junger Frauen noch einmal deutlich gemacht. Die bio-psycho-sozialen Verbindungen sind hier an einer große therapeutische Probleme aufwerfenden Störung in besonderer Weise anschaulich.

9. Kapitel

Die heute neue Fragen aufwerfende Psychotherapie *bei alten und chronisch kranken Menschen* darf nicht übergangen werden (6). Es ist ein in der Praxis wie in den Theorien und in der Ausbildung noch randständiges Gebiet, das jedoch thematisch und zahlenmäßig in der Bevölkerung wie in der internationalen Forschung an Gewicht gewonnen hat. Man sucht und findet nicht allein Verluste, sondern ebenso Gewinne in einer sich verlängernden Lebenszeit. Es ist aber auch ein Gebiet, welches die mitmenschliche Aufgabe ärztlichen Handelns am Lebensende neu thematisiert.

Ein Rückblick auf die relevanten psychotherapeutischen, noch unterschiedlichen Menschenbilder, und der Ausblick auf die neuen Auffassungen der Lebenswissenschaften sollen das Buch abschließen.

1. Kapitel
Geburtsstunden, kultureller Wandel und Weichenstellungen

Bertha Pappenheim entdeckt die »talking cure«

Als Hausarzt behandelte Dr. Joseph Breuer, ein gesuchter Internist in Wien, den vermögenden jüdischen Kaufmann Siegmund Pappenheim, der an einem tuberkulösen Brustabszess litt, in dessen Wohnung vom Sommer 1880 bis zu dessen Tode im April 1881. Als noch im Hause lebende Tochter musste die 20-jährige Bertha sich mit der Mutter die Pflege des bettlägerigen schwer kranken Vaters teilen. Eine zehn Jahre ältere Schwester war 18-jährig an Schwindsucht gestorben, eine sechs Jahre ältere daran schon mit zwei Jahren, ihre Todestage wurden in der Familie religiös begangen. Der 18 Monate jüngere Bruder studierte nach der Schule Jura, arbeitete dann als Kaufmann. Er wurde bestimmend in der Familie und leitete später die jüdische Kultusgemeinde in Wien. Bertha war in der Krankenpflege ihres Vaters die ersten sechs Monate für die Abende und die Nächte zuständig, sie verbrachte diese Stunden von Juli bis Dezember 1880 allein mit ihm.

In den »Studien über Hysterie« von 1895 berichtet Breuer (8), dass er Ende November 1880 von der Familie aufgefordert wurde, auch einmal die Tochter Anna O. wegen einer aufgetretenen Heiserkeit und unstillbaren Hustens zu untersuchen. Er stellte bei ihr einen nervösen Husten, »tussis nervosa«, und körperlich eine allgemeine Schwäche und erhebliche Abmagerung fest. Darüber hinaus fand er auch seelische Symptome, vor allem Ängste mit abendlichen Erregungszuständen, und wegen dieses abnormen Benehmens diagnostizierte er bei ihr eine Hysterie. Das war damals für ihn eine energetische Stauung der Nervenbahnen und eine organische Erkrankung. Später schreibt er, der kein Nervenarzt war, auch von Psychose, Geisteskrankheit und Halluzinationen.

Breuer entlastete sie von der Krankenpflege, verordnete sofort Bettruhe. Da sie selbst kaum etwas zu sich nahm, zeitweise das Essen vollständig verweigerte, fütterte er sie in der Behandlung und versuchte bei ihr therapeutisch die damals in Wien moderne Hypnose. Sie erwies sich aber als unsuggestibel, und er ließ sie auch bald frei über sich sprechen, in einem Zustand, den sie zunächst selbst als Autohypnose bezeichnete. Es gab dann eine Seite in ihr, die kaum noch deutsch, eine andere, kränkere, die nur englisch sprechen konnte und bizarre Dinge herausbrachte. Sie bezeichnete das selbst als ihr »Privattheater« und bot darin ihrem Therapeuten eine Phantasiewelt bizarrer Gedanken, Träume und Widersprüche. Breuer berichtet von ihren Geschichten, Erinnerungen, Phantasien, von vielen traurigen, aber auch sehr hübschen Dingen. Das Erzählen erleichterte sie, manche Symptome verschwanden, wenn sie diese Breuer »aberzählt« hatte. Sie selbst nannte das dann ihre »talking cure«, also Sprechbehandlung, oder auch »chimney sweeping«, Schornsteinfegen.

Diese Behandlung in ihrem Elternhaus erfolgte zunächst über mehr als vier Monate lang beinahe täglich, wurde nach dem Tod des Vaters über ein Jahr nahezu ebenso häufig weitergeführt. Zeitweise erfolgte sie in einem Sanatorium am Rande der Stadt, wo Anna O. aus Gründen körperlicher Schwäche mehrmals gepflegt werden musste. Der symptomatische Verlauf dieser Behandlung war im Jahr 1881 zunächst wechselvoll und unbefriedigend. Im Frühjahr 1882 inszenierte die Patientin selbst offenbar einen Abschluss, indem sie Breuer noch einmal die von ihm als ursächlich betrachteten haftenden Eindrücke aus den ersten Monaten der Pflege ihres Vaters wiedererzählte: Sehstörungen waren aufgetreten, als der Vater nachts nach der Zeit fragte und sie nicht antwortete, die Uhr nicht erkennen konnte oder mochte; der Husten und Glottiskrampf nach einem Streit mit dem Vater, wobei sie ihre Antwort unterdrückte und nur noch die englische Sprache benutzte, was »sich bei jeder ähnlichen Veranlassung wiederholte«. Wie Breuer berichtet, endete die Behandlung durch ihre wiedererzählte Erinnerung: Sie war am Bette des Vaters eingeschlafen, sah im Traum eine Schlange an der Wand, die sich dem Vater nähert, um ihn zu töten. Als sie das, erschreckt aufwachend, abwehren wollte, fand sie ihren rechten, über dem Stuhl eingeschlafenen Arm gelähmt, sah ihre Finger als Schlangen und die Sprache versagte ihr. Danach habe sie nur noch einen englischen Kindervers aufsagen und nur noch englisch über »das Böse« sprechen können.

In Joseph Breuers und Sigmund Freuds »Studien über Hysterie« von 1895, zu deren Publikation Freud Breuer gedrängt hatte, heißt es zum Ende der Behandlung im Juli 1882, die Hysterie sei abgeheilt gewesen. Es habe aber noch längere Zeit gedauert, bis die Patientin ihr Gleichgewicht gefunden habe. Wie heute feststeht, war von seelischer Heilung frühestens in den 90er-Jahren zu sprechen, wo sie, in Frankfurt lebend, fest in einer beruflichen Karriere stand. 1882 benötigte sie sofort eine mehrmonatige psychiatrische Behandlung in der Schweiz, danach, wieder in Wien lebend, bis 1887 drei weitere klinische Kuren und war auch danach noch nicht gesund.

Die Schilderung der Symptome und der Behandlung macht in der Publikation bei Breuer zwanzig Seiten aus, Theoretisches zur Hysterie sechzig Seiten, wobei allgemein das Gewicht affektiv belastender Erlebnisse betont wird, die in ihr hafteten und zu den Symptomen führten. In ihrem theoretischen Teil nutzen Breuer und Freud den von Charcot aufgebrachten Traumabegriff, der wie eine physikalische, passiv erlittene und bleibende körperliche und seelische Schädigung in funktionell kranken Hirnteilen beschrieben wird. Als kathartische Methode wird dabei, in Anlehnung an die reinigende Wirkung des Erlebens in der griechischen Tragödie, das Abreagieren von Affekten beschrieben. Ihr schlimmes Ich entlastete sie nach Breuer etwa, indem sie Erinnerungen an einen Streit mit ihrem sterbenden, aber »von ihr vergötterten Vater aberzählte«. Auch eine Trinkstörung überwand sie, indem sie Breuer erzählte, wie ein »ekelhafter Hund« aus einem Wasserglas getrunken hatte. Die über eineinhalb Jahre sich erstreckende Behandlung war auf die einzelnen Symptome und deren erstes Auftreten gerichtet in der Vorstellung, dass hierbei eine schädigende Verhaltung der Hirnfunktionen eingetreten sei. Anna O. wird im theoretischen Teil nicht erwähnt.

Von der Krankheit der Anna O. und vom weiteren Leben dieser Frau, der heute als große Sozialreformerin angesehenen Bertha Pappenheim, am 27.2.1859 in Wien geboren und am 28.5.1936 in Frankfurt verstorben, gibt es sehr unterschiedliche Bilder. Einmal das in der Krankengeschichte von Joseph Breuer von 1895 erscheinende und dann die davon sehr verschiedenen mündlichen Berichte, die Sigmund Freud dreißig Jahre später Ernest Jones (30) über das Ende der Behandlung gab. Eine umfassende Dokumentation ihrer Krankheit ist in einer großen Publikation über Leben und Werk Joseph Breuers von Hirschmüller 1978 auf 470 Seiten vorgelegt worden (28). Dann gibt es jetzt seit einigen Jahrzehnten Biographien von Bertha Pappenheim sowie Berichte und Unterlagen über ihr weiteres Leben mit Aussagen von Zeitgenossen. Lebenszeugnisse von Bertha Pappenheim selbst liegen in ihrem großen philanthropischen Werk in der jüdischen Frauenbewegung mit der Sorge für Frauen und Kinder. Sie sind auch in ihren Briefen und literarischen Werken zu finden (13). Nicht zuletzt zu beachten sind kleine Aufzeichnungen und Tagebücher, die Einblick in ihre innere Welt geben (29).

In der Schrift von Hirschmüller (28) finden sich Arztbriefe Breuers, in denen er ihre Aufnahme in der Schweiz vorbereitete, sowie die Krankenunterlagen der Nervenklinik Bellevue Kreuzlingen. Dort sind die Überweisungsbriefe Breuers von 1882 und eine 20-seitige Darstellung seiner Behandlung zu finden. Auch Leben und Werke Breuers sind hier dokumentiert, interpretiert und denen Freuds gegenüberstellt. Weiter sind hier Briefe von Angehörigen und von Bertha Pappenheim selbst zu finden. Daraus geht zunächst hervor, dass Bertha Pappenheim schon seit Februar 1882 nach einer »missglückten Zahnbehandlung« an einem anfallsweise auftretenden Gesichtsschmerz erkrankt war, der eine intensive Schmerzbehandlung mit Morphium notwendig machte, wovon sie abhängig wurde. (Aus fachärztlicher Sicht (2) handelte es sich um eine Schädigung des Nucleus mandibularis, die zur symptomatischen Form der Trigeminusneuralgie führte, die dann meist im Laufe von 1–2 Jahren ausheilt.) Die Abhängigkeit von Morphium führte zur von Breuer längere Zeit geplanten Überweisung in die Schweiz nach Kreuzlingen, wo sie dann seit August 1882 vier Monate vom Nervenarzt Robert Binswanger behandelt wurde. In der dortigen Krankengeschichte wird auch von Untersuchungen durch den bekannten Neurologen Westphal berichtet, der ebenfalls eine Trigeminusneuralgie diagnostizierte. Im Bellevue Kreuzlingen wurde zeitweise die operative Durchtrennung des erkrankten Nerven erwogen. Die Mutter äußerte sehr einfühlend und besorgt Bedenken, ersparte ihr die Operation. In der Krankengeschichte finden sich Elektro- und Blutegelbehandlungen, aber auch die weitere Gabe von Morphium, sowie wechselnde Stimmungen mit Depressionen am Tag, abends ihrer Ausgelassenheit mit englischem Privattheater, unliebenswürdiger Gereiztheit gegenüber Angehörigen, »echt hysterische Merkmale«. Sie konnte sich offenbar schwer in das schon damals als therapeutische Gemeinschaft geführte Leben des Hauses eingewöhnen, wo Ärzte und Patienten u. a. gemeinsam die Mahlzeiten einnahmen. Vor und nach dieser Behandlung lebte sie insgesamt drei Monate bei Verwandten in Karlsruhe, einer Schwester der Mutter und einem Vetter, der sich hilfreich für sie einsetzte. Sie schrieb dort ihre ersten Geschichten für Kinder und versuchte im Juni 1982 eine Ausbildung als Krankenschwester, die sie aber kräftemäßig nicht durchhielt. Der Gesichtsschmerz ging dann 1883 in Wien nur langsam bei Pflege und Gewichtszunahme auch ohne Eingriffe zurück. Es gab jedoch noch drei mehrmonatige Aufenthalte in einem Sanatorium bei Wien bis 1887, offenbar wegen ihres schlechten Allgemeinzustandes. Die dortige Diagnose war Hysterie, die des Amtsarztes »Somatische Erkrankung«. Sie sah auch Breuer noch gelegentlich, der 1884 in einem Brief nach Kreuzlingen von einer Besserung berichtet. Die entscheidende Lebensveränderung war, dass sie mit ihrer Mutter 1888 nach Frankfurt übersiedelte, dort erfolgten keine weiteren Behandlungen bis zu ihrem Tod an einer Krebserkrankung 1936.

Im Hinblick auf ihre körperliche Beschwerden und Ausfälle von 1880 wurde später erwogen, ob es sich bei den Lähmungen, Sehstörungen, Schmerzen usw. um einen Fall tuberkulöser Meningitis gehandelt hat. Nach heutigem Wissen wäre eine solche bei den damaligen Behandlungsmöglichkeiten tödlich verlaufen. Manche Schilderungen von Breuer über Lähmungen bei der offenbar sehr geschwächten, untergewichtigen und anämischen Patientin dieser Jahre lassen an hirnorganische Beteiligung denken, zumal Breuer wiederholt von Psychose spricht, auch von einer familiären Belastung. Es gibt aber in dieser Krankheitsphase wie in ihrem weiteren Leben keine Hinweise für eine endogene Depression. Die Trigeminusneuralgie nach der Zahnoperation, eine symptomatische Form dieser Erkrankung (2), war durch eine Schädigung des Gesichtsnervs verursacht, die sich bei der Morphiumabhängigkeit und der körperlichen Schwäche nur langsam besserte. Aber wie war ihre innere Lebenslage?

Deutlich ist, dass sich mit den zunächst neben der Behandlung des Vaters erfolgenden und dann häufigen Begegnungen, mit den Hypnosen und dann Gesprächen ein wachsendes Interesse Breuers an der Patientin und ihrer Erkrankung entwickelt hat. Es war für ihn als »general practitioner« ein »Versuch in einem anderen Fach«, den er, wie er später schrieb, nicht wiederholte. Über viele Monate hat er ihren Lebensweg begleitet und auch mitbestimmt. In der Dokumentation Hirschmüllers mit Krankenunterlagen aus Kreuzlingen finden sich weitere Briefe über andere von ihm in Wien behandelte und nach Kreuzlingen überwiesene Patienten. Es wird deutlich, dass er dort ebenfalls die Geschichte der Krankheit mit einem Curriculum Vitae verband, allerdings kürzeren als bei Bertha Pappenheim.

Die Nähe und sein Wissen zu ihrer Person und inneren Befindlichkeit werden in den »Studien zur Hysterie« 1895 deutlich in der Schilderung der Familie und vor allem der Patientin selbst (8).

Breuer schildert dort »Person und Lebenslage«:

»Frl. Anna O. ... zur Zeit der Erkrankung 21 Jahre alt, erscheint als neuropathisch mäßig stark belastet, durch einige in der großen Familie vorgekommene Psychosen; die Eltern sind nervös gesund. Sie selbst früher stets gesund, ohne irgendein Nervosum während der Entwicklungsperiode; von bedeutender Intelligenz, erstaunlich scharfsinnigen Combinationen und scharfsichtiger Intuition; ein kräftiger Intellect, der auch solide geistige Nahrung verdaut hätte und sie brauchte, nach Verlassen der Schule aber nicht erhielt. Reiche poetische und phantastische Begabung, war controliert durch sehr scharfen und kritischen Verstand. Dieser letztere macht sie auch *völlig unsuggestibel*; nur Argumente, nie Behauptungen hatten Einfluß auf sie. Ihr Wille war energisch, zäh und ausdauernd; manchmal zum Eigensinn gesteigert, der sein Ziel nur aus Güte um anderer willen aufgab. Zu den wesentlichsten Zügen des Charakters gehörte mitleidige Güte; die Pflege und Besorgung einiger Armen und Kranken leistete ihr selbst in ihrer Krankheit ausgezeichnete Dienste, da sie dadurch einen starken Trieb befriedigen konnte. Ihre Stimmungen hatten immer eine leichte Tendenz zum Übermaas, der Lustigkeit und Trauer; daher auch einige Launenhaftigkeit. Das *sexuale Element* war erstaunlich unentwickelt; die Kranke, deren Leben mir durchsichtig wurde wie selten das eines Menschen einem anderen, hatte nie eine Liebe gehabt und in all den massenhaften Hallucinationen ihrer Krankheit tauchte niemals dieses Element des Seelenlebens empor. Dieses Mädchen voll überfließender geistiger Vitalität führte in der puritanisch gesinnten Familie ein höchst monotones Leben, das sie sich in einer für ihre Krankheit wahrscheinlich maasgebenden Weise verschönte. Sie pflegte systematisch das Wachträumen, das sie ihr ›Privattheater‹ nannte. Während alle sie anwesend glaubten, lebte sie im Geiste Märchen durch, war aber angerufen immer präsent, sodaß niemand davon wußte. Neben den Beschäftigungen der Häuslichkeit, die sie tadellos versorgte, gieng diese geistige Thätigkeit fast fortlaufend einher. Ich werde dann zu berichten haben, wie unmittelbar diese gewohnheitsmäßige Träumerei der Gesunden in Krankheit übergieng.«

Diese Charakterisierung Anna O.s, mehr als zehn Jahre später gegeben, findet sich beinahe wörtlich gleich in den Überweisungsberichten nach Kreuzlingen von 1882. Sie liest sich heute wie eine zutreffende Prognose des späteren großen Lebenswerkes von Bertha Pappenheim. Man spürt in dieser Beschreibung, wie gut Breuer diese Patientin kannte, wie hoch er sie schätzte, sich auch in ihre unglückliche familiäre Lebenslage einzufühlen vermochte. In einem Bericht von 1882 nach Kreuzlingen heißt es dazu noch: »Sehr monotones, ganz auf die Familie beschränktes Leben; Ersatz wird gesucht in leidenschaftlicher Liebe zu dem sie verhätschelnden Vater …«

Aber dieser »Ersatz« ist eine Gedankenverbindung des Familienarztes Breuer, die nicht zwingend oder auch nur naheliegend ist. Die frustrierende, familiäre Öde ihres Lebens war durch die Autorität des Vaters in der jüdischen Familie bestimmt und führte zu einer wohl sehr ambivalenten Beziehung zu ihm. Es gibt viele Hinweise für oppositionelle Gefühle in der Beziehung zum Vater, sowohl in ihren obigen Phantasien und Träumen wie in ihrem Ausweichen in die englische Sprache, wenn sie über ihre Gefühle sprach. Der Vater und das in ihm repräsentierte jüdische Wien gaben ihrem Lebensanspruch keine Chance, sein Tod und eine andere Stadt später die Freiheit. Ihre familiäre Abhängigkeit und die eigenen Lebensansprüche wurden jedoch zwischen ihr und Breuer in dieser ersten und daran scheiternden Psychotherapie nicht zum Gegenstand des Gesprächs. Ihr gegenwärtiges eigenes Lebensanliegen, im Privattheater und hysterischen Krankheitsappell immer verborgen und dramatisiert, wurde in dieser ersten Psychotherapie nicht besprochen und die seelische Konfliktlage führte nicht zu einer neuen Lebensplanung. In einem Überweisungsbrief nach Kreuzlingen von 1882 drückt sich Breuers eigene Unsicherheit aus: »Ihre jetzige Behauptung, ihre ganze Krankheit sei eine Lüge, ist ganz sicher falsch, wenn auch einzelnes unwahr war.«

Aber nicht nur Breuer beschäftigte sich mit der Persönlichkeit dieser Kranken, auch Sigmund Freud, mit dessen Frau sie verwandt war und die sie in Wien öfters besuchte. Er betonte aber immer, er habe sie nie kennen gelernt.

Nach dem, was Sigmund Freud seinem Biographen Ernest Jones im folgenden Jahrhundert einige Jahre nach Breuers Tod 1927 erzählt hat, soll Breuer die Behandlung Anna O.s 1882 abrupt abgebrochen haben, und zwar aus »familiären Gründen«. Verstimmungen und Reizbarkeiten seiner eifersüchtigen Ehefrau hätten seit langem bei ihr zu einem veränderten Gemütszustand geführt (30). Aus Schuldgefühlen habe Breuer die Behandlung an einem Tag plötzlich abgebrochen. Und bei der plötzlich verlassenen Patientin sei es bei seinem Abschiedsbesuch zu einer hysterisch demonstrierten Geburtsszene als Abschluss einer imaginären Schwangerschaft durch Breuer gekommen. Von Breuers sofort angetretener »zweiter Hochzeitsreise nach Italien« erzählt Freud, sie habe zur Zeugung seiner Tochter geführt. Breuer habe seiner Patientin auch wegen ihres weiter schlechten Zustandes 1884 als Erlösung den Tod gewünscht.

Zu all dem finden sich in damaligen Reisedokumenten, die nach Österreich gingen, den Geburtsurkunden der Kinder in Breuers Familie und den Krankenunterlagen keinerlei Anhalte. Bertha Pappenheim hat sich weder von Joseph Breuer noch später von einem anderen Mann je ein Kind gewünscht. Ihre Neigungen gingen offenbar in andere Richtungen, wie sich in ihrem weiteren Leben zeigt. Breuers Arztbriefe nach Kreuzlingen vom Juni und Juli 1882 und sein Bericht an die dort weiterbehandelnden Ärzte zeigen, dass er die Überweisung seiner Patientin dorthin seit langem vorbereitet hatte und brieflich begleitete. In einem Brief Breuers nach Kreuzlingen im Jahre 1984 berichtet er am Rande, gerade habe er Bertha gesehen, es gehe ihr gut.

Noch im Nachruf auf Breuer bei dessen Tod 1925 hat Freud ihm bei der Behandlung von Anna O. ein »zu großes Stück persönliches Interesse und ärztlicher Libido« zugesprochen. Er sei »mit der nie fehlenden Übertragung« zusammengestoßen und »habe die unpersönliche Natur dieses Vorgangs nicht erfasst«. Hirschmüller nennt die von Jones berichteten Aussagen Freuds über Breuers Behandlung milde »eine Legende«. Offensichtlich stehen sie im Widerspruch zur Wahrheit, es sind seine Erfindungen. Breuer war als Arzt wie als Wissenschaftler in Wien hoch angesehen und hatte nach 1895 Freuds Sexualtheorien nicht teilen können, was Freud ihm, wie in Briefen an seinen Freund Wilhelm Fliess deutlich wird, niemals verziehen hat.

Wie sind Lebenslage, Krankheit und Gesundung von Bertha Pappenheim heute zu verstehen? Wenn wir auch hier das Körperliche nicht vergessen wollen, müssen wir ihr zunächst gute Gründe zugestehen, Angst zu haben, von der Familienkrankheit Tuberkulose selbst heimgesucht zu werden. Sie imaginierte ihren langsam sterbenden Vater als Skelett und mit Totenschädel und lebte mit dieser Angst zudem ein halbes Jahr in einem sie erschöpfenden Nacht-zu-Tag-Wechsel, der ihren chronobiologischen Rhythmus aus dem Gleichgewicht brachte. Diese Erlebnisse kehrten in Angsterinnerungen und über Jahre nachklingenden abendlichen und nächtlichen Theaterszenen wieder.

Was war ihr Problem und ihr als Hysterie damals diagnostizierter seelischer Zustand? Bei Breuers Schilderung von der abgemagerten Patientin, die nichts zu sich nahm und die er füttern musste, fragt man sich, ob hier nicht nur körperliche Schwäche, sondern zumindest auch eine anorektische Reaktion gegeben war. Dafür spricht manches wie ihre differenzierte Persönlichkeit mit hoher Intelligenz bei sehr altruistischen Neigungen sowie eine von Martin Buber beschriebene geistige Unbedingtheit. Lebenslang bestand bei ihr offenbar eine Empfänglichkeit für die Schönheit des weiblichen Körpers. Und diese ästhetischen Interessen, die das sexuelle Moment zumindest in den Hintergrund treten lassen, finden sich auch gerade bei Magersüchtigen (s. S. 343). Die als Hysterie in Wien und Kreuzlingen bezeichnete seelische Krankheit mit den Phantasien und ihre entdeckte »Redekur« waren zumindest auch ein ohnmächtiger Ausdruck ihres Protestes gegen ihre familiäre Rolle.

Ihr *Lebenskonflikt* lag in dem, was ihr vom Vater und der jüdischen Welt Wiens verwehrt wurde: ihre Interessen und Begabungen zu nutzen, um draußen in der Welt etwas zu leisten und zu sich selbst zu kommen. Es waren all diese persönlichen Wünsche, über die sie offenbar auch mit dem Familienarzt Breuer nicht offen sprechen konnte. Die Flucht in die englische Sprache in der Krankheit war die in eine selbst erarbeitete eigene Welt. Das war die Sprache, die sie zu Hause sehr gut gelernt hatte und die Breuer nicht gut verstand. In seinen Schulzeugnissen finden sich bei ihm in Latein und Griechisch immer ein »Vorzüglich«, aber keine moderne Sprache. Den Widerspruch, in dem sie mit ihren Begabungen und Neigungen in ihrem Elternhaus lebte, hat er in allgemeiner Weise beschrieben. Ihre verzweifelte Lage im Konflikt zwischen ihrer Persönlichkeit und dem Elternhaus wurde jedoch offenbar nicht zum Thema bei ihnen, sondern im kathartischen Theoriekonstrukt begraben. Deutlich ist, dass Bertha Pappenheim in Wien und ihrem Vaterhaus nicht gesund werden konnte, auch wenn Wien bis an ihr Ende die Heimat blieb. Hier hatte man ihr den Unterricht in der Schule, die Erlernung eines Berufs und die persönliche Entfaltung versagt und so blieb es dort für sie als Mitglied dieser Familie.

Bertha Pappenheim, die eine psychoanalytische Behandlung ihr unterstellter Kinder und Frauen immer abgelehnt hat, hat von der Psychoanalyse in einem Schreiben 1913 einmal schriftlich bemerkt: »Es hängt von dem Anwender und der Anwendung ab, ob sie ein gutes Instrument oder ein zweischneidiges Schwert ist.« Damit hat sie zentrale Elemente der Psychotherapie, die bis heute richtunggebend sind, genannt: die *Person des Therapeuten* (mit der sie wohl Breuers Einsatz und Einfühlung in ihre Lebenslage ehrte) und ihre *Anwendung*, die sie in ihrer theoretisch und retrospektiv begrenzten hilfreichen Ausrichtung auf die Traumen als nicht angemessen erfahren hat, und sich dabei in der Realität allein gelassen fühlte. Erst die weiteren beruflichen Lebenswege außerhalb Wiens, wo sie etwas leisten konnte und sehr erfolgreich war, gaben ihrer Persönlichkeit und ihrem Temperament angemessene Aufgaben und damit auch seelische und körperliche Sicherheit.

Nach 1888 zunächst mit ihrer Mutter in Frankfurt lebend, suchte sie sofort in der jüdischen Frauenbewegung Arbeit, wurde in einem Heim für jüdische Waisenkinder angestellt und zog aus der Wohnung der Mutter bald dorthin. Sie arbeitete hier zunächst als Hilfe, dann als Sozialarbeiterin, stellvertretende Leiterin und schließlich über Jahre selbst als Heimleiterin. Diese Tätigkeit weitete sie 1904 aus mit der Gründung des jüdischen Frauenbundes, der auf einem internationalen Frauenkongress von ihr ins Leben gerufen wurde und neben die Frauenbewegungen der anderen Konfessionen trat. Ihre ersten aufklärerischen Schriften über die Judenfrage in Galizien beschrieben Erfahrungen mit jüdischen Kindern von dort, die offenbar häufig in Deutschland als Prostituierte gelandet waren.

Bertha Pappenheim beschränkte ihr Leben nicht auf Frankfurt, wo sie viel Freiheit besaß und durch Verwandte über große finanzielle Mittel verfügte, sondern war auf Reisen in England und in skandinavischen Länder, wo sie sich mit den Erfahrungen und Lebensbedingungen der dort lebenden Frauen bekannt machte. Weitere Reisen führten sie in den nächsten Jahren nach Russland, Polen und vor allem nach Galizien, aber auch in viele Mittelmeerländer bis nach Palästina und Ägypten. Dabei war ihr Einsatz immer intensiv, unbedingt und auf bestimmte Ziele gerichtet: Es ging ihr vornehmlich darum, Frauen aus Abhängigkeiten, vor allem aus der Prostitution, zu befreien. Ihre konkreten Absichten waren dabei, eigene Erfahrungen nutzend, dass Frauen einen Beruf lernen und selbst tätig werden sollen, selbstständig und unabhängig sein von den Institutionen und der Macht anderer über ihr Leben. Sie sollten nicht das erfahren, was sie in Wien als Kind auf ihr vieles Fragen von Lehrern selbst oft gehört hatte: »Das brauchen Frauen nicht zu wissen.«

In den Arbeitsanforderungen an sich selbst wie an andere war sie immer streng. Mit Männern zusammenzuarbeiten war oft schwierig für sie und sie suchte es zu vermeiden, die jüdisch religiöse Welt der Männer lehnte sie ab. Jedoch war sie nicht lebensfeindlich, hatte einen Kreis von Freundinnen, die sie in Frankfurt abends zu sich in ihre schön gestaltete Wohnung einlud und kulinarisch verwöhnte. Es wurde Dichtung vorgelesen und diskutiert, dabei knüpfte sie selbst gerne Glasperlen zu Ketten. Was sie schon in Karlsruhe an literarischen Arbeiten begonnen hatte, wurde mit Gedichten, Märchen, aber auch kleinen Dramen in den nächsten Jahrzehnten weitergeführt und ist bis heute in verschiedenen Büchern verstreut.

Breuers Annahme, dass Bertha Pappenheim ein geschlechtsloses

Wesen sei, ist wenig zutreffend. Es gibt Bilder von ihr, mit 20 Jahren als flotte junge Reiterin und eines als 45-jährige, elegant und modisch gekleidete, attraktive Frau, die lebenslang einen Sinn für Schönheit hatte. Die Richtung ihrer Phantasien konnte wohl im Wien ihres Jahrhunderts in der reichen, religiösen jüdischen Familie und bei Breuer nicht zum Thema werden, schon wegen seines engen Kontakts mit ihren Eltern und der häuslichen Szene, in der die Behandlung ablief. Bertha Pappenheim hat, über 50 Jahre alt, in einem handschriftlich überlieferten Gedicht in vier Strophen darüber Ausdruck gegeben. Die erste Zeile beginnt mit »Mir ward die Liebe nicht ...«. In der letzten Zeile heißt es dann »... drum wühl' ich mich in Arbeit ein«. Die Gründe für dieses Schicksal werden nicht angedeutet.

Dazu kann aber eine bisher kaum beachtete Passage aus ihrem Tagebuch von 1911 weiterhelfen (29), wo sie von einem Besuch in Saloniki und einer jungen Frau festhält: »Die Schönste, die ich hier sah, vielleicht eine der schönsten Jüdinnen, die ich je sah, oder die es gibt, fand ich heute in einem Bordell. Ein Jammer, eine stolze Menschenblüte in einer solchen Umgebung, zu solchem Lebenszweck geboren. Ich begreife, dass ein Mann um eines solchen Weibes willen jede Torheit begeht, aber ich begreife diese 20-jährige Person nicht, die das Schönste und Beste, was sie hat – ihren Körper – so feilbietet ... Vielleicht träume ich von der schönen Jolanthe, die mir heute, seit ich sie gesehen habe, gar nicht aus dem Kopf geht.« Am nächsten Tag notiert sie aber: »Ich habe natürlich nicht von Jolanthe geträumt, sondern ich wollte heute Nacht meine Gummischuhe einschmelzen lassen, da sie mir doch zu schwer vorkamen! Chalaumes!, hätte mein Vater verweisend gesagt.« (Chalaumes ist deutsch Unsinn, Phantasterei.) Ja, was hätte der Vater, dessen ablehnende Stimme hier sofort wieder auftaucht und was hätte die jüdische Welt ihrer Zeit zu dieser Begeisterung für Jolanthe gesagt? Vielleicht konnte sie eine sexuelle Neigung zu Frauen sich selbst schwer eingestehen, noch weniger damals im jüdischen Wien ihrer Familie und später anderen Menschen. In den zu schweren, eingeschmolzenen Gummischuhen kann man ihre nichtgelebte Sexualität repräsentiert sehen, mit der sie durchs Leben gehen musste. Hätte sie damals in Wien oder später in Frankfurt mit ihren sexuellen Neigungen leben können, wenn sie diese nicht »eingeschmolzen« hätte? Nachdem später der Versuch einer Adoption eines Waisenmädchens aus Galizien scheiterte, betonte sie selbst ihre Lebensrolle als »geistige Mutter«. Auch magersüchtige Frauen sind oft lebenslang schwierige Menschen, weniger triebhaft sexuell als ästhetisch interessiert, noch nach ihrer Krankheit meist altruistisch und dabei absolutistisch.

Bertha Pappenheim vertrat lebenslang eine deutsch-jüdische und dabei humanistische Lebensordnung und Kultur. Es war ihre Lebenserfüllung zehn Jahre nach Behandlungsende, sich in einer altruistischen Aufgabe selbst zu finden. Eine sozial bedeutende, über Jahrzehnte nützliche Handlung war 1907 die Gründung eines Heims für junge uneheliche Mütter und ihre Kinder. Es geschah mit Hilfe reicher Verwandter zunächst mit 10 Plätzen in Frankfurt, später in Neu-Isenburg mit 60 Betten sowie Gärten und Häusern, die Spiel- und Arbeitsmöglichkeiten für Kinder und Erwachsene boten. Sie hat diese Einrichtung verwaltet bis zu ihrem Tod 1936, der ihr weitere Verfolgungen ersparte. Das Heim wurde am 10.11.1938 bei den organisierten antisemitischen Aktionen teilweise zerstört, die letzten Angestellten und Zöglinge kamen 1942 in Auschwitz um. Fünfzig Jahre nach ihrer Gründung des jüdischen Frauenbündnisses wurde Bertha Pappenheim in Westdeutschland als »Helferin der Menschheit« und mit ihrem Bild auf einer Briefmarke geehrt. Vor einigen Jahren hat man in Isenburg in ihrem früheren Heim ein kleines Museum zu ihrem Andenken eingerichtet.

Martin Buber, der große jüdische Sozialphilosoph, hatte mit ihr über historische und religiöse Fragen einen schriftlichen und mündlichen Austausch. Ein aufgeklärtes Menschenbild und die Distanz gegenüber einer orthodox einseitigen jüdischen Religion verbanden sie. Er schuf ihrer Persönlichkeit in einem Nachruf nach dem Krieg ein Denkmal. Er schrieb, sie sei streng gewesen, liebesstreng in ihrem Temperament und gewaltig fordernd. Es gebe Menschen von Geist und es gebe auch Menschen von Leidenschaft, was beides nicht häufig sei; viel seltener seien Menschen von Leidenschaft des Geistes. »Ein Mensch leidenschaftlichen Geistes ist Bertha Pappenheim gewesen.« (9)

In einer psychoanalytischen Publikation von 1990 über Bertha Pappenheim (36) wird ihr Konflikt weiter nur in einer libidinösen Vaterbindung gefunden, ihr Lebenswerk als »Prostitutionswünsche und Rettungsphantasien – auf der Flucht vor dem Vater« gedeutet. Das in einem »infantilen Partialtrieb gebundene sexuelle Interesse« für Männer habe bei ihr nicht zu konstanten Objektbeziehungen geführt, »werde aber in dem überwertigen Interesse für jüdische Prostituierte ausgelebt«, als »getarntes Mitleid, ohne selbst den Reizen des konflikthaften Gegenstandes verfallen zu müssen«. In diesen traditionellen und reduktiven Deutungen wird nur von hysterischem Elend und späterem Unglück des Alltags gesprochen, in ihrem Leben nur ein libidinöser und lebenslang ungelöster »Tochter-Vater-Konflikt« gefunden. Bis heute versucht die Psychoanalyse, die gegenwärtige Lage ihrer Patienten auf infantile Konflikte und Fixierungen zurückzuführen und ist in dieser Ausrichtung selbst an ihre eigene Geschichte fixiert. Aber dürfen Psychoanalytiker, die immer in der Gefahr sind, spéculation à baisse zu betreiben, in diesem Lebenswerk nur sexuelle Ersatzbefriedigung entdecken, kein echtes Mitfühlen und altruistisches Motiviertwerden durch die Nöte der Frauen ihres Zeitalters? Die individuelle Persönlichkeit und die psychosoziale Entwicklungsproblematik dieser jungen Frau wurden von Breuer und Freud nicht als Thema der Behandlung aufgenommen und werden auch 100 Jahre später hier nicht anerkannt.

In einer anderen Besprechung wird ein an den idealisierten Vater fixierter Borderlinecharakter bei ihr vermutet. (31) Eine weitere Publikationen betont ihre schwache und wenig Hilfe gebende Mutter, bezieht aber dann den gesamten weiteren Lebenslauf ein und stellt doch positiv fest: Bertha Pappenheim habe in ihrer eigenen Biographie trotz widriger Umweltbedingungen ein ihren Gaben entsprechendes großes Lebenswerk verwirklicht, (40) damit auf ihre eigene Lebensdynamik verweisend.

Was können wir heute als Psychotherapeuten lernen aus der Krankengeschichte von Anna O. und dem Leben von Bertha Pappenheim? Wir finden in der ersten Psychotherapiepatientin eine kluge, vitale und lebenshungrige Frau, die in ihrem 21. Lebensjahr noch in einer Phase der äußeren und inneren Ablösung von Kindheit und Elternhaus stand. Ein mächtiger Vater bestimmte die geringe Ausbildung und ihre Zukunft als gute eheliche Partie. Als er schwer erkrankte, wachte sie ein halbes Jahr abends und nachts an seinem Krankenbett. Sie sah seinem absehbaren Tod mit Angst entgegen, erwartete ihn vielleicht auch in Phantasien und Träumen, weil er ihrem weiteren Leben eine Chance gab. Die großen Anforderungen der Pflege und ihre gesamte gegenwärtige Lebenslage führten zu einer körperlichen Schwäche und dazu, dass sie zur Patientin des Familienarztes Breuer wurde. Neben die Krankenbesuche beim Vater traten Versuche Breuers, ihr Krankheitsbild zu klären, zunächst durch Hypnose. Sie entfaltete eine Phantasiewelt und ein Privattheater, über das Böse nur in englischer Sprache sprechend. Die Behandlung Breuers war auf traumatisch bedingte Symptome und deren erstes Auftreten gerichtet, nicht auf ihre gegenwärtige Situation und ihr weiteres Leben. Ihre konflikthafte Lebenslage konnte bei der Stellung, die Breuer in der Familie hatte, von beiden Seiten nicht zum Thema gemacht werden. Es ist bis heute vom Psychotherapeuten gefordert, eine persönliche Einfühlung in den Patienten mit grundlegendem Wissen und Perspektiven zu verbinden, welche den Patienten in einen allgemeinen, altersgemäßen Zusammenhang stellt, um ihm Richtung und Ermutigung geben zu können.

Es kam zu einem Entwicklungsprozess bei ihr, aber nicht unter Hypnose im Bett und in der »talking cure« mit dem Therapeuten, sondern im Leben draußen. Er begann zehn Jahre später außerhalb der elterlichen Wohnung und nicht im sie einengenden Wien. Sie versuchte schon in Karlsruhe und vermochte es später sofort in Frankfurt, durch eine bestimmte berufliche Aufgabe ihrem Leben einen Inhalt und Sinn zu geben. Wie die Besserungen und Heilungen nicht im Behandlungszimmer geschehen, sondern draußen im Leben, zeigt die Diskrepanz zwischen Anna O.s Krankengeschichte in den »Studien zur Hysterie« und dem, was wir heute über Bertha Pappenheims Heilung und Lebenswerk wissen.

Eine der möglichen Geburtsstunden von Psychotherapie war bei Bertha Pappenheim im entlastenden »Von-sich-erzählen-Können« gegeben, in der »talking cure«, die sie für sich entdeckte. Bis heute gehört zur Besonderheit psychotherapeutischer Behandlungen, dass sie diese aktive Beteiligung der Patienten fordern.

Was positive und negative Wirkfaktoren der Psychotherapien sind, wurde hier schon ebenso deutlich: Befreiend in der Lebensentwicklung wurde es für die Patientin, ihre besonderen Interessen und Gaben verwirklichen zu können; entlastend war es für sie vorher schon, ihre seelische und soziale Lage einem interessierten und verstehenden Arzt mitteilen zu können, allerdings ohne dann ermutigende Hilfe in ihrer beengten Lebenslage durch ihn zu erfahren und sich im Leben draußen verändern zu können. Er war theoretisch retrospektiv fixiert durch Theorien hemmender, kathartisch abzuführender Traumen.

Diese erste Psychotherapie als Redekur war eine über eineinhalb Jahre reichende Lebensstrecke, welche die Patientin mit ihrem Arzt teilte. Dabei hat Breuer ihre unglückliche Lebenslage gesehen – es kam bei ihnen in der Behandlung aber nicht zu einer Verständigung darüber. Für Psychotherapeuten zu lernen ist hier, wie leicht wir uns in den eigenen Ursachentheorien verfangen können, dabei aber die gegenwärtigen inneren Anliegen und die äußere weitere Lebensentwicklung des Patienten übersehen und zudecken. Breuers Blickrichtung war die Vergangenheit, waren die traumatisch verletzenden Fixierungen, die bis heute in den psychoanalytischen Theorien tradiert und die aufzudecken als entscheidende Wirkfaktoren angesehen werden. Mit seinem jahrelangen persönlichen Einsatz und auch Scheitern zeigt Breuer die der Psychotherapie gegebene Aufgabe: Einfühlung in die individuelle Lebenslage mit entwicklungspsychologischem Wissen und zu neuen Einstellungen und Handeln ermutigenden Gesprächen zu verbinden.

Wissenschaftlicher und kultureller Wandel im 19. Jahrhundert

Es waren besondere wissenschaftliche und gesellschaftliche Veränderungen in Europa, die im 19. Jahrhundert zur Psychotherapie führten. Man hat dieses Jahrhundert als eines beschrieben, welches die Geschichtlichkeit in den Mittelpunkt seiner Forschung stellte. Nach zwei Jahrhunderten einer philosophisch vernunftbegründeten und allgemeinen enzyklopädischen Aufklärung richtete sich diese nun auf die Erde selbst und ihre Bewohner, auch auf deren gemeinsame Geschichte. An die Stelle der religiösen und mythischen Weltbilder trat wachsendes Wissen über unseren Planeten, dem, soweit absehbar, einzigen, auf dem Lebensvorgänge möglich sind. Es war das Jahrhundert, in dem die Erforschung der Erde in ihrer geologischen Geschichte wie in ihren vegetativen, animalen und menschlichen Lebensformen unternommen wurde. Darauf zielte z. B. die am Beginn des Jahrhunderts angetretene Reise Alexander von Humboldts in den Süden Amerikas, die er jahrelang durch das Studium der Geologie sowie der Pflanzen- und Tierwelt vorbereitet hatte. Er beobachtete, wie Vegetation und Tierwelt in ihren Strukturen und Lebensformen mit ihrer jeweiligen Umwelt verbunden sind, beide in verschiedenen Höhenlagen südamerikanischer Gebirge vergleichend. Am Rande ließ er sich aber auch von den Lebensformen der dort lebenden Menschen beeindrucken und hielt sie fest.

Seine Werke begleiteten dreißig Jahre später Charles Darwin auf seiner Reise, die ihn in den gleichen Erdteil, dann rund um die Welt und zu seinen Entdeckungen auf den Galapagosinseln führten. Ebenso hatte Darwin die Werke von Charles Lyell bei sich, der eine geologische über Jahrtausende reichende Geschichte der Erdoberfläche der biblischen einmaligen Schöpfung gegenübergestellt hatte. Wie sich vergangene und gegenwärtige natürliche Lebensformen mit der Geschichte der Erdoberfläche verbinden, war die Frage, welche ihn lebenslang beschäftigte.

Gemeinsam war diesen *Naturalisten* in ihrem sinnlichen Beobachten und wissenschaftlichen Denken, dass sie die Formen und

Funktionen der verschiedenen Lebewesen, auch die der Menschen, mit ihrer artgemäßen Umwelt verbanden.

Das trennte sie von den anderen Naturwissenschaftlern des 19. Jahrhunderts, die den physikalischen und chemischen Abläufen und Gesetzmäßigkeiten im menschlichen Körper nachgingen. Wenn heute von den Naturwissenschaften des 19. Jahrhunderts gesprochen wird, ist das meist mit diesem physikalistischen Ansatz verbunden, der sich in den Mitteln und im Denken von der Wissenschaft der Lebensvorgänge abhebt, die Ernst Mayr später in den Kennzeichen lebender Organismen beschreibt (35). Dem Physikalismus trat jedenfalls in der Biologie eine Wissenschaft der Lebensvorgänge in der organischen Welt gegenüber. Sie fragt wie bei allen Lebewesen auch beim Menschen nach den sinnvoll emergierenden körperlichen und seelischen Eigenschaften zum Überleben in der artgemäßen Umwelt.

Die Geschichtlichkeit des Lebens auf unserem Planeten wurde von Darwin in seiner *Evolutionstheorie* gefasst und auch der Mensch wurde in einen artgeschichtlichen Zusammenhang gestellt. Die Zweckmäßigkeit der körperlichen wie der seelischen Funktionen in ihrer Anpassung an ihre jeweilige Umwelt hat in der natürlichen Selektion in der Erdgeschichte das Überleben bestimmt. Wie Biologen betonen, erlaubt diese artgemäße Anpassung nicht nur die Frage des Wie bei diesen Funktionen, sondern auch des Warum.

Auch in der Medizin war die zweite Hälfte des 19. Jahrhunderts eine Epoche großer Entdeckungen im menschlichen Körper. Die morphologischen Befunde und pathophysiologischen Abläufe bei vielen Krankheiten wurden geklärt, pathogene äußere Einflüsse durch Bakterien als Ursachen aufgeklärt, so bei der Tuberkulose von Koch mit dem ursächlichen Bazillus. Dass auch hier die Umwelt, z. B. die Wohnwelt der Menschen für Ansteckung und Verlauf bestimmend war, wenn in den Wohnungen kranke Väter mit Kindern im gleichen Raum schliefen, wurde erst viel später zur Kenntnis genommen. Bestimmte Krankheitsbilder und neue Behandlungswege zu entdecken und mit dem eigenen Namen zu verbinden, sie zum »Morbus Parkinson«, »Bechterew« oder »Alzheimer« zu machen, verschaffte bleibenden Ruhm. Es motivierte die wissenschaftlich arbeitenden Ärzte und dasselbe ist auch in der Geschichte der Psychotherapie zu finden.

Aber nicht nur viele Krankheiten wurden aufgeklärt, auch wie der einzelne Mensch seine Krankheit und die Welt überhaupt erlebte, kam neu zur Sprache. Das Seelische als die subjektive Innenwelt des Menschen spiegelte sich bis dahin vor allem in dem, was Dichter beschreiben und was von Philosophen reflektiert wird. Und es ist kein Zufall, dass in dem Land, in dem »liberté, egalité, fraternité« hundert Jahre vorher für jeden Menschen verkündet wurden, subjektive Befindlichkeiten, welche sich in körperlichen Beschwerden äußerten, zu neuen Behandlungen unter dem Begriff »Psychotherapie« führten. Die subjektiv im Lebensgang von Kindheit und Jugendzeit bis ins Alter erfahrenen Rollen von Mann und Frau wurden im kulturellen Wandel in Frage gestellt.

Vor allem aber von Frauen wurde zunehmend individuelle Selbstbestimmung in Bildung und Lebensführung gefordert, um ihre konventionelle, sozial festgelegte Rolle zu überwinden. Eine 31-jährige Frau karikierte ihre eigene Lage und die herrschende männliche Welt:

»I am Nobody! Who are you?
are you Nobody too?
Then there is a pair of us!
Don't tell they'd banish us –
you know!

How dreary – to be – Somebody!
How Public – like a Frog –
To tell your name – the
livelong June –
To an admiring Bog!«

Ich bin Niemand! Wer bist Du?
Noch ein Niemand mehr dazu?
Schon sind wir ein Paar im Land!
Still, sonst werden wir bekannt!

Wie öde – Irgendwer zu sein!
Gemein – dem Frosch gleich –
stumpf
Den eignen Namen
auszuschrein –
Für den Applaus im Sumpf!

Es ist Emily Dickinson (1830–1886), die große amerikanische Dichterin, die hier spricht (11). Dies Gedicht ist in den USA heute noch populär und im alltäglichen Gebrauch beinahe entwertet, hat aber in seiner Ironie den Wert, die schwierige Stellung von begabten Frauen ihrer Generation auszudrücken, die wenig Chancen hatten, ihre Stimme zu Gehör zu bringen. Zu Lebzeiten waren von ihr nur sieben Gedichte in entstellter Form in Zeitschriften gedruckt worden, so dass sie es aufgab, sie einzureichen. Ihre Briefe an Freundinnen waren jedoch voll von ihnen. Sie wusste auch um den Wert ihrer Schöpfungen. Nach ihrem Tod fanden sich in einer Schachtel in ihrem Zimmer sechzehn geschnürte Pakete mit ihren Werken, so dass, zusammen mit den in Briefen verstreuten, insgesamt 1775 Gedichte auftauchten, die im Laufe des nächsten Jahrhunderts in alle Weltsprachen übersetzt wurden. Ihre äußere Isolierung im Elternhaus in einer kleinen Universitätsstadt, Amhurst, hatte sie nicht abgehalten, in der Bibel und bei Shakespeare alternative Lebensbilder zu entdecken, die sinnliche Welt der Pflanzen und Tiere im Garten wie die der Menschen zu deuten und das lebenslang mit befreundeten Frauen in Briefen auszutauschen. Etwa 150 Gedichte fangen wie das obige mit »Ich …« an und stellen dann Gott und die Welt in Frage. Emily Dickinson versuchte in subjektiver Erfahrung die gesamte Schöpfung zu fassen und wurde eine Stimme des *Transzendentalismus*, einer dichterischen Bewegung ihrer Zeit in Nordamerika. In England gab es damals Frauen, die in ähnlich isolierter Lage große literarische Werke schufen. In Berlin luden gebildete junge Frauen die Dichter in ihre Salons ein.

Die Lebenslage dieser Generation von Frauen, die sich kritisch gegen die repressiven familiären Lebensformen stellten, artikulierte sich auch in neuen dramatischen Krankheitsangeboten. Als »Hysterien« forderten sie die Ärzte heraus und boten ihnen eine neue Aufgabe. Was der eigentliche Gegenstand dieser »Störungen« war, der zu den neuen Formen von Therapie zwang, was die Betroffenen suchten und wie ihre Therapeuten es verkürzend interpretierten, wurde an Bertha Pappenheim schon deutlich.

Der Psychiater Wolfgang Blankenburg hat in einer richtunggebenden Arbeit »Hysterie in anthropologischer Sicht« (5) in Frage gestellt, ob hier nur Defizienz und Pathologie zu finden seien und nicht eine doch sehr berechtigte und gesunde Reaktion auf die gesellschaftlichen Verhältnisse. Dem »schönen Schein der Hysterischen« stehe schließlich der Mann als »Champion der Echtheit« gegenüber, in seiner männlichen Rolle überidentifiziert mit Status und Gediegenheit. Es sei hier bei den Frauen ein auch positiv zu wertender Versuch zu finden, die eigenen verkürzten Lebensmöglichkeiten in dramatisierter Form auszudrücken, wobei das Leid leiblich instrumentalisiert werde in einer spielerisch agierten Darstellung. Im hysterischen Anliegen lägen die häufig nur zu berechtigten Reaktionen auf die Enge der einseitig patriarchalisch beherrschten Familien. In den gegebenen Lebenslagen waren die Frauen eingeengt, schon als Mädchen gegenüber Jungen unterbewertet mit geringerer Aussicht auf Bildung, Leben und Freiheit.

Als »Störung« war das hysterische Theater der Frauen eine Antwort auf die einseitigen Lebensformen in den Familien, die wir heute noch in anderen Ethnien und Kulturen häufig finden. Bestimmte Ideale wie »wahres Selbst« oder »wahre Identität« akzentuierten häufig die mit Status und Rang überidentifizierten Männerrollen und sind in vielen Gesellschaften noch bestimmend. Männer machen bei uns heute als Patienten in der Psychotherapie nur einen Anteil von etwa 25–30 % aus. In Gruppentherapien brauchen sie meist viele Stunden, bis sie von sich selbst und ihren Schwierigkeiten sprechen können, und ohne Frauen kommt hier nur schwer ein Austausch zustande. Deren kommunikative Fähigkeiten, auch ihre Fähigkeit, sich emotional ausdrücken und mitteilen zu können, sind psychotherapeutisch ein tragendes Element. Die Frauen sind nicht nur die häufigeren, sondern meist auch die besseren Psychotherapeuten. Aber man muss keine Frau sein, um diese »weiblichen« Eigenschaften zu haben, kein Mann, um die negativen »männlichen« zu besitzen. Die unterschiedlich gewichteten »männlichen« und »weiblichen« seelischen Eigenschaften und Begabungen gibt es in breiter Streuung nur im Durchschnitt und nicht in scharfer dualer Trennung wie die körperlichen.

Bei Männern wurde der therapeutische Umgang mit hysterischen Störungen im 19. Jahrhundert ganz anders beschrieben. In seiner Biographie berichtet Leopold von Wiese und Kaisers-Waldau (45), Professor und Begründer der Soziologie in Deutschland, über seine Zeit im Kadettenkorps Wahlstatt, in das er zehnjährig 1886 eintrat. Die Grausamkeiten und Entwertungen der jungen Menschen mit körperlichen Strafen und sexuellen Misshandlungen gingen dort so weit, dass er alles versuchte, um von diesem »Privileg« preußischer Erziehung befreit zu werden. Nachdem verzweifelte Briefe an seine Mutter und regelrechte Fluchtversuche aus der Kadettenanstalt ihn nicht von einer fünfjährigen Erziehung dort befreiten, versuchte er es damit, dass er in eine Theaterrolle schlüpfte: Er spielte den Verrückten, der sich nur von Affen umgeben sah, spielte selbst einen Affen. Bald wurde er dem Stabsarzt zugeführt, der aber wenig Federlesens mit ihm machte. Er fesselte ihn an einen Elektrisierapparat und setzte ihn steigernden, immer schmerzhafteren Stromstößen aus, so dass der Junge seine Rolle bald aufgab.

Hysterische Konversionssymptome mit Anfällen und Lähmungen sind auch heute keine Seltenheit. Sie machen in manchen neurologischen Kliniken vier Prozent der Aufnahmen aus, werden aber ungern diagnostiziert. Der Begriff »hysterisch« ist heute zu bekannt und in den Diagnoseregistern zur »histrionischen« Persönlichkeit gemildert. Wenn die Diagnose gestellt wird, so ist das auch heute noch bei Frauen 10- bis 20-mal häufiger als bei Männern, auch als Neurosenstruktur.

Die subjektive Psychologie in ihrem zeitlichen Erwachen, in der individuellen Varianz sowie in den gegebenen Einflüssen von Natur und Kultur wurde für Ärzte und Psychologen nur langsam zum Gegenstand der Forschung. Noch bis weit ins 19. Jahrhundert wurden seelisch kranke Menschen als »Irre« von Irrenärzten in Irrenanstalten behandelt und von der Umwelt isoliert. Das Wort »Psyche« taucht zuerst auf in »Psychiatrischen Kliniken« in Frankreich, und der junge deutsche Nervenarzt Griesinger gründete nach Lehrjahren dort auch bei uns 1868 ein »Archiv für Psychiatrie und Nervenkrankheiten« (23). Er betrachtete die behandelten psychotischen Erkrankungen als Gehirnkrankheiten, die er jedoch zugleich in ihrem subjektiven Erleben als innere seelische Wirklichkeit zu verstehen suchte. Aber nur langsam wurden in Deutschland neben den zur Isolierung genutzten Irrenanstalten psychiatrische Lehrstühle zur Forschung und Behandlung an den Universitäten geschaffen. Die neue Orientierung drückte sich in der Medizin dann darin aus, dass sich die Nervenheilkunde in eine Neurologie und eine Psychiatrie differenzierte. In Heidelberg wurde die 1878 am Rande der damaligen Stadt erbaute »Großherzoglich-Badische Universitäts-Irrenklinik« erst 1908 zu einer »Klinik für Psychiatrie«, getrennt von einer neurologischen »Nervenabteilung«. Während sich die Psychiatrie seitdem vor allem mit den Kranken mit den großen psychotischen und den hirnorganischen Störungen beschäftigte, blieben bei den Neurologen die organisch fassbaren Nervenkrankheiten, z. B. die entzündlichen Neuritiden, aber auch solche, die als noch nicht zu objektivierende Nervenstörungen aufgefasst wurden, die Neurosen. In der akademischen Welt wurde Psychologie langsam zum wissenschaftlichen Fachgebiet, zunächst meist experimentell forschend, dann aber auch die subjektive Welt in den Einstellungen und Motivationen entwicklungspsychologisch differenzierend.

Eine der damit verbundenen Entdeckungen war die der Kindheit. Bis weit ins 19. Jahrhundert waren Kinder kleine Erwachsene, die schon früh auf Tugend und Leistung hin erzogen wurden. Die Vorstellungen und Erwartungen ihrer geistlichen und weltlichen Erzieher waren bestimmend. Nur langsam wurden die innerseelischen Reifungen der Kinder und ihre Entwicklungen in der Welt als eigene Bereiche anerkannt. Kindheit wurde zum Forschungsgegenstand mit unterschiedlichen Fragestellungen und Untersuchungsmethoden. Die Entwicklungspsychologie des Kindes und Jugendalters und dann die des Menschen überhaupt wurden ein zentrales und heftig umstrittenes Thema zwischen den psychotherapeutischen Schulen.

Ebenso wurde das Sexuelle im Menschen, was bisher nur in der Kunst, etwa in der Malerei sichtbar und in der Literatur erwähnt war, zum wissenschaftlichen Gegenstand. Das geschah auch hier zunächst in den Abweichungen, etwa als Psychopathia sexualis, durch forensische Psychiater wie Krafft-Ebing 1886 beschrieben. Eine zahlenmäßige Bestandsaufnahme sexuellen Verhaltens und Erlebens in den durchschnittlichen Formen wie auch in ihren Varianten erfolgte erstmals sechzig Jahre später in den USA und erregte auch dann noch großes Aufsehen.

Die Herausforderung, die zum Begriff »Psychotherapie« führte, lag darin, Beschwerden und Störungen zu behandeln, die keine körperlichen Ursachen und Behandlungsmöglichkeiten boten. Das geschah, wie schon erwähnt, erstmals 1881 durch den Internisten Bernheim an der Universität Nancy, der von der Psychotherapie bei Kranken, mit Beschwerden im Magen-Darm-Bereich, bei der Menstruation und anderen Schmerzzuständen sprach und schrieb. Er erkannte und nutzte hier die Ärzten gegebenen suggestiven Möglichkeiten und behandelte diese Patienten durch »Suggestion« und »Persuasion«, also durch ermutigendes Sprechen oder auch mit Hypnose, die damals bei hysterischen Störungen schon bei ihm üblich war. Diese seelischen Störungen wurden von Bernheim auch als Psychoneurosen bezeichnet (3). Ein Historiker der psychologischen Medizin, Heinz Schott, bewertet seine Einrichtungen heute als erste Psychosomatische Klinik (41).

In Paris interpretierte der Nervenarzt Charcot »Hysterien« als hereditär degenerative Hirnerkrankungen, verband sie später auch mit psychischen Verletzungen, mit »Traumen«. Die Behandlungen erfolgten in Paris in großem Stil und wurden dort im Hörsaal der neurologischen Klinik öffentlich demonstriert. Das willige Ansprechen vieler Frauen mit Hysterie auf seine Hypnose, die beide als körperlich abnorme Abläufe interpretiert wurden, verwies, wie Charcot meinte, auf die Schwere ihrer Krankheit. Der Internist Bernheim in Nancy sah in hypnotischen Zuständen nur normale suggestive Einflüsse, kein pathologisches Phänomen und keine Verbindung mit einer Körperkrankheit. Die hypnotische Behandlung von Hysterien, die Freud bei Charcot in Paris gesehen hatte, wurde von ihm dann in Wien nach seiner Niederlassung 1886 therapeutisch und später auch aufdeckend praktiziert. Breuers kathartische Methode und Psychotherapie entstanden so in ihren Anfängen in der Inneren Medizin und dann in der Neurologie, nicht in der Psychiatrie. Psychiater waren im 19. Jahrhundert vor allem mit »Irren« konfrontiert, deren Krankheit sie als Psychosen beschrieben. Diese seelisch schwer gestörten Patienten wurden auf charakteristische Symptome exploriert, die für eine Psychopathologie und diagnostische Einordnung des Patienten hilfreich wurden. Die psychiatrisch behandelten Krankheiten erschließen sich bis heute schwer einer verstehenden Annäherung, in Verbindung mit medikamentösen und sozialen Hilfen jedoch auch einer begleitenden Psychotherapie (s. unten S. 320).

Sigmund Freuds Wege zur Psychoanalyse – Die Macht von Theorien

Sigmund Freud hatte sich 1886 als Nervenarzt niedergelassen und arbeitete zunächst wie Breuer mit der Exploration unter Hypnose. Der Begriff der traumatischen Neurose war schon von Bernheim in Nancy eingeführt worden und auch in Wien verbreitet. Freud hatte ihn bei Charcot in Paris aufgenommen und ihn gemeinsam mit Breuer 1893 in einer vorläufigen Mitteilung »Über den psychischen Mechanismus hysterischer Phänomene« benutzt (7). In Paris und auch in Wien wurden diese Abläufe als traumatisch hirnfunktionelle Schädigungen aufgefasst, die dem seelischen Geschehen immer entsprechen. Hier wurde der Gedanke geboren, in dem bis heute die ursächlichen und therapeutischen Konstrukte sich verbinden: »Wir fanden zu unserer großen Überraschung, dass die einzelnen Symptome sogleich und ohne Wiederkehr verschwanden, wenn es gelungen war, die Erinnerung an den verursachenden Vorgang zu voller Helligkeit zu erwecken ... dadurch dass sie dem eingeklemmten Affekt den Ablauf durch die Rede gestattet.« In der späteren Krankheitslehre Freuds liegen die zu erinnernden Traumen in den Kindheitserlebnissen, die im Unbewussten gespeichert sind.

Sieht man die drei dann von Freud in den *»Studien zur Hysterie«* (16) beschriebenen und behandelten Frauen, so waren es zwischen 20 und 30 Jahre alte und durchweg begabte Frauen, die in familiären Gefängnissen eine lähmende und sie entwertende Lebensentwicklung erfuhren. Sie brachten in depressiven und verschiedenen körperlichen Beschwerden die widerspruchsvolle und konflikthaft erlebte Situation zum Ausdruck. Die Diagnose Hysterie wurde von Freud wegen ihrer Suggestibilität, einer »belle indifférence« im Gesichtsausdruck oder unbestimmter Schmerzen und Ermüdbarkeit gestellt. Was die Ärzte Breuer und Freud damals bei Hysterie annahmen und behandelten, ging an den Konflikten dieser Frauen und ihrer äußeren und inneren Lebenslage weit vorbei.

Emmy von M., eine als hochintelligent beschriebene adlige Tochter, hatte sich mit 23 Jahren mit einem Großindustriellen verheiratet, der nach einigen Jahren starb und sie mit zwei Kindern zurückließ. Sie lebte auf einem abgelegenen Herrensitz verstimmt und schlaflos, sehnte sich nach Stadtleben, Salons, Austausch und Aufgaben. Elisabeth v. R., eine 24-jährige Frau, schon als Mädchen keck, rechthaberisch und ehrgeizig, wollte studieren, sich in Musik ausbilden, ihre Neigungen und Freiheiten nicht einer Ehe opfern. Dem Ansehen und der sozialen Stellung ihrer Familie folgend, musste sie aber auf den ländlichen Gütern leben, den Vater eineinhalb Jahre bis zu seinem Tod pflegen und dann dort bleiben, während die älteren Schwestern heirateten und sie allein zurückließen. Die dritte behandelte Patientin ist Miss Lucy R., eine 30-jährige englische Gouvernante mit einer Zahnkaries und Eiterung der Nebenhöhlen, müde und in gedrückter Stimmung. Sie lebte am Rande der Stadt im Haus eines Fabrikbesitzers, musste seine schwierigen Kinder nach dessen autoritären Prinzipien erziehen, wobei er sie mit rigiden und tyrannischen Anweisungen quälte. Sie war von ihm abhängig und zugleich auch etwas in ihn verliebt. Als sie sich im Gespräch mit Freud das eingestanden hatte und dann bald dieses Haus verlassen konnte, war sie heiter und befreit. Der letzte Fall war die 16-jährige »hysterisch nervenkranke« Katharina, die als Hilfe in einer Bergschenke arbeitete und unter Atemnot und Druck im Kopf litt. Sie hatte real sehr begründete Ängste vor dem sie nachts betrunken im Bett besuchenden und bedrängenden Onkel und Arbeitgeber. Sie musste von Freud, der als Gast in der Schenke mit ihr sprach, nur ermutigt werden, mit der Tante zu sprechen, die ohnehin dabei war, sich scheiden zu lassen.

Die Verursachung all dieser Hysterien lag nach Breuer und Freud in verdrängten psychischen Traumen, deren Erregungspotenzial nicht abgeführt wurde und sich in den aufzuklärenden hysterischen Symptomen manifestierte. Die Konflikte fanden Breuer und Freud nicht in den gegenwärtig subjektiv erlebten konflikthaften Lebenslagen und die Therapie nicht in einer diese klärenden und lösenden Veränderung.

Sie beschrieben und dachten die seelischen Abläufe als Traumen und Katharsis in physikalischen Abläufen, wie sie es gemeinsam in der Physiologie gelernt hatten. Breuer beschrieb in den Mitteilungen von 1893 diese traumatischen Einflüsse als haftende Vorstellungen, als »ideogene Abläufe«, während Freud nicht »bloß ideogene«, sondern somatische Abläufe im Gehirn, im »psychischen Apparat«, betonte.

Freud war in seinem weiteren Vorgehen dann ganz auf die Spuren und die Deutung der vermuteten seelisch schädigenden Ursachen ausgerichtet. Es entsprach wohl seinem Denken nach zwei Jahrzehnten neurologischer, vor allem hirnanatomischer und physiologischer Arbeiten mit 30 Publikationen, dass diese in fremdbestimmten, d. h. von außen kommenden Schädigungen gesucht und gefunden wurden. Das explorierende und nach bestimmten »Indizienbeweisen in der Analyse« suchende Vorgehen lag in seiner Natur. Er hat später wiederholt von sich gesagt, dass er selbst mehr wissenschaftlicher Forscher als Therapeut war. Eine seiner ersten Patientinnen, eine traurig verstimmte und schlaflose Frau von 40 Jahren mit zwei Kindern, nach dem plötzlichen Tode ihres Mannes allein lebend, mahnte Freud, er solle nicht immer fragen, woher das oder jenes komme, »sondern sie erzählen lassen, was sie zu sagen habe«. Freud entwickelte damals für sich die Methode, Patienten auf eine Couch zu legen. Sie mussten die Augen schließen, er drückte sie auf die Stirn, und sie sollten, in die Kindheit zurückdenkend, alles, was aus ihren Erinnerungen auftauchte, aussprechen. Später wurde das zur »freien Assoziation« und ist, wenn man Ernest Jones, dem Biographen Freuds folgt, als »Beginn der Psychoanalyse« zu betrachten.

Auf den letzten Seiten der »Studien zur Hysterie« wird in einer nicht weiter ausgeführten Krankengeschichte von Freud erstmals die *Beziehung zwischen Patient und Arzt* in der Behandlung thematisiert. Es war ein neuer und bedeutender Schritt Freuds, dieses Thema in der Psychotherapie zu behandeln. Eine bis heute immer wieder neu bewegende Frage wurde damit aufgeworfen: die Rolle des Arztes und Therapeuten, das Gewicht seiner Person und seines Verhaltens in der Behandlung, ein nach heutigem Wissen wesentlicher Wirkfaktor. Es geschah aber bei ihm in einseitiger Weise – überraschend, dass er es einleitend als ein Thema bezeichnete, »welches eine *unerwünscht* große Rolle in der Analyse spiele … und man könne in jeder ernsteren Analyse damit rechnen«. Freud hat diese Beziehung im Substantiv *Übertragung* gefasst, ein Begriff, der bis heute in der traditionellen Schule noch gelehrt und gelernt wird.

Freud schreibt hier von einer Patientin, dass »einmal nach der Beendigung der Sitzung der Wunsch bei der Kranken auftauchte, er solle sie küssen«. (16) Er berichtet: »Sie ist entsetzt darüber, verbringt eine schlaflose Nacht und ist das nächste Mal, obwohl sie die Behandlung nicht verweigert, ganz unbrauchbar zur Arbeit.« Als dann aber, wie üblich zu dieser Zeit, mit Stirndrücken von ihm Erinnerungen gesucht werden, »siehe da, der Wunsch, der die Kranke so erschreckte, erscheint als die nächste, als die vom logischen Zusammenhang geforderte der pathologischen Erinnerungen«. Es ist der »vor vielen Jahren gehegte und sofort ins Unbewusste verwiesene Wunsch, der Mann, mit dem sie damals ein Gespräch führte, möchte doch herzhaft zugreifen und ihr einen Kuss aufdrängen«. Es habe sich also bei ihm, Freud, um »eine falsche Verknüpfung«, eine »mésalliance«, gehandelt. »Nun ich das einmal erfahren habe, kann ich von jeder ähnlichen Inanspruchnahme meiner Person voraussetzen, es sei wieder Übertragung und falsche Verknüpfung vorgefallen. Die Kranke fällt merkwürdigerweise der Täuschung jedes neue Mal zum Opfer.« Allerdings steht bei Freud in den Studien zur Hysterie das frühere Erlebnis mit dem Mann als Erstes, als sei es vorher schon beiden bekannt gewesen, den Einfall mit dem Kusswunsch nach der Stunde beschreibt er dann als die logische Folge des früheren Wunsches.

Sieht man diese *Geburtstunden der Übertragung*, so erscheint es eine Zumutung, Freud zu folgen. Es ist schwer fassbar, dass bis heute die Begriffe »Übertragung« und auch »Gegenübertragung« beherrschend sind, in denen Patienten und Therapeuten in ihrer Beziehung nur frühere Personen, jetzt ihre eigenen Elternfiguren, wiederholen sollen. Es ist ein Begriff, der vor Inanspruchnahme entlastet, wie Freud selbst schreibt, indem er die gesamte Beziehung zwischen Patient und Arzt als Wiederholung früherer Beziehungen fasst. Ohne dies ursprüngliche Geschehen und Freuds Deutung kritisch zu reflektieren und in Frage zu stellen, wird weiter von »Übertragung« gesprochen, wenn heute von den Beziehungen zwischen Patient und Arzt bzw. Therapeuten die Rede ist. Aus einer unerwünschten Begleiterscheinung ist sie zum zentralen therapeutischen Wirkfaktor der Psychoanalyse geworden. Indem pathogene und unbewusste Beziehungen aus der Kindheit auf Therapeuten übertragen werden, soll sie zum zentralen Heilfaktor werden. Die psychoanalytischen Therapeuten, auf die frühere negative Einstellungen übertragen werden, müssen »nur besser sein als ihre Mütter und Väter«, wie ein Psychologe es später ironisch fasste. Mit Gegenübertragung wird das gefasst, was Therapeuten aus ihren unbewussten fixierten Einstellungen noch in der Behandlung wiederholen.

In vieler Hinsicht ist Freud in seinem Denken und Handeln neue Wege gegangen. Seinem Wunsch nach Anerkennung und Ruhm nachgebend, neigte er aber zu großen Vereinfachungen in seinen Konstrukten und Theorien, vermochte diese nicht mehr zu differenzieren oder gar aufzugeben. Es gibt im Erleben und Verhalten zu anderen Menschen sicherlich persönlichkeitseigene Einstellungen bei uns allen, in denen wir dazu neigen, bestimmte Erwartungen auszudrücken und Haltungen zu wiederholen. Sie sollen beim Patienten in der Behandlungssituation lebendig werden, wirken in dem, was er aus der Stunde und in der Beziehung zum Therapeuten macht, was von uns diagnostisch zu registrieren ist. Zu leugnen, dass die Behandler vom Patienten auch als Personen mit ihren Eigenschaften und Schwächen erlebt werden, dass jeder Gedanke an sie nur »falsche Verknüpfung« sei, ist offensichtlich eine Schutzbehauptung.

In der »Selbstdarstellung« dreißig Jahre später hat Freud auch von einer Patientin berichtet, die ihn beim Stirndrücken umarmte, es sei dann aber unvermutet gerade eine dienende Person eingetreten und habe ihn befreit. Er führte dort dies Geschehen auf das »mystische Element hinter der Hypnose zurück«, nicht auf »seine Unwiderstehlichkeit«.

Als beim ersten psychoanalytischen Nachkriegskongress in Genf Paula Heimann, eine nach London emigrierte und dort überlebende Psychoanalytikerin, nach einem Vortrag in der Diskussion vorschlug, auch eine *»natürliche Beziehung«* zwischen Patient und Arzt anzuerkennen (26), erhielt sie im persönlichen Gespräch von Jones sofort einen Verweis. Sie wurde von ihm, wie sie mir berichtete, mit Ausschluss aus der Internationalen Psychoanalytischen Vereinigung bedroht, was ihren Lebensunterhalt in Frage stellte. Das hielt sie aber nicht ab, ihre abweichenden Auffassungen einige Jahre später zu publizieren (27). Der Begriff »Übertragung« wird bis heute genutzt, diskutiert und erweitert, doch lenkt er in seiner retroprojektiven Einseitigkeit in eine falsche Richtung. Andere Psychotherapeuten beschreiben heute denselben Sachverhalt als eine Arbeitsbeziehung. Dabei war Freud, wenn er selbst behandelte, ein anderer, als wenn er ex cathedra für seine Schule und Schüler schrieb. Von seinen Patienten weiß man, dass er sehr persönlich und unkonventionell sein konnte, etwa wenn er einem hungrigen Patienten bei sich in der Wohnung erst einen Hering zu essen gab, bevor die Behandlung begann, und einer Frau, die eine seinen Erwartungen entsprechende Deutung gab, eine Blume überreichte. Aber er vermochte seine einmal veröffentlichten Aussagen nicht zu widerrufen, was auch heute für niemanden leicht ist, aber bei rasch fortschreitendem Wissen nicht erspart bleibt.

Freuds weitere Schritte von der Psychotherapie zur Psychoanalyse waren verbunden mit der Ursachensuche in der Vergangenheit. Nach der Übertragung mit den »unbewussten Erinnerungen« an frühere Erlebnisse entdeckte er 1896 solche – unbewussten – Erinnerungen an sexuellen Missbrauch in der Kindheit als Ursache der Hysterie (17). Die Auffassungen wurden von ihm in der Wiener Nervenärztlichen Gesellschaft vertreten und in Publikationen veröffentlicht. Er hatte 18 Fälle von Hysterie, 12 Frauen, 6 Männer, offenbar noch mit Stirndrücken und Fragen nach vergangenen Erlebnissen untersucht und hatte dann bei allen »wirkliche Irritationen der Genitalien« vor der Pubertät gefunden. Sie seien bei den Kindern noch nicht verstanden und als nicht traumatisch wirkend vergessen oder verdrängt worden und sollen erst in der sexuellen Reifezeit als »unbewusste Erinnerungen« dann zum Konflikt und zu hysterischen Erscheinung führen.

Hier beginnt mit den adjektivischen »unbewussten« Erinnerungen oder unbewusster Intelligenz, was dann 1900 durch das Substantiv *»das Unbewusste«* als seelisch motivierendes System und Raum im psychischen Apparat ersetzt wird, welches die verdrängten Erinnerungen der ersten fünf Lebensjahre aufnimmt. Charcot hatte die Hysterie noch als anlagebedingte, d. h. degenerative Hirnerkrankung betrachtet. Freud stellte eine hereditäre körperliche

Komponente bei Neurosen damals und auch lebenslang allgemein nicht in Frage. Die hereditäre Disposition wurde dann aber durch das Gewicht akzidenteller Erlebnisse mehr und mehr in Theorie und Praxis ersetzt.

Die *sexuelle Missbrauchstheorie*, 1896 französisch und deutsch publiziert, führte zur Trennung von Breuer, der diese Auffassungen nicht teilte. Nach 1898 erwähnte Freud diese Ursachentheorie der Hysterie nicht mehr, ohne aber frühere Aussagen dazu ausdrücklich zu widerrufen. Nur seinem Freund Wilhelm Fliess in Berlin gestand er brieflich »seinen Irrtum« und seinen jetzt verzweifelten Zustand deswegen ein. Er müsse ja »jetzt auf schon sicheren Ruhm und Reichtum verzichten«. Es seien »Phantasien« gewesen, seine eigenen offenbar. Nachvollziehbar hatte er gehofft, sich damit einen Namen in der Medizin zu schaffen. Hier machte Freud als Erster die Erfahrung von Psychotherapeuten, dass wir dazu neigen, das zu finden, was wir suchen und brauchen, wie auch, dass es Patienten gibt, die das spüren und es uns liefern. Dreißig Jahre später in der Arbeit »Selbstdarstellung« wirft er als Frage auf, ob er diese Dinge »seinen Patienten nicht vielleicht selbst aufgedrängt hatte?« Doch das konnte er auch jetzt nicht bei sich finden. Wie er weiter schreibt, sei er da wohl nur »zum ersten Mal mit dem Ödipuskomplex zusammengestoßen«, also den phantasierten sexuellen Wünschen der Patienten.

An die Stelle der aufgegebenen Missbrauchstheorie trat dann die umfassende Sexualtheorie, in der sexuelle Regungen der Kinder gegenüber den Eltern als Ursachentheorie auftreten, vor allem ödipale Wünsche. Die Kindheit wird zur »Blütezeit der Sexualität« mit dem Saugen an der mütterlichen Brust oder Daumenlutschen beginnend und von der kindlichen Onanie bis zum platonischen Eros reichend, später mit einem Lebenstrieb verbunden. In den »Abhandlungen zur Sexualtheorie« von 1905 wurden aus dem passiv erlebten Missbrauch die sexuell oralen, analen und ödipalen Triebwünsche mit einer kindlichen Wiederholungslust. Es wurden also weiter kindliche akzidentelle sexuelle Beziehungserlebnisse angenommen, elterliches Verhalten mit Schädigungen verbunden. Eine endogene Dynamik bestimmter Triebwünsche der ersten Lebensjahre wurde als traumatisches Schicksal gefasst.

Dabei stützt sich Freud auf die Auffassungen des vom Biologen Ernst Haeckel vertretenen »biogenetischen Grundgesetzes« von 1874. Der vertrat in einer Variante darwinistischer Theorien, dass Tiere und auch Menschen in ihrer Ontogenese die Phylogenese wiederholen, also in der Kindheitsentwicklung die Erwachsenenstadien ihrer Vorfahren rekapitulieren. Es waren damals populäre Auffassungen, die von Biologen und Entwicklungsgenetikern bald als unbegründet angesehen wurden. Außerdem wurden von Freud bei den Kindheitstheorien die Beschreibungen des Psychiaters Krafft-Ebing benutzt, der 1886 an Krankheitsfällen eine »Psychopathia sexualis« erkannt zu haben glaubte und das sexuelle Verhalten des Menschen u. a. mit sadistischen und masochistischen Zügen verband.

Es entsprach der wissenschaftlichen Einstellung Freuds wie schon der Breuers, dass die aktuell in der Analyse zu klärenden Symptome und auftauchenden Störungen und Konflikte in früheren Vorkommnissen und Erlebnissen, in einem Trauma ihre Ursache haben und dort auch deren therapeutische Auflösung zu suchen ist. Aus Psychotherapie wurde so Psychoanalyse. Die neuen Konstrukte, vor allem die Übernahme des Begriffes des Unbewussten aus der Romantik, bei ihm der seelische Raum, in dem die abgewehrten traumatischen Erlebnisse gespeichert sind, sind zentrale Auffassungen und bilden bis heute traditionell den theoretischen Hintergrund.

Das im Rahmen seines Denkens wissend suchende Verhalten entsprach einer sehr persönlichen Einstellung, die bei Freud lebenslang bestimmend war. Er selbst hat dazu festgestellt, dass bei ihm der Anspruch und die Begabung des Wissenschaftlers über die des Therapeuten überwogen. Bestimmte Traumen als Ursache krankhafter seelischer Entwicklungen gehörten zu Freuds wissenschaftlichem Denken. Das von außen kommende Fremdbestimmte und Schädigende zu entdecken und festzuhalten, war die Aufgabe und seine Leidenschaft. Freud betonte immer die Faktizität seiner psychoanalytisch gewonnenen Erfahrungen und seiner Aussagen, die den Anspruch hatten, die Wirklichkeit unmittelbar abzubilden. Man kann bei ihm eine positivistische Einstellung erkennen, die er aus seinen neurologischen Jahren übernommen hatte. In den fünfzehn Jahren, bevor er die Psychoanalyse entwarf, hatte er dreißig Arbeiten zu verschiedenen neuroanatomischen und neurophysiologischen Themen publiziert. Vor fünfzig Jahren wurden in einem Buch die neurologischen Werke Freuds zusammengefasst und gezeigt, dass Freud in der Neurologie und Psychologie die körperlichen Befunde wie dann die seelischen Abläufe in der damaligen naturwissenschaftlichen Denkweise begründete (42). Den psychischen Erscheinungen entsprachen die physiologisch gleichlaufenden Abläufe, dem körperlichen Apparat im Gehirn seit 1896 ein »seelischer Apparat«. Das seelische Geschehen und die »Befunde« werden mit der gleichen Sicherheit und Gegenständlichkeit beschrieben wie die körperlichen.

Nun gehörten Entdeckungen im Gehirn zu den wissenschaftlichen Funden dieser Epoche, und Psychiater wie Griesinger betonten, dass die Krankheiten bei ihren Patienten körperliche und im Gehirn bedingte seien. Wilhelm Griesinger, der vierzig Jahre älter als Freud war, sprach aber zugleich den seelischen Vorgängen einen eigenen Bereich zu, in dem sie beim Menschen ausgerichtet seien und die beobachtet, verstanden und behandelt werden müssen (23). Die Frage der Verbindungen des Seelischen mit dem Körperlichen beim Menschen wie bei Tieren hat sich seither mit dem soziobiologischen Verstehen der Lebenswissenschaften und in neuer Weise mit der verhaltensgenetischen Entwicklungspsychologie weiter differenziert. In den biologischen, zivilisatorischen, historischen und kulturellen Bedingungen der Lebenszeit des Menschen sind neue Elemente als mögliche Krankheitsursachen aufgetreten.

Innovative Beobachtungen stammen vom Historiker Carlo Ginzburg, der die verschiedenen Wissenschaften in ihrem Wandel beobachtete und miteinander verglich. Er charakterisiert in einer Schrift »Spurensicherungen« (22) Freud als Teil einer neuen *anthropozentrischen Bewegung*, die in beobachteten Einzelheiten und Spuren die wichtigen Zeichen findet, welche ein Kunstwerk wie ein menschliches Lebensgeschehen zuordnen und auch erklären können. Freud hatte in den Jahren nach 1893 den Arzt und Kunstbetrachter Morelli gelesen, der bei Bildern über »Kleinigkeiten«, etwa wie ein Ohrläppchen gemalt wurde, den wahren Maler zu entdecken meinte. Freud hat sich später im Essay »Der Moses des Michelangelo« ausdrücklich auf ihn bezogen. In seiner Schrift von 1886 über hysterische Ursachen, später in den akzidentellen Schäden, Onaniehemmungen etc. tauchen solche Entdeckungen als Ursachen krankhafter seelischer Entwicklungen bei ihm auf. Es sind die in den damals aufkommenden Kriminalromanen aufkommenden *Indizienbeweise*, die in geradezu detektivischer Perspektive hier in seinen Ursachentheorien benutzt werden, wobei dann auch der ihnen gemeinsame sexuelle Charakter aufgedeckt wird. Zunächst in hypnotischem Spurensuchen, dann beim Auf-die-Stirn-Drücken, um in die Vergangenheit des Patienten vorzudringen, und später in der freien Assoziation wurde nach den Ursachen gesucht. Es ist ein detektivisch intuitives Beobachten und Wissen in diesen Einzelheiten, ein Indizienparadigma, kein umfassendes. Sicher war die Medizin schon früher und ist auch heute wieder in ihren Diagnoseregistern mit ihrer Addition von Einzelsymptomen in dieser Gefahr. Die bio-psycho-sozialen Verbindungen einer genetisch körperlichen Dynamik mit dem sich manifestierenden Seelischen und dessen Ausrichtungen auf äußere sozialkulturelle Gegebenheiten im Lebensgeschehen sind jedoch nicht zu vernachlässigen.

Das detektivisch aufdeckende, nach »Indizienbeweisen in der Analyse« suchende Element in Freuds Krankengeschichten hatte Carlo Ginzburg schon beschrieben, bevor Freuds Haushälterin dazu berichtete, dass es auch in seinen Mußestunden zu finden sei. Das Dienstmädchen Paula Fichtl, die die letzten zehn Lebensjahre bei Freud in Wien in der Berggasse lebte, kannte seine Eigenheiten aus der Nähe und berichtet von seiner Vorliebe für dort gemeinsam gelesene Detektivromane, etwa Sherlock Holmes: »Der Herr Professor hat fast immer gewusst, wer der Mörder war, aber wenns dann doch wer anders war, hat er sich geärgert.« (4) Das Weltbild des Detektivromans, in dem es die unschuldigen Opfer gibt und schädigende Täter draußen als Ursache gesucht und gefunden werden, entspricht bis heute den traditionellen Theorien der Psychoanalyse. In dieser Rollenverteilung wird aber die Einsicht vermieden, dass wir in unserem lebensgeschichtlichen Handeln und Schicksal nicht allein passive Opfer, sondern immer auch aktiv handelnde Täter sind. Eine der Attraktivitäten der Kriminalromane liegt für viele

Menschen wohl in dieser dort stattfindenden entlastenden Aufteilung der Welt.

In den Jahren ab 1898 machte Freud eine Selbstanalyse bei sich und schrieb, diese nutzend, sein Buch über die Traumdeutung. Dann entwarf er in den »Drei Abhandlungen zur Sexualtheorie« von 1905 eine Krankheitslehre in Form einer Entwicklungspsychologie mit libidinösen Phasen, welche sich an die Haeckel'sche Vorstellung anlehnt, nach welcher der sich entwickelnde menschliche Körper die Stufen und Formen seiner phylogenetischen Vorfahren wiederhole. Sie wurde die Basis von Freuds Theorie infantil sadistischer und masochistischer, ödipaler und sexueller Phantasien, Wünsche und Urängste. Als fixierende Traumen, die abgewehrt und ins Unbewusste verdrängt werden, treten jetzt elterliche Einflüsse in der Kindheit auf, die zu neurotischen Schädigungen führen. Deren Wiederholung und Deutung in der sie aktualisierenden Übertragung sind die psychoanalytischen Heilfaktoren. Freud hat seinen Gedanken, den Ideen, die, wie er schrieb, aus seinem Unbewussten kamen, eine Wirklichkeit zugesprochen. Bestimmte Begriffe wie »Trauma«, »Übertragung« und das »Unbewusste« sind in der Psychoanalyse zu stabilen Gebilden geworden, zu gegenständlichen Kernannahmen, die das ursächliche Denken und therapeutische Handeln in ihrer Ausrichtung bestimmen und von weiterer fragender Inanspruchnahme befreien.

In diesem Gang durch die Geschichte der Psychoanalyse lässt sich schon erkennen, wie durch theoretische Annahmen zu den Ursachen der Störung die wahrgenommene und beschriebene Lebensentwicklung des Menschen bestimmt und eingeengt werden kann. Freud hat einmal 1897 von sich selbst festgestellt, er sei kein Mann der Wissenschaften, kein Beobachter, er sei ein Conquisatorentemperament. In der traditionellen Schule sind diese Theorien bis heute nicht mit neuem genetischem Wissen und späteren Einflüssen verknüpft und dadurch relativiert.

Freud war andererseits ärztlich zu erfahren, um *Anlageeinflüsse* nicht zu erkennen und zu wissen, dass nicht alles durch Umwelteinflüsse zu erklären ist. In seiner Krankheitslehre von 1905 taucht die *Konstitution* im Hinblick auf unterschiedliche Stärke der Partialtriebe auf, ebenso wie später neben den akzidentellen Einflüssen

(18). Wenn er aber 1920 in der »Psychogenese eines Falles von weiblicher Homosexualität« (19) über eine Krankenbehandlung berichtet, gibt er zunächst eine lebensgeschichtlich verstehende vollständige Aufklärung »mit vertrauenswürdigem analytischem Material« über die Ursachen der Objektwahl durch die fremdbestimmte Psychogenese. Dann heißt es bei ihm aber auch, die Psychoanalyse sei nicht dazu berufen, das Problem der Homosexualität im Ganzen zu lösen, sie könne nur die psychischen Mechanismen, die Wege von den konstitutionellen Triebanlagen zur Objektwahl enthüllen. »Dann bricht sie ab und überlässt das Übrige der biologischen Forschung.« Er macht noch Aussagen zum somatischen und psychischen Geschlechtscharakter, verweist auf seine Annahme einer ursprünglichen Bisexualität des Menschen. Bemerkenswert ist, dass diese Arbeit geschrieben wurde, nachdem er damals gerade in einer Lehranalyse seine Tochter Anna behandelt hatte, die in ihrem Leben nur zu Frauen nahe und bleibende Beziehungen hatte.

Der Begriff »Konstitution« für Anlagefaktoren wird heute nicht mehr verwendet, da er seelische Merkmale mit dem Körperbau, etwa asthenisch, athletisch, pyknisch, verband. Es wurden lediglich die unterschiedlichen Körperformen des jugendlichen, des mittleren und des späteren Alters bei Menschen dabei beschrieben (46).

Freuds Festhalten und Sich-nicht-ändern-Können reichen bis in seine letzten Aufzeichnungen 1938 in London. Aus seinem Nachlass sind im letzten Band seiner Werke (20) einige Seiten mit Überlegungen festgehalten:

»20.VII: Die Annahme von Erbspuren im Es ändert sozusagen unsre Ansichten darüber.«

Das Wort »Erbspuren« taucht hier bei Freud zum ersten Mal auf. Nach der Rettung in England doch noch eine späte Meinungsänderung, beeinflusst vielleicht durch die aufklärenden Aussagen von Darwin und Galton? Die Evolutionstheorie hatte hier gerade mit der Genetik zu ihrer modernen Synthese gefunden, in der Kontinuität und Variabilität mit der erblichen Verankerung und Vielfalt begründet werden.

Aber zwei Wochen später heißt es bei dem 84-jährigen Mann wieder:

»3.VIII: Letzter Grund aller intellektuellen und Arbeitshemmungen scheint die Hemmung der kindlichen Onanie zu sein ... Die infantile Sexualität hat wieder einmal ein Vorbild fixiert.«

Also bleibt es doch bei der Kindheit, deren Opfer wir sind, die wir lebenslang wiederholen müssen und die unser Schicksal ausmacht.

Und drei Wochen später findet sich als letzte Notiz im Rahmen der Gesammelten Werke:

»22.VIII: Mystik, die dunkle Selbstwahrnehmung des Reiches außerhalb des Ichs, des Es.«

Entwicklung und Stellung des Menschen in dieser Welt wären dann nur in esoterischen Erzählungen und im Wissen Eingeweihter zu fassen, nicht empirisch zu klären.

Aber es gibt eine Wirklichkeit, und es ist möglich, sich ihr beobachtend zu nähern. Wie sich Subjektivität im Körper und in der Welt bis zu den seelischen Störungen im Leben entwickelt, ist nicht mystisch zu erahnen. Der verstehende Weg zum Erleben und Verhalten des Patienten führt nicht über die Psychologie des Unbewussten und eine Metapsychologie. Die Erkenntnisse dazu sind empirisch in der sinnlichen Welt zu fassen. Sie können, wenn man sie mit Beobachtungen anderer vergleicht und sich verständigt, dem Verstehen näher gebracht werden. Die von Freud initiierte Bewegung musste sich in der Praxis deren Aufgaben und Zwängen und in den Theorien einem sich wandelnden Wissensstand der Psychologie stellen.

Andere Perspektiven – andere Behandlungen

In der Nachkriegszeit fand die Psychoanalyse zunächst in den USA und in Europa, hier in England, Frankreich und in Deutschland, eine große Verbreitung, vor allem in der Medizin. Aber es gab auch Wissenschaftler anderer Disziplinen, die sich durch die Psychoanalyse und ihre Aussagen herausgefordert fanden.

Ein Schweizer Philosoph, Hans Kunz (1902–1974), der den Grundlagen von Psychologie und Anthropologie nachging, legte 1956 eine Schrift »Über die latente Anthropologie der Psychoanalyse« vor (33). Er stellte die Theorien Freuds in einen weiteren Rahmen und bemerkte, positiv sei, dass Freud mit den Fragen nach der seelischen Entwicklung des Menschen und seiner Stellung in der Welt vor allem die Macht der *Natur des Menschen* neu aufgeworfen habe. Er habe die besonderen Weisen des Menschseins und ihres Selbstverständnisses beschrieben und damit das Lebensgefühl der Menschen seiner Zeit berührt. Als bestimmende Kraft der seelischen Entwicklung sei bei Freud im Menschen ein kindliches Triebgeschehen beschrieben, als »Sexualität« bezeichnet, als unbewusste Motivation sei es lebenslang bestimmend. Er habe nach den Zielen, dem Zweck und dem Sinn des Lebens gefragt, sei auf das Lustprinzip gekommen, dann auf den Tod gestoßen, den er in einem Todestrieb fasste.

Kunz sah das als Zeichen dafür an, dass Freud auf die »Rätselhaftigkeit der ursprünglichen lebendigen Natur« gestoßen sei. Doch seien die Natur und die seelische Entwicklung nicht in einem mechanistischen Triebsystem zu fassen, in Verdrängungen und in einem Wiederholungszwang, wie auch nicht in einem vitalistischen oder teleologischen Denken. Dem stellt Kunz dann den jeweils gegebenen »inneren Geschehenscharakter der Lebensvorgänge« gegenüber. Es gehe um den »in Lebenslagen immanenten Lebenssinn«, der beim Menschen wie bei allen Lebewesen im Laufe des Lebens erfasst und gelebt werde. Er verweist auf das Wort von Pico della Mirandola: »Der Mensch schafft sich selbst durch die Tat, der Mensch ist der Vater seiner selbst.« Das Sich-entscheiden-Können des Menschen setze ihm immanente Möglichkeiten des Erlebens und des Handelns voraus, Anteile an Freiheitsbewusstsein, die nicht gering einzuschätzen seien.

Der Frage nach den die Menschen bestimmenden *inneren Anlagen* und wie weit auch seine Geschichtlichkeit im Leben von ihnen bestimmt wird, ist Hans Kunz in seinem weiteren Lebenswerk nachgegangen, dabei sich u. a. auf Aussagen von Erwin Straus und Karl Löwith stützend (34). Zur Frage nach der Natur und seiner Geschichtlichkeit betont er, dass beide keine Gegensätze seien, sondern sich im Leben des Menschen in artgemäßen und individuellen Formen verbinden. Die Einmaligkeit gründe im je einmaligen Geschehen der Natur, was sich in seiner Geburt und bei seinem Tod zeige, wie bei allen Lebewesen. Die hier philosophisch begründeten psychologischen Aussagen von Hans Kunz machen bereits deutlich, dass in Entwicklungspsychologien immer Menschenbilder zu finden sind.

Die grundlegend neuen Aussagen von Kunz wurden in psychoanalytischen Zeitschriften und in Büchern verbreitet, ohne dass sie aber diskutiert wurden und Einfluss gewannen. Sein Name und sein kritisches Werk tauchen weder in Zeitschriften auf noch in einem Buch über »Philosophie und Psychoanalyse« mit zwanzig Beiträgen von Psychoanalytikern, die bei einem fünftägigen Symposion in Wien 1989 zum Gedenken an Freuds Tod vor 50 Jahren gehalten wurden. Es ist offenbar schwer für Psychoanalytiker, neue und andere Wege zu gehen und abzuweichen von der offiziellen Lehre.

Die Feststellungen von Kunz liegen Jahrzehnte zurück, in denen die Lebenswissenschaften ein großes und neues Wissen über Menschen gesammelt haben. Es sind Aussagen über die körperliche Natur und in ihr liegende allgemeine sowie individuell variante Anlagen in ihrem Gewicht für die wahrgenommene und verarbeitete Welt, die seine Aussagen bestätigen.

Uns Psychotherapeuten hielt schon in den 60er-Jahren die in den Behandlungen immer gegebene »präsentisch-offene dynamische Lebenslage« von den psychogenetisch deterministischen Auffassungen der Psychoanalyse ab (6). Das eigenwillig und aktiv sinnentnehmende Subjekt erschließt die gegenwärtige und die zukünftige Welt lebenslang immer in eigener Weise, auch vergangene

Erfahrungen in positiver wie negativer Weise umwertend für sich nutzend. Aber in den psychoanalytischen Schulen wurde weiter, wie Freud 1912 bemerkt hatte, »das Kind zum Vater des Mannes« gemacht, man unterlag selbst im Denken einem deterministischen Wiederholungszwang.

In Deutschland gab es gleich nach dem Krieg 1945 in Berlin, München, Stuttgart und anderen Städten durch ausgebildete analytische Psychotherapeuten Neugründungen und dabei neue Begriffe, Behandlungsmethoden und Krankheitstheorien. Schon in den Zwanzigerjahren hatte sich in Berlin eine Gruppe um Harald Schultz-Hencke formiert, der nach dem Krieg eine *Neopsychoanalyse* in Theorien vertrat, welche die Schulen Freuds, Adlers und Jungs amalgamieren sollten. Er wagte einige Abweichungen von der Entwicklungspsychologie Freuds und beschrieb als Ursache der Neurose sechs etwas anders bezeichnete und charakterisierte Formen kindlichen Antriebserlebens: intentional, kaptativ-oral, retentiv-anal, aggressiv, urethral und liebend-sexuell. Genotypisch unterschiedlich ausgeprägt, stark oder schwach, erfahren sie in der Kindheit als Kernvorgang neurotische Hemmungen. Beim Erwachsenen werden dann Versuchungs-Versagungs-Situationen als störungsauslösend angenommen. Das in etwas linearen und mechanischen Formen beschriebene seelische System hält dabei aber an der *Kindheitsgenese* fest. Es kam in Deutschland zur Spaltung in eine sich ganz an Freuds Theorie und Erbe orientierte Gruppe, die DPV, und eine neopsychoanalytische DPG. Obwohl in beiden Gruppen durch nationalsozialistische Parteimitgliedschaften Belastete wirkten, erhielt nur die traditionelle Gruppe den Anschluss an die Internationale Psychoanalytische Gesellschaft, die abweichenden wurden als die Erben des »Dritten Reiches« betrachtet. Politisch erheblich belastet war sicher der Kreis um C. G. Jung, der sich schon 1933 aus der Schweiz gegen die »jüdische Psychoanalyse« ausgesprochen hatte.

An eine neopsychoanalytische Poliklinik schloss sich in den Nachkriegsjahren in Berlin die Arbeit einer Ambulanz am »Zentralinstitut für psychogene Erkrankungen der Allgemeinen Ortskrankenkasse Berlin« an. Aus ihr wurde nach 15 Jahren über »Katamnestische Ergebnisse bei 1004 Patienten mit analytischer Psychotherapie« von Annemarie Dührssen berichtet (12). Diese vorgelegten positiven Katamnesen, an Krankenhaustagen und Arztbesuchen dokumentiert, führten 1967 zur Übernahme tiefenpsychologischer und analytischer Psychotherapie als Leistung der gesetzlichen Krankenkassen in der Bundesrepublik. Aus diesem Patientenkreis in Berlin und der neopsychoanalytischen Tradition stammen auch die ersten empirischen Zwillingsuntersuchungen zur Erblichkeit bei Neurosen, welche zu wertvollen international beachteten Ergebnissen geführt haben. Nicht allein die erbliche Gewichtung wurde dabei deutlich gemacht, es wurde auch versucht, weitere Umwelteinflüsse davon abzugrenzen, dabei aber Einflüsse der Kindheit weiter betonend (s. S. 153).

Bahnbrechend in Deutschland wurde 1950 an der Universität Heidelberg die Gründung eines Instituts für Psychotherapie mit einer Krankenstation durch Alexander Mitscherlich, bei finanzieller Unterstützung durch die Rockefeller Foundation. Im Laufe des Jahrhunderts führte das an beinahe allen deutschen Universitäten zu ähnlichen Einrichtungen. Psychosomatische Medizin und Psychotherapie wurden zu einem medizinischen Lehrfach. Das geschah gegen den Widerstand der meisten Psychiater, der sich vor allem gegen deren psychoanalytische Orientierung richtete. Am Ende des Jahrhunderts wurde ihr Facharzttitel zu einem für Psychiatrie und Psychotherapie, sicher eine Verbindung mit noch viel Entwicklungspotenzial.

Psychosomatische Medizin ist ein Begriff, der schon beim englischen Dichter Coleridge auftauchte, der den Denkern der deutschen Romantik nahe stand. Er verband damit seine Emotionen, die er verstandesmäßig in einem unterbewussten Zustand halte und die seine andauernden körperlichen Beschwerden verursachen. Zu Psychiatern und Neurologen, welche 1927 die Zeitschrift »Der Nervenarzt« gründeten, gehörten Erwin Straus und Viktor von Weizsäcker – sie führte bis 1966 den Untertitel »Monatsschrift für alle Gebiete nervenärztlicher Tätigkeit mit besonderer Berücksichtigung der Psychosomatischen Beziehungen«. Nach dem Krieg entstanden verschiedene Abteilungen für Psychosomatische Medizin, in denen systematisch körperliche Erkrankungen psychotherapeutisch behandelt wurden. Ebenso geschah das in Nordamerika durch Psychoanalytiker, die emigriert waren, durch Franz Alexander in Chicago und Erich Wittkower in Toronto.

In Heidelberg fasste Alexander Mitscherlich alle behandelten körperlichen Erkrankungen in der Theorie einer zweiphasigen Verdrängung, sie ursächlich mit einer psychoanalytischen Dynamik verbindend. Und wenn von Weizsäcker dann feststellte: »Nichts Seelisches hat keinen Leib, nichts Organisches hat keinen Sinn«, so war das für ihn bei allen Krankheiten gegeben und der Sinn nur tiefenpsychologisch zu finden. Es wurden damit psychogenetische Ansprüche auf alle körperlichen Erkrankungen erhoben, von der Angina tonsillaris bis zur Tuberkulose. Wir waren eine gläubige Generation, ausgerichtet auf die seelisch traumatischen Ursachen in der Kindheit und deren Auswirkungen bei allen körperlichen und seelischen Leiden. Internistische und psychiatrische Erkrankungen wurden damals wie selbstverständlich als psychogenetisch bedingte körperliche Erkrankungen aufgefasst, und es wurde versucht, sie psychotherapeutisch zu behandeln. Ein Internist, der uns in Heidelberg in den Fünfzigerjahren nachbarlich förderte, Herbert Plügge, mahnte uns Psychosomatiker bereits, dass der Körper das größere Geheimnis sei.

Anders war das bei Franz Alexander, der zwar auch bei acht großen internistischen Erkrankungen jeweils nach den spezifischen seelischen und affektiven Konflikten suchte, diese aber mit dem endokrinen und autonomen Nervensystem in funktionale Verbindung setzte. Dabei betonte er nicht allein die von Darwin schon beschriebenen körperlich verankerten affektiven Ausdrucksformen, sondern auch das Gewicht der Erbanlage. Und in den Therapieformen vertrat er schon 1946, man müsse die Behandlungen abkürzen und auch unterbrechen, um den Patienten möglich zu machen, im Leben draußen neue Erfahrungen zu sammeln (1). Das Thema Psychosomatik soll hier später noch in einem Kapitel im Ganzen behandelt werden (s. unten S. 329).

Unabhängig von den Universitäten entstanden in Deutschland im Laufe des letzten Jahrhunderts mehr als 50 Ausbildungsinstitute mit über 4000 Mitgliedern, Ärzte und Psychologen psychoanalytisch ausbildend. Es ist ungewöhnlich in einer sich rasch wandelnden Welt, dass eine vor 100 Jahren entworfene Krankheitslehre und damit verbundene Behandlungsform in praktisch unveränderter Form bis heute weiter gelehrt und praktiziert werden kann, wie es mit der Psychoanalyse geschieht. Freud hatte ein theoretisches Werk mit großer sprachlicher Überzeugungskraft entworfen, seine aus den Träumen erschlossene innere Lebensgeschichte nutzend und in einer entwicklungspsychologischen Krankheitslehre fassend. Er hat Gedanken seines Jahrhunderts aufgenommen und mit seinen Theorien und dann mit seiner Schule zum Menschenbild des Zeitalters selbst beigetragen. Wir haben oben schon gesehen, dass es Freud schwer war, in Worten und Schriften öffentlich seine Meinung zu ändern und etwas, was er als Wissensbestand in Besitz genommen hatte, wieder aufzugeben. Und seine Schule ist ihm darin gefolgt, anders als die zweifelnden Darwinisten, die dann im Jahrhundert nach seinem Tod in der Synthese mit der Genetik seine Aussagen fundierten.

Der Psychoanalytiker Otto Kernberg, später Leiter der Internationalen Psychoanalytischen Gesellschaft, mahnte uns in den 70er-Jahren bei einem Vortrag in Heidelberg: »Psychoanalytiker müssen sich darüber klar werden, ob sie Mitglieder einer *Abendschule*, einer *religiösen Gemeinschaft* oder in einer *wissenschaftlichen Disziplin* sind.« Wir Psychotherapeuten waren in den Jahren nach dem Krieg in Gefahr, in einer gläubigen Gemeinschaft die Theorien Freuds und von Weizsäckers zu verehren und ein Feindbild gegenüber der naturwissenschaftlichen Schulmedizin zu pflegen. Es gab nur psychosomatische Krankheiten, d. h. psychogene körperliche Krankheiten.

Aber wir haben, durch die Frage Kernbergs angeregt, die Ursachentheorien anderer Disziplinen, deren genetische und psychologische Befunde aufgenommen und in stationären und ambulanten Behandlungen andere Methoden genutzt. Otto Kernberg vertritt bis heute selbst weiter sehr einseitige Theorien. In einem seiner späteren Bücher von 1992 über »Aggression in Personality Disorders and Perversions« behandelt er das aktuelle Thema der *Wurzeln von Gewalt*. Er beschreibt darin das Auftauchen aggressiver Empfindungen in der Übertragung in Analysen verschiedener Patientinnen mit leichten seelischen Störungen, registriert meist im zweiten und dritten Jahr in der »Übertragung« aggressive Regungen und interpretiert sie dann. Er kommt zur Auffassung: »Intensive attachment to the frustrating mother is the ultimate origin of the transformation of rage into hatred«, also: Intensive Bindung an eine frustrierende Mutter ist die letzte und eigentliche Ursache, in der Wut zu Hass wird, wobei er sich noch auf Melanie Kleins Theorien der ersten Lebensjahre bezieht. Aber überzeugt und hilft uns das, wenn wir heute mit Gewalt und Kriminalität in unserer Gesellschaft konfrontiert sind und als Psychotherapeuten nach angemessener Behandlung gefragt werden? Die noch zu behandelnden Fragen von Gewalt in der Adoleszenz und ihre rechtsradikale Begründung weisen, in Hinsicht auf die beteiligten Persönlichkeiten und ihre Sozialisation, auf viel komplexere Gegebenheiten (s. dazu unten S. 238).

Die Aussagen der Psychoanalyse sind bis heute auf Einzelfälle gestützt, und es ist offenbar leichter, sich im traditionellen Denken zu bewegen als sich zu widerlegen. Das hängt wohl damit zusammen, dass hier mehr als in anderen Behandlungen nicht nur der aktive Beitrag des Patienten von Gewicht ist, sondern auch der persönliche Einsatz des Therapeuten. Seine Person und sein Verhalten sind viel mehr beteiligt als etwa bei medikamentösen Therapien. Er trägt damit auch für den Erfolg der Behandlung mehr Verantwortung. Ein Halt an schulmäßig anerkannten Theorien ist hier sehr gefragt.

Das *Begriffssystem des Unbewussten* erlaubt eine große Freiheit. Es ist ein verneinender Begriff, auch in der Psychoanalyse, hier ist er zeitlos, ohne Widerspruch, also ohne jede Logik. Es besteht die Gefahr, dass man in diesem metapsychologischen Substantiv einen Sack hat, in den man alles hineinstecken kann, was man weghaben will, und alles herausholen, was man braucht. Er hat eine Tradition bei Nietzsche, der Verdrängungen anschaulich charakterisierte: »Das habe ich getan, sagt mein Gedächtnis. Das kann ich nicht getan haben, sagt mein Stolz und bleibt unerbittlich. Endlich – gibt das Gedächtnis nach.« Nietzsche hat aber auch adjektivisch davon gesprochen, dass »alles vollkommene Tun unbewusst« sei, was ja für viele Regungen, Motivationen und Erlebnisse zutrifft.

Es soll hier nicht übergangen werden, dass es gerade unter erfahrenen Ärzten nicht wenige gab, die sich von der einseitig retrospektiv ursächlichen Ausrichtung auf die immer frühere Kindheit freigemacht haben. Das Wort von Bertha Pappenheim, dass Psychotherapie vom Anwender und von den Anwendungen abhängt, von seiner Person und seiner Methode, bewahrheitete sich. Schon 1946 waren von Analytikern wie Franz Alexander und French in einer Schrift »Psychoanalytic Therapy: Principles and Application« eine andere, eine auf die gegenwärtige Lebenslage mit ihren emotionalen Konflikten gerichtete Behandlung vorgeschlagen worden (1). Kurze Unterbrechungen sollten den Patienten dabei ermöglichen, neue Erfahrungen in ihrer Umwelt zu machen, um die Behandlung, wenn nötig, später weiterzuführen. Ihre Schrift über diese neue Form psychoanalytischer Therapie wurde allerdings nie wieder aufgelegt und in keine andere Sprache übersetzt. Sie entspricht dem, was dann als tiefenpsychologische Therapie in Deutschland aufkam, die auf die gegenwärtige emotionale Lage wie auf die in der Persönlichkeit verwurzelte Konfliktlage gerichtet ist.

Es gab psychiatrisch und psychotherapeutisch erfahrene Ärzte, die seit langem sowohl in der Ausrichtung auf die gegenwärtige Lage und zukünftige Entwicklung wie in der Bewertung genetischer Faktoren eine dem jetzigen Wissensstand entsprechende Auffassung vertraten. Der nach Ausbildung in Bonhoeffers Klinik in Berlin 1937 noch nach New York auswandernde deutsch-jüdische Psychiater Max Gruenthal (1892–1962) hat das schon in den 50er-Jahren in einigen Arbeiten festgehalten (24). Wie in jeder Krankenbehandlung sei auch bei der Psychotherapie die Diagnose wichtig, sie schließe hier aber die Persönlichkeit, die seelische wie körperliche Verfassung und den sozialen und familiären Hintergrund ein. Die Behandler sollen dabei mit dem ebenso aktiven Patienten seine Problematik herausfinden, wie sich seine gegenwärtige Störung mit seiner Lebenslage verbinde. Er müsse ermutigt werden, in einem *»testing the limits«* selbst seine Möglichkeiten und Grenzen auszuforschen und zu erfahren. Es sei nicht aussichtsreich, in der Kindheit die Ursachen seiner Störung suchen und finden zu wollen, um sie bei ganz passiven Therapeuten in der Übertragung zu erkennen. Die Patienten könnten aber aus den bisherigen Erfahrungen lernen. *Erblichkeit und Umwelteinflüsse* seien in jeder individuellen

Entwicklung mit unterschiedlichen Gewichten gegeben und das Wissen über Erkrankungen in der Herkunftsfamilie sei so nützlich für den Arzt. Er behandelte im Gegenübersitzen, versuchte keine Kurztherapien, sondern begleitete die Patienten eine Lebensstrecke, dabei wie Franz Alexander freie Intervalle wie auch Fortführungen empfehlend, wenn die Nöte des Lebens sie zu ihm zurückführten.

In der Psychotherapie mit Schizophrenen (25) ist nach Gruenthal der Verlauf der Erkrankung kaum vorhersehbar und so auch kaum der Einfluss einer Psychotherapie. Das offene Gespräch aber, welches den oft sehr intelligenten Kranken orientiert, ihn nicht allein lässt, wenn es zu eingeschränkten Lebenslagen kommt, sei angemessen. Sie weiter bei ihrer *sozialen Einordnung* und im Wohnen wie Arbeiten zu stabilisieren, sei häufig die ärztliche Aufgabe.

In einem Buch »Narrative Truth and Historical Truth – Meaning and Interpretation in Psychoanalysis« wurden 1982 vom amerikanischen Psychoanalytiker Donald Spence (43), sekundiert von Robert Wallerstein, die historischen Konstrukte Freuds als *»archäologische Wahrheiten«* kritisiert. Es seien erzählte Wahrheiten aus Behandlungsstunden, in denen Erinnerungen, Träume, Einfälle und freie Assoziationen auftauchen, von Therapeuten provoziert und erwartet, die hier zu grundlegenden und als wissenschaftlich belegt angesehenen Ursachen werden. Die erdachten Konstrukte seien sprachlich vergegenständlichte, unvollständig belegte Evidenzen der Stunde, die bei Freud und in seiner nachfolgenden Schule zu Theorien synthetisiert wurden. Spence macht das auf 320 Seiten theoretisch und an vielen Fallbeispielen anschaulich, konzentriert sich auf in der Behandlungsstunde selbst auftauchende Mitteilungen, auf individuelle und situationsbedingte Entdeckungen in der Lebensgeschichte und deren kreative Deutung. Er nimmt dabei die Kritik Grünbaums auf, dass post hoc nicht propter hoc sei, die Erwin Straus schon 1930 übte, der in den kindlichen kognitiven und affektiven Reifungsstufen sich neu manifestierendes seelisches Erleben und Verhalten, jedoch nicht die Ursachen krankhafter Entwicklung sah.

Wallerstein stellt zu dem Buch von Spence einleitend fest, dass es das Freud'sche historische Seelenmodell in Frage stelle und dass es kaum möglich sei, aus Wortinhalten der psychoanalytischen Stunde historische Wahrheiten zu machen. Um als Wissenschaft zu gelten, brauche die Psychoanalyse neue empirische Daten und deshalb sei jedem Psychoanalytiker zu empfehlen, das Buch zur Kenntnis zu nehmen. Aber auch dieses Buch ist nicht nur in keine andere Sprache übersetzt und wieder aufgelegt worden, es wurde auch nirgendwo referiert oder auch nur erwähnt.

Wallerstein selbst kam nach zwanzig Jahren in einer Retrospektive auf sein großes Katamneseprojekt der Menninger Foundation stationär behandelter, also schwerer gestörter Patienten zur Auffassung, mit der klassischen psychoanalytischen Methode und Ausrichtung nur bei wenigen Kranken etwas erreicht zu haben, bei vier von zwanzig. Eine stützende und realitätsorientierte Ausrichtung der Behandlung half bei den anderen aber zu einem erfolgreichen Abschluss (44).

In Deutschland sind erfahrene ältere Therapeuten wie Peter Fürstenau von der bisherigen psychoanalytisch retrospektiven Behandlungsmethode zu einer *»progressionsorientierten Psychotherapie«* übergegangen (21). An der Stelle der »esoterischen Psychoanalyse«, also der in ihre großen Theorien Eingeweihten, vertritt er eine exoterisch-allgemeinverständliche, eine lösungsorientierte, in der sinnlichen Welt verwurzelte Psychotherapie. Die gesunden Ich-Anteile seien aufzuspüren und die Patienten zu neuen Lösungen zu ermutigen, sowohl bei den gewöhnlich schwer gestörten stationär behandelten wie in den ambulanten Zweiersituationen. Dabei werden aber Ursachenfragen, wie sie Spence aufwarf, nicht erwähnt. Bleiben die traumatischen Ursachen unangetastet?

Der Psychoanalytiker Fritz Riemann, der vieles studiert hatte, Germanistik und Graphologie, Psychologie und Astrologie, dann im Berlin der 20er-Jahre und später in München zum gesuchten Psychoanalytiker wurde, hat ein vielseitiges und für die Praxis hilfreiches Werk hinterlassen, das er ›72-jährig‹ in einer Altersrückschau kritisch zusammenfasst (39). Das deterministische und kausalistische Denken von Kindheit her werde der individuellen Entwicklung und Einmaligkeit des Schicksals und der subjektiven Situation des Menschen nicht gerecht. Die Psychoanalyse müsse als Wissenschaft zwischen Natur- und Geisteswissenschaft stehen. Er stellt die klassische Couchmethode und hochfrequente Analyse sehr in Frage, empfahl gerade bei schweren Erkrankungen das Sitzen und eine niedere Frequenz. Die orthodoxe Methode, in der der Analytiker mehr vom Patienten wisse als dieser selbst, verführe zu einem Perfektionismus und gebe vor allem in der Ausbildung wenig Möglichkeit zur freien Entfaltung der Persönlichkeit. Die Methode werde zum Über-Ich, die dogmatische Lehre zur Weltanschauung, in der neue Gedanken keinen Platz mehr hätten. Es gehe in der Psychotherapie darum, wie ein Mensch ursprünglich angelegt sei, um seine *primäre Natur* vor aller Milieueinwirkung und Überfremdung. Und diese schwierige Aufgabe, die alle Psychoanalytiker in ihrer Arbeit kennen, könne nur die Astrologie, das Horoskop, erfüllen. In seinen Behandlungen und Lehranalysen, bei denen er zuerst immer Geburtsstunde und -ort erfragte, entfaltete er dann einen Schatz von großer Menschenkenntnis und machte Voraussagen für die weitere Zukunft.

Es gab so in der Nachkriegszeit schon Zweifel und Kritik an Freuds Theorien. In den psychoanalytischen Ausbildungen der traditionellen Schule lebt heute das im physikalischen Denken verwurzelte Trauma wieder auf, dabei auch die Theorie kindlicher Sexualität. Ob man seelisch Kranke als von anderen Menschen Geschädigte sieht oder als Menschen, die eher aus ihrer eigenen Natur und aktiv erlebten und mitbestimmten Lebenserfahrung zu ihrem gegenwärtigen Zustand gekommen sind, gibt der Psychotherapie sehr unterschiedliche Bewertungen und Ausrichtungen mit. Es kann vor Selbstmitleid schützen und dazu ermutigen, es in Zukunft besser zu machen als bisher, aus dem Vergangenen und Nichtgelebten, vielleicht nur Gewünschten, aber Nichtgewagten zu lernen. Es fordert heraus, eigene Phantasien und Möglichkeiten zu bejahen und zu wagen, neue Erfahrungen zu machen. Ob die Vergangenheit zu bearbeiten und aufzuklären ist oder die gegenwärtige und zukünftige Lebenslage neu zu entwerfen und zu fassen, ist ein großer Unterschied. Erwin Straus sah in der Rückwendung in die Vergangenheit selbst das neurotische Element.

Die Verhaltenstherapien in Theorien und ihre Praxis

Auch die Verhaltenstherapie hat Voraussetzungen, die bis ins 19. Jahrhundert und noch weiter zurückreichen, allerdings in andere akademische Bereiche mit anderen wissenschaftlichen Methoden als die Psychoanalyse. In der angelsächsischen Welt waren psychologische Fragen von Philosophen wie Spencer und Hobbes, Locke und Bentham schon lange als Menschenbilder und erkenntnistheoretisch in England wie dann in den USA reflektiert worden. Das schuf dort an den Hochschulen für Psychologie einen günstigen Boden für die Aufnahme die Psychotherapien.

In Deutschland wurde Psychologie nur auf Umwegen zum Gegenstand akademischer Forschungen und zum Lehrfach. Eine hier für die Entwicklung bedeutsame Gründergestalt war Wilhelm Wundt, der, im badischen Neckarau 1832 geboren, zunächst Medizin studierte, 1864 in Heidelberg Physiologie lehrte, dann aber seit 1875 in Leipzig einen Lehrstuhl für Philosophie hatte. Hier richtete er 1890 ein »Institut für instrumentelle Psychologie« ein. Menschliches Verhalten, aber auch Wahrnehmungen und Erleben sollten wissenschaftlich erforscht werden, systematisch und immer an mehreren Menschen beobachtend und beschreibend. Ein nur einfühlendes Verstehen in das subjektive Erleben erschien ihm unwissenschaftlich, experimentelle Grundlagen und Beobachtung des Verhaltens an Gruppen von Menschen wurden gefordert. Bis 1920 wurde »Erlebtes und Erkanntes« bei Wundt empirisch untersucht und differenziert reflektiert, allerdings ohne praktische Anwendungen.

Die im 20. Jahrhundert dann praktizierte *Verhaltenstherapie* hat ihre Wurzeln in der angelsächsischen akademischen Psychologie. In den USA hatte John Watson 1913 eine wissenschaftliche Psychologie des Verhaltens, den Behaviorismus, entworfen und bei Kindern ängstliches Verhalten provoziert, indem er sie durch Gegenstände mit negativen Reizen konditionierte. Dem folgten dann therapeutische Gegenkonditionierungen, mit positiven Einwirkungen, Belohnungen etc. verbunden. Die äußeren gegenwärtigen Einwirkungen, »Konditionierungen«, »Reize«, »Verstärkungen« als Ursachen bei aufgetretenen Störungen zu erfassen und sie in der Therapie zu löschen wurden die Elemente der Verhaltenstherapie. Watson versprach 1924, gesunde kleine Kinder durch die richtige Erziehung zu Ärzten und zu Künstlern, aber auch zu Bettlern oder Dieben machen zu können, ein bis heute uneingelöstes Versprechen. Watson ist nur noch historisch von Interesse.

Wissenschaftlich dominierten dann zunächst Theorien wie die Reflextheorien von Pawlow und kontingente Lerntheorien, später differenziertere Lerntheorien, die mit dem »Lernen am Modell« oder an Vorbildern auch mit entwicklungspsychologischen Ansätzen verbunden wurden. Auch hier werden äußere negative und positive Einwirkungen als bestimmende Kräfte beschrieben bzw. akuter oder chronischer Stress und die Belohnung positiven Verhaltens. Die Fähigkeit des Lernens wurde betont, die allgemeinen familiären Bedingungen mit der Internalisierung am positiven Vorbild wurden als bestimmend angesehen. Die sich weiter entwickelnde Verhaltenstherapie richtete sich auf symptomzentrierte Behandlung, zunächst als Gegenkonditionierung bezeichnet, dann in Überwindung der Symptome durch neue, positive Lernerfahrungen oder auch durch Überflutung mit Reizen (flooding). Die unterschiedliche Natur der Menschen mit ihren subjektiven Einstellungen und den Temperamenten tauchte in diesen Sozialisationstheorien noch nicht auf.

Als wissenschaftliche Bewegung ist die Verhaltenstherapie in den USA in ihrer Pragmatik als Antithese zu den psychoanalytischen Richtungen aufgetreten. Sie hat nicht nur die kürzere, sondern auch eine wechselvollere Geschichte, der man im Vergleich mit traditioneller Psychoanalyse auch Theoriearmut vorwarf. Ob das langfristig von Vorteil ist und gegenüber der Psychoanalyse ihr pragmatischer Gewinn bleiben wird oder sie auf die Dauer von komplexen psychosozialen Entwicklungen isoliert, bleibt die Frage. Die Macht bestimmter historisch sich entfaltender und bis in unsere Zeit wirkender theoretischer Entwürfe von Gründergestalten ist in der Psychotherapie offenbar allgemein gegeben.

Eigene Wege ging der Psychologe Eysenck, der 1934 aus »politischer Abneigung« von Berlin nach London emigriert war und dort mit seinen experimentellen und quantitativ messenden Beobachtungen zunächst eine Verbindung von Lerntheorien mit der »behavior therapy« programmatisch vertrat. In Eysencks ersten Zwillingsuntersuchungen wurden schon 1951 die Persönlichkeitsdimensionen der *Extraversion* und des *Neurotizismus* mit einer *Anlagekomponente* in Verbindung gebracht, also mit einer vom Patienten selbst herkommenden Verhaltenstendenz. Er war es, der thematisch dann differenziert »The Biological Basis of Personality« bei neurotischen Störungen bearbeitete (15). Darwin und Galton als Vorbilder voranstellend, wurden dabei genetische Daten von Zwillingsbeobachtungen genutzt, dann auch erklärend für kriminelle Verhaltensformen. Heilung war für Eysenck die Beseitigung der Symptome in der Gegenwart, eine persönliche Beziehung bezeichnete er in der Psychotherapie dabei als »nicht wesentlich«, aber »nützlich«. Analytisch psychotherapeutischen Behandlungen warf er eine widerspruchsvolle Theorie vor mit unbewiesenen lebensgeschichtlichen Begründungen der Symptome in den unbewussten Ursachen. Eine heftige Kritik über fehlende selbstkritische Nachuntersuchungen bei psychoanalytischen Behandlungen begründete er u. a. mit Hinweisen auf häufige *spontane Remissionen* bei Neurosen. Er selbst verglich Erfolge bei seinen Behandlungsgruppen mit unbehandelten Kontrollgruppen. Allerdings handelte es sich bei beiden Gruppen um wenig krankheitswertige Störungen, häufig waren es Studenten aus Beratungsstellen. Für die Verhaltenstherapie ist Eysenck, der über Jahrzehnte in England arbeitete und publizierte, kein Gründungsvater geworden. Er wird in der Geschichte ihrer Disziplin und in Lehrbüchern kaum noch erwähnt. Er hatte sich wohl in seinen Ursachentheorien zu viel mit genetischen Faktoren beschäftigt, die bei Verhaltenstherapeuten kaum auftauchen.

Die Verhaltenstherapie hat eigene und mehrere Gründergestalten, aber anders als die Psychoanalyse nach Freud durchlief sie in den USA und in England im Laufe des Jahrhunderts eine langsame Wandlung vor allem in der akademischen Psychologie. Sie verstand sich seit ihren Anfängen als objektive, naturwissenschaftlich begründete Disziplin, welche sich auf Experimente und Beobachtungen von Menschen und Tieren stützte, und als Alternative und Kritik der Psychoanalyse. Der seit 1973 in den USA benutzte Begriff »Behavioral Medicine« wird als »Verhaltensmedizin« auch in Deutschland benutzt, auf Erfolge bei körperlichen Erkrankungen sich berufend. Nicht Selbstbeobachtung als Methode, sondern eine Psychologie als objektive Naturwissenschaft, als Zweig der Biologie, wird jetzt vertreten.

Bei einer selbstkritischen Einstellung haben sich die Verhaltenstherapien im Laufe des letzten Jahrhunderts theoretisch und in ihrer Praxis differenziert. Es war ein weiter Weg vom Behaviorismus von Watson zu Eysencks Dimensionen der Persönlichkeiten, von den ersten Lerntheorien zu den Verhaltenstherapien, in denen die individuelle subjektive Komponente zukunftsgerichtet genutzt wird. Hier wird bei depressiven Kranken den gegenwärtig bestimmenden inneren Einstellungen nachgegangen, für die Zukunft entworfene positive Bilder werden gesucht und dann in der Vorstellung neu eingeübt. Die Lebensgeschichte und die gegenwärtige Lage werden einbezogen, auch die emotionale Entwicklung wie die Beziehung zum Therapeuten beobachtet und benutzt. Es werden so ohne Bedenken ähnliche Elemente wie in analytischen Therapien genutzt, eine Annäherung ist zu verzeichnen.

In einer großen und selbstkritischen Übersicht wird 1984 die Geschichte der Verhaltenstherapie von einem führenden Hochschullehrer, Rudolf Cohen, dargestellt (10). Es zeigt sich zunächst für ihn, dass die in Reizen und Reaktionen oder als operantes Konditionieren und Dekonditionieren gefassten Theorien dem Erleben und Verhalten im seelischen Lebensgeschehen wenig entsprechen. Vorstellungen seien keine photographieähnlichen Abbildungen der Wirklichkeit, sie enthielten kognitive, emotionale Komponenten und auch personale Präpositionen über eigene Handlungen im Hinblick auf die anderen. Er betont damit die subjektiv aktive Sinnentnahme der Umwelt und verweist auf Beobachtungen, dass die verhaltenstherapeutischen, und auch analytischen Verfahren bei den verschiedenen Störungsformen unterschiedlich erfolgreich und schädlich sein können. Cohen ist einer der wenigen Psychologen, der selbst beide Ausbildungen durchlaufen hat, ihre theoretischen

Schwächen wie auch ihre gesammelten praktischen Erfahrungen kennt. In der Literatur über erfolgreiche Therapien bei den Psychoanalytikern wie den Verhaltenstherapeuten fand er positiv gewichtet die Beziehung zwischen Therapeut und Patient, eine gewonnene Einsicht in eigene Probleme und das erreichte größere Selbstvertrauen. Damit gebe es offenbar ähnliche Erfolge über ähnliche Wirkfaktoren bei den letztlich doch sehr unterschiedlichen Theorien. Aber eine undifferenzierte Anerkennung beider werde den unterschiedlichen Störungen und menschlichen Schicksalen nicht gerecht. Wo die Psychoanalyse überall die Zusammenhänge suche und finde, da betone die Verhaltenstherapie die situativen Gegebenheiten, wo jene die Gemeinsamkeiten der Symptome in Vergangenheit und Gegenwart herausstelle, da finde diese strukturelle und lebenszeitliche Unterschiede. In einer versöhnlichen, aber auch kritischen Feststellung stellt er fest: Es sei nicht zu übersehen, dass es sich bei beiden um geglückte *Endformen einer langen Entwicklung* handele mit einer ihnen eigenen inneren Stimmigkeit.

Cohen betont, dass es nicht ratsam sei, die gesammelten Erfahrungen als *gesicherte Wahrheiten zu integrieren* und beide Schulen in ihren traditionellen Theorien zu belassen. Endformen müssen keine Idealzustände, sie können auch Sackgassen sein. Sie sind in ihrer Praxis auch nicht einzuschmelzen in eine neue »allgemeine Psychotherapie«, wie sie von Grawe vorgeschlagen wird, der Wirkfaktoren aus beiden Richtungen in einer ökonomisch begrenzten Psychotherapie für alle Krankheiten fassen will. Nach Cohen haben beide etablierten Therapierichtungen Grund, der anderen Respekt zu zollen. Heute oft proklamierte »Integrationsversuche« reduzieren jedoch die verschiedenen Ansätze nur auf verschiedene Techniken. Cohen schließt: »Es ist noch unermesslich viel Arbeit zu leisten, um auch nur innerhalb einer jeden Schule zu klären, wie die eigene Arbeit zu verbessern sei.«

Es besteht nach seiner Auffassung offenbar für beide psychotherapeutischen Schulen zunächst die Aufgabe, sich selbst über die eigenen noch unbefriedigenden Ursachen- und Entwicklungstheorien klar zu werden. Mit der abgelehnten photographieähnlichen passiven Abbildung der Umwelt im Lernen weist er auf die neu zu erarbeitende Grundlagen in der Verhaltenstherapie. Wir selbst zeigten die überholten psychoanalytischen Konstrukte von traumatisch in der Kindheit den Menschen lebenslang passiv prägenden Schädigungen auf. Es ist also deutlich, dass beide Schulen in keinem umfassenden interdisziplinären Wissensstand stehen und darin »aufgehoben« sind.

Manche der psychoanalytischen und der verhaltenstherapeutischen Richtungen haben sich in ihrer Praxis, konfrontiert mit den Nöten ihrer Patienten, einander angenähert. In der psychoanalytischen Tradition geschah das in sich verbreitenden dynamisch-tiefenpsychologischen Methoden, die auf die gegenwärtige und weitere Lebensentwicklung ausgerichtet sind; in der Verhaltenstherapie in kognitiven und emotionalen Wenden, welche die subjektiv-aktiv erfahrene Umwelt einschlossen. In morbusorientierter wie dann individuell differenzierter Ausrichtung hat sich eine Vielfalt von Aufgaben bei den unterschiedlichen Störungen gestellt. Dabei geht es letztlich darum, auf die gegenwärtige Lage gerichtete Interventionen in der jeweiligen lebenszeitlichen Entwicklung mit der psychosozialen Umwelt zu verbinden. Es gibt auch aus der psychoanalytischen Tradition kommende Therapeuten, die das praktizieren und empfehlen, wie wir gesehen haben.

Die von einzelnen Therapeuten vertretenen Veränderungen in der Praxis führten zunächst meist kaum dazu, die bisherigen Ursachentheorien in Frage zu stellen, die mit der früheren Praxis verknüpft waren, und hatten so in der schulischen Weiterbildung keine Auswirkung. Eine Wandlung hätte vorausgesetzt, dass die lebenslange Entwicklung des Menschen in ihren individuellen bio-psycho-sozialen Verbindungen anerkannt sowie in der Praxis reflektiert und genutzt wird.

Psychotherapien sind konfrontiert mit unterschiedlichen Störungen ihrer Patienten. Sie beruhen auf der *naturgegebenen Ungleichheit der Menschen*, die sich in ihrer lebenslangen Entwicklung manifestiert und in geglückten oder krankhaften Formen mit ihrer Umwelt verbindet. Die bio-psycho-soziale Entwicklung des Menschen ist im letzten Jahrhundert mit den Aussagen der Lebenswissenschaften, der Biologie und Genetik, für die Entwicklungspsychologie des Menschen neu begründet worden. Die Psychotherapie muss die sowohl in der allgemeinen Natur wie auch in individueller

Varianz des Menschen gegebene und sich manifestierende Dynamik und entsprechende Strukturierungen des Menschen zur Kenntnis nehmen und sie nutzen.

Die in Psychotherapien gestellten Aufgaben reichen heute von den klassischen seelischen Entwicklungsstörungen, den Neurosen, über Hilfen bei körperlichen Krankheiten zu den vielfältigen abnormen Entwicklungen der Persönlichkeit mit der Neigung, sich selbst und andere zu schädigen. Nach allen Erfahrungen ist es heute evident, dass die verschiedenen Schulen mit ihren Methoden nicht bei allen Störungen in gleicher Weise erfolgreich sind. Statt einer allgemeinen Psychotherapie oder einer integriert verschmolzenen sind *differenzierte Psychotherapien* bereitzuhalten, die methodisch den jeweiligen Störungsformen und der jeweiligen psychosozialen Lage des einzelnen Patienten entsprechen. Dabei muss das therapeutische Handeln durch ein differenziertes Wissen über die Ursachen und mitwirkende Lebensbedingungen fundiert sein.

Es kann für Psychotherapeuten nur von Gewinn sein, eigene Auffassungen zu überprüfen an dem im Laufe des Jahrhunderts gesammelten Wissenstand zur Entwicklung des Menschen, in seiner körperlichen Natur wie in seinem Erleben und Verhalten in der familiären, sozialen und kulturellen Umwelt. Deshalb soll hier jetzt das moderne Wissen der Biologie, Verhaltensgenetik und Entwicklungspsychologie in einigen wesentlichen Aussagen dargestellt werden, die für Psychotherapie relevant sind.

2. Kapitel
Die neuen Grundlagenfächer und ihr Wissensstand

Aussagen der Biologie und der Biosoziologie

Der innovative Ansatz von Charles Darwin war der Versuch, die unterschiedlichen Lebensformen, die in ihrer Artenvielfalt auf der Erde beschrieben waren, in ihrer Geschichte im Rahmen einer *Evolutionstheorie* zu fassen. Er kam in dem, was er beobachtete, zur Auffassung, die er mit vielen Beispielen begründete, dass die verschiedenen Arten von Pflanzen und Tieren in der wechselvollen Erdgeschichte nur in sich anpassenden Formen und Funktionen in ihrer jeweiligen Umwelt überleben konnten. Die Anpassung erfolge in einer Selektion, einer Auswahl, die jedoch nicht als Wirkung einer bestimmten, etwa gegen einzelne Artgenossen wirkenden natürlichen Kraft aufzufassen ist, auch nicht »sozialdarwinistisch« als Kampf ums Überleben von jedem gegen den anderen. Wie Biologen betonen, ist die natürliche Selektion »die Summe der Nachteile«, die zu einer negativen Auslese im Überleben und in der Fortpflanzung in den verschiedenen Populationen der Lebewesen führen (18).

Auf einer vierjährigen Erdumrundung hatte Darwin in geologischen Studien zunächst die Erdformen des südamerikanischen Kontinents und die dort jeweils bestehende Tier- und Pflanzenwelt studiert (3), wie drei Jahrzehnte vor ihm Alexander von Humboldt diese schon beschrieben hatte. Auf den verschiedenen Galapagosinseln im Pazifischen Ozean fand er dann jeweils bei den Leguanen und Finken unterschiedliche Tierarten, machte viele Beobachtungen, an denen er weiterarbeitete. So fand er heraus, dass auf den unterschiedlichen Oberflächen die Hautmuster der Leguane in den Farben und die Schnabelform der Finken in Länge und Form jeweils an die Beschaffenheit der Felsen angepasst waren, auf denen sie Futter finden konnten. Und die vom Geologen Lyell gemachten geologischen Studien über den stofflichen Aufbau des Erdkörpers, die Krusten und Schichtungen, gaben ihm eine zeitliche Perspektive zu den über Jahrmillionen reichenden Wandlungen der Erdoberfläche. Das wurde zur Grundlage seiner Evolutionstheorie, an der er in den zwei Jahrzehnten nach seiner Rückkehr arbeitete. Er zögerte dann aber, sie zu veröffentlichen, weil ihm selbst noch Fragen offen blieben und er wusste, welche Wirkungen sie in der Öffentlichkeit haben würden. Als ein anderer Naturforscher, Arthur R. Wallace, ihm brieflich eigene Beobachtungen und auf die Evolution hinweisende Gedanken mitteilte, beschloss er, nachdem er seit Jahren seinen theoretischen Entwurf mit Freunden diskutiert hatte, gemeinsam mit diesem Autor seine Lehre 1858 in London in einem Vortrag öffentlich bekannt zu machen. Sie wurden Freunde. Ein Jahr später erschien Darwins mehrbändiges Werk »On the Origin of Species by Means of Natural Selection« – »Über die Entstehung der Arten durch natürliche Zuchtwahl« (6).

Der Gesichtspunkt der Umweltanpassung durch zweckmäßige Formen und Funktionen erlaubt in den organischen und biologischen Wissenschaften nicht allein die Frage nach dem *Wie* des Ablaufs, sondern ebenso die Frage des *Warum*, nach ihrem Nutzen. Diese Fragen werden heute nicht nur auf die Körperformen und -funktionen gerichtet, sondern ebenso darauf, inwiefern die seelischen Funktionen in Populationen dazu beitragen, zu überleben und sich fortzupflanzen.

Wie sich diese verschiedenen Formen der Anpassungen einerseits in ihrer Kontinuität über viele Generationen erhalten haben und zugleich auch genügend variabel sind, um sich unter erdgeschichtlichen Veränderungen anzupassen, blieb jedoch für Darwin zeitlebens noch ein Rätsel. Er neigte dann zeitweise zur Auffassung Lamarcks, dass erworbene Eigenschaften vererbt werden. Zwar befanden sich unter seinen Büchern die Mendel'schen Schriften über die variablen Formen, zu denen sich die Anlagen in der Erbfolge tradieren und dabei auch vermischen. Doch hat er sie offenbar nicht zur Kenntnis genommen, jedenfalls nicht für sich nutzen können. Darwins Annahmen der natürlichen Anpassung und

Selektion wurden erst im Laufe des letzten Jahrhunderts zwischen 1935 und 1960 mit dem Wissen um die fortlaufende genetische Kontinuität und Varianz fundiert und entscheidend erweitert, was man heute als die *evolutionäre Synthese* bezeichnet.

Evolution heißt, dass sich auch der Mensch, Homo sapiens, wie alle Lebewesen im Laufe der Erdgeschichte aus natürlichen Vorgängern entwickelt hat, er nicht durch eine einmalige Schöpfung, kreationistisch, entstanden ist. Wie bei vielen *Naturalisten* waren Darwins Forschungen auf Gemeinsamkeiten von Menschen und Tieren gerichtet. Es gibt andere Wissenschaftler, die sich in ihrem Denken und Theorien auf die Besonderheiten richten, die mit und nur bei den Menschen und in ihren kulturellen Lebensordnungen vorkommen, was sicher ebenso berechtigt ist. Die Frage ist dann nur, welche Erklärungen bei bestimmten körperlichen und seelischen Verhaltensweisen der Wahrheit näher kommen: Ist etwa bei der Exogamie, wie Freud annimmt, beim Menschen eine kulturelle Schranke gegen eine lebensbestimmend geprägte ödipal-sexuelle Leidenschaft für Mutter und Vater gegeben, die gesetzlich eingedämmt werden muss? Oder sind das Meiden von Partnern aus der kindlichen Aufzuchtgemeinschaft und die entschiedene sexuelle Anziehung bei unvertrauten Artgenossen beim Menschen wie bei vielen Tieren naturgegeben verankert, und die kulturellen und die gesetzlichen Ordnungen folgen dem nur? Es wäre ein Verhalten, welches sich evolutionär als nützlich erwiesen hat, da sie nachteilige Inzuchtfolgen ausschaltet, wie Westermarck 1921 feststellt und Bischof später anschaulich zeigte (s. unten S. 128).

Die Evolutionstheorie Darwins in ihrer ersten wie in der synthetischen Form fand in der Psychotherapie und Psychosomatik in den deutschsprachigen Ländern wenig Aufmerksamkeit und wurde hier nicht aufgenommen und weiterentwickelt.

Das beginnt bei Freud, der seine eigenen Theorien in ihrer Bedeutung zwar in eine Reihe mit denen von Galilei und Darwin stellte, aber die heute als überholt angesehene Auffassung von Ernst Haeckel, dass menschliche Embryonen die phylogenetische Stammesentwicklung rekapitulieren, für eigene Theorien nutzte. Freud beschrieb differenzierte ontogenetische seelische und körperliche

Abläufe in den ersten Jahren, sah sie als Wiederholungen phylogenetischer Entwicklungen, beschrieb infantile Erlebnisse als Wiederkehr des Totemismus früherer Menschenstufen (10). In seinen späteren Theorien werden auch in Nachfolge von Lamarck erworbene Eigenschaften, »Erinnerungsspuren«, an die nächste Generation vererbt. »Prähistorische Ereignisse« in der Urhorde sollen in phylogenetischer Vererbung zu traumatischen Erinnerungen führen, als Kind erlebte Urszenen so zu Kastrationsängsten.

Bei V. von Weizsäcker heißt es im Hinblick auf die evolutionäre Abstammungslehre Darwins ironisch nur, der Mensch sei jedenfalls kein besonders intelligenter Affe. Bei ihm werden Darwins Begriff der Selektion und die allen Lebewesen und auch dem Menschen gegebene Aufgabe, sich im Leben den artgemäßen Umweltbedingungen anzupassen, um zu überleben, als Aufforderung verstanden, kranke und weniger leistungsfähige Menschen zu eliminieren (31). Mit diesem *sozialdarwinistischen Missverständnis* steht er zweifelsohne nicht allein.

In den Lehrbüchern zur Psychosomatischen Medizin hat Th. von Uexküll erst spät in der 5. Auflage von 1996 ein Kapitel über genetische Befunde aufgenommen, an einer »Disposition zu psychosomatischen Erkrankungen« durch mütterliche Defizite im »symbiotischen Funktionskreis« des ersten Lebensjahres aber festgehalten. Evolutionäre Zusammenhänge werden in einem anderen Kapitel jetzt erwähnt, dazu wird aber bemerkt, dass sie beim Menschen kein besonderes Gewicht in der Entwicklung hätten. Wenn dann von psychosomatischen Autoren die heute allgemein bekannten Erbeinflüsse berührt werden, so werden sie meist als »Theorien« isoliert von den lebenszeitlichen Bedingungen behandelt. Im Übrigen werden die Einflüsse der Mütter in der frühen Kindheit weiter als entscheidend pathogen angesehen, auch etwa bei der Anorexia nervosa. Das moderne biologische Verständnis der Lebensvorgänge wird noch mit deterministisch-physikalischen, mit »biomechanischen« Kausalitäten verbunden. Genetische Faktoren werden hier nicht lebenswissenschaftlich als differenzierte, multifaktorielle Einflüsse verstanden, als komplexe Dispositionen, welche lebenszeitlich mit einer ebenso komplexen Umwelt in Wechselwirkung stehen.

Die als Konkurrenz mit religiösen Schöpfungsmythen aufgefasste Evolutionslehre ist bis heute eine Provokation und war für Darwin selbst einer der Gründe, sie nur zögernd der Öffentlichkeit zur Kenntnis zu geben. Er wusste, dass er seine religiös gebundene Ehefrau damit kränken würde. Auch heute halten kreationistische Glaubensbilder viele Menschen von Darwins Lehre zurück. Sie darf in manchen Staaten der USA in der Schule im Unterricht und in den Lehrbüchern nicht bekannt gegeben werden. Das geschieht, nachdem ein sonst sehr konservativer Papst vor einigen Jahren verkünden ließ, sie stehe nicht im Widerspruch zur katholischen Lehre.

Die Tendenz, die Lebenswissenschaft Biologie im Ganzen mit physikalisch-naturwissenschaftlichem Ursachendenken gleichzusetzen, war so in der traditionellen Psychosomatik bedeutsam. Genetik wird von vielen Menschen noch mit monokausalem mechanischem Determinismus verbunden. Es besteht aber ein qualitativer Unterschied zu dem, was in genetisch ausgerichteten Lebensvorgängen geschieht, in denen chemische und physikalische Abläufe von den in der DNA gespeicherten Informationen zu biologischen Lebensprozessen ausgerichtet sind. Dem entspricht die Unterscheidung der Biogenetik zwischen den unmittelbaren oder funktional physikalischen Naturgesetzen und andererseits den mittelbaren, evolutionär entstandenen Ursachen mit den diese in biologischen Abläufen steuernden Lebensprozessen.

Eine Autonomie biologischer Lebensvorgänge und ihren Abstand von physikalischen Gesetzmäßigkeiten hat in einem Vortrag im Jahr 2001 in Berlin Ernst Mayr, der damals 96-jährige Biologe, beschrieben. Er betonte die *»duale Kausalität«*, indem hier auf der Erde einerseits exakte physikalische Naturgesetze bestimmend seien, die aber in der lebenden Welt in den genetischen Programmen auf einzigartige Weise jeweils artgemäß gesteuert werden. Und diese Programme stehen in einer Wechselwirkung mit der Umwelt, der unbelebten wie der belebten, mit anderen Organismen, zu denen auch die Artgenossen zählen.

Neben weiteren Konzepten, welche die Lebensvorgänge erklärbar machen, wird *der Zufall* sowohl in der physikalischen wie in der biologischen Welt als ein Faktor betont, indem schon die genetischen Eigenschaften bei Bildung der Geschlechtszellen im Crossover, wie später bei der Reduktionsteilung, streuend wirken. Vor reduktionistischem und deterministischem Denken könne auch das Wissen um die Prozesse der Wechselwirkungen schützen, in denen jedes Lebewesen mit seiner genetischen Einmaligkeit dann in der Umwelt leben müsse. Auch bei erbgleichen menschlichen Zwillingen ergeben sich aus diesen Wechselwirkungen noch Ungleichheiten: Sie haben keine 100%ige Konkordanz. Mayr betonte aber noch, dass der Mensch mit seinen rein biologischen Merkmalen äußerst unzureichend beschrieben wäre. Als einzigartiger Organismus habe er spezielle menschliche Probleme; sie liegen in seiner Welterkenntnis, in seiner Kultur und Ethik, die für den Aufbau einer Philosophie des Menschen bestimmend seien. Dem wäre noch hinzuzufügen, dass er auf diesem Planeten Erde das einzige Lebewesen ist, welches sich in seiner evolutionären Geschichte und den angepassten Lebensbedingungen selbst zu erkennen vermag. Er kann sich heute auch selbst in dieser Existenz gefährden, indem er die irdische Umwelt in Boden, Wasser und Luft durch seine Lebensweise ruiniert und die irdischen Lebensbedingungen, auf die er in seiner Natur angewiesen ist. Man kann sich auch fragen, ob in unserer globalisierten Welt mit ihren weitgehend medienbestimmten Einflüssen noch angemessene Angebote und Anforderungen für eine Persönlichkeitsentwicklung bei den unterschiedlichen Menschen gegeben werden. Sie sind bei intellektuell differenzierten Menschen jedenfalls ganz andere als für einfache, etwa manuell begabte Männer und Frauen (siehe unten S. 250).

Eine auf die Darwin'sche Evolutionstheorie aufbauende und sie wesentlich erweiternde Perspektive kam auf mit der Lehre von E. O. Wilson als »*Soziobiologie*: die neue Synthese« (32). Wilson, ein Naturalist und Ameisenforscher, folgte der angelsächsischen Neigung, sich nicht auf Begriffe und Abstraktionen zu stützen, sondern das Sozialverhalten verschiedener Arten in der real existierenden Natur zu beobachten. Er gehört zu denen, die soziales Verhalten von Tieren und Menschen verglichen und dabei besonders nach den Gemeinsamkeiten fragten. Seine Beobachtungen und vergleichenden Schlüsse über die erblichen Grundlagen sozialen Verhaltens beim

Menschen wie bei Tieren wirkten provozierend für die geistes- und sozialwissenschaftlichen Richtungen. Er benutzte den Begriff »Epigenese« und beschrieb damit bestimmte genetisch angelegte und im Laufe des Lebens sich manifestierende Ausrichtungen des Erlebens und Verhaltens, die sich in genetisch begründeter aktiver Verarbeitung und Sinnentnahme der Umwelt und in interindividueller Varianz manifestieren, damit wieder die Dynamik bio-psycho-sozialer Verbindungen aufzeigend. Es sind mit den Aufgaben der unterschiedlichen Altersphasen verbundene und dann für eine Zeit bestimmende Einstellungen.

Als epigenetische Neubildungen des Verhaltens bei bestimmten Tierarten und beim Menschen beschreibt Wilson etwa: die affektiven Bindungen zwischen Eltern und Kindern; die Inzesthemmung; den erhöhten Altruismus gegenüber verwandten oder vertrauten Menschen (intrinsic fitness) und weitere Formen ethischen Verhaltens, wie etwa den Tribalismus (Denken und Handeln aus unmittelbaren Stammesinteressen). Aber auch das Misstrauen gegenüber Fremden, Dominanzhierarchien in Gruppen, allgemeine männliche Dominanz und territoriale Aggression zur Ressourcensicherung, die Arbeitsteilung zwischen den Geschlechtern und noch anderes tauchen bei ihm auf. Es sind Verhaltensmerkmale, die jeweils in interindividueller Varianz bei den verschiedenen Lebewesen auftreten und ebenso beim Menschen zu finden sind. Die kulturellen Sitten und sozialen Gesetze sind als historisch entstandene Ausformungen der verankerten epigenetischen Motivationen zu verstehen, nach Wilson Ausdruck einer *»sozialen Intelligenz«*. Ein großes Beispiel ist die exogame sexuelle Ausrichtung, eine Ordnung, die nur aus dynastischen Interessen oder in extrem isolierten Ethnien übertreten wurde. Die in allen Hochkulturen seit Jahrtausenden bestehende sozial und religiös begründete Exogamie macht deutlich, dass zwischen natürlich angelegten Verhaltensformen und sozialen Ordnungen der Gesellschaft kein Gegensatz, sondern Angleichungen bestehen. Sieht man, wie die Arbeitsteilung zwischen den Geschlechtern sich vermindert hat und die Arbeitsfelder sich überschneiden, noch bestehende Unterschiede im häuslichen Leben sich abflachen, so erscheint der mühsam erkämpfte und mit jahrzehntelangem Leiden belastete Weg von Bertha Pappenheim beinahe als eine historische Reminiszenz männlicher und weiblicher Lebensschablonen. In den sozial und kulturell historisch entwickelten Lebensordnungen manifestiert sich das, was die Völker im Laufe einer zivilisierten Entwicklung und Selbstaufklärung mit den naturgegebenen und affektiv verankerten Einstellungen jeweils anzufangen wussten. Psychologie kann und muss helfen, eine bessere Verbindung von Natur und Kultur herzustellen, indem sie die epigenetisch begründeten und in individueller Varianz gegebenen Neigungen des Menschen erkennt und in für die Gemeinschaft und für den Einzelnen günstige Bahnen lenkt. Psychotherapie kann im einzelnen Fall helfen, dem Weg und Raum zu geben. Der in Freuds Theorien konstitutive Gegensatz von Trieb und Gesellschaft ist so als nicht haltbar anzusehen. Wilson spricht von der Vernetzung von Natur und Kultur. Die epigenetischen Regeln seien angeborene Muster der psychischen Entwicklung, die in der natürlichen und kulturellen Evolution ineinander verwoben seien.

Wie begrenzt diese vernetzte Intelligenz auf der Erde noch ist, zeigt die Geschichte der menschlichen Gesellschaften bis heute mit ihren sowohl territorial wie national und religiös begründeten Kriegen und Grausamkeiten wie in den häufigen Ängsten und dem Misstrauen im Umgang mit Fremden. Und wie Arbeitsteilung zwischen den Geschlechtern zur sinnlosen Diskriminierung in fixierten Geschlechtsrollen führen kann, zeigten die Hysterien des 19. Jahrhunderts. Die soziale Intelligenz in den Ordnungen des Arbeitens und alltäglichen Zusammenlebens zu nutzen ist gerade in der Epoche der globalisierten Mobilität und der drohenden Überbevölkerung eine ungelöste Aufgabe. In beinahe allen Erdteilen gibt es gegenwärtig die männliche Gewalt in religiös, ethnisch, national oder sprachlich begründeten »Territorialkämpfen«. Wenn dabei die biologischen Grundlagen mitwirken, heute wie früher die noch fremden Menschen schnell zu bedrohlichen Feinden werden, die totgeschlagen werden müssen, so sollten wir mehr darüber wissen. Unter welchen psychosozialen Bedingungen lassen elementare Ängste den anderen für Einzelne wie für viele Menschen so bedrohlich erscheinen und zu aggressiven Handlungen führen?

Der Evolutionsbiologe Jarred Diamond ist 1997 mit einem lehrreichen Buch zur Geschichte der Lebensformen in den verschiedenen menschlichen Gesellschaften der letzten Jahrtausende hervorgetreten (7). Bei der Frage, warum die Europäer die Inkas in Südamerika entdeckten und diese nicht uns, hat er die handwerkliche, technische und erdkundliche Überlegenheit der Europäer nicht als nur zufällig gegebene Leistung beschrieben. Er zeichnet nach, wie nach der letzten Eiszeit vor 7000 Jahren sich die ersten Städte im »Fruchtbaren Halbmond« am östlichen Mittelmeer bildeten, was sich fortsetzte in einem langen Streifen im nördlichen Eurasien, bis ins heutige China. Bei wechselvollem Klima wurden dort in den Siedlungen Tiere domestiziert und nahrhafte Pflanzen gezüchtet, was eine Vorratswirtschaft ermöglichte. Das setzte Zeit und Kräfte für neue handwerkliche und technische Entdeckungen frei, die untereinander ausgetauscht wurden. Während im Fernen Osten in China zwar zuerst der Buchdruck entdeckt wurde, der von den monokratischen Herrschern aber nicht gefördert, sondern eher unterdrückt wurde, sei in Europa im Austausch in den nationalen Gruppen *Nutzen aus Erfindungen* gezogen worden. Sie führten zu einer *egalitären* und bald *sozialen Ausrichtung* mit breiter Bildung für alle in den verschiedenen Ländern und in den sich vielerorts bildenden Städten. Das machte dann den Bau großer, mit Matrosen und Soldaten ausgerüsteter Schiffe zur Erkundung und Eroberung anderer Erdteile möglich. Zudem wird in Diamonds Buch »Arm und reich« die Vernichtung von Völkern und Kulturen als Schicksal speziell menschlicher Gesellschaften beschrieben. So schildert er, wie der Spanier Pizarro vierzig Jahre nach Kolumbus in Südamerika mit 200 Soldaten dem Inkaherrscher und dessen vielfach größerer Volksgruppe gegenüberstand, keiner des anderen Sprache sprechend und verstehend. Als der Inka die ihm überreichte Bibel nicht lesen konnte, nichts mit ihr anzufangen wusste und sie weglegte, vernichteten die mit ihren Schwertern, Lanzen und Pferden überlegenen Spanier die Inkagruppe und dann das Inkavolk, schließlich auch den gefangenen König. Der technische Fortschritt und eine Religion schützen offenbar nicht vor unmenschlichen Grausamkeiten. Deutlich wird in dieser historischen Szene aber auch, wie schon die Zahl der Menschen, die einander gegenüberstehen, eine bestimmte affektive Lage schafft. In kleinem Kreis zu leben, miteinander bekannt und vertraut werdend, gemeinsam zu handeln und zu sprechen entängstigt vor den fremden Menschen.

Eine bedeutsame Erfahrung von Psychotherapeuten ist ja, wie die *Zahl der Menschen*, die zusammen sind, ihre Beziehung bestimmt, so dass hier die Quantität die Qualität verändert. Dinge, welche man in der Zweiersituation in vertrauensvollem Sprechen mit dem anderen teilen kann, eigene Not und Schwäche zeigen, Hilfe empfangen und geben, sind an diese duale Situation gebunden. Es gibt andere, oft einfache Patienten, die in einer Gruppe von sechs bis acht Menschen auf Gemeinsamkeiten mit anderen angewiesen sind, so Alkoholiker in Selbsthilfegruppen. Wenn sie auch zunächst nur schwer sprechen können, hilft ihnen der Zusammenhalt in den entdeckten gleichen Lebenslagen mit den anderen. Wenn eine verbindende Kohärenz gefunden ist, die zur Selbstmitteilung und zu Selbstvertrauen mit neuen Einstellungen führt, so wertet sie das auf und kann ihnen helfen. Junge, unsichere Männer können in einer Gruppe von Altersgenossen Aufwertung suchen und finden. Dann können sie politisch begründete Gewalttaten vollbringen, zu denen sie allein nie fähig wären, wie wir auch in unserem Land erfahren (s. unten S. 238). Eine noch größere Menge von Menschen in einer politischen Versammlung oder auf einem Sportfeld kann in eine zustimmende oder ekstatisch aggressiv-ablehnende affektive Begeisterung geraten, in der das begrenzte und bewusst gelenkte Ich untergeht. Psychotherapieschulen haben in den 60er-Jahren des letzten Jahrhunderts in »Laboratorien« versucht, einzelne Ausbildungskandidaten in einer »Selbsterfahrung« in Großgruppen zu 50 bis 100 Menschen auftreten zu lassen. Wenn diese hier ihre innere Seelenlage eröffnen mussten, provozierte das bei ihnen nicht selten psychotische Krisen und musste aufgegeben werden. Die Zahl anwesender Menschen bestimmt die Beziehungen und ist als allgemeine Bedingung sowie in den individuell unterschiedlichen Verarbeitungen zu respektieren.

In der Psychotherapie tritt die Aufklärung der gegenwärtigen Lebenslage des Patienten zunächst als individuelles Problem auf, muss dabei aber bei den Therapeuten ein allgemeines Wissen einschließen, wie sich der Mensch im Laufe seines Lebens in der Welt erfährt und verhält. In aktiver Einpassung einen Ort und eine Stellung in der Welt zu finden, die seinen Interessen und Gaben entspricht, die er von seiner Natur aus hat, und ihn in der Gesellschaft entsprechend einzunehmen ist das Thema seines weiteren Lebens und damit des Gesprächs. Das menschliche Bewusstsein von dem, was der Mensch will und wozu er sich entschließt, wird getragen von affektiven Empfindungen, elementaren Bedürfnissen, von seiner eigenen Dynamik. Er handelt in freier Entscheidung und, wie man sagt, ein jeder kann machen, was er will; aber kann er wollen, was er will? Was ihn interessiert, anzieht und zum Ziel wird, ist dynamisch und elementar begründet und wird dabei, lebensgeschichtlich variiert, in individuellen Entscheidungen zu seinem Schicksal.

Sich Nahrung und eine sichere Wohnung zu verschaffen entspricht den elementaren körperlichen Bedürfnissen. Ebenso die Neigung, sich mit nahe stehenden Menschen zusammenzutun, um etwas zu erreichen, sich von Fremden abzugrenzen und zu schützen. Es gibt eine allgemeine Ordnung menschlichen Verhaltens, in der man sich in seinen Entschlüssen und in seinem Verhalten an die Welt und an die anderen Menschen im Sozialverhalten anschließt. Die Ordnung fordert in den verschiedenen Lebensaltern Unterschiedliches: Der Gesichtspunkt der Anpassung aller Lebewesen an die Erde und an andere Lebewesen war der bestimmende, auch für Charles Darwin in seiner Evolutionstheorie. Anpassung und »selective fitness«, d. h., nahe stehenden Menschen altruistisch zu helfen und dabei dafür zu sorgen, selbst zu überleben, sind Begriffe, die bei uns vielerorts noch auf Abwehr stoßen. Sie werden oft als einseitig egoistische Einstellung gegenüber Nahestehenden und feindlich-aggressive gegenüber Fremden verstanden. Dass ein kreativer Altruismus und Kooperation ebenso zur sozial nützlichen Anpassung gehören, wird häufig übersehen. Bertha Pappenheim zeigte in ihrem Leben, dass zu ihrer Person gehörte, in einem tätigen Leben für andere sich selbst und dabei ihre eigene Gesundheit zu finden.

Verhaltensgenetik und die selektive Umweltkohärenz

Ärzte und Psychotherapeuten sind bei ihren jeweiligen Patienten konfrontiert mit der naturgegebenen körperlichen und seelischen *Ungleichheit der Menschen* sowie der Frage nach deren Ursachen. Die neue wissenschaftliche Disziplin der Verhaltensgenetik nutzt das Angebot der Natur, in den erbgleichen und erbungleichen Zwillingsgeburten Einblick in ihre Ordnung und Kräfte zu geben. Es liegt in dem *Experiment der Natur*, dass Menschen in ihrer individuellen Einmaligkeit mit der völlig gleichen genetischen Anlage als zwei Lebewesen und unter zwei Namen auf ihre Lebensbahn geschickt werden. Indem größere Gruppen von erbgleichen und erbungleichen Zwillingen, die so verschieden wie Geschwister sind, beobachtet werden, dabei auch solche, die in der gleichen Familie oder in verschiedenen Familien aufwuchsen, lässt sich anschaulich machen, wie sich genetisch bedingte Kräfte im Menschen mit den jeweiligen Umweltangeboten verbinden. Dieses Naturexperiment wird nicht allein in Einzelbeobachtungen, sondern seit Jahrzehnten im empirischen Vergleichen größerer Zwillingsgruppen wissenschaftlich genutzt.

Eine anekdotische Anschauung gaben davon die Aussagen von seit früher Kindheit in verschiedenen Familien aufgewachsenen Zwillingen. Sie trafen sich zum ersten Mal in einem Zentrum für Zwillingsforschung in den USA, und es stellte sich heraus, dass sie erbgleiche Zwillinge waren. In ihrem Verhalten waren bei beiden ihre bis zur Zwanghaftigkeit reichenden Züge, sich sauber, ordentlich und pünktlich zu verhalten, auffällig (21). Befragt, wie sie in ihrer Umwelt aufgewachsen seien, gab der erste Zwilling folgende Erklärung: »Die Familie, in der ich aufwuchs, war in der Erziehung streng. Meine Mutter bestand darauf, dass zu Hause immer alles in Ordnung und völlig sauber war, alles musste an seinen Platz, alle Uhren im Haus schlugen genau zur gleichen Stunde. Ich habe es von ihr gelernt. Was hätte ich machen sollen.« Der andere berichtete über seine Familie: »Ich wuchs in einer extrem chaotischen Umwelt auf, meine Eltern lebten planlos in ihrem Alltag mit viel Unordnung, und jeder machte, was er wollte. Der Grund für mein Verhalten ist ganz einfach. Das ist die Reaktion auf meine Mutter, die eine absolute Schlampe war. In dieser Familie hatte ich kein Chance zu überleben, ich musste alles anders machen als meine Eltern.«

Es gibt in den USA mehrere Zentren mit Wissenschaftlern, die sich seit Jahrzehnten auf Zwillingsuntersuchungen eingerichtet haben und gemeinsam und getrennt aufgewachsene Zwillinge untersuchen. Ihr Ziel ist, »Genetics and Experience« (24), also das Zusammenspiel von Anlagen und Lebenserfahrung zu erforschen. Mit Interviews und Testbatterien werden in mehrtägiger Arbeit Zwillingspaare aus allen Ländern der Welt untersucht. Wie das Fallbeispiel hier anschaulich zeigt, erleben und verarbeiten Menschen in einer aktiven, subjektiv selektiven Wahrnehmung ihrer Natur folgend die verschiedenen Umwelten. Es ist eine naturgegebene Kraft, die sich lebenslang im Erleben und Verhalten der Persönlichkeiten manifestiert, besonders deutlich in adoleszenten Jahren, und die ebenso vorher und auch später Gewicht besitzt.

Eine Methode der Erbforschung ist, die *Heredität* als Erbgewicht in dem Einfluss des Genotyps auf den Phänotyp, also für das spätere Erscheinungsbild, zu erfassen. Sie wird beschrieben in der unterschiedlichen Häufigkeit, in der bestimmte Krankheiten oder seelische Merkmale bei eineiigen und bei zweieiigen Zwillingen auftreten. Erfasst wird hier die Konkordanz im Auftreten der Krankheiten, also ob die krankhaften Merkmale bei beiden in dem Lebensalter auftreten, wie es für die Störung bekannt ist. Das Erbgewicht r wird errechnet aus dem Abstand von Konkordanzen bei den eineiigen Zwillingen EZ gegenüber zweieiigen Zwillingen ZZ, r gleich $EZ - ZZ \times 2$, also etwa bei Schizophrenie $58 - 12 = 46 \times 2 = 92$. Dabei werden nur gleichgeschlechtliche ZZ als Parallele herangezogen und es darf zahlenmäßig zwischen den Gruppen der EZ und ZZ kein zu großer Unterschied sein (2).

Um deutlich zu machen, wie verhaltensgenetische Untersuchungen seit langem das Gewicht von Anlagefaktoren aufzeigen, hier eine Aufstellung mit Zwillingsbefunden bei psychischen Krankheiten, also bei verschiedenen psychiatrischen, psychosomatischen und anderen seelischen Störungen.

Tab. 1: Zwillingsbefunde bei psychischen Erkrankungen

Schizophrenie Gottesman u. Shields 1972 26 EZ; 34 ZZ	58 %	12 %	.92
Leonhard 1982 44 EZ; 34 ZZ	68 %	21 %	.94
Anorexia nervosa Holland et al. 1988 16 EZ; 14 ZZ	66 %	25 %	.82
Schepank 1991 14 EZ; 11 ZZ	57 %	9 %	.92
Hyperaktivitätssyndrom Goodman u. Stevenson 1989 64 EZ; 23 ZZ	62 %	23 %	.78
Zwangskrankheiten Carey u. Gottesman 1981 15 EZ; 15 ZZ	33 %	7 %	.52
Angstsyndrome Torgersen 1985 28 EZ; 48 ZZ	36 %	13 %	.46
Neurotische Symptome Schepank 1974 21 EZ; 29 ZZ	33 %	17 %	.32
Erbgewicht $r = r_{mz} - r_{dz} \times 2$			

Es zeigt sich bei mehreren Krankheitsformen eine deutlich größere Übereinstimmung in der Häufigkeit des Auftretens bei erbgleichen Zwillingen als bei erbungleichen. Das größere Erbgewicht reicht von den Psychosen mit der Schizophrenie (12) (16) bis zu den neurotischen Störungsformen (2) (30) und den neurotischen Symptomen (26). Das sehr unterschiedliche Gewicht erblicher Einflüsse bei den verschiedenen Störungsformen wird hier fassbar. Es ist bei den Psychosen viel größer als bei den anderen, etwa den neurotischen Symptomen. Diese sind in den Erscheinungsbildern allerdings variabler und auch diagnostisch weniger scharf abgrenzbar, doch immerhin besteht eine deutliche Ausrichtung auch hier. Es fällt schon auf, dass die Anorexia nervosa ebenso hohe Werte in allen Untersuchungen erreicht (15) (27) wie die Psychosen, was z. B. bei der Bulimie nicht gegeben ist. Auch beim Hyperaktivitätssyndrom (11), das erst in den letzten beiden Jahrzehnten diagnostisch gefasst und meist noch unscharf diagnostiziert wird, besteht eine genetische Gewichtung, die für eine entscheidende endogene Komponente spricht. Wir werden auf diese komplexen genetischen Kräfte, die sich mit ebenso differenzierten Umweltangeboten verbinden, bei den einzelnen Störungen zurückkommen.

Ebenso wird aber deutlich, dass auch bei Psychosen keine 100%ige Konkordanz als Übereinstimmung im Auftreten besteht. Es gibt offenbar wesentliche und jeweils bei den Störungen unterschiedlich gewichtete Umweltbedingungen und/oder noch nicht erkannte Einflüsse in der körperlichen Reifung, die dann in der Lebenszeit zu der unterschiedlichen Häufigkeit beitragen. Da Psychotherapie ja auch eine Form von Umwelteinwirkung ist, sind wir natürlich sehr daran interessiert, zu wissen, welche Bedingungen und wann Bedingungen der Umwelt im Lebenslauf mitwirken und ob hier noch ökologische oder andere organische Einflüsse Gewicht haben. Zwillingsforschung kann so nicht allein über Erbeinflüsse aufklären, sondern kann zu den Umwelteinflüssen hinführen, aufzeigen, wann und wie sie bedeutsam werden können.

Erbgleiche Zwillinge sind also ein Naturexperiment, in dem das Zusammenspiel von Anlage und Umwelt zeigt, wie im Körper angelegte Kräfte körperlich und auch seelisch formend wirken. Sie machen anschaulich, wie Menschen aktiv wahrnehmend ihrer Natur folgend ihre Umwelt erleben und verarbeiten. Es sind naturgegebene Kräfte, die sich vor allem in selektiv gestaltenden Persönlichkeitszügen in den adoleszenten Jahren manifestieren, die aber auch vorher und nachher lebenslang Gewicht besitzen.

Es gibt auch schon unter Geschwistern im Genom breit gestreute genetische Variationen mit additiven und epistatischen, dominanten und rezessiven Genwirkungen, die *multifaktorielle Kräfte* darstellen. Und auch diese weiteren Genfaktoren sind bei eineiigen Zwillingen absolut identisch, sie haben nur nichtadditive Genwirkungen. Deshalb spricht man von einer *Erblichkeit im weiteren Sinne*, d. h. hier im *deutlicher werdenden* Sinn, die sich in ihrer Penetranz bei beiden in der Umwelt durchsetzt. Dem steht eine Erblichkeit im *engeren Sinne gegenüber*, die multifaktorielle und dabei in der Verwandtschaft breiter gestreute Erbeinflüsse im Genom mit sich bringt.

Die bei erbgleichen Zwillingen fassbare Erblichkeit ist schon für die wahrgenommene und verarbeitete Umwelt bedeutsam, wie David Rowe zeigt. Sie tritt u. a. in einer gemeinsamen familiären Umwelt in der selektiven und aktiven Wahrnehmung und Sinnentnahme in den emotionalen Bereichen als mitwirkend auf (25) (s. S. 137). Dabei stellte die Zwillingssituation selbst aber keine abnorme Konstellation dar. Es gibt keine Krankheiten oder seelischen Varianten in der Entwicklung, die bei Zwillingen häufiger oder seltener sind. Die Zwillingsanlage ist selbst keine pathogene, über die Lebenslage wird zu sprechen sein.

Das Naturexperiment eineiiger Zwillinge ist statistisch besonders eindrucksvoll, weil hier zwei Individuen in absoluter Gleichheit ihrer gesamten nach heutigem Wissen 30.000 Gene umfassenden Anlagen existieren. Es ist die große Chance der Zwillingsforschung bei dieser absoluten Gleichheit der Erbfaktoren in zwei normalen Individuen das lebenszeitliche Gewicht des Genoms in den körperlichen und seelischen Funktionen deutlich machen zu können.

Bei manchen Krankheiten und auch bei den allgemein gegebenen Persönlichkeitsstrukturen zeigen dagegen die additiven, sich ergänzenden, dämpfenden oder steigernden Genwirkungen auf dem Genom jeweils noch ihre Bedeutung. Es zeigt sich darin, dass sie in der Bevölkerung durch steigernd oder auch abschwächend wirkende Kombinationen in den verschiedenen Gruppen der Verwandtschaft verstreut auftreten. Das ist etwa bei der Anorexia nervosa bedeutsam, wo einerseits bei erbgleichen Zwillingen und nicht nur bei Verwandten ersten Grades (z. B. Kindern), sondern in der Verwandtschaft bei Cousinen ersten und zweiten Grades, genetische Kombinationen die Erkrankung deutlich häufiger auftreten lassen als in der allgemeinen Bevölkerung. Das gilt auch für bestimmte akzentuierte Persönlichkeiten mit ihren Schwächen, aber auch Stärken (s. unten S. 252). Es können dann hohe Begabungen, aber auch bestimmte Handlungsbereitschaften auftreten, in denen die Umwelt akzentuiert verarbeitet wird. Man spricht von *Emerge-*

nesis oder *Emergenz* bei diesen von innen her bestimmenden und sich ausprägenden seelischen Einstellungen (17). Sie finden sich noch in der Verwandtschaft wieder, auch in deutlicher Ausprägung als »Konfiguration monomorpher Gene«. Sie können dann als einseitig musikalisch begabte oder schwierige Persönlichkeiten auftreten, mit festen und einseitigen Ausrichtungen. Es sind Menschen, die Täter werden können, mit Kräften, die sie suizidal gegen sich selbst, aber auch mit kriminellen Neigungen gegen andere Menschen richten.

Francis Galton, ein Vetter von Charles Darwin, war als Erster auf die Ähnlichkeiten von Zwillingen nicht nur in ihrer äußeren Erscheinung, sondern auch in ihren seelischen Merkmalen und Begabungen aufmerksam geworden. Dass die Natur in der Entwicklung des Menschen gegenüber der Umwelt enorm vorherrschend sei, wenn die Umwelt nicht vom Landesüblichen abweiche, war schon 1883 seine Aussage, ohne dass er den erst 50 Jahre später entdeckten Unterschied zwischen den erbgleichen eineiigen und erbungleichen Zwillingen kannte, die erblich ja Geschwistern gleichstehen. Er schuf damals den Begriff *Eugenik* zur Förderung der Fortpflanzung und der Begabungen von Erbgesunden sowie der Eindämmung von Erbkrankheiten. In vielen Ländern Europas und in den USA kam es dann zu einer eugenischen Bewegung. Der Gedanke, in Familien mit geistig Behinderten staatlich Einfluss auf die Fortpflanzung zu nehmen, kam auf: Er wurde von manchen Ärzten gefördert, von Genetikern eher meist im Hinblick auf die noch ungeklärten, komplexen genetischen Zusammenhänge zurückgewiesen, ebenso von sozialistischen Politikern, die eher auf den Einfluss von Klassenunterschieden in Erziehung und Ernährung hinwiesen. Entscheidend wurden die politischen Bedingungen, wenn sich Regierungen, unter Zustimmung mancher Ärzte, zu einer gesetzlichen Regelung hinreißen ließen. Das hat in Europa in Deutschland 1933 zum Sterilisierungsgesetz »ohne Einwilligung« durch die neue Reichsregierung bei neun »*Erbkrankheiten*« geführt, die vom Schwachsinn über die Psychosen und Epilepsie bis zum Alkoholismus reichten (31). In Verbindung mit rassistischen und sozialdarwinistischen Ideologien führte das in den folgenden zwölf Jahren zur Tötung als minderwertig angesehener Menschen durch eine

»Herrenrasse«. Es sollte uns heute ethisch und politisch sensibilisieren, als Ärzte und Psychotherapeuten auch motivieren, den jeweiligen Wissensstand über genetische und gesellschaftliche Einflüsse besonders kritisch zur Kenntnis zu nehmen.

Verhaltensgenetische Befunde werden bei uns am ehesten in psychologischen und in psychiatrischen, kaum aber in psychotherapeutischen Büchern erwähnt und von Ärzten und Psychologen zur Kenntnis genommen. Bedenken tauchen auf, ob die *Zwillingssituation* überhaupt auf andere übertragbar sei, was eine sorgsam untersuchte und geklärte Frage ist. Es gibt, wie erwähnt, keine Häufungen von pathologischen seelischen oder körperlichen Entwicklungen bei erbgleichen oder -ungleichen Zwillingen. Eine meist zunächst starke Bindung zueinander geht später einher mit mehr oder weniger stark ausgeprägten Tendenzen der Abgrenzung, hier wie bei Geschwistern. Von manchen Autoren wurde behauptet und am Beispiel von Einzelfällen differenziert abgeleitet, die Reihenfolge der Geschwister sei, den Charakter bildend, bestimmend, etwa mit konservativen Erstgeborenen und Zweitgeborenen als kreativen Rebellen (28). Das war in größeren systematischen Untersuchungen durch Psychiater in der Schweiz empirisch nicht zu bestätigen, auch der Status Einzelkind hat offenbar auf die individuelle psychische Entwicklung keinen allein bestimmenden Einfluss.

Die *moderne Erbforschung*, fasziniert von der Kartierung, Morphologie und Chemie des Genoms, hat bisher die verhaltensgenetischen Befunde noch wenig genutzt. Das menschliche Genom mit seinen Millionen »Buchstaben« ist entziffert, aber wie diese in »Worten« zusammenkommen und lebenszeitlich Sinn und Wirkungen entfalten, ist das große Problem. Man sucht bei krankhaften körperlichen Entwicklungen eher nach monogen verankerten und molekular greifbaren Daten für therapeutische Eingriffe und fragt kaum nach den multigenetischen Bedingungen, die bei den meisten körperlichen Erkrankungen und bei den psychischen Entwicklungen wirksam sind. Auch bei den großen psychotischen Erkrankungen und psychischen Entwicklungen zur Anorexia nervosa ist nur eine deutliche Bereitschaft in Dispositionen gegeben, meist passiv als »Vulnerabilität« bezeichnet. Ein Wissen um die hier wirksamen schützenden Faktoren wäre von großem allgemeinärztlichen und auch psychotherapeutischem Interesse. Es sind offenbar komplexe genetische Faktoren im Spiel, die in der körperlichen Reifung und psychosozialen Entwicklung mit ebenso komplexen ökologischen, familiären und sozialen Angeboten der Umwelt in Interaktion treten. Diese genauer kennen zu lernen und auch bei anlagebedingten Erkrankungen den Lebenslauf so zu optimieren, so dass krankhafte Entwicklungen seelischer und körperlicher Art vermieden werden, ist eine künftige Aufgabe der Pädagogik und gewiss auch eine der Psychotherapie. Für ihre Ausrichtung ist es von großem Gewicht, ob wir davon ausgehen können, dass bei seelischen Störungen der Mensch selbst von seiner Natur her bestimmte familiäre, soziale oder kulturelle Angebote subjektiv aktiv wahrnehmend verarbeitete und so zu seinen Störungen gekommen ist. Geförderte psychosoziale Entwicklungen und spätere psychotherapeutische Hilfen können dann jeweils zur Prävention und zur Gesundung helfend beitragen. Die verhaltensgenetischen Untersuchungen können dabei aufzeigen, in welchem Lebensalter von außen kommende Bedingungen und Angebote überhaupt relevant sind, ob in der Kindheit oder der Jugendzeit, in der Adoleszenz oder noch später.

Verhaltensgenetische Forscher wie Plomin und Rowe gehen im Ganzen davon aus, dass Kinder in eine ihnen evolutionär angepasste, artgemäße Umwelt geboren werden, mit der sie in der Entwicklung sich austauschen und in der sie überleben können. Sie sehen keinen Gegensatz von Natur und Kultur, von Anlage und Umwelt, sondern eine evolutionär gewachsene Entwicklung, in der sowohl Kinder wie Pflegepersonen motiviert und komplementär aufeinander ausgerichtet sind. Das Kind komme mit guten Fähigkeiten des Überlebens auf die Welt und trete selbst aktiv mit ihr in Interaktion, seine jeweiligen individuellen Fähigkeiten entfaltend, Belastungen und Schwächen überwindend. Die Verhaltensgenetiker machen ihre Beobachtungen über die gesamte Lebenszeit und in allen verschiedenen Altersstufen. Sie nutzen Testuntersuchungen und die jeweiligen beruflichen und sozialen Daten. Gefragt und differenziert untersucht wurden dabei zunächst bestimmte Persönlichkeitsfaktoren – Temperament, Intelligenz, Soziabilität, Emotionalität, Extraversion, Neurotizismus – und wann und wie bei getrennt aufgewachsenen eineiigen Zwillingen getrennte Wege gegangen wurden. Es wird so nicht nur das genetische Gewicht, sondern auch die Umweltangebote und die Sozialisation erfasst. Stets wird die Frage gestellt, wann welche Angebote aktiv und selektiv gewählt werden. Viele gängige entwicklungspsychologische Auffassungen über Umwelteinflüsse sind dabei fragwürdig geworden.

Entwicklungspsychologische Beobachtungen und Menschenbilder

Die Entwicklungspsychologie besitzt eine mehr als hundertjährige Geschichte. Es gibt sehr unterschiedliche Methoden, sich dem Gegenstand der seelischen Entwicklung zu nähern, die zunächst eine Psychologie der Kindheit war, der Kleinkinder, »infants«, wie man englisch sagt, und der älter werdenden Kinder, »children«. Ein Weg, den wir unwillkürlich nutzen, ist der der Erinnerungsarbeit an der eigenen Kindheit. Wir verfügen alle über mehr oder weniger bildhafte Erinnerungen, die ins erste Lebensjahrzehnt zurückreichen, meist bestimmte damit verbundene affektiv bedeutsame Szenen, die unsere Auffassung, was für die Entwicklung bedeutsam war, bestimmen können. Ein weiterer und ganz anderer Zugang ist die systematische Beobachtung des sich entwickelnden Verhaltens von Kindern, anderen Kindern oder auch eigenen.

Die im Laufe des 19. Jahrhunderts entdeckte Kindheit als Thema und als Entwicklungsproblem veranlasste damals auch Naturforscher und Philosophen, die Väter wurden, ihren Kindern mehr Aufmerksamkeit zu schenken. Es charakterisiert die empirische und selbstkritische Ausrichtung von Charles Darwin, dass er bereits 1839 in den ersten Monaten nach der Geburt seines ältesten Sohnes William in fortlaufenden Aufzeichnungen dessen Ausdrucksverhalten sowie seelische und körperliche Entwicklungsschritte registrierte und auf den Rückseiten eines Notizheftes festhielt. Es sind hier motorische und affektive Verhaltensformen im zeitlichen Auftreten in den ersten fünf Jahren beschrieben, Zeichen von Furcht, dann von Wut und lustvolle Empfindungen, auch moralisches Betroffensein nach ersten kleinen Diebereien von Süßigkeiten. Seine Beobachtungen und Gedanken dazu sind dabei nicht als feststehende Tatsachen festgehalten, sondern in Sätzen, die häufig mit einem Fragezeichen versehen sind. Er nutzte diese Notizen über die auftauchenden körperlichen Merkmale später im Vergleich mit Beobachtungen bei Tieren in seinem zweiten Hauptwerk von 1871: »Der Ausdruck der Gemütsbewegungen bei den Menschen und den Tieren« (4).

Im ersten Heft der neuen Zeitschrift »Mind« von 1881 veröffentlichte später der französische Historiker und Philosoph Hippolyte Taine einen Beitrag über den Spracherwerb und die geistige Entwicklung von Kleinkindern, wobei er u. a. auf frühes *neugieriges Verhalten* hinwies. Darwin bestätigte darauf in der zweiten Nummer dieser Zeitschrift von 1882 Taines Aussagen und schrieb: *Neugier* ist die primäre Motivation des Säuglings. Er legte hier seine über mehr als 60 Druckseiten reichenden früheren Aufzeichnungen vor, die er vor 40 Jahren so nebenbei gemacht hatte, und nannte diese Beobachtungen »Biographische Skizze eines Kindes« (5). Neugier war sicher auch bei Darwin ein lebenslang dominierendes Verhalten, wie es sich in seiner angelsächsischen, empirischen Ausrichtung zeigte. Es ging ihm u. a. darum, die Gemeinsamkeiten festzuhalten, die er bei Menschen und Tieren beobachtet hatte. Er fragte dabei auch schon nach persönlichen Eigenschaften, die Kinder und später Erwachsene gemeinsam haben. Es sind Beobachtungen, die ihn aus heutiger Sicht bereits auf die genetisch verankerten Grundlagen der Affektivität beim Menschen hinwiesen, denen sein Vetter Francis Galton dann lebenslang nachging.

Die Grenzen wissenschaftlicher Nutzung *eigener Erinnerungen* und ihrer *Hermeneutik* machte der 1896 geborene Entwicklungspsychologe Jean Piaget (23) aus persönlicher Erfahrung anschaulich: »So erinnere ich mich selbst z. B. äußerst genau und lebendig, als Säugling, in meinem Wagen angebunden, Opfer eines Entführungsversuchs gewesen zu sein. Ich sehe eine Reihe genauer Einzelheiten vor mir: Ort des Abenteuers, Kampf zwischen dem Kindermädchen und dem Kinderdieb, Heraneilen der Passanten und des Polizisten usw. In Wirklichkeit hat aber unser Kindermädchen, als ich fünfzehn Jahre alt war, meinen Eltern brieflich mitgeteilt, dass die ganze Geschichte von ihr erfunden worden war und sie selbst u. a. die Kratzer auf meiner Stirn verursacht hatte. Ich muss also mit etwa fünf oder sechs Jahren von diesem Entführungsversuch gehört haben, an den meine Eltern noch glaubten, und aufgrund dieser Schilderung habe ich eine visuelle Erinnerung fabriziert, die noch heute andauert. Es handelt sich hier folglich durchaus um eine, wenn auch falsche, Nachbildung. Hätte das Ereignis wirklich stattgefunden, wäre die Erinnerung wahr gewesen, so hätte ich es wahrscheinlich auf dieselbe Art und Weise rekonstruiert, denn für den Säugling gibt es noch kein Evokations-, sondern nur ein Rekognitionsgedächtnis.«

Selbstkritisch vertritt Piaget hier als Summe seiner empirischen Untersuchungen die Auffassung: Die Vergangenheit wird ständig durch die Gegenwart restrukturiert, was besonders für die kognitiven Systeme zutreffe, weniger für die affektiven. »Deshalb ist die Bewusstwerdung immer auch eine Reorganisation und nicht nur eine Übersetzung oder auch Vorstellung. Und falsche Erinnerungen stellen sich dem Bewusstwerden ebenso lebendig dar, wie die authentischen Erinnerungen.« Er betonte die Notwendigkeit, gegenüber Erinnerungen skeptisch zu sein, besonders bei affektiven Bildern. Erinnerungen an die Vergangenheit bilden und verändern sich im Laufe des Lebens, werden aktiv gestaltet und ständig rückläufig verändert. Piagets wissenschaftliches Lebenswerk lag in einer Aufklärung durch eigene systematische Beobachtungen, nicht an Einzelkindern, sondern Gruppen von Kleinkindern. So beschrieb er eine *sensomotorische Phase* der ersten Monate, in denen Kleinkinder die Wirklichkeit suchen und finden. Seine Beobachtungen und Theorien reichen über die späteren kognitiven Entwicklungen bis zu den moralischen Urteilsbildungen.

Als Freud seine Krankheitslehre und die darauf gerichtete Behandlungsmethode entwarf, gab es keine Entwicklungspsychologie, auf die er sich beziehen konnte. Die Kindheit war von der akademischen Psychologie als wissenschaftliches Thema noch nicht entdeckt. Es war nicht nur eine große gedankliche Leistung und ein kühner und, wie sich zeigte, für seine Schule *richtungweisender Schritt*, dass Freud seine ersten traumatischen Ursachenkonstrukte der Neurose mit einer entwicklungspsychologischen Lehre verband. Er nutzte zu seiner Theoriebildung neben seiner Selbstanalyse und eigenen Träumen aber offenbar keine Beobachtungen an Kindern. Er schöpfte seine Auffassungen aus der Pathologie erwachsener Patienten und bezog das auf ihre Kindheit. Sein erster und einziger Kinderfall war dann 1909 der 5-jährige kleine Hans, den er nicht selbst, sondern nur von Gesprächen mit dem Vater kannte (8). Er war selbst Vater von vier Kindern, als er diese Konstrukte entwarf. Beobachtungen an Kindern tauchen bei ihm jedoch nicht auf, das Kinderzimmer lag nach 1891 auf einem anderen Stockwerk, war weit entfernt von seinem Behandlungsraum. Seine Frau betonte immer, die Psychoanalyse höre am Kinderzimmer auf. Bei Freud wurde das Kind aber in den von ihm erworbenen Einstellungen, wie schon gesagt, »zum Vater des Mannes«, des Erwachsenen überhaupt (9).

Freuds theoretische Konstrukte sind auch später von Psychoanalytikern als »adultomorph« und »pathomorph« charakterisiert worden (22). Es sind erdachte Elemente und keine eigenen Beobachtungen. Persönliche Erfahrungen gehen offenbar in unsere Aussagen über die formenden Kräfte in der Entwicklung des Menschen ein. Wir sind alle mehr oder weniger subjektiv betroffen, in dem, was wir hier suchen und finden.

Ein weltkundiger Politiker und Kenner der Wissenschaften, Klaus von Dohnany, machte einmal in Berlin bei einer Diskussion über traditionelle Mächte in der wissenschaftlichen Methodik die Bemerkung: Die Engländer hätten die Welt erforscht, indem sie über die See fuhren, die Franzosen auf der Erde und die Deutschen – im Himmel. Der angelsächsischen Kultur sei daran gelegen, die Welt und die lebendige Natur in ihrer Vielfalt zu beobachten, um sie zu fassen; die der Franzosen unternehme es, die irdischen Verhältnisse der Menschen untereinander aufzuklären und zu verändern – die Deutschen versuchten die Welt gedanklich in Ideen und Begriffen verstehend zu fassen. Dass Wirklichkeit nur in Begriffen fassbar ist und nicht in der sinnlichen Welt, reichte in der Philosophie von Platon über Husserl bis zu Heidegger. Erst ein deutscher Philosoph, der zunächst selbst auch Naturwissenschaften studiert und in anderen Erdteilen gelebt und gelehrt hatte, Karl Löwith, hat eine die sinnliche Welt einschließende Philosophie vertreten (s. S. 256).

Auch in der Psychotherapie geht es um eine entwicklungspsychologische Hilfe, und Therapeut und Patient haben implizite Auffassungen dazu. Dabei ist eine individuell lebensbegleitende Therapie an einen zu gewinnenden Entwurf zur allgemeinen und hier möglichen eigenen Entwicklung auf dem weiteren Lebensweg gebunden. Dazu kann und muss heute das Wissen der allgemeinen Entwicklungspsychologie zur Kenntnis genommen und genutzt werden. Es ist erstaunlich, dass ihr wissenschaftlicher Stand bis heute weder in den Krankheitstheorien noch in den therapeutischen Ansätzen ihren Platz gefunden hat. Das gilt zumindest für die psychoanalytischen Schulen, weniger für die Verhaltenstherapie. Ein Mangel an interdisziplinärem Austausch, der nicht tragbar ist, wie im Folgenden näher erläutert werden soll.

Die allgemeine Entwicklungspsychologie orientierte sich zunächst an den altersgemäßen Veränderungen des Verhaltens und Erlebens, die sich mit den körperlichen Reifungen einstellen. Dass der Mensch dabei in seiner Entwicklung auf eine artgemäße Umwelt mit den natürlichen Bedingungen – Temperatur, Nahrung, Licht und Interaktionen mit schützenden Artgenossen – angewiesen ist, ist hier so selbstverständlich wie bei allen anderen Lebewesen. Entwicklungspsychologie war dabei lange auf die Kindheit und vielleicht noch die ersten Jugendjahre gerichtet. Dagegen wurde schon vor Jahrzehnten vom Psychologen Thomae gefordert, das »Individuum und seine Welt« (29) auch in den weiteren Lebensaltern in seinen Wechselbeziehungen mit der Umwelt zu verstehen und sich nicht auf die körperlich bestimmten Reifungen der ersten Jahre zu konzentrieren.

In der Ausgabe des Lehrbuchs »Entwicklungspsychologie« von 1995 stellte der Psychologe Leo Montada in einem Beitrag über »Fragen, Konzepte, Perspektiven« kritisch fest, dass Auffassungen über das Wesen von Entwicklung häufig mit der Frage nach dem

Wesen des Menschen, mit *Menschenbildern* verbunden werden. Traditionell und allgemein bezeichne Entwicklung eine Veränderungsreihe, die in mehreren Schritten auf einen qualitativ höherwertigen Endzustand hinweise. Aber dieser Entwicklungsbegriff beinhalte weder temporäre Schwankung oder Variation noch passagere oder zufällige, akzidentelle Veränderung. Er vertrete »eine naturgegebene und geordnete Transformation in Entfaltung eines inneren Bauplans«, die nachhaltig sei, indem sie weitere Veränderung ermögliche oder einen Zustand der Stabilität erreiche.

Die Vorannahmen dieser traditionellen Auffassungen sind nach Montada hingegen heute in Frage zu stellen. So sei die Auffassung einer Veränderungsreihe mit dem Stufenmodell oder die von Schritten, nach dem die früheren Glieder Voraussetzung der späteren seien, nicht zu belegen. Sie sei für manche kindliche Formen wie die der sensomotorischen Entwicklung bis zum Gehen einleuchtend, aber für andere einengend und empirisch nicht zu untermauern. Die auf einen bestimmten stabilen Endzustand ausgerichteten Stufen widersprächen der Entwicklungspsychologie, die im ganzen Leben nach Neuem, dabei auch beim Erwachsenen und im höheren Alter noch nach Entwicklung forsche. Die traditionellen Modelle könnten den im Laufe des Lebens auftretenden Wandel nicht aufnehmen, auch die kulturelle Varianz und die individuellen Unterschiede nicht, die ja auf die Entwicklungsumwelt und die genetische Ausstattung hinweisen. Die interindividuellen Unterschiede seien für die Forschung wie für die Praxis von besonderem Interesse und Nutzen.

Eine der wesentlichen Ausgangsfragen sei, in welcher Weise der Mensch in seiner Entwicklung von inneren und von äußeren Kräften gelenkt wird, dabei selbst aktiv ist und wie die Umwelt dabei mitwirkt. Dazu treten grundlegende Akzentuierungen in den einzelnen Entwicklungstheorien auf.

In einer Typologie werden solche Grundannahmen 1995 vom Psychologen Montada festgehalten (19).

Tab. 2: Typologie von Entwicklungstheorien (Montada)

		Umwelt: aktiv	Umwelt: nicht aktiv
Subjekt	aktiv	interaktionistische Theorien	Selbstgestaltungs-theorien
	nicht aktiv	exogenistische Theorien	endogenistische Theorien

Nach Montada werden in den verschiedenen Typologien und Theorien die psychologischen Kernfragen deutlich. Man kann hier ebenso die in den verschiedenen Psychotherapieschulen auftauchenden Ideen in ihren mehr oder weniger einseitigen Akzentuierungen finden. Montada betont zunächst die zeitlebens möglichen Wahlen des Menschen bezüglich der sozialen und beruflichen Umwelt, in der man sich befinde. Aber es bleibt die Frage, wann sie ablaufen und wodurch sie in ihrem Ablauf in der Umwelt bestimmt sind. Sie reichen von dem Erleben der Eltern über die Wahl der Gruppe von Gleichaltrigen bis in die spätere berufliche, soziale und familiäre Umwelt.

Die *interaktionistischen* Konzeptionen stehen in der allgemeinen Entwicklungspsychologie von Montada hier im Vordergrund, wobei der *Passung* eines Entwicklungssubjektes mit einer angemessenen Umwelt Gewicht gegeben wird. Es werden Passungen in der Familie und später die in der Schule behandelt, all das, was mit Freunden und Freundinnen sowie dann in der Arbeitswelt und im Kulturleben gesucht wird, was im Laufe des Lebens an motivierenden Anforderungen und Angeboten, Möglichkeiten und Zwängen an den Menschen herantritt. Es sei bei der Einmaligkeit jedes Menschen und der aktiv und passiv von ihm erlebten und vielseitigen Umwelt entscheidend, wo die Konstanten in den Interaktionen liegen, die für den einzelnen Menschen von außen oder von innen motivierend und bestimmend werden.

Die interaktionistischen Theorien versuchen dem kindlichen Entwicklungssubjekt wie dem elterlichen Verhalten und der sozialen Umwelt in ihren Einflüssen allgemein gerecht zu werden. Das aktive Erleben, Suchen und Wählen von passenden Umwelten des

Kindes wie die elterliche und soziale Umweltaktivität tauchen auf, wie sie sich in Interaktionen verbinden und modifizieren. Betont werden von Montada dabei in pädagogischer Perspektive die Probleme der Passung und im sozialen Kontext der Entwicklungen. Sie können von beiden Seiten, Eltern und Kindern, bedingt sein. Es ist ja häufig zu beobachten, wie Schreikinder und hyperaktive Kinder nicht wenige ihrer Eltern zu frühen Schlägen, ja zu Misshandlungen provozieren. Kenntnisse über die körperlich verankerten Passungsprobleme können diagnostisch und pädagogisch Kindern und Eltern dazu verhelfen, miteinander verstehender, geduldiger, Grenzen setzend und dann fest lenkend umzugehen. Es gibt offenbar Bedingungen im Menschen, welche für sein Verhalten und Erleben bestimmend sind, und das »Subjekt« ist von seinem Körper nicht zu trennen.

Zu den subjektiv passiv geformten *exogenistischen* Theorien ist nicht nur Watsons Größenidee zu ordnen, er könne jedes Kind zum Arzt oder zum Bettler ausbilden. Sie sind auch bei den Verhaltenstherapeuten nicht nur in Pawlow'schen Reflextheorien, in den Konditionierungen gegeben, auch in manchen Lerntheorien sind sie bis heute eine der Grundlagen des Behaviorismus. Und auch immer mehr Psychoanalytiker sprechen von traumatischen Prägungen in der frühen Kindheit durch äußere väterliche Gewalt, von sexuellem Missbrauch und von mütterlichen Bindungsdefiziten, die zu lebenslänglich bestimmenden sicheren oder unsicheren Bindungen führen.

Endogenistische Theorien betonen die mit der Reifung des Körpers verbundenen seelischen Veränderungen in Entfaltung eines auftretenden angelegten Planes. Alle reifenden sinnlichen und funktionalen Fähigkeiten des Menschen sind auf seine artgemäße Umwelt angelegt und zugleich nicht ohne sie zu denken. Schon Jean Piagets sensomotorische Phase und weitere sprachliche, moralische und kognitive Stufen sind zunächst als endogen bestimmt auftretende Leistungen charakterisiert. Die Kinder erfahren aus sich selbst heraus handelnd aktiv die Wirklichkeit. Mit dem neuen genetischen Wissen über richtunggebende Einflüsse bei manchen Verhaltensformen ist das aktualisiert worden. Es fragt sich aber immer bei diesen reifenden Einstellungen, ob, wie und wann sich dabei interaktiv mit der Umwelt Fenster zur Welt öffnen. Die von der Umwelt her fördernden und abschwächenden Einflüsse für die Entwicklungen sind noch nicht bekannt und hier wird für die nächsten Jahre eine Forschungsaufgabe liegen.

Die *Selbstgestaltungstheorien* betreffen reflektierende Erfahrungen von familiären Gegebenheiten in den Beziehungen als entwicklungspsychologische Faktoren. Sie führten in den letzten Jahrzehnten zu ursächlichen Familientheorien in systemischen Schulen. Das reichte bis zu Theorien eines radikalen Konstruktivismus, in dem der Körper und Umwelteinflüsse keinerlei Gewicht mehr haben. Dagegen beschrieb Piaget, wie im selbstgesteuerten motorischen und kognitiven Geschehen von Kindern unvollkommene Lösungen in der Umwelt sie eher zu neuen Schritten veranlassen. Betont wird dabei die spielerische und entdeckende Aktivität des Kindes, die zu neuen Erfahrungen und Fähigkeiten in der äußeren Umwelt führt. Das Kind dürfe nicht als von der Umwelt isoliert gedacht werden. Die menschliche Entwicklung steht auch hier wie bei allen Lebewesen immer in einem Austausch mit der artgemäßen Umwelt.

Die hier im Substantiv Subjekt der Umwelt gegenübergestellte Person verweist schon auf die zu differenzierenden menschlichen Kräfte und eine mögliche subjektiv aktive und selektive Aufnahme der Umwelt. Es ist darauf zu verweisen, dass 1995 die seit fünfzehn Jahren erhobenen Befunde der Verhaltensgenetik von Rowe vorlagen (s. S. 137). Sie verweisen auf mögliche individuell selektiv sinnentnehmend gestaltende Verarbeitungen der Eltern so, wie die Zwillingsbefunde bei seelischen Störungen mit den gleichen Formen der Temperamente auf biogenetisch im Körper verankerte Kräfte hinweisen. Es sind *subjektiv aktive und selektive Sinnentnahmen*, welche schon das erlebte Elternbild bestimmen. Daneben gibt es aber auch allgemeine, mit allen anderen geteilte Bereiche motorischen Verhaltens. Hier wäre durchaus nach den unterschiedlichen genetischen Ausgangsbedingungen im subjektiven Erleben zu fragen.

In der neuen Auflage des Lehrbuchs vom Jahre 2002 von Montada (20) werden erstmals die *verhaltensgenetischen Befunde* in einem besonderen Abschnitt eingeführt. Zunächst wird hier der Einfluss der Anlage auf die seelische Entwicklung am komplexen Gebiet der menschlichen *Intelligenz* demonstriert und beschrieben, was Messungen an Zwillingen und Adoptionsbefunde hier an genetischen Gewichten ergeben. Bei anderen Merkmalen der Persönlichkeit werden genetische Grundlagen nur am Rande erwähnt. Er zeigt Zwillingsbefunde, bei leiblichen Eltern aufwachsende und bei Adoptionen, die in den Intelligenztests die Heretabilität mit .77 schätzen. Es ergeben sich dabei deutliche genetische Einflüsse der biologischen Eltern und keine bleibenden von den Adoptiveltern.

Es ist aber psychologisch wohl unverzichtbar, den substantivischen Begriff »Intelligenz« deskriptiv zu differenzieren. Gut messbar ist etwa die Gedächtnisleistung oder die Geschwindigkeit der Verarbeitungen, während das Verstehen von Beziehungen und Zusammenhängen seelischer Daten oder unterschiedlicher Lebensformen schwerer fassbar ist. Es gibt große musikalische Begabungen bei einfachen Menschen und sehr differenzierte manuelle Fähigkeiten bei anderen, die schwer lesen und schreiben können. Intelligenz wird in der modernen Welt einseitig auf schulische, gymnasiale und akademische Leistungen bezogen und weniger auf die lebenspraktischen Fähigkeiten. Die Gefahr einer einseitigen Ausbildung, die der gegebenen Streuung und den ungleichen Interessen und Begabungen der Heranwachsenden nicht entspricht, besteht heute schon in Grundschulen und den weiterführenden Einrichtungen. Es ist noch zu zeigen, dass auch in der emotionalen und affektiven Dynamik des Erlebens genetische Einflüsse deutlicher fassbar sind.

Montada betont, dass die Erblichkeit zwar über die gesamte Lebenszeit wirke, sie sei aber eben nicht allein für die Varianz der Merkmale bestimmend. Es sei die Aufgabe, sowohl den einzelnen Menschen wie verschiedene Schichten und Populationen mit ihnen angemessenen Umweltangeboten zu verbinden.

Aus psychologischer Sicht wird jetzt zusammenfassend von Montada betont, man müsse »Anlageunterschiede als Entwicklungsgegebenheit ernst nehmen, ohne sie vorschnell als deterministisch anzusehen«. Das Genom sei über das ganze Leben ein wirksames Entwicklungsagens, es erkläre aber für kein Merkmal allein die gesamte Varianz. Die nichtgenetischen Quellen in der Umwelt seien allerdings noch weniger gut identifiziert. Es sei die Aufgabe zukünftiger entwicklungspsychologischer Forschung, die Weisen des Zusammenwirkens zu erkunden.

Es ist ein Verdienst dieser neuen Arbeit von Montada, hier den subjektiv aktiven Anteil und seine genetische Verankerung in der Lebensentwicklung des Menschen erwähnt zu haben, was in weiteren Beiträgen dieser Auflage des Handbuchs auch teilweise genutzt wird. Ein deterministisch einseitiges Denken ist in den die bio-psycho-soziale Bedingungen aufnehmenden und sie verbindenden Lebenswissenschaften und bei Verhaltensgenetikern kaum zu finden. Verhaltensgenetiker haben immer schon auf genetischer Ebene gegebene *multifaktorielle Vererbung* bei seelischen Eigenschaften hingewiesen, wobei die in den verschiedenen Genen liegenden Komponenten in der Lebenszeit, streuend sich steigernd oder mindernd, zusammenwirken können. Sie haben schon immer betont, wie genetische Informationen von der DNA-Ebene zu den molekularen Proteinen weitergegeben werden und dabei bis zu den organischen Reifungen im ökologischen Austausch mit der Umwelt stehen. Beschrieben sind heute die Formen und die Chemie beinahe aller Gene: Man bezeichnet sie auch als Buchstaben, also wie Elemente, die erst im weiteren Zusammenhang von Worten und Sätzen eine Aussage und Wirkung entfalten. Monogenetische bedingte körperliche Varianten und Punktmutationen sind in einigen hundert erkannten Formen als selten auftretende Varianten und Krankheiten beschrieben. Bekannt ist auch die Chromosomenanomalie der Trisomie mit dem »Mongolismus«, der in den seelischen Persönlichkeitsmerkmalen noch eine große Varianz entfaltet. Alle Befunde bei den häufigen körperlichen und bei seelischen Krankheiten und die Daten zu den Persönlichkeitsformen mit den Temperamenten weisen auf multigenetische Einflüsse hin. Es ist immer ein komplexes Erbgut, das lebenslang mit den sozialen und kulturellen Umweltangeboten in der körperlichen Reifung zusammentrifft.

Wenn heute Entdeckungen publiziert werden, die etwa versuchen, Eigenschaften wie Aggressivität oder Ängste bei Tieren und dann auch bei Menschen mit der Morphologie und Chemie eines bestimmten Gens zu verbinden, widersprechen dem erfahrene Wissenschaftler wie Dean Hamer, der das Buch »Mit den Genen leben«

schrieb (13). Wenn man auch wisse, dass bei Temperament und Charakter, Schizophrenie und Anorexie zwischen dreißig und achtzig Prozent auf Erbanlagen zurückzuführen seien, so sei man insgesamt doch immer noch nicht viel weiter als Galton vor über hundert Jahren. Die Aufgabe, durch Beobachtung zu klären, wie die inneren Erbeinflüsse sich – auch unter gesundheitsfördernden Aspekten – mit den äußeren Gegebenheiten verbinden, sei aber gegeben. Dazu sei ein neues Denken (14) über die körperlichen und die verhaltensgenetischen Abläufe geboten. So sei etwa zu verfolgen, wie die genetischen Netzwerke der DNA-Sequenzen ihre Informationen auf molekularer und chemischer Ebene weitergeben werden, die dann in den Organen wirken und auch im Gehirn die seelischen Abläufe beeinflussen. Man wisse wenig, aber doch schon, wie Serotonine die synaptischen Abläufe in den Amygdalakernen bei emotionalen Abläufen und Ängsten beeinflussen und damit das Erleben und Verhalten in einer komplex verarbeiteten Umwelt mitbestimmen. Menschliches Verhalten in den bestimmenden Gehirnfunktionen zeige sich zweifellos als das Werk komplexer Netze tausender Gene in einer Verbindung mit multiplen Entwicklungs- und Umweltbedingungen.

Sieht man diese differenzierten Aussagen, so findet man die Gefahr eines einseitigen Determinismus heute eher in der Psychoanalyse in ihrer zu hohen Bewertung bestimmter Umwelteinflüsse in der Kindheit. Es ist in weiteren Kapiteln hier zu zeigen, welche differenzierende Aussagen in der lebenszeitlichen Perspektive bereits vorliegen und wie sich auch die Praxis der Psychotherapie dabei neu ausgerichtet hat.

Realisiert sind Konzepte einer kontinuierlichen und integrativen Entwicklungspsychologie im wissenschaftlichen Konzept der *»life-span-development-psychology«* (1), die durch Paul B. Baltes 1971 in den USA entworfen und jetzt von ihm in Berlin vertreten wird, einer Entwicklungspsychologie des Menschen, die über die gesamte Lebenszeit reicht.

Ein grundlegendes Anliegen dieser Entwicklungslehre ist es, in jeder Altersphase bei dem körperlichen Wechsel von Wachstum und Abbau nach den seelischen *Gewinnen* und nach den *Verlusten* zu fragen. Der Begriff »Lebensspanne« soll darauf hinweisen, dass sich der ontogenetische Prozess bis in die Altersphase erstreckt, Lebenslauf und Lebensgang verbänden sich eher mit dem Biographischen. Keine Altersstufe sei dominierend und allein ausschlaggebend, wird von Baltes betont, die individuelle Entwicklung des Menschen sei ein lebenslanges Geschehen. Dabei bestehe nicht nur allgemein ein beträchtlicher Unterschied zwischen den verschiedenen Lebensbereichen. Gewinne in einer Fähigkeit und Verluste in einer anderen können in einem Lebensalter und Verhaltensbereich nebeneinander auftreten, etwa als Zuwachs an Kapazität, die aber gleichzeitig verlustreiche Veränderungen in der Effizienz mit sich bringe. Der Mensch sei in seiner sich entwickelnden Person lebenslang durch Plastizität gekennzeichnet, abhängig von den Lebensbedingungen und den gemachten Lebenserfahrungen. All diese Entwicklungen stünden in ihrer Varianz in einer aktiven und passiven Beziehung zu den historischen, sozialen und kulturellen Bedingungen. Die Werte eines bestimmten spezifischen Zeitraums, nicht nur Jahrhunderts, heute oft schon eines Jahrzehnts, seien in einer Generation für viele prägend. So wird unter dem Begriff des *Kontextes* der individuelle Lebensverlauf in Wechselwirkung mit der altersbezogenen Umwelt, den kulturellen und politischen Wertentwürfen der jeweiligen Generation gesehen. Daneben wird nach nichtnormativen Bedingungen gefragt, in denen der einzelne Mensch sich in seinem Verhalten der Umwelt subjektiv aktiv gegenüberstellt, abgrenzt und auseinander setzt.

Herausgefordert ist diese Entwicklungspsychologie der Lebensspanne auch dadurch, dass sich das durchschnittliche Lebensalter im letzten Jahrhundert um viele Jahre verlängerte und die alten Menschen auf sich aufmerksam machen. Das hat Baltes in Berlin in Zusammenarbeit mit anderen Fachgebieten zu einer interdisziplinären Altersstudie genutzt. Als Beispiel der Multidimensionalität einer Fähigkeit wird die Entwicklung der Intelligenz als bis ins Alter reichende und sich wandelnde Fähigkeit genannt. So zeigt Baltes auf, wie sich im Alter u. a. der bekannte Unterschied zwischen der dann schwächer werdenden fluiden Intelligenz im Umgang mit den alltäglichen Dingen und der sich weiter differenzierenden kristalline Intelligenz, den im beruflichen Bereich selbst erarbeiteten Kenntnissen, auftut. Das führte seine Schule zu neuen Fassungen des Konzepts der Altersweisheit (s. S. 355).

Entwicklungspsychologien in der Sicht einer einzelnen Wissenschaft und mit einzeldisziplinären Erklärungsansätzen sind stets in der Gefahr, unvollständig zu sein, so dass das seelische Geschehen nur in interdisziplinärer Ausrichtung genau zu erfassen sein dürfte. Psychologische und soziologische Gesichtspunkte mit den modernen Lebenswissenschaften zu verbinden, dabei die historischen und jeweiligen kulturellen Veränderungen einzubeziehen ist hier so notwendig wie in der Psychotherapie. Die väterlichen und mütterlichen Rollen im sich ändernden Familiensystem haben sich gewandelt, werden anders gelebt als in der Elterngeneration. Die sich schnell ändernden politischen, kulturellen und historischen Werte fordern eigene Stellungnahmen heraus. Es ist besonders ein Problem der Adoleszenz und des Übergangs zum Erwachsenenalter. Schon in Jahrzehnten veränderten sich in der zweiten Hälfte des vorigen Jahrhunderts gerade die heranwachsenden Generationen in den modernen Gesellschaften in ihren politischen wie psychosozialen Mentalitäten: Man denke an die 68er und die Generation der »Softies« mit dem Konzept »Mutterliebe«, die subkulturellen Werte der Bhagwan und Poonas, der Realos, als die Arbeit knapper wurde, und an die spätere Sorge um rechtsradikale Gewalt. Es ist eben ein Alter, in dem gesucht und ausprobiert wird, was über die vorige Generation hinausgeht, man fühlt sich herausgefordert, sich für neue, eigene Werte einzusetzen.

3. Kapitel
Empirie der bio-psycho-sozialen Entwicklungspsychologie

Es werden hier einige grundlegende entwicklungspsychologische Beobachtungen und empirische Untersuchungen vorgestellt, denen im nächsten Kapitel die psychoanalytischen Aussagen und Theorien zur seelischen Entwicklung folgen werden.

Interessen und Interaktionen im ersten Jahr

Das neugeborene Kind ist nach der Geburt wach, bewegt sich und übt bald die Macht des Säuglings aus, indem es schreit und die anwesenden Menschen motiviert, es zu versorgen. Die nehmen es auf, wärmen es, ziehen es an sich, um es zu beruhigen. Die Mutter reicht ihm die Brust und kann ihm schon in der ersten halben Stunde zu trinken geben. Das regt ihre eigene Milchbildung an und das Kind kann wieder einschlafen. Wenn es bald erneut aufwacht und schreit, wird es die Mutter und andere Helfer damit erneut veranlassen, es aufzunehmen, zu wärmen und zu nähren. Hunger und Kälte werden durch Unruhe und Schreien signalisiert. Wenn es fest gedrückt und geschaukelt wird, ist es meist ruhiger. Kind und Mutter sind in ihrem Verhalten aufeinander bezogen und angepasst. Dem Geruch der Muttermilch und der Mutter selbst, auch deren Stimme, wird es sich bald bevorzugt zuwenden. Beide, Kinder wie Erwachsene, sind in ihrem Nahrung und Kontakt suchenden und altruistisch spendenden Verhalten miteinander verbunden. Der Säugling ist von den ersten Lebenstagen an akustisch, optisch und taktil mit der Umwelt verbunden, reagiert auf Geräusche, Lichtreize und Berührungen.

Eine basale Motivation des heranwachsenden Kleinkinds ist dabei die elementare *Neugier* – Darwins Aussagen sind entwicklungspsychologisch jetzt empirisch zu bestätigen. Wenn dem zwei oder drei Monate alten Säugling gleiche Figuren oder Gesichtsschemata lange gezeigt werden, so erlischt nach einiger Zeit sein Interesse, es »habituiert«, sein Blick wendet sich ab. Wenn ein verändertes Gesicht wieder auftaucht, so fixiert er das neue Gesicht deutlich länger. Er ist offenbar an Abweichungen interessiert, sucht neue Eindrücke und nimmt seine Lernmöglichkeiten wahr. Ebenso ist er aufmerksam für sichtbare, vor allem für sich bewegende Objekte. Mit drei bis vier Monaten fixiert er aufmerksam eine über dem Bett aufgehängte bewegte Holzfigur. Sie beschäftigt ihn noch viel länger, wenn er sie, selbst mit ihr verbunden, durch Zehen oder Finger bewegen und Geräusche hervorrufen kann, das nur optisch sichtbare Mobile dagegen nur einige Minuten (23). Das heißt, der Säugling ist ein aktives und in den körperlichen und seelischen Funktionen auf Austausch ausgerichtetes, Beziehungen zur Umwelt herstellendes Kind. Säuglinge sind *weder autistisch getrennt* von der Umwelt, noch *symbiotisch verschmolzen* mit der Mutter. Und wir müssen offensichtlich das neugierige Interesse an der Welt anstelle der Freud'schen sexuellen Lustsuche als grundlegende Motivation annehmen.

In den spontanen Beziehungen zwischen Erwachsenen und Kindern zeigt sich ein bei dem Kind wie den Eltern von beiden Seiten angelegtes Sozialverhalten, das in einer artgemäß normalen Umwelt bestimmend ist. Von Lorenz als »Kindchenschema« ist es als eine Anziehung beschrieben, die vom Kinde ausgeht, und ein dem folgendes, angemessenes elterliches Verhalten. Es wird auch im angepassten Sprechen und in den Bewegungsformen deutlich, in denen die Erwachsenen sich ihren Kindern nähern. Es sind in evolutionärer Anpassung zweckmäßige Einstellungen, die der Mensch mit anderen Lebewesen teilt.

In einer an Eindrücken ausreichend anregenden artgemäßen Umwelt entwickeln sich bestimmte Verhaltensformen und Fähigkeiten im Rahmen der körperlichen Reifung. Motorisch manifestiert es sich regelmäßig im Kriechen, Krabbeln und Aufsitzen. Solche spontan auftauchenden Eigenschaften sind im Laufe des ersten

Jahres auch das Gedächtnis mit Wiedererkennen von vertrauten Gesichtern sowie anhänglichem Verhalten. Dem steht mit etwa sechs Monaten ein Fremdeln bei neuen Gesichtern gegenüber, aber auch bei großen Figuren, Lauten oder Farben, die dann zu Schutz suchenden Bewegungen führen.

Im Unterschied zu allen anderen Lebewesen ist der neugeborene Mensch körperlich bei Geburt sehr unfertig. Vor allem sein Gehirn unterliegt in den ersten drei Jahren und den folgenden noch starken Wandlungen: Viele Nervenbahnen wachsen, werden miteinander verknüpft und bilden sich wieder zurück. Ganze Hirnregionen werden erst in den folgenden Jahren aktiviert. Die Sehleistungen sind zunächst schwach, sie reifen aber angepasst an die körperliche Entwicklung und die damit gegebene Mobilität: Die räumliche Dimension der Höhenunterschiede auf der Erde beim Krabbeln und beim Gehen ist in diesen Jahren zweckmäßig, sie bildet sich im Laufe der ersten beiden Lebensjahre bei den Kleinkindern aus.

Die Entwicklung des Kindes ist in seiner Natur so schon im ersten Jahr auf eine artgemäße Umwelt mit akustischen und optischen Eindrücken und Interaktionen ausgerichtet. Es sind vor allem Personen, aber auch Tiere, die sich bewegen und verändern, die interessieren und zu einem Austausch anregen. Wenn diese Reize und Anregungen fehlen, in Umgebungen und Heimen mit wenig Pflegepersonen, verlangsamt sich die Entwicklung in den ersten Jahren. So hat der Entwicklungspsychologe Kagan auf der Insel San Marcos Säuglinge gefunden, die in dunklen Hütten in einer Hängematte lagen und im ersten und zweiten Jahr von der Mutter zwar gestillt und dabei am Körper getragen wurden, im Ganzen aber kaum Aufmerksamkeit und Anregung erhielten (18). Mit dreizehn Monaten und noch danach hatten sie einen deutlichen Entwicklungsrückstand gegenüber amerikanischen Kindern gleichen Alters, sowohl motorisch wie im Sprach- und Sozialverhalten. In den folgenden Jahren konnten sie sich draußen bewegen, die Einschränkungen waren langsam nicht mehr gegeben, und als sie mit zehn Jahren wieder untersucht wurden, bestand kein kognitives oder affektives Defizit im Vergleich mit Kindern, die in der westlichen Welt aufgewachsen waren. Und das, obwohl sie nur sehr wenig Schulunterricht erhielten, ihren Eltern aber als Kinder in der Landwirtschaft halfen und dabei viel lernen konnten. Sie waren auf die sozialen Anforderungen ihrer Gesellschaft normal vorbereitet.

Bekannt sind auch Beobachtungen, die in den israelischen Kibbuzim in den ersten Jahren gesammelt wurden, in denen ein kollektives Erziehungsprogramm eingerichtet war (29). Die Kinder wurden gleich nach der Geburt in einem Heim versorgt, die Mutter kam in den ersten drei Monaten zwar zum Stillen, ging aber dann wieder zur Arbeit und überließ tagsüber die Versorgung Kinderschwestern. Die Eltern sahen die Kinder abends und an Feiertagen, überließen das Weitere bis zum zehnten bzw. zwölften Jahr ganz den Schwestern und Erziehern. In den ersten Jahren dieser Pflege lag das Zahlenverhältnis von Säuglings- und Kinderschwestern zu den Kindern bei 1:11 und die Kinder waren dadurch sicher unterstimuliert. Sie wuchsen wie Geschwister in einer Großfamilie auf und die Kinderschwestern hatten größeren Einfluss als die Eltern. Es fand sich mit 13 Monaten ein signifikanter Entwicklungsrückstand bei Testuntersuchungen, verbunden offenbar mit der zu geringen Dichte der alltäglichen Versorgung. Mit zehn Jahren hatten aber auch diese Kinder keinen Entwicklungsrückstand mehr gegenüber Kontrollgruppen mit Familienerziehung, sie waren in manchen sozialen Bereichen und den Ich-Funktionen eher überlegen. Es waren auch nicht diese Unterschiede der ersten Jahre oder bleibende schädliche Einflüsse, die in Israel dann zu Veränderungen führten: Die Eltern und auch die Kinder hatten das Bedürfnis, die familiären Bindungen im Ganzen aufzuwerten. Das veranlasste sie, das frühere getrennte Erziehungsprogramm aufzugeben.

Über noch weitere Jahre reichen die Beobachtungen von Säuglingen und Kleinkindern in der Schweiz durch Cécile Ernst, die Entwicklungsdaten von etwa 300 Kindern verfolgt hat, die in Heimsituationen aufgewachsen waren, dort vom vierten Monat an lebten und dann in den nächsten Jahren adoptiert wurden (8). Es waren meist Kinder aus unvollständigen Familien oder von Gastarbeitern aus anderen Ländern. Sie hatten einen Rückstand in der Entwicklung schon im ersten Jahr und auch in den folgenden Jahren von hoher Signifikanz gegenüber dem Durchschnitt von Kindern draußen, waren passiv oder motorisch stereotyp und unruhig, zeigten Fremdenangst, waren unkonzentriert und affektiv labil.

Diese Heimkinder konnten später im Alter von vierzig Jahren zum großen Teil wieder gefunden, befragt und nachuntersucht werden, dabei mit einer Kontrollgruppe verglichen. Sie waren in ihrem mittleren Intelligenzquotienten normal, Schulbildung und Soziogramm unterschieden sie nicht von Kontrollgruppen. Gehäuft waren aber depressive Symptome mit Ängstlichkeit, fehlender Spontaneität, Überempfindlichkeit und Aggressionshemmung zu finden. Allerdings war das nicht in allen Fällen gegeben, es gab eine absolut resistente Gruppe, die kaum Symptome bot, und eine mit vielen und schwereren Störungen. Dabei ergab sich ein deutlicher Zusammenhang zu dem Milieu, in dem die Kinder nach dem Heimaufenthalt in den Adoptivfamilien gelebt hatten. Kamen die Kinder in gute Verhältnisse in der jeweiligen Familie und hatten eine dauernde Aufnahme gefunden oder hatte es wiederholte Milieuwechsel mit unstabilen Verhältnissen gegeben, so war das gute oder das negative Ergebnis deutlich. Die 21 %, die gleich nach Verlassen des Säuglingsheimes in stabile Verhältnisse gekommen waren, und 49 %, die höchstens zwei Wechsel hatten, waren im normalen Bereich, während die anderen mit vier bis zu zwölf Wechseln durchschnittlich eingeengte Befunde boten. Dabei wurden auch hier die leiblichen Eltern untersucht und es ergab sich schon in den ersten beiden Jahren in der kognitiven und affektiven Entwicklung der Kinder eine Verbindung mit der *Psychopathologie der leiblichen Eltern*. Es wurden so 15 % Entwicklungsunterschiede als erbgenetisch erklärbar angesehen. Im Verlauf sprach vieles dafür, dass gerade auch die schwierigen, etwa *hyperaktiven* Kinder den häufigen Wechsel in den Familien selbst provoziert hatten, dass sie wenig attraktiv für die adoptierenden Eltern waren. Stets ist außerdem bei Eltern, die ihre leiblichen Kinder in ein Heim geben, zu fragen, was diese Gruppe in ihren Persönlichkeiten genetisch an ihre Kinder mitgegeben haben. Die Beobachtungen sprechen gegen eine besondere Sensibilität des ersten Lebensjahres mit bleibenden Einbußen und gegen eine Monotropie der Bindungsform.

Zehn internationale epidemiologische Untersuchungen über frühe Lebensbedingungen und spätere psychische Störungen zusammenfassend, hat Cécile Ernst 1990 zwei Modelle einander gegenübergestellt (9) und beschreibt ein *Reifungsmodell* mit einer weitgehenden Resistenz gegenüber bleibenden psychischen Umwelteinflüssen in den ersten zwei bis vier Jahren. Ihre Beobachtungen widersprechen damit einem traumatischen *Umweltmodell* bzw. Prägungsmodell und weisen auf keinen bleibenden Einfluss der frühen Trennungs- und Entwicklungsjahre. Positive Wirkungen lagen in stabilen Adoptionsangeboten und in der Fähigkeit des Kindes, diese anzunehmen und zu nutzen. Die individuelle Problematik ist nicht in den weit zurückliegenden äußeren Einwirkungen der ersten beiden Jahre zu suchen, sondern in den subjektiven »Sinnentnahmen« und Verarbeitungen der jeweiligen Umwelt durch die Kinder selbst und in ihrer genetischen Mitgift.

Kognitive und emotionale Fähigkeiten im zweiten Jahr

In dem für die kindliche Entwicklung reichen zweiten Lebensjahr sind neu sich anzeigende Fähigkeiten zu beobachten, wobei das, was im ersten Jahre im Sehen als vertraut oder fremd und neu auftauchte, differenzierter verarbeitet und genutzt wird. Es sind Anfänge, die im Laufe des zweiten Jahres einsetzen, aber keine Endpunkte von Entwicklungen und keine ursächlichen Wendepunkte, auch wenn es in manchen Theorien so aufgefasst wird. Das erste Jahr war eine Zeit, wo das Kind zunächst in einem elementaren Austausch mit der Mutter oder den sie pflegenden Personen steht. Sieht es etwas Fremdes und Bedrohliches mit neun Monaten, so verbindet es das mit einer unwillkürlich Schutz suchenden Bewegung, welche anzeigt, die Mutter erlebe das ebenso. Erst Monate später richtet das Kind sich dann mit Kopfwendung zuerst optisch auf die Mutter und ihren Gesichtsausdruck. Als primäres Verbundensein des ersten Jahres wurde das von Bischof später als ein *ozeanisches Gefühl* des Einsseins charakterisiert. Im Laufe des zweiten Lebensjahres werden Mutter, Vater und andere Menschen langsam als getrennt wahrgenommen und erlebt. Dazu trägt sicher in besonderem Maße die beim Menschen hier einsetzende Sprachfähigkeit bei, die sich dann noch über Jahrzehnte, ja lebenslang als Organ der sich erweiternden und sichernden Welterfahrung erweist.

Zu den Anfängen der sozialen Kognition im zweiten Jahr wurden von Doris Bischof-Köhler 1989 in »Spiegelbild und Empathie« (3) grundlegende Untersuchungen vorgelegt und Aussagen gemacht. Darin ging es zunächst um die Frage des Selbsterkennens im Spiegel. In den ersten eineinhalb Jahren erkennen krabbelnde, sitzende und dann auch stehende Kinder im Spiegel nur ein anderes Kind, welches sie zwar interessiert beobachten und im Spiegel betatschen oder auch dahinter suchen, von dem sie sich aber dann abwenden, weil sie mit ihm nichts anfangen können. Ebenso erkennen auch höhere Säugetiere nur einen gleichaltrigen Kumpan. In einer ersten Untersuchung an 36 Kindern zeigte nun Frau Bischof-Köhler, wie sich das bei manchen Kindern, beginnend zwischen dem 16. und 20. Monat, häufig verändert: Ein ihnen unbemerkt auf der Nase angebrachter Farbfleck wird nicht mehr dort im Spiegel verfolgt. Sie berühren ihn dann, wischen an ihm auf ihrer eigenen Nase und beobachten sich dann in den Bewegungen. Sie erkennen sich selbst im Spiegel als Kind, als Mensch. Aber mehr als die Hälfte ist nicht in dieser Gruppe, noch unsicher in einer Gruppe von Übergängern und jeder Dritte bleibt im zweiten Jahr noch in der Gruppe der Nichterkenner. Diese neue *Fähigkeit des Selbsterkennens* manifestiert sich im Laufe dieser Zeit bei Mädchen deutlich früher als bei Jungen, aber auch noch nicht bei allen bis zum 24. Monat. Sie ist individuell also verschieden früh und sicher ausgeprägt.

Ebenso bemerkenswert ist die dabei von Bischof-Köhler angestellte weitere Untersuchung mit der gleichen Gruppe, in der diese Kinder, neben ihrer Mutter stehend, beobachten können, dass einem anderen mit einer Frau spielenden Kind ein Spielzeug kaputtgeht und diese beiden offensichtlich betroffen sind. Mehrere der dies beobachtenden Kinder sind dann deutlich in ihrem Gefühl beteiligt und wollen irgendwie helfen. Es sind jedoch nur Selbsterkenner im Spiegel, die so weit sind; die, welche die kognitive Stufe noch nicht erreicht haben, zeigen keine ausgeprägte Helferhaltung. Es gibt auch manche Selbsterkenner, die nicht so reagieren, ganz unbeteiligt und nur verwirrt sind. Diese *Empathie* ist keine Gefühlsansteckung, sondern in die anderen Kinder sich einfühlendes *emotionales Bewegtsein*. Sie ist interindividuell etwas unterschiedlich ausgeprägt und bei Mädchen signifikant früher und deutlicher. Jedenfalls zeigen die Kinder jetzt gegenüber anderen Menschen eine prosoziale Einstellung, das, was die Psychologie Empathie nennt. Sie können jetzt bei gleichaltrigen Kindern annehmen, dass da einem anderen etwas Schlimmes passiert ist, einem, der ist, wie sie selbst, und sie möchten ihm helfen. Die allgemein früheren kognitiven und sprachlichen Fähigkeiten bei Mädchen bringt man mit einer bei ihnen schnelleren Gehirnreifung in dieser Altersphase in Verbindung.

Diese sich also schon früh bei Kindern manifestierenden, bei Mädchen und Jungen unterschiedlich häufigen wahrnehmenden und in andere sich einfühlenden Fähigkeiten weisen auf naturgegeben akzentuierte Beziehungsformen hin. Es zeigen sich hier keine Gegensätze zwischen den Geschlechtern, aber unterschiedlich gewichtete Begabungen, welche man lebenslang verfolgen kann. Im weiteren Lebenslauf und schließlich im Alter kann man diese beziehungsfähigere Einstellung mit besonderen Vulnerabilitäten von Frauen verbinden, wenn sie in den kommunikativen Bedürfnissen zu stark frustriert werden (s. unten S. 359).

Was sich hier und bei weiteren Untersuchungen ebenso deutlich zeigte, war die große interindividuelle Varianz sowohl in den kognitiven Leistungen und noch mehr im Mitfühlen mit anderen Kindern, den emotionalen Reaktionen. Weitere Untersuchungen an 126 Kindern zusammenfassend (4), zeigte sich dann die Hälfte der Kinder nach der Mitte des zweiten Lebensjahres schon in der Gruppe der kognitiven Leistung des Spiegelerkennens, aber beinahe zwei Drittel blieben noch in der Gruppe der verständnis- und tatenlosen Kinder, die nicht aufgeschlossen und aktiv teilnehmend reagierten. Wer sich nicht selbst im Spiegel erkannte, zeigte auch keine Empathie. Offensichtlich manifestieren sich mit der Hirnreifung diese Fähigkeiten nur langsam, in deutlicher interindividueller Varianz sowie bei Mädchen kognitiv und vor allem empathisch emotional früher und deutlicher.

Tab. 3: Selbsterkennen im Spiegel und Empathie (Bischof-Köhler)

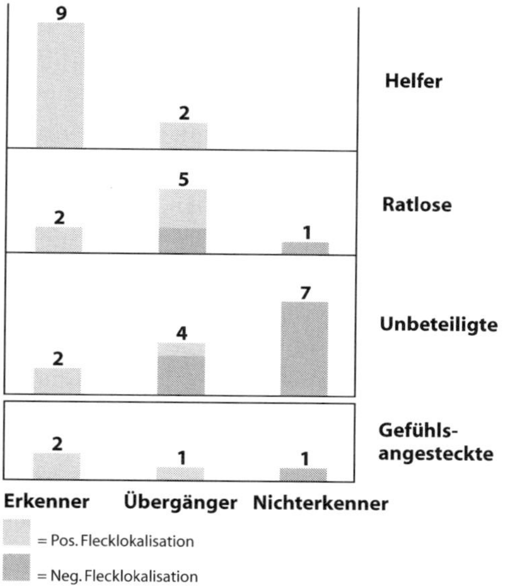

Diese richtungweisenden Untersuchungen zum Spiegelerkennen und zur Empathie wurden in ähnlichen, aber auch erweiterten Versuchen bei noch mehr Kindern wiederholt (4). Von 114 Kindern zwischen 18 und 19 Monaten zeigten 59 dann ein Selbsterkennen im Spiegel. Dabei trat es bei *Mädchen hier signifikant früher* als bei Jungen auf. Die Gruppen von Selbsterkennern und dazu nicht fähigen wurden dann bei einem anschließenden Spielversuch einem anderen Kind mit gleichem Spielzeug gegenübergesetzt. Selbsterkenner waren dann die, welche ein harmonierendes, den anderen nachahmendes und ihn auch initiierendes *Spielverhalten* zeigten. Dieses prosoziale Zusammenspiel bei den Erkennern stand bei den Nichterkennern einem isolierten, kürzeren, den anderen nicht integrierenden Spiel gegenüber. Auch hier zeigen sich also die Unterschiede im frühen kognitiven und sozialen Verhalten, damit verbunden die sich manifestierende psychosoziale Fähigkeit, sich im Spielverhalten handelnd auf andere Menschen interaktiv einzustellen.

Es ergaben sich nach Bischof-Köhler für die artgemäß aufgewachsenen Kinder bei der natürlich gegebenen und dabei geschlechtsdifferenten interindividuellen Varianz keine Hinweise auf fremdbestimmte äußere Einflüsse, indem etwa ein besonders förderliches oder störendes mütterliches Verhalten hier für die Unterschiede bei den Kleinkindern bestimmend war. Wenn psychoanalytische Autoren meist mütterliche emotionale Einflüsse oder väterliche Strafen für moralisches Bewusstsein als bestimmend ansehen, teilt Frau Bischof-Köhler diese Auffassung offensichtlich nicht: »Empathie ist eine natürliche Quelle für die prosoziale Motivierung, ohne dass hierzu eigens ein Sozialisationsaufwand erforderlich wäre.« Sie sieht keine Beziehung von Selbsterkennen und Empathie zum psychoanalytisch beschriebenen »Selbst« als konstitutiver Ich-Konstante, das nach D. Stern (38) im ersten Jahr unter mütterlichen Einwirkungen dem Kind verliehen wird.

Es ist hier noch einmal auf die erwähnten Beobachtungen von Charles Darwin bei seinem ältesten Sohn zu verweisen (s. oben S. 99), der mit zwei Jahren und drei Monaten moralisches Empfinden zeigte, indem er den letzten Bissen eines Lebkuchens seiner kleinen Schwester schenkte und dabei selbstlobend vor ihm auftrat. Er zeigte aber auch Schuldgefühle, als er etwas zerbrochen hatte, was er in einer Serviette verbarg und vor dem Vater geheim halten wollte.

Die kognitiven und emotionalen Reifungsstufen grenzen bei Bischof-Köhler affektive durchschlagende Einwirkungen und Reaktionen ab, in denen bei der Mutter Wärme, Schutz und Halt gesucht wird oder auch ein suchendes, Hunger stillendes Verlangen als Motivation bestimmend ist. Die spontan auftauchende Bindungsmotivation ist als eigene elementare Kategorie abzugrenzen von kognitiven und empathischen Motivationen, in denen dann die eigene Person von einer anderen abgegrenzt und ein prosozial einfühlendes Verhalten anschaulich gemacht wird.

Ihre Beobachtungen und Aussagen werden von Bischof-Köhler noch in einen größeren Zusammenhang gestellt, wobei sie zunächst Vergleiche mit dem Verhalten von Tieren, vor allem bei Säugetieren, etwa Affenarten, heranzieht. Sie wirft die Frage auf, welche Bedeutung in der Evolution diese beim Menschen auftretenden Fähigkeiten für seine Sozialisation hatten und welche sie heute noch besitzen. Es gibt bei vielen Säugetieren Beobachtungen, dass sie gemeinsam eine Beute jagen und dabei kooperieren. Auch viele Vögel lösen sich in der Brutpflege ab. Das seien durch die Zielsetzung motivierte Kooperationen. Es ist davon auszugehen, dass diese Verhaltensformen in Instinkten verankert sind. Man findet gerade bei den Rudeln jagender Tiere, Wölfe, Geparden, sinnvolle Ergänzungen im Verhalten. Es ist noch keine in einer erweiterten Kognition verankerte empathische Einfühlung wie beim Menschen im Spiegelerkennen. Dies findet sich auch bei den anderen Arten nicht, außer bei den Schimpansen. Man hat bei ihnen beobachtet, dass sie sich nicht nur kooperativ, sondern auch einfühlend in Artgenossen zeigen: Ein Schimpansenweibchen scheuchte tagelang ihrer sterbenden Mutter die Fliegen vom Gesicht weg und brachte ihr Futter. Bei männlichen Tieren schien dies nicht gegeben zu sein. Es ist auch keine durch bestimmtes mütterliches oder väterliches Verhalten gelernte Fähigkeit, sondern eine, die sich offenbar in dieser Altersstufe allgemein bis zum zweiten Jahr beim Menschen einstellt. Dass dabei eine interindividuelle Varianz in der kognitiven Fähigkeit und vor allem dann auch beim Empathieversuch auftritt, spricht für eine im normalen Entwicklungsverlauf reifende Fähigkeit.

Von Bischof-Köhler wird noch bemerkt, dass in der Evolution in den vergangenen Millionen Jahren beim Homo habilis diese Fähigkeiten wohl auch schon vorhanden waren. Es fanden sich Werkzeuge in Fundstellen, wohin sie erlegte Tiere schleppten, aufbereiteten und verzehrten, die sie offenbar in gemeinsamer Jagd auf Großwild, d. h. in Kooperation mit Rollenteilung, erlegt hatten. Sie weist noch darauf hin, dass Schimpansen einen Schädelinhalt von nur 400, der Homo habilis von 700 und der moderne Menschen von 1350 Kubikzentimetern haben. Wenn manche Schimpansen bei ihrer zerebralen Kapazität und den damit verbundenen Leistungen schon empathische Fähigkeiten zeigen, sei das für unsere Vorfahren auch anzunehmen. Der Abbau von Instinkten in der Evolution gehe einher mit den entwickelten kognitiven und emotionalen Fähigkeiten.

Der qualitative Sprung zum Homo sapiens wird noch von anderen Neuropsychologen reflektiert, die von einem beobachteten Spiegelerkennen auch bei Schimpansen berichten. Sie finden und betonen dann, dass diese nicht fähig seien, sich anderes Denken von Artgenossen vorzustellen, also das, was der späteren Stufe der »Theory of Mind« entspreche (40) (s. S. 125).

Bei allen diesen Untersuchungen fand sich für eine mit kindlichem Selbsterkennen verbundene traumatische Veränderung kein Anhalt, es war einfach nur eine neue alltägliche Erfahrung und keine traumatische und pathogene. Dazu wird von Bischof-Köhler eine kritische Übersicht über Theorien zu in den ersten beiden Jahren auftauchenden Fähigkeiten der Wahrnehmung der Umwelt, des Selbsterlebens und der neu auftauchenden Emotionalität gegeben. Die in Psychologie und Psychoanalyse unterschiedlichen Methoden, die subjektiv sich manifestierende Wirklichkeit zu erfassen, werden dabei deutlich.

Bereits 1935 hatte Jacques Lacan, Gründer einer psychoanalytischen Schule in Frankreich, die gesunde oder krankhafte Selbstbildung im Spiegelselbsterkennen als Geschehen der ersten 6 bis 18 Monate in den Mittelpunkt seiner Krankheitslehre gestellt (20) (s. S. 178).

Das sich vollziehende Spiegelselbsterkennen kann bei ihm zur normalen weiteren Entwicklung führen, ein verfehlender Vollzug in dieser »Spiegelphase«, die in seiner Schule tradiert wird, soll nach Lacan zur traumatischen Ursache für die Schizophrenie werden. Damit wird wieder eine in der Reifung normal auftauchende Fähigkeit zu einer pathogenen Weichenstellung gemacht. Auch in der psychoanalytischen Entwicklungslehre von Daniel Stern bekommt ein psychisch sich konstituierendes Selbst der ersten Monate eine grundlegende Bedeutung (38). Was bei Lacan und Stern zur Basis einer bis heute tradierten und in Lacans Schule gelehrten Entwicklungstheorie und schwer fassbaren Krankheitslehre wurde, ist bei Bischof-Köhler differenziert an großen Zahlen von Kindern empirisch untersucht worden. Es geschieht mit Untersuchungen, welche das Selbst nicht substantivisch als Konstante erfühlen und beschreiben, sondern die an Kindern systematisch zu erfassen versuchen, ab wann sie fähig sind, sich selbst getrennt von anderen zu erkennen und Mitgefühl zu entwickeln. Die über zehn Jahre zurückliegenden

Befunde von Bischof-Köhler wurden von den psychoanalytischen Richtungen bisher nicht diskutiert.

Weitere, noch differenziertere Formen, die Welt zu erfahren, bilden sich in den nächsten vier bis fünf Jahren aus. Es geschieht einerseits in der langsamen Trennung vom umgebenden mütterlichen und vom väterlichen Medium. Andererseits relativiert sich mit differenzierterer Welterfahrung das einheitliche Bezugssystem von Meinungen und Vorstellungen. Bisher glauben Kinder, die anderen teilten eigene neue Beobachtungen, auch ihr gerade neu erworbenes Wissen. An die Stelle dieses Erlebens, in dem alle Menschen das eigene Wissen teilen, drängt sich langsam die Erkenntnis unterschiedlicher Meinungen unter Menschen über die Umwelt auf. Neben das oben beim Spielzeugversuch beschriebene empathische Mitgefühl tritt ein Wissen um die verschiedenen subjektiven Vorstellungen von Menschen und zunehmend eigenes Wissen um bleibende Unterschiede. Dazu gehört nun u. a. ein Wissen um die eigene Geschlechtsidentität, also bleibend Mädchen und dann Frau zu sein oder bleibend Junge und dann für immer Mann. Der Psychologe Premack bezeichnete dieses sich erweiternde Bild über die Menschen und sich selbst in der Welt als Bestandteil einer *»Theory of Mind«* (27). Es ist ein Wissen darüber, dass andere Menschen ein anderes Bewusstsein besitzen, und u. a. dabei das Wissen, selbst in einem bleibenden weiblichen oder männlichen Körper leben zu müssen. Die kindliche Neugier hat häufig schon zu mehr oder weniger deutlichem Wissen um den eigenen Körper und vielleicht auch über manche Geschlechtsunterschiede bei Mutter, Vater und Geschwistern geführt. Deren bleibender und nicht mehr austauschbarer Charakter wird dann langsam zum festen Wissen.

Gegenüber den *mit- und einfühlenden Einstellungen* wurde oft behauptet, die Evolutionslehre von Darwin sei nicht auf Altruismus gegenüber anderen als Überlebensmaxime, sondern auf »Kampf ums Dasein« ausgerichtet, indem ein Egoismus der Gene und die Fortpflanzung des Stärksten und Mächtigsten mit der größten Kinderzahl bestimmend seien. In der Biologie stehen diesem soziobiologischen Missverständnis und dieser einseitigen Auffassung von »fitness« seit langem andere Aussagen gegenüber. Es geht in der Evolution einer Art ja nicht um das einzelne Lebewesen, besonders bei so langlebigen, so differenziert strukturierten und komplex sozial organisierten Arten, wie die Menschen es sind. Bei allen Arten geht es um das *Überleben von Populationen*, d. h. hier immer um Gruppen von Menschen und nützliches Verhalten für diese. Das zeigte sich schon im Altruismus gegenüber dem Nachwuchs und in der weiteren langen Lebenszeit gegenüber verwandten und vertrauten Menschen. Es wird auch als *inclusive fitness* bezeichnet, als Bereitschaft, sich für Kinder, Verwandte und Nahestehende gegen Feinde einzusetzen, zu kooperieren und wenn nötig zu opfern. Das findet man schon bei vielen Tieren und es ist auch in der Geschichte der Menschheit bis in die Gegenwart zu finden. Evolutionär entspricht dem, wenn persönliche Interessen gegenüber den allgemeinen Interessen zurücktreten, dass in der Anpassung an die Umwelt und in der Selektion die *Gruppenselektion* innerhalb einer Art bestimmend wird. In diesem Umkreis der naturgegeben »inklusiven Fitness« spielen dabei eine gewisse durch Sprache und Umgang vertraute Erfahrung mit sowie eine gemeinsam gegangene Wegstrecke im Leben. Qualitativ ist sie ähnlich wie schon die filiale Bindung des Kindes an eine subjektive und aktiv erworbene Vertrautheit gebunden.

Solche Beziehungen werden in der heutigen Welt mit immer mehr übervölkerten Ländern auf dieser Erde seltener und haben ihren Wert. Der moderne Mensch besitzt durch die Medien heute wachsendes Wissen über Unrecht und Gewalt in anderen Ländern, über Kriege und herrschende grausame Regime dort, während er selbst im eigenen Land in Sicherheit lebt. Aber die von dort Vertriebenen tauchen auf einmal auch bei ihm auf, die mobilen Bevölkerungen durchmischen sich und nicht selten kommt es zu fremdenfeindlichen Gruppierungen. Territoriale aggressive Selbstbehauptung ist nicht nur bei Tieren, sondern auch bei Menschen eine grundlegende Verhaltensbereitschaft. Ebenso spontan sind Menschen bereit, die eigenen Interessen mit denen der Familie und von Verwandten zu verbinden und auch gegenüber manchen Freunden und Kollegen altruistisch zu sein. Es wurden oben schon die epigenetisch begründeten und sich manifestierenden Verhaltensformen von feindlichem »Misstrauen gegen Fremde« und die freundlichere des »Tribalismus« erwähnt. Sich vertraut zu machen mit

Fremden hat eine filiale Qualität, und es ist wichtig, zu wissen, dass sie nicht allein in intellektueller Aufklärung, also einem rationalen Austausch ablaufen kann. Im sprachlichen Umgang und alltäglichen Zusammenleben sich vertraut zu machen mit Menschen aus anderen Ethnien, Völkern und politischen Systemen ist eine Voraussetzung dafür. Deren Lebensumstände, Nöte und Hoffnungen, ihre Geschichte und Werte kennen zu lernen, sprechend und handelnd sich selbst mit den anderen in den eigenen Werten vertraut zu machen kann zu beidseitig entängstigender Annäherung führen und ist heute in vielen Ländern, ja auf allen Erdteilen zu leisten. Das geschieht in kleinen Gruppen und im persönlichen Sich-kennen-Lernen, indem man sich zu zweit verständigt, in gemeinsamer Arbeit oder in der Freizeit tätig, nicht in Versammlungen und auf Großkundgebungen. Auch hier bestimmt die Quantität der anwesenden Menschen die Qualität der korrigierenden Erfahrungen.

Filiale Bindungen versus fremdorientierte Einstellungen

Es ist nun zu zeigen, welche anderen Beziehungsformen sich in der weiteren Reifung noch endogen manifestieren und zu welchen Zeitpunkten das geschieht. Die Biologie bezeichnet die in den verschiedenen Altersphasen auftretenden neuen Merkmale, die nicht aus den früheren Komponenten auf niedrigerer Ebene vorhersagbar waren, als *Emergenzen*.

Als Affiliation oder filiale Anziehung beschreiben Biologen ein Verhalten, welches von vertrauten Lebewesen, von *»Individuen mit Heimcharakter«*, in der ersten Lebenszeit ausgeht. Es werden hier Nähe, Ruhe und Sicherheit spontan gesucht und unwillkürlich gespendet, ein Instinkt ohne triebhafte Endhandlung. Dem folgt dann in den nächsten Jahren bzw. Jahrzehnten, bei den verschiedenen Arten mehr oder weniger früh, eine dies ablösende fremdorientierte Einstellung in einer sexuellen Anziehung durch fremde Artgenossen.

Den Antagonismus von kindlicher filialer und späterer sexueller

Ausrichtung hat Norbert Bischof anschaulich bei Tieren demonstriert (2). Er hat eine aus dem Ei schlüpfende Blessgans an sich gebunden, indem er nach ihrem Ausschlüpfen aus dem Ei und im ersten Jahr viel bei ihr war und allein mit ihr umging. Sie war dabei bis zur Reifezeit auf ihn akustisch und optisch ausgerichtet, suchte seine Nähe, wenn er mit Stimmfühlungslauten rief. Als sie allerdings aufgewachsen war und nach einem Jahr in die Geschlechtsreife kam, geschah das Überraschende: Sie war seiner individuell überdrüssig, begann plötzlich, ihn zu meiden, ja verjagte ihn. Das Tier suchte als Partner andere, fremde Menschen, die vorüberkamen, und entfaltete ihnen gegenüber ein Balzverhalten. Das führte Norbert Bischof zu seiner Entdeckung, wie sich filiale und sexuelle Ausrichtung im Erleben und Verhalten zeitlich und physiognomisch bildhaft ablösen. Sich von seinem Lehrer Konrad Lorenz abgrenzend, hat er dabei auch gezeigt, dass nicht ein Tier im Ganzen geprägt wird, sondern nur ein bestimmtes Verhalten: hier das *filiale*, d. h. ein Verhalten gegenüber pflegenden, auch verwandten, befreundeten Artgenossen, und abgegrenzt davon ein *sexuelles* gegenüber bisher nicht vertrauten, individuell fremden Artgenossen. Die filiale Einstellung liegt darin, in vertrauter Nähe zu Individuen der Aufzuchtgemeinschaft Schutz, Sicherheit und Nähe zu suchen und zu finden. Es sind Entspannung und Ruhe bei einem anderen oder in einer Gemeinschaft, was gesucht wird, keine Triebabfuhr in lustvoller Spannung und Entspannung bei fremden Individuen der gleichen Spezies.

Nicht zu übersehen ist dabei, dass bei Blessgänsen schon in wenigen Stunden, nachdem sie das Ei verlassen haben, filiale kognitive Fähigkeiten und Bindungen entstehen, die sich beim Menschen erst im Laufe der ersten Jahre manifestieren. Das bei Gänsen mit einem Jahr einsetzende Paarungsinteresse beginnt bei Menschen in hormonalen Reifungen im Laufe des zweiten Lebensjahrzehnts. Auch für den Menschen und seine Ontogenese ist es unausweichlich, diesen Antagonismus von filialer und sexueller Einstellung anzuerkennen. Die instinktiv ausgelöste Bereitschaft, als unreifes Wesen in der nahen Umgebung mit Schutz gebenden Lebewesen, meist Mutter, Vater, Familienangehörigen oder Spielgefährten vertraut zu werden, ist ein zweckmäßiges Handeln in einer Welt von Gefahren.

Es ist eine Verhaltensform, die sich offenbar in der Evolution bei den verschiedenen Arten in ihrer Natur in bestimmten Anziehungen niedergeschlagen hat. Was zunächst gesucht wird, sind Ruhezustände bei »Individuen mit Heimcharakter« (Bischof). Es sind keine Triebe wie Hunger oder Sexualität, die Abfuhr erfahren. Hier ist anziehend und motivierend, was gewohnt und vertraut, wohlwollend und Ruhe spendend ist. Beim Menschen ist die sich schon bei vielen Tieren zeigende Tendenz unverkennbar, dass eben Artgenossen, die diesen nahen und vertrauten Charakter haben, nicht die sind, welche eine sexuelle Anziehung auf ihn ausüben. Die dynastischen Interessen und vertrauten Familienorientierungen widersprechende Tendenz der *Exogamie*, im zweiten und dritten Jahrzehnt auf Ablösung aus filialen Bindungen und auf Gründung und Aufbau eigener Lebensgemeinschaften ausgerichtet, ist eine der großen Aufgaben menschlicher Reifung und Entwicklung. Dabei ist Exogamie beim Menschen nicht als instinktiv gespürte Blutsverwandtschaft verankert, sie liegt auch in der Anziehung durch fremde, bisher nicht vertraute Artgenossen. Es sind eben nicht die aus der gleichen Sandkiste und Schulklasse, aus dem gleichen Dorf, Stadtteil oder Landesteil vertrauten Altersgenossen, welche attraktiv werden. Auch in der Ödipussage wäre eine durch frühe Trennung und fehlende Aufzuchtgemeinschaft bestehende Fremdheit zwischen Sohn und Mutter und eine antagonistisch filiale und sexuelle Anziehung für beide durchaus gegeben gewesen.

Die biologischen Wurzeln und die subjektiv so unterschiedliche Qualität von filialer und sexueller Ausrichtung in ihrem antagonistischen Spannungsverhältnis hat Bischof vor zwei Jahrzehnten differenziert beschrieben und reflektiert. Ihr Gewicht für die Entwicklungspsychologie wurde von Psychoanalytikern bisher weder diskutiert, widerlegt noch integriert. Die kindlichen Beziehungen der ersten Jahre, die prägenden, filialen Bindungen und die ödipalen Konstellationen sollen sich in den späteren Beziehungen und damit lebenslang wiederholen. Dabei ist ein Kernbereich psychotherapeutischer Arbeit mit den Patienten auf den Übergang von den filialen auf die erwachsenen Einstellungen gerichtet, der mit der Adoleszenz gegeben ist. Es ist ein Schritt, der von der sich entwickelnden Persönlichkeit des Heranwachsenden Neues fordert und ihm ermöglicht, im Abstand von Bindungen an die Ursprungsfamilie eigene Ziele zu verfolgen.

Aus evolutionärer und biologischer Sicht ist das kindliche und elterliche Verhalten in den ersten beiden Jahrzehnten unter dem Aspekt dieser unterschiedlichen Einstellungen zu beschreiben: filiale Anziehung durch vertraute Menschen in der Umwelt in den ersten fünf bis zehn Jahren in der Familie wie zu Freunden und Freundinnen in der Peergroup – und dann zunehmend eine Ausrichtung auf fremde Individuen in den folgenden Jahrzehnten. Sie hat sich evolutionär als unumgänglich für das Überleben der Spezies erwiesen, sollen durch Inzucht drohende Erbschäden vermieden werden und die Vorteile der Mutationsvarianten sich auswirken können.

Norbert Bischof stellte diese exogame Ausrichtung in der menschlichen Existenz aber noch in eine umfassendere Perspektive. Wie die bipersonale Fortpflanzung evolutionär einen Fortschritt bedeutete gegenüber der monogamen Sprossung in der Anpassung, so sei die Exogamie in ihren Folgen in den sozialen und kulturellen Lebensformen weiter zu fassen. Die seelischen, sozialen und kulturellen Einstellungen seien zwar auch beim Menschen in ihren allgemeinen und individuell naturgegebenen und körperlich verankerten Kräften begründet. »Die biologischen Wurzeln des Urkonfliktes von Intimität und Autonomie« begleiten in Erbkoordinationen »als Generalbass die späteren exponierten Bewegungsmelodien«. Bischof betont aber, dass auf den seelischen und sozialen Entwicklungsstufen des Menschen wie in seinen ausgebildeten kulturellen Wertsystemen Bereiche entstanden seien, die nicht mehr in den biologischen Gegebenheiten begründet sind. In möglicher Emanzipation von der Natur seien neue Bewertungen aufgetreten: Zwar greife die Natur weiter von innen nach uns, ebenso aber eine Gesellschaft mit ihrer jeweiligen politischen Geschichte und Kultur als von außen wirkende Macht. Er betont damit ein *Menschenbild*, welches ebenso die mögliche emanzipatorische Autonomie gegenüber der Natur wie eine Kontinuität der natürlichen Gegebenheiten anerkennt und möglich macht. Bei Menschen bestehe kein essenzieller Reduktionismus auf biologischer, psychologischer oder sozialkultureller Ebene.

Temperament und Dynamik als basale Persönlichkeitsfaktoren

Der Begriff und die Beschreibung von menschlichen Temperamenten reicht zurück bis zu den griechischen und römischen Ärzten Hippokrates und Galen, die bestimmte körperliche und seelische Verhaltensvarianten, vor allem aber solche der Aktivität und Stimmung, der Erregbarkeit und Störbarkeit, mit körperlichen *Säften* und *Organfunktionen* verbanden. Dabei wurden schon affektive, spontan auftretende Persönlichkeitszüge herausgestellt. Die Lehre Galens wurde über Jahrhunderte von behandelnden Ärzten als ärztliches Wissen tradiert und betraf die Krankheitsursachen und ihre Behandlung mit dem Aderlass als zentralem Therapeutikum der Säftelehre des Hippokrates und der späteren Humoralmedizin. Eine Karikatur dieser statusgebenden, dabei sich nur auf Traditionen und nicht auf eigene Erfahrungen gründenden Einstellung findet man noch bei den Ärzten des »malade imaginaire« bei Molière im 18. Jahrhundert. Dabei gibt es unter den in der Antike beschriebenen Merkmalen solche, die wir heute von Psychiatern und Psychologen als grundlegende Persönlichkeitszüge und Krankheitsformen wiederfinden können. Ein Versuch Kretschmers, diese Temperamente als Konstitution mit bestimmten Körperbautypen zu verbinden, erwies sich jedoch als unhaltbar: Mit leptosom, athletisch und pyknisch beschrieb er nur die häufigen und normalen in den verschiedenen Lebensaltern hervortretenden körperlichen Wandlungen und keine bleibenden Charaktermerkmale (42).

Gegen die auch in den Vereinigten Staaten in der Nachkriegszeit auftauchende Mentalität, dass Umwelteinflüsse entwicklungpsychologisch entscheidend seien, wurde 1956 in New York von Kinderärzten eine erste, über 22 Jahre laufende Längsschnittstudie (NYLS) unternommen, in der 133 Kinder vom dritten Monat an durch die Eltern beobachtetet wurden. In 54 Formen wurde ihr Verhalten festgehalten und in 9 verschiedenen Eigenschaften zu fassen versucht: Emotionalität, Soziabilität, Ausdauer, Ablenkbarkeit etc. Bereits in den ersten Lebensmonaten wurden deutliche interindividuelle Varianzen beschrieben: ruhige, stille Kinder, die viel freundlich lächeln und regelmäßig schlafen sowie motorisch lebhafte unruhige, irritable, die viel weinen. Die Frage der Konstanz dieser Merkmale wurde über die weiteren Jahre durch Untersuchungen verfolgt. Am ehesten erwiesen sich *sociability*, also Aufgeschlossenheit gegenüber Menschen, oder Schüchternheit als gegebene Eigenschaften konstant, andere Kleinkinder wurden eher konstant als angenehm oder als schwierig charakterisiert. Es ließen sich aber mit dieser Methode über die Zeit keine bleibenden Eigenschaften sichern, und auch das mehr oder weniger angemessene Verhalten der Eltern, deren »*goodness of fit*«, war nicht mit kindlichen Eigenschaften zu verbinden. Die sich zeigenden Unterschiede zwischen den Kindern ließen die Frage offen, was in ihrem Verhalten endogen körperlich und was durch Elternverhalten oder soziokulturell bedingt ist. So besitzt dieser erste aufwendige Versuch nur historisches Interesse und verweist auf die methodischen Schwierigkeiten.

Seit 1957 war durch S. Diamond der Begriff »Temperament« neu gegen die damals mehr umweltorientierten Auffassungen in den USA in die Diskussion gebracht worden, und dabei wurden Gemeinsamkeiten menschlichen Verhaltens mit vielen Säugetieren und ihre natürlichen Grundlagen betont. Dieser Begriff trat dann in folgenden Jahrzehnten bei Längsschnittstudien in den Mittelpunkt. In Beobachtungen von Eltern und Angehörigen versuchten Psychologen, bei Kleinkindern von den ersten Lebensjahren an im motorischen Verhalten, in der Interaktion mit Menschen, den Gefühlsäußerungen und allem, was sich einigermaßen standardisieren ließ, konstante Merkmale zu fassen. Auch hier haben erst Untersucher, die das Naturexperiment der erbgleichen und erbungleichen Zwillinge und damit feste Daten nutzten, einen Fortschritt gebracht. Der Pädiater Buss und der Verhaltensgenetiker Plomin legten Ergebnisse *systematischer Zwillingsstudien* vor (5), zunächst ihre Beobachtungen in vier Temperamentseigenschaften beschreibend und danach konzentriert 1984 auf drei Eigenschaften: als *Emotionalität, Aktivität* und *Soziabilität* (EAS). Als Emotionalität wurde Aufgeschlossenheit im Kontakt, als Aktivität lebhaftes Verhalten und als Soziabilität die Zusammenarbeit mit anderen gefasst und als Persönlichkeitsmerkmale dann detaillierter beschrieben. Psychologen hatten differenzierte Kriterien entwickelt, um Verhaltensformen zu beobachten und zu standardisieren, jeweils in den Beobachtungen 10 bis 20 Messungen zu einer der drei Temperamentseigenschaften zusammenfassend. Daneben wurden Eltern als Beobachter ihrer Kinder geschult, ohne bereits über die Frage der Erblichkeit informiert zu werden. Psychologen untersuchten viele hundert Zwillingspaare, zwischen 43 Monaten und 6 Jahren alt, die Konstanz der Ergebnisse war auch im Längsschnitt gesichert. Es wurden allein in den USA etwa 10 unterschiedliche Zwillingsprojekte zwischen 1970 und 1990 publiziert (26). Diese Unterschiede im Temperament sind schon in alltäglichen Elternbeobachtungen bei Kindern mit 61 Monaten in diesen Eigenschaften reliabel fassbar und haben eine hohe genetische Gewichtung, wie der Abstand von eineiigen zu zweieiigen Zwillingen zeigt.

Tab. 4: Zwillingstemperamente mit 61 Monaten in Beobachtung der Eltern (Buss und Plomin)

	Korrelationen	
EAS-Skala	EZ n=228	ZZ n=172
Emotionalität	.63*	.12
Aktivität	.62*	-.13
Soziabilität	.53*	-.03

Diese Erbgewichte sind auch in der weiteren Lebenszeit gegeben und mit anderen Alterskriterien für diese drei Temperamentseigenschaften bis weit in die zweite Lebenshälfte zu verfolgen. Interkulturelle Untersuchungen zeigen, dass diese drei Eigenschaften bei den Menschen in allen Ethnien allgemein gegeben sind (32). Weitere Unterschiede des Temperaments sind auch bei Pferden, Hunden und vielen Säugetieren seit langem bekannt, sie werden bei Züchtungen genutzt.

In den Ausprägungen des Temperaments sind sich manifestierende endogene Kräfte beschrieben, die das normale Verhalten wie seine Varianten bestimmen, welche dann bis ins Krankhafte reichen können. Sicher beeinflusst eigenes Verhalten auch die Umwelt, manche Menschen wirken anziehend, andere überfordernd oder abstoßend, wir provozieren Verhaltensweisen in den menschlichen Beziehungen und Bindungen.

Die verhaltensgenetisch orientierten Autoren Buss und Plomin (5) fragten 1984, ob die endogen sich manifestierenden Formen von Soziabilität und Emotionalität des heranwachsenden Kleinkindes nicht auch in den sicheren und unsicheren Bindungen zu finden sind, wie sie psychoanalytisch beschrieben werden. Die Frage wurde bisher von psychoanalytischen Autoren nicht aufgenommen, man ist sich zu sicher, hier mütterliches Verhalten als Ursache zu haben und keine genetischen Einflüsse.

Auch Psychiater sind dem »lebensgeschichtlichen und persönlichkeitseigenen Hintergrund« schon in den 50er-Jahren nachgegangen und haben dynamische Bedingungen bei den Psychosen beschrieben. Die als Temperament beschriebene Dimension ist im zeitlichen Vorfeld in den Persönlichkeiten, in der klinischen Psychopathologie und im Verlauf bei den endogenen Psychosen ebenso zu finden. Als *Dynamik* wurde sie als im Menschen angelegte, tragende Funktion auch durch Werner Janzarik seit langem bearbeitet und in einem Werk über »Strukturdynamische Grundlagen der Psychiatrie« beim Verstehen und Behandeln von Krankheitsverläufen genutzt (17). Der Begriff »Dynamik« wird hier als »vielgestaltig antreibende und affektive Lebensgrundlage« gefasst, als Aspekt im psychopathologischen Verstehen des Verlaufs von Psychosen wie von abnormen Persönlichkeitsentwicklungen. Mit Emotion, Stimmung, Gefühl und Affekt werde eine »potenzielle Aktion angeborenen Verhaltens« beschrieben. Diese *dynamischen Antriebe* suchen und empfangen dann lebenszeitlich im Erleben in den Umwelten situativ und inhaltlich bildhafte Gestaltungen als *repräsentative Bestände*, welche die mehr oder weniger stabilen und Halt gebenden *seelischen Strukturen* bilden. Im lebenszeitlichen Lauf werden in je eigener Weise erworbene Repräsentationen vom visuellen Typus in weiteren Situationen aktualisiert, sie gehören zum strukturdynamischen Besitzstand, der die Welt von innen her vorrational gestaltet.

Die Grundlagen der sich manifestierenden Dynamik in ihren gefühlsmäßigen und antriebshaften Varianten liegen im Mutterboden der artgemäßen menschlichen Antriebe. Janzarik nennt hier u. a. Nahrungsverlangen, Bindungsverhalten, Lernen, Neugier, Anspruch auf Besitz, Rang und Territorium sowie Sexualität. Angeborenes Erleben und Verhalten werden in ihrer dynamischen Ausstattung und Entfaltung als Grundschicht der Psychosen und Persönlichkeitsstörungen differenziert und anschaulich gemacht. Im Verständnis psychopathologischen Geschehens wirkt Dynamik weiter in aktualisierenden und den desaktualisierenden Kräften und Impulsen bei den inhaltlichen Repräsentationen entscheidend mit. Bei abnormen Persönlichkeiten ist der dynamische Aspekt psychiatrisch seit langem etwa in der psychasthenischen und hyperthymen Ausrichtung beschrieben.

Die als Temperament und hier in der Dynamik beschriebenen Merkmale weisen auf die im Menschen selbst liegenden und reifenden, dann lebenslang für den einzelnen Menschen mitbestimmenden Antriebe, die mit seiner körperlichen Natur verbunden sind.

Selektive Sinnentnahme und Anpassung an die Umwelt

Für die allgemeine Entwicklungspsychologie wurden oben verschiedene Theoriefamilien erwähnt, denen Kernfragen und Kernannahmen über das Wesen des Menschen zugrunde liegen. Mit den Vorstellungen, was aus dem Menschen selbst kommt und was von außen mit ihm geschieht, sind Menschenbilder verbunden. Aber ist es überhaupt möglich, die Anteile der Verbindung und des Austauschs mit der Umwelt zu differenzieren und zu versuchen, feste Daten zu gewinnen, zu klären, wie und wann dabei die artgemäße und die jeweils individuell gegebene Umwelt mitwirken? Wie kommt es dazu und wie lässt sich dabei der von innen kommende Anteil, die individuelle, subjektiv-aktiv erlebte Welt von der von außen kommenden, ebenso aktiven Umwelt der Eltern, Freunde oder Lehrer in ihren Gewichten abgrenzen? Gibt es Umweltangebote, die notwendigerweise zur Anpassung von allen Menschen in gleicher Weise aufgenommen werden? Wie ist der Einfluss der endogen reifenden körperlichen Antriebe im Erleben und Handeln, wie im subjektiven wahrnehmenden Erleben und beim unwillkürlichen Tun abzugrenzen?

Die oft gestellte Frage »nature or nurture«, also »Anlage oder Erziehung«, ist besser in den breiter begründeten Interaktionen in *»genetics and experiences«, »Anlage und Erfahrungen«* zu fassen (26). Sie beschäftigt heute Psychologie wie Pädagogik und nicht weniger die theoretische wie die praktische Psychotherapie. Es wäre ein großer Gewinn, wenn die verschiedenen theoretischen Konstrukte darüber, wie und wann reifende Anlagen, Triebe und Affekte mit den Umweltangeboten zusammenkommen, empirisch anschaulich und erklärbar würden. Was aus der eigenen Natur des Patienten kommt und in welchen Formen seine Umwelt Gewicht hatte, ist für die therapeutische Ausrichtung bestimmend. Psychotherapie tritt ja als angebotene Hilfe selbst von außen an ihn heran, wendet sich an seine einmalige Person mit dem ihm eigenen Denken und Handeln, sie ermutigt zu neuen Einstellungen und Erfahrungen. Mit der gegebenen Ungleichheit der Menschen ist ja eine der Grundfragen für den Psychotherapeuten gestellt, auch wenn er dabei im *immer einmaligen Fall* doch *allgemeines Wissen* braucht.

Eine Frage, die viele Eltern beschäftigt, ist die, warum ihre leiblichen Kinder in vielen Zügen so verschieden sind, und zwar auch die Beziehungen zu ihnen als Vater oder Mutter, obwohl beide bemüht sind, gerecht zu sein, ihnen die gleiche Freiheit zu geben und sie anzunehmen. Sind Eltern, ihr unwillkürliches, ihnen unbewusstes Verhalten in der frühen oder späteren Kindheit, verantwortlich für die individuelle Entwicklung und das Lebensschicksal? Ist die »gefühllose Mutter« das »Schicksal«, der strenge oder fehlende Vater, wenn sie zu neurotisch gehemmten Kranken oder zu Gewalt ausübenden Kriminellen werden? In welcher Form und wann im Leben haben die Bedingungen der Umwelt Gewicht, werden ergriffen, oder drängen sie sich unbedingt dem lebenden Menschen auf? Die in den unterschiedlichen Zwillingen liegenden Lebenschancen wurden auch hier wissenschaftlich genutzt. Zu weiterführenden Befunden haben lebenszeitliche Längsschnittuntersuchungen geführt.

Der in den USA arbeitende führende Verhaltensgenetiker David Rowe hat zwei besondere Untersuchungen 1981 (30) und 1983 (31) an Schülerinnen und Schülern amerikanischer Colleges unternommen. Es geschah mit Testverfahren, in denen die erlebte Familienumwelt in verschiedenen Bereichen jeweils in mehreren Fragen erfasst wurde. Zunächst wurden unter 10.000 Schülern Zwillingspaare gesucht, und dann knapp 100 der Zwillingsbefunde ausgewertet. Wie bei diesen Untersuchungen üblich, wurden vergleichend nur Zwillinge des gleichen Geschlechtes bei den erbungleichen herangezogen. Bei der ersten Untersuchung wurden ausgewählte Fragen in verkürzter Fassung vom »Children Report on Parental Behavior« nach Schaefer benutzt, bei der zweiten die seit 1980 eingeführte FES, die heute allgemein genutzte »Family Environment Scale« von Moos und Moos, die mit jeweils 80 Fragen und Kriterien vor allem die Atmosphäre in der Familie erfasst. Diese Forschungen richteten sich auf zwei unterschiedliche Bereiche: einmal auf die Formen elterlicher Aufmerksamkeit in der räumlichen Umwelt, ob die Kinder feste Regeln erfuhren, in Grenzen gehalten wurden oder sich eher ohne diese selbst bestimmend und bei wenig Aufsicht erlebten. In der Auswertung wurde das als Bereich *»Kontrolle«* in der Umwelt bezeichnet. Andererseits betraf es den Bereich persönlicher emotional wahrgenommener Zuwendung, wie die Kinder Vater und Mutter in der persönlichen Beziehung erfahren hatten, mit Wärme angenommen oder eher kühl zurückgewiesen, also die *emotional erfahrene Zuneigung*. Dieser Bereich der persönlichen Beziehung wurde auch mit *»Annahme«* bzw. *»Zurückweisung«* bezeichnet.

Rowes Untersuchung ergab hier zunächst im Hinblick auf feste oder lockere Kontrolle in der Umwelt, dass zwischen eineiigen und zweieiigen Zwillingen keine Unterschiede auftraten, beide Gruppen teilen in individueller Breite alle diese gemeinsame Umwelt. Das spricht gegen ein Gewicht erblicher Unterschiede in diesem Bereich. Dagegen waren in den Bereichen *emotionaler Beziehungen*, also bei Annahme oder Zurückweisung, signifikante Unterschiede zwischen beiden Gruppen sowohl hinsichtlich der Mutter wie des Vaters, vorhanden, was für ein genetisches Gewicht in diesem Bereich spricht (siehe Tab. 5). Es muss in dem emotionalen Erleben ein *subjektiv-aktives Element* geben, welches von innen sinnentnehmend verarbeitet und in bestimmter Weise die jeweils erlebte Beziehung mitbestimmt. Diese individuell bestimmende und selektive Ausrichtung wird fachlich als *»ungeteilte Umwelt«*, »unshared environment«, bezeichnet, weil sie nicht mit dem allgemein geteilten Umwelterleben, etwa über räumliches Verhalten, gleich ist. Das hier wahrgenommene elterliche Verhalten hat offenbar bei den Erbgleichen sinnentnehmend zu bestimmten Gemeinsamkeiten im Erleben geführt. Ob im positiven Sinne oder im negativen der Zurückweisung, ist hier nicht die Fragestellung. Bei den genetisch nur wie Geschwister verwandten zweieiigen Zwillingen wie auch bei Geschwistern ist diese höhere Übereinstimmung nicht festzustellen.

Tab. 5: Zwillingsaussagen mit 15 Jahren über Elternverhalten (Rowe)

	Zwillingskorrelationen	
Messungen	Eineiige Zwillinge	Zweieiige Zwillinge
Kontroll-Skalen		
Kontrolle–Autonomie der Mutter[a]	.44	.47
Kontrolle–Autonomie des Vaters[a]	.43	.46
Strenge–laxe Kontrolle der Mutter[a]	.55	.46
Strenge–laxe Kontrolle des Vaters[a]	.43	.45
Restriktivität–Permissivität[b]	.44	.45
Wärme/Liebe-Skalen		
Annahme–Zurückweisung durch die Mutter[a]	.54	.17
Annahme–Zurückweisung durch den Vater[a]	.74	.21
Annahme–Zurückweisung[b]	.63	.21

[a] Die Daten stammen von Rowe (1981) für eine Gruppe von 89 Zwillingen
[b] Die Daten stammen von Rowe (1983) für eine Gruppe von 90 Zwillingen

»Die größere Ähnlichkeit der eineiigen Zwillinge als der anderen Geschwister legt nahe, dass wahrgenommene Liebe erblich ist«, wird von Rowe pointiert dazu bemerkt. Sichtbar wird das hier an den in allen Genombereichen gleichen Zwillingen, während bei erbungleichen Zwillingen und Geschwistern sich auswirkende additive Genwirkungen zu einem weiter gestreuten emotionalen Elternerleben führt. Diese Befunde über die Beziehungen auf der Ebene der Gefühle gelten jedoch auch unabhängig von der besonderen Zwillingssituation.

Die Aussagen in den vielen und unterschiedlichen Testfragen werden von 15- bis 17-jährigen Schülern gemacht, d. h. schon in einem gewissen zeitlichen Abstand zum unmittelbaren Erleben. Die gesamte Beziehungserfahrung wird hier wiedergegeben, es ist nicht die unmittelbar gerade erlebte Kindheit, über die hier berichtet wird, es geschieht im Rückblick. Dass eine solche Rückschau mit biographischen Aussagen zum eigenen Leben erst vom 10. bis 12. Lebensjahr an überhaupt möglich ist, zeigen systematische neue empirische Untersuchungen zu dieser Frage (12). Bis zu diesem Zeitpunkt überwiegen bruchstückhafte Aussagen, die oft mit entsprechenden Fotos verbunden werden und verknüpft mit dem, was man über sich selbst von anderen gehört hat, wie schon Piagets bildhafter Bericht oben zeigte. Im Hinblick auf die Amnesie für die ersten drei Jahre ist noch auf die Reifung und den Funktionswandel des Gehirns in diesen Jahren hinzuweisen (s. S. 193).

Es kann nun kritisch eingewendet werden, dass sich die Eltern bei eineiigen Zwillingen, die sich in ihrem Aussehen und Verhalten ja ähnlicher sind als zweieiige und Geschwister, auch emotional gleich verhalten haben. Eltern von Zwillingen lernen gewöhnlich diese nach einigen Tagen oder Wochen voneinander zu unterscheiden. Sie wissen in ihrer Mehrzahl aber anfangs nicht, welche Paare eineiig und erbgleich sind und welche nicht. Wenn dieses später wissenschaftlich sicher festgestellt wurde, zeigte es sich auch nach Jahren, dass nur 30 bis 40 % die dann später festgestellte Erbgleichheit richtig erkennen. Beobachtungen der Eltern von Zwillingen ergaben aber bei 20 bis 30 % der eineiigen tatsächlich auch ein etwas ähnlicheres Verhalten. Das ist dann aber ein unwillkürliches und reaktives, ein vom Kind provoziertes, keine gezielte und bewusst beabsichtige Einstellung. Eine unterschiedliche *Attraktivität* des Kindes, wie es sich selbst affektiv in seinem Verhalten ausdrückt, antwortet und vieles von ihm selbst stammendes Verhalten wirkt sicher schon auf die Eltern, wie dann im weiteren Leben auf andere, auf Freunde und Partner. Dieser reaktive, provozierte Anteil besteht aber neben dem größeren des eigenen emotionalen Wahrnehmens und der sinnentnehmenden subjektiven Bewertung der zwischenmenschlichen Welt. Es ist ein Faktor, der im Menschen selbst liegt, der seine erlebte Welt lebenslang mitbestimmt.

Diese Untersuchungen zu den unterschiedlichen Erlebnisbereichen lassen es zu, drei Formen des Zusammenwirkens zwischen den Anlagen und Umweltangeboten zu charakterisieren: eine *subjektiv-aktive*, eine *subjektiv-reaktive* bzw. *provokative* und eine *passiv-rezeptive* Interaktion.

Allgemein ist dabei zunächst davon auszugehen, dass menschliches Erleben, auch das beim träumenden Schlafenden, auf die sinnliche Welt bezogen ist und so ein aktiver Vorgang ist. Die affektiv wahrgenommene zwischenmenschliche Welt wird dabei in individuell unterschiedlicher Form subjektiv aktiv sinnentnehmend erfahren. Das setzt offenbar bei den Eltern ein und reicht in den menschlichen Beziehungen mehr oder weniger ausgeprägt in immer neuen Erfahrungen über das ganze Leben. Dieses Geschehen ist in der eigenen Persönlichkeit verankert und sicher auch immer durch die emotionale, affektive Lage zum anderen Menschen variiert. Es ist interaktiv durch das, was es in eigener Weise wahrnimmt und dabei als emotionale Reaktion auf die eigene Person provoziert. Neben dem steht die allgemeine artspezifisch erfahrene Umwelt, die im Bewegen und Verhalten in natürlicher Anpassung verarbeitet, nicht selektiv rezipiert wird.

Auch wenn man Messfehler bei solchen Fragebogenuntersuchungen immer als Unschärfe einbeziehen muss, werden die hier gemachten Aussagen noch durch weitere Ergebnisse in mehreren Bereichen wiederholt. Sie lassen sich in Temperamentsunterschieden mit Emotionalität, Affektivität und Soziabilität verbinden und mit Selbstbeschreibungen der Persönlichkeit und weiteren Eigenschaften (s. unten S. 145).

Die seit zwanzig Jahren vorliegende empirische Untersuchung Rowes, die beispielhaft wesentliche Fragen aufnimmt, sollte auch von Psychotherapeuten zur Kenntnis genommen und genutzt werden. Sie zeigte am Naturexperiment der Zwillinge, wie in Kindheit und Jugendzeit verschiedene Lebensbereiche unterschiedlich wahrgenommen und verarbeitet werden. Die äußere räumliche Umwelt als Verhaltensbereich der artbezogenen Umwelt ist reaktiv allgemein verteilt und zugeordnet. Die persönlich angebotenen emotionalen Zuwendungen der Eltern werden subjektiv-aktiv und selektiv verarbeitet. Und das gilt dann auch, mehr oder weniger, für die wahrgenommene persönliche zwischenmenschliche Umwelt von Lehrern und Freunden, dabei ebenso provoziert und verstärkt durch eigene Eigenschaften.

Es stellt sich hier die Frage, wie diese Unterschiede z. B. zwischen Kontrolle und Liebe in der erblichen Gewichtung aus Rowes Untersuchungen einzuordnen sind. Ist es eine zufällige Streuung der Qualitäten oder eine evolutionär entwickelte und in unterschiedlichen Bereichen nützliche? Die Verhaltensgenetiker suchen bei genetisch unterschiedlich verankerten Abläufen bei allen Spezies nach dem evolutionären Wert fürs Überleben, stellen die Frage nach dem *Warum*. Offenbar sind die Erfahrungen für elterliche Kontrolle in relevanten Umweltbereichen realistisch, d. h. der Anpassung an die räumlichen Bedingungen der Erde angemessen, sie werden von allen in gleicher oder ähnlicher Weise aufgenommen. Sie scheinen menschlich und auch bei den Tieren allgemein gegeben und genetisch nicht oder zumindest kaum individuell variiert, wie weitere Untersuchungen ergaben. Sich in der äußeren Welt mit ihren Gefährdungen von Höhen und Tiefen, fester Erde, Sümpfen und Wasser, heute auf der Straße im Verkehr angepasst zu verhalten ist offenbar für alle gleich wichtig und lebenserhaltend. Man kann beobachten, dass kleine Kinder, wenn sie laufen lernen, bald vor Löchern und Untiefen im Boden, an Treppen und Fenstern Halt machen. Befunde der Sinnespsychologie weisen auch darauf hin, dass sie im Laufe des ersten Jahres räumliche Unterschiede wie Löcher und Tiefen zu sehen lernen.

Die Wahrnehmungen der erlebten und gestalteten Beziehungen zwischen den Artgenossen in affektiven und emotionalen Erfahrungen, in Bindungen und später in Sexualität und Rangfragen, scheinen dagegen auch in der Persönlichkeit des einzelnen Menschen begründet. Sie sind variabel und gestreut, in unterschiedlichen affektiven Einstellungen verankert, sind subjektiv-aktiv gestaltend. Die Varianz von mehr oder weniger affektiv und emotional offenen oder verschlossenen Einstellungen zu den Artgenossen stellen interindividuell gestreute Variationen dar. Sie liegen in Unterschieden in emotionaler Einfühlung und Zurückhaltung, Durchsetzungsfähigkeit und Hemmung, in altruistischer Fürsorge und Extraversion, Varianten, die sich für das Überleben der Art in der Evolution in einer sich wandelnden Welt für die Populationen als nützlich erwiesen haben.

Bemerkenswert ist dabei, dass diese zwei unterschiedlichen Formen von gegebenen Sinnentnahmen in der leibseelischen Verarbeitung Erwin Straus bereits 1930 in »Geschehnis und Erlebnis« reflektierte (39). In der natürlichen Umwelt von Gefahren, vor Abgründen und bei Erdbeben beschrieb er das unwillkürlich abwehrende oder zusammenzuckende Vermeidungs- und Schreckverhalten als naturhaften Zwang von Sinnentnahme. Er trennte es von der aus individueller Haltung und aus Erfahrungen stammenden freien Sinnentnahme in den Beziehungen und im Verhalten gegenüber anderen Menschen. Bei ihm machen diese *»persönlichen Sinnentnahmen«*, wie er diese Einstellungen nannte, auch eine entscheidende Dimension von lebenslang sich manifestierenden Persönlichkeitszügen aus. Er trennte sie von den allgemeinen bedrohlichen und erschreckenden Geschehnissen durch irdische Veränderungen wie Erdbeben, Feuer oder Explosionen. Ein evolutionärer Bezug und genetische Überlegungen sind bei Erwin Straus nicht zu finden. Er beobachtete die Lebensvorgänge nur unvoreingenommen und beschrieb sie sprachlich anschaulich, im theoretischen Denken bewegte er sich noch in der Tradition von Husserls Phänomenologie.

Bei lebensbegleitenden Studien in der modernen mobilen Welt lässt sich zeigen, dass die von Jugendlichen gesuchte und gefundene Umwelt auch eine ist, bei deren Wahl naturgegebene Persönlichkeitsfaktoren mitwirken. Weitere Zwillingsuntersuchungen mit Fra-

Tab. 6: Wahl der Peergruppen in der Adoleszenz und Verwandtschaften (Baker und Daniels)

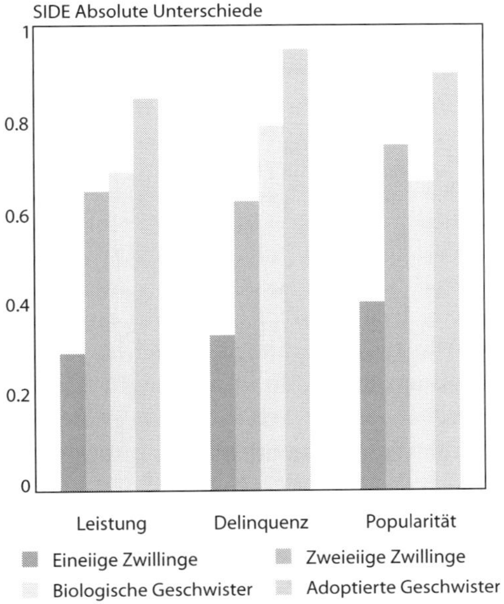

gebögen bei Jugendlichen in den USA betrafen den Kreis der Freunde, in dem sie ihre freie Zeit verbrachten. Die Kreise der Peergroup, ob bürgerlich eng und traditionell, ob expansiv riskant und konkurrierend oder auch gewalttätig, sind durch jeweilige Angebote und dann durch die jeweils eigene Neigung bestimmt. Es zeigt sich in der Wahl der jeweiligen Peergroup, dass sie keine zufällige ist (1). An Gruppen mit drei verschiedenen Idealen: Leistung (innerhalb der sozialen Normen etwas Besonderes tun); Delinquenz (Tendenz, diese Normen zu brechen) und Popularität (sich vor allem selbst dabei herausstellen), wurde die biologische Verwandtschaft in der Wahl dieser Gruppen beobachtet (siehe Tab. 6).

Die Wahl war in allen Gruppen noch recht ähnlich bei eineiigen und wurde zunehmend gestreut bei den zweieiigen Zwillingen bis zu den biologischen und dann zu den adoptierten Geschwistern auf das nahezu Dreifache in unterschiedlichen Ausrichtungen und Qualitäten. Die aus eigenen Interessen aktiv und selektiv gewählte

Umwelt ist offensichtlich auch genetisch mitbestimmt. Das bedeutet, dass Gene nicht nur den Charakter des Menschen lenken, sondern auch die Umgebung beeinflussen, in der zu leben er sich entscheidet, wie führende Psychologen in den USA betonen. Die hier ablaufenden Erfahrungen führen zu neuen und bedeutsamen Einstellungen und werden dann auch bestimmend für die unterschiedlichen Entwicklungen. Den psychoanalytischen Auffassungen von bleibenden kindlichen Umwelteinflüssen oder der lerntheoretischen Auffassung, dass der Mensch nur passiv aufnimmt, was ihm geboten wird, stehen die richtunggebenden Aussagen von Sandra Scarr, einer führenden Psychologin in den USA, gegenüber. Sie findet, dass die »meisten Unterschiede zwischen den Menschen durch genetisch bestimmte unterschiedliche Erfahrungen entstehen, zu denen sie sich hingezogen fühlen und die sie in ihrer Umwelt hervorrufen« (33). Die bei und mit Freunden und Kollegen gesuchten und gefundenen Werte und die gemeinsam erlebte Lebenslage werden mitbestimmend für das eigene Handeln (s. unten S. 162).

Dabei werden nicht allein die Zwillingsunterschiede der bei leiblichen Eltern aufwachsenden Kinder erfasst, auch adoptierte, bei fremden Eltern aufwachsende, machten Vergleiche möglich. Man konnte so elterlichen und familienfremden Umwelteinflüssen nachgehen und dabei die biologische elterliche Mitgift in ihrem Gewicht fassen. In den letzten beiden Jahrzehnten sind hier Beobachtungen vorgelegt worden, deren differenzierte Ergebnisse auch in der Psychotherapie nicht länger übergangen werden können. Die empirische verhaltensgenetisch gestützte Entwicklungspsychologie lässt viel Raum für spezielle Fragen, indem sie das Gewicht und die Umweltbedingungen für die unterschiedlichen Persönlichkeitsmerkmale differenziert untersucht: die Strukturen, »traits« genannt, also Züge oder Eigenschaften. Sie reichen von der Intelligenz bis zur Kriminalität mit Hinweisen auf eine mehr oder weniger große genetische Gewichtung.

Genetik, Familie und weitere Umwelteinflüsse auf Persönlichkeitsmerkmale

Psychologie versuchte immer, die individuell charakteristischen Formen des Erlebens und Verhaltens in Persönlichkeitsmerkmalen zu fassen und dabei aufzuklären, welches Gewicht die verschiedenen Umwelteinflüsse hatten, wann und in welchen Formen diese mitwirken und was dabei aus der Natur des Menschen selbst kommt. Das begann im Altertum bei den beschriebenen Temperamentseigenschaften und reicht bis zu den Zwillingsuntersuchungen, in denen bei Kindern und Erwachsenen die Konstanz bestimmter Eigenschaften auftauchte. Es war das Thema von über Jahrzehnte reichenden Beobachtungen und Untersuchungsbefunden, die in den USA gesammelt und ausgewertet wurden. In ihnen wurde sowohl Umwelteinflüssen in normalen Familien und dabei elterlichem Verhalten wie Einflüssen von Freundeskreisen, der Schule, von Lehrern und erzieherischen Vorbildern nachgegangen als auch körperlichen Schäden und seelischen Belastungen. Dabei taucht immer wieder die Frage auf, ob, wann und wie etwa familiäre, schulische oder sonstige Umwelteinflüsse verarbeitet werden, ob sie von außen passiv formend wirken oder aktiv von innen bestimmt gesucht und verarbeitet werden.

Ein modernes und kreatives Verfahren war es auch hier, genetischen Einflüssen auf die *Persönlichkeitsfaktoren* bei unterschiedlichen Umweltbedingungen nachzugehen. Es wurden Zwillingskinder beobachtet, die bei ihren leiblichen Eltern, und solche die bei Adoptionen unter ganz anderen Umwelteinflüssen aufwuchsen, Kinder, die bei ihren leiblichen Eltern waren, wurden mit in die Familie adoptierten verglichen. Welche Eigenschaften schälen sich dann heraus und wie konstant sind sie unter den weiteren lebenszeitlichen gleichen, ähnlichen oder unterschiedlichen Lebensbedingungen? Was sind die mit den Geschwistern geteilten Einflüsse der allgemeinen familiären Bedingungen, die von Benachteiligungen oder Bevorzugungen als einzelnes Kind, und was die Einflüsse, die aus der Person und Wahl der Kinder und Heranwachsenden selbst kommen?

Durch Eysenck wurden schon in den 50er-Jahren bestimmte Merkmale und Eigenschaften wie Extraversion bei Zwillingsuntersuchungen beschrieben. In den letzten drei Jahrzehnten gewonnene Beobachtungen an Kindern, viele dabei auch an Zwillingen, stellten, mit eigenen Befunden verbindend, 1992 Loehlin (21) und derselbe zusammen mit Rowe (22) als bestimmte gewichtige Bereiche, als grundlegende Dimensionen heraus. Sie wurden nach dem positiven Ende eines Kontinuums, mit in der Alltagssprache vorkommenden Eigenschaften benannt, und setzten sich international als die so genannten »Big Five« Persönlichkeitsmerkmale durch, nämlich »extraversion«, »agreeableness«, »conscientiousness«, »emotional stability« und »intellectual openness«:
Extraversion = gesellig und kontaktfreudig, abenteuerlustig zu sein;
Verträglichkeit = gutmütig und freundlich, liebenswürdig;
Gewissenhaftigkeit = gründlich und ordentlich, zuverlässig;
emotionale Stabilität = selbstvertrauend und gelassen, ruhig;
Offenheit für Erfahrung = kreativ und phantasievoll, originell.

Diese spontan auftretenden und anschaulich zu beschreibenden Formen des Umgangs mit anderen Menschen und der sonstigen Umwelt können, zu stark oder zu schwach ausgeprägt, pathologisches Gewicht gewinnen. Elemente der testmäßig gut fassbaren Extraversion können etwa im Rahmen der hyperaktiven Unaufmerksamkeit gesteigert sein (s. S. 156), die am anderen Ende als Introversion zu gehemmten und sich abschließenden Einstellungen führen, die als Neurotizismus Eysenck schon 1951 beschrieb. Der Verträglichkeit, die sich bis zur wehrlosen Güte steigert, steht eine unverträgliche Streitlust gegenüber etc. Die hier beschriebenen Dimensionen erwachsener Menschen versuchen, normale Eigenschaften in Verbindung mit der Umwelt zu erfassen, sie stellen keine Idealbilder dar. Eine immer gründliche und gutmütige, zuverlässige und selbstvertrauende Persönlichkeit zu konstruieren wäre ein wohl wenig origineller Normopath. Es ist von daher eher die individuelle Mischung der Eigenschaften, die eine Person ausmacht, die man als Freund und Partner sucht.

Die »Big Five Dimensionen« wurden nun in Hinsicht auf ihre ursächlichen Bedingungen in Umwelteinflüssen und Anlagefaktoren bei mehreren größeren Untersuchungen ausgewertet, um deren Einflüsse auf die verschiedenen Persönlichkeitsmerkmale abgrenzen und abschätzen zu können (21). Es sind dazu Persönlichkeitsfragebogen in Selbsteinschätzung und ebenso häufig Testuntersuchungen sowie Vergleiche in Zwillings- und Verwandtschaftsgruppen genutzt worden. Es werden einerseits Aussagen der Erblichkeit im *weiteren Sinne*, so weitreichend, wie sie nur bei eineiigen Zwillingen zu finden sind, der Erblichkeit im *engeren Sinne* gegenübergestellt, bei der sich Erbfaktoren wie bei Geschwistern gestreuter auftretend zeigen. Das wird den von Geschwistern geteilten Umweltbedingungen in den Familien und den ungeteilten Einflüssen, wie sie u. a. bei Adoptionen in den weiteren Lebensläufen sichtbar werden, gegenübergestellt (32).

Tab. 7: Erbeinflüsse und Umweltbedingungen bei den Big Five Persönlichkeitsfaktoren (Loehlin und Rowe)

Faktor	Ungeteilte Umwelt	h^2 im weiteren Sinn	h^2 im engeren Sinn	Geteilte Umwelt der Geschwister
I. Extraversion	.49	.49	.32	.02
II. Verträglichkeit	.52	.39	.29	.09
III. Gewissenhaftigkeit	.55	.40	.22	.05
IV. Emotionale Stabilität	.52	.41	.27	.07
V. Offenheit für Erfahrungen	.49	.45	.31	.06
Mittelwert	.51	.43	.31	.06

Es werden hier in *Einschätzungen* der im Lebenslauf formend wirkenden Einflüsse auf die Persönlichkeitsentwicklungen mehrere Umweltkonstanten nebeneinander gestellt: die geteilte Umwelt, die etwa leibliche und adoptierte Geschwister in der Familie und in der Gemeinde haben, in der sie aufwachsen; das Gewicht der mehr oder weniger deutlich fassbaren (weiteren und engeren) Erblichkeiten für die Umweltverarbeitung: Es wird dabei nach den nicht geteilten Umwelteinflüssen gesucht, die ja zwischen Geschwistern und erbgleichen Zwillingen, die in der gleichen Familie aufwuchsen, zu Unterschieden führen können. Sie reichen von Spielgefährten, Freunden und Freundinnen zu Lehrern in der Schulzeit und weiteren Vorbildern in der beruflichen und in der kulturellen Umwelt, die *aus eigenen Antrieben gesucht und gefunden* werden können. Sicher können die einzelnen Kinder auch von den Eltern ungleich behandelt werden und/oder dies in günstiger oder ungünstiger Richtung selbst provozieren. Es zeigen sich hier damit ebenso die besondere sinnentnehmende Natur des Kindes und das Gewicht der Erblichkeit. Die ungeteilte Umwelt mit den anderen ist vor allem die von verschiedenen Persönlichkeiten subjektiv-aktiv gesuchte und verarbeitete. Es ist das, was der einzelne Mensch aus seiner eigenen Natur und Persönlichkeit mit der Umwelt aktiv sinnentnehmend macht.

Diese »ungeteilte Umwelt«, also was subjektiv-aktiv und selektiv wahrgenommen und verarbeitet ist, wird hier durchschnittlich bei nahezu 51 % eingeschätzt und damit die erblich gewichtete, also in der jeweiligen Persönlichkeit liegende in ihrem Anteil zwischen 49 % und 52 %. Die meisten Befunde liegen für Extraversion und emotionale Stabilität vor. Der Anteil der familiären Umwelt bei diesen Faktoren, also des Aufwachsens in einer bestimmten Familie mit ihrer städtischen oder dörflichen, intellektuell fördernden oder indifferenten Umgebung, wird als wenig relevant angesehen, zwischen 2 % und 9 %. Die Komponente des unmittelbaren Eltern-Kind-Umwelteinflusses auf die sich entwickelnden Persönlichkeiten wird von den Autoren hier als »am wenigsten wichtige Komponente« beschrieben und bei den bleibenden Eigenschaften »gleich null gesetzt«.

Bemerkenswert ist vor allem, dass aus den Adoptionsstudien, in denen meist adoptierte Kinder mit leiblichen Kindern der Eltern aufwuchsen, das Gewicht der familiären geteilten Umwelt auf die bleibende Entwicklung der Persönlichkeitszüge als gering angesetzt werden muss. Es wären dann keine bleibenden signifikanten charakterlichen Gemeinsamkeiten durch die Erziehung in der elterlichen Umwelt anzunehmen.

Wenn demgegenüber häufig Ähnlichkeiten zwischen Eltern und

ihren Kindern betont werden, ist daran zu erinnern, dass die Geschwister untereinander und mit jedem leiblichen Elternteil 50 % ihrer Gene teilen. Wenn auch in sehr gestreuter Form hat dieser Anteil immer noch mehr Gewicht als der Anteil der geteilten Umwelt allein. Das wird eben bei Adoptionen deutlich.

Ist die geteilte (früh)kindliche Umwelt in der Eltern-Kind-Beziehung der ersten Lebensjahre nicht doch bestimmend, die mütterliche Liebe und die väterliche Güte? Von den Autoren werden sie hier für diese Charaktereigenschaften als gering und ohne bleibendes und formendes Gewicht angesetzt. Sie sind jedenfalls gering gegenüber den Erbbedingungen und deren weiteren Auswirkungen in der gewählten und mehr oder weniger erfolgreich bewältigten Umwelt der Freunde, der Ausbildung und des Berufes.

Es ist hier immer die Frage zu stellen, aus welchen *Populationen* adoptierende Eltern und adoptierte Kinder kommen. In früheren Jahrhunderten haben eher arme Bauern Kinder adoptiert und erzogen, um spätere Arbeitskräfte zu gewinnen. Die zur Adoption gegebenen Kinder stammten meist auch aus einfachen Verhältnissen mit überforderten Müttern. Das ist auch heute noch meist so, mit oft gestörten Verhältnissen oder bei Eltern, die wenig bindungs- und einsatzfähig sind, meist schwachen Müttern, die nicht allein erziehen wollen, und uninteressierten Vätern. Die adoptierenden Eltern sind heute durchweg kinderlos bleibende gebildete Eltern, die Kleinkinder adoptieren und sie motiviert erziehen. Das führt dann bei den Adoptiveltern häufig zu Enttäuschungen. Den familiären und persönlichen Umwelteinflüssen bei adoptierten Kindern wird von Psychologen am ehesten in den ersten Jahren für Intelligenz und bestimmte Merkmale Einfluss gegeben, danach führen sie im weiteren Leben, etwa im schulischen und beruflichen Bereich, zu Enttäuschungen auf beiden Seiten. Es ist dadurch häufig ein Abstand gegeben, der zwischen leiblichen Eltern und ihren Kindern nicht besteht. Intellektuell begabte und neugierige Kinder finden hier in den Bücherschränken ihrer Eltern eben häufig interessante Bücher, oft solche, die sie eigentlich noch nicht lesen sollen.

Die in den »Big Five« beschriebenen Persönlichkeitszüge, die »traits«, liegen vor allem im zwischenmenschlichen und affektiven Handlungsbereich. Es sind Daten, die nicht an kranken Menschen, sondern an den allgemeinen Populationen in skandinavischen und in angelsächsischen Ländern erhoben wurden. Und es sind Daten, die auf das Gewicht der sich in der gesuchten Umwelt manifestierenden Persönlichkeit hinweisen, das Gewicht der familiären Umwelt damit relativierend. David Rowe kommt in seinem Buch »The Limits of Family Influence« (32) so zu einer provozierenden Aussage: »Personen, die gemeinsame Gene haben, sind sich in ihrer Persönlichkeit ähnlich, ganz gleich, wie sie aufgezogen wurden, wohingegen die familiäre Umwelt wenig oder gar nicht zu Persönlichkeitsähnlichkeiten beiträgt.«

Überzeugen diese komplizierten wissenschaftlichen Untersuchungen, die Befunde über Persönlichkeitsmerkmale mit ihren ursächlichen Aussagen und was helfen sie der Psychotherapie? Sie sind nicht überraschend für jemanden, der als Vater und als Mutter mehrere Kinder hat, als Mann oder Frau mehrere Geschwister, die alle in der gleichen Familie aufwuchsen und deren Lebenslauf er verfolgen kann. Es zeigt sich, wie verschieden die Interessen und Einstellungen zu anderen Menschen und zur Umwelt, zur Arbeit und in der Freizeit, im Freundeskreis und in den Partnerschaften sind. Die Unterschiede sind meist größer als die Gemeinsamkeiten und die gleiche Umwelt der Kindheit ist in ihren gegenwärtigen inneren und äußeren Lebenslagen kaum zu finden. Jedem scheint etwas ganz anderes widerfahren oder er hat etwas anderes daraus gemacht. Aber gerade im Alter lassen sich auch manche Gemeinsamkeiten entdecken, bestimmte Begabungen oder Schwächen, Interessen oder Abneigungen tauchen gestreut und vereinzelt bei ihnen auf. Leibliche Kinder teilen ja miteinander und mit den Eltern nicht nur die Hälfte der Gene, sondern auch Jahre der Sorge und großer Nähe. Man fühlt sich als Mutter und Vater mit den Kindern noch verbunden, ja lebenslang mitverantwortlich für ihr Schicksal, möchte ihnen helfen, manches, was Kinder tun und man nicht versteht, kritisieren. Aber die Kinder müssen sich andererseits abstoßen von uns, ihre eigenen Wege gehen, um sich selbst zu finden. Nicht allein ihre soziale Umwelt ist eine andere, auch die in der Kindheit von uns vertretenen Werte und Lebensformen sind heute von denen einer folgenden Generation sehr verschieden.

In der Psychotherapie zeigen sich in den Lebensläufen viele äußere Einflüsse, scheinbar Zufälle, die aktiv ergriffen oder sich aufdrängend zum Schicksal werden. Es zeigt sich, wie die verschiedenen Menschen im Laufe des Lebens sich immer mehr mit ihrer Umwelt, in der sie leben, verbinden, die ihnen subjektiv angemessen ist. Sie sind von ihrer Umwelt nicht mehr zu trennen, sie haben in ihrem Erleben und Handeln sich ihr angepasst oder diese so gestaltet, wie es ihrer Persönlichkeit angemessen ist.

Die *moderne Genetik* und ihre publizistische Rezeption sind heute fasziniert von der Zahl und den Buchstaben des menschlichen Genoms und übersehen meist, dass nicht nur die Mehrzahl der auftretenden körperlichen Krankheiten, sondern vor allem auch die Merkmale der Persönlichkeit *komplexe Interaktionen* einer Vielzahl genetisch multizentrisch verankerter Faktoren darstellen. Sie sind in der lebenszeitlichen Entwicklung nicht in gradliniger Weise in ihrer Wirkung zu deuten und auch nicht in der gesuchten und gefundenen Umwelt. Schon die Verarbeitung der Kindheit ist eine subjektiv-aktive, von der Persönlichkeit bestimmte, wie wir oben gesehen haben. Die unterschiedlich erworbenen Erfahrungen und Einstellungen sind zeitlich gewachsene, die auch noch einer Optimierung zugänglich sind.

Die Aufgaben der Psychotherapien liegen in den über die ganze Lebenszeit reichenden Entwicklungsmöglichkeiten des Menschen. So wie er bisher Umwelt in eigener Weise gestaltet hat, auch seine Kindheit, kann er auch weiterhin mit der Umwelt umgehen. Die »Big Five Eigenschaften« sind solche des aktiven Umgangs mit anderen Menschen, mit der eigenen Ausbildung und im Verhalten in Beruf wie im alltäglichen Leben, in der Freundschaft, in der Partnerschaft und in einer Ehe. Wenn diesen »traits« ein großes Gewicht zugesprochen wird und, wie Schepank zeigt (s. S. 154), die neurotischen Merkmale eine genetische Gewichtung haben, ist ihnen auch für den gesamten Lebenslauf Gewicht zuzusprechen. Die Aufgabe ist für alle Menschen, den ihnen angemessenen Lebensraum zu finden im Hinblick auf eigenes Tun und Lassen, im beruflichen, zwischenmenschlichen und alltäglichen Bereich. Diese zukunftsgerichtete Aufgabe ist eine, zu deren Gelingen die psychotherapeutische Behandlung beitragen kann, wie Fürstenau und andere betont haben. Das bedeutet nicht, dass für jeden Menschen alles möglich ist, sondern es ist entscheidend für ihn, seine Grenzen und Gaben austestend und erfahrend, einen Lebensraum zu finden, der ihm angemessen ist. Es ist noch zu zeigen, dass in allen neurotischen Einstellungen nicht allein Schwächen und Vulnerabilitäten, sondern auch deutliche Begabungen zu finden sind. Auch bei den Anorexien besteht neben der Schwäche im triebhaft-sexuellen Bereich eine intellektuell differenzierte und ästhetische Ausrichtung mit hohen Ansprüchen an sich selbst und altruistischen an die Welt (s. unten S. 343).

Das in bestimmten genetischen Anlagen liegende Risiko soll hier nicht bagatellisiert werden. Bei *Schizophrenie* ist die hohe, körperlich verankerte Gewichtung von Gaben wie von Schwächen besonders deutlich. Systemische Psychotherapeuten sprachen zwar von schizophrenogenen Müttern, was etwa an einem widersprüchlichen seelischen Bindungsverhalten liegen soll. Doch die leiblichen und dann adoptierten Kinder eines an Schizophrenie erkrankten Elternteils werden genauso häufig krank, wie die bei den leiblichen Eltern aufgewachsenen. Die oben gezeigte Konkordanz bei EZ liegt bei 60 % bis 80 %. Die nicht erkrankten eineiigen Paarlinge geben das Risiko auch mit dem gleichen Gewicht weiter wie die an Schizophrenie erkrankten.

Die Adoptionsstudien an EZ zeigen im Hinblick auf *Intelligenz* wie auch bei Persönlichkeitsstörungen im Lebenslängsschnitt ähnliche auf die leiblichen Eltern hinweisende Stärken und Schwächen, unabhängig vom Milieu, in dem sie aufwachsen. Aber es sind hier multizentrisch verankerte Faktoren, keine, die sich mit der gleichen Penetranz und Kraft durchsetzen wie bei der Schizophrenie. Dass im Ganzen Nachholbedarf in Anerkennung der subjektiv-aktiven Seite besteht, zeigen die häufig im Vorfeld von psychischen Störungen gegenwärtig benutzten Begriffe der Verletzbarkeit (vulnerability) und Widerstandskraft (resilience), die allein die passive Seite herausstellen. Die im zwischenmenschlichen Bereich liegenden aktiven und offenbar selektiv sinnentnehmenden Erfahrungen werden in den lebenslangen Entwicklungen unterschätzt, bei denen Psychotherapie hilfreich sein kann.

Der Verhaltensgenetik wird u. a. vorgeworfen, sie behandle die

Umwelt zu undifferenziert und es werde zu wenig auf Kindesmissbrauch, desorganisierte Familien und Aufwachsen in Ghettos hingewiesen. Bei abnormen Verhaltensformen dürfe man sich nicht auf genetische Daten berufen, zumindest hier mache die familiäre Situation den Unterschied (37). Aber ist das nicht ein Rückzug in das empirisch nicht fundierte und traditionelle, jetzt wieder auflebende psychoanalytische Denken in Kindheitstraumen? Die sozialen Belastungen und ihre jeweiligen Verarbeitungen können nicht unabhängig von den genetischen Voraussetzungen der Populationen gesehen werden, in denen sie auftreten, worauf die Untersuchungen von Scarr schon hinwiesen (34). Vor allem die epidemiologisch erfassten und auch psychotherapeutisch behandelten Populationen kommen aus allen Schichten der Bevölkerung, wenn soziale Unterklassen auch meist mit anderen Methoden behandelt werden. Die heute vorliegenden genetischen Befunde in normalen Populationen sind eine Grundlage, um von hier aus den Verbindungen von Natur und Umwelt auch bei krankhaften Varianten nachzugehen, wie im Folgenden zu zeigen ist.

Empirie der erblichen und familiären Einflüsse bei Neurosen und ADHS

Es gibt empirische Untersuchungen, die besonders informativ sind, indem sie versuchen, einzelne Menschen in ihrem Lebenslauf zu begleiten und dabei sowohl dem Gewicht von Umwelteinflüssen wie den im Menschen liegenden genetischen Einflüssen für die Entwicklung der Persönlichkeit nachzugehen. Sie sind nicht sehr häufig, deshalb verdient eine Untersuchung aus einer deutschen Stadt der Nachkriegszeit an Zwillingspatienten mit neurotischen Störungen hier Aufmerksamkeit, die deren Verlauf über Jahrzehnte verfolgte.

Unter den Patienten einer analytisch-psychotherapeutischen Ambulanz des Instituts für Psychogene Erkrankungen, die in Berlin seit 1950 arbeitete, wurde unter mehr als 26.000 Patienten (20.000

Erwachsene, 6.000 Kinder und Jugendliche) die Gruppe der Zwillinge erfasst. Seit 1967 hat Heinz Schepank die Zwillingspaare untersucht und in einem großen Lebenswerk über mehr als zwanzig Jahre begleiten können. Diese Ambulanz und ihre Weiterführung im Rahmen der Krankenkassen hatten es mit einfachen Menschen zu tun, aus Familien von Arbeitern und Handwerkern kommend, die sicher eine andere Population darstellen, als sie heute meist psychoanalytisch behandelt wird. In der ersten großen Bilanz seiner Nachuntersuchung von 1974 (35) schreibt Schepank offen, er habe zunächst nicht die Absicht gehabt, die *Erblichkeit der Neurosen* zu belegen, müsse jedoch anerkennen, dass eine Mitwirkung erblicher Faktoren bei der Entstehung neurotischer Erkrankungen als statistisch gesichert angesehen werden müsse. Es bestanden keine Hinweise, dass bei Zwillingen etwa häufigere Geburtsschäden eine Rolle spielen. Erbeinflüsse fanden sich aber sowohl allgemein bei der Häufigkeit neurotischer Symptome als auch im Hinblick auf die Neurosenformen, vor allem bei depressiven Störungen im erweiterten Sinne.

Die Kriterien für umweltbedingte akzidentelle Einflüsse, denen Schepanks primäres Interesse galt, spiegeln die damals, als dieses Projekt geplant wurde, psychoanalytisch als relevant angesehenen emotionalen Einflüsse. Es wurde etwa erfragt, ob sich der Patient von der Mutter akzeptiert oder abgelehnt erlebte, und es wurden auf diese Weise Belastungsfaktoren gesammelt. Als neurosepathogene Faktoren fand Schepank mit statistischer Signifikanz vor allem *affektive Ablehnung durch die Mutter* und *Fehlen des Vaters* in der Familie. Ein ebenso signifikanter Befund war auch die Berufstätigkeit der Mütter in den ersten Jahren, wenn sie zeitlich durch andere Bezugspersonen bzw. durch Flaschenernährung ersetzt werden mussten. Daneben wurden Frustrationen durch viele und nachgeborene Geschwister oder eine untergeordnete Rollenposition bei den Zwillingen bemerkt. Entgegen psychoanalytischen Erwartungen zu neurotischen Ursachen in den ersten sechs Jahren fanden sich auch in »Jahren der Latenz«, d. h. zwischen dem siebten und sechzehnten Lebensjahr, noch deutliche Einflüsse in der Umwelt und eigene Entscheidungen, die Gewicht hatten. Wie Schepank damals betonte, sehe er allerdings keine Veranlassung, die psychoanalytische Annahme anzuzweifeln, dass »die neurotische Charakterstruktur in den ersten sechs Kindheitsjahren erworben wird«.

Zwei Jahrzehnte später wurde von Schepank die Mehrzahl der noch lebenden ersten Gruppe von 50 Zwillingspaaren noch einmal nachuntersucht und der Verlauf auch bei den 13 verstorbenen im Buch »Zwillingsschicksale« dargelegt (36). In Hinblick auf die Erbhypothese fanden sich auch jetzt noch konkordant signifikante Befunde für den Einfluss der Anlagen, sowohl in Hinsicht auf das Leitsymptom wie die Zahl der Krankheitssymptome überhaupt. Zur Frage der *Umwelteinflüsse* schreibt er offen, er müsse »Ergebnisse, die auf den ersten Blick für einen Psychoanalytiker desillusionierend wirken mögen«, mitteilen: Es sei kein signifikanter Zusammenhang mehr zwischen den kindlichen Schäden und den Neurosen nachweisbar, er sei praktisch gleich null. Die 250 Seiten im Buch betreffen die Lebensläufe und schicksalhaften Daten in den letzten Jahrzehnten, sie erfassen Leistung, Schule und Beruf, räumliche Mobilität und vor allem auch Partnerschaften, kasuistische Darstellungen ergänzen diesen Band. In Lebensläufen von erbgleichen Zwillingen finden sich dabei Unterschiede, die Schepank bis in ihre frühe Genese verfolgt, wo ein Zwillling von der Mutter die ersten Monate weggegeben und entsprechend frustriert, dann aber lebenslang von ihr emotional an sich gebunden wurde; der andere Zwilling wuchs ganz in der Nähe des beruflich engagierten Vaters auf, der erfolgreich war und viele Beziehungen hatte. Dabei lebten beide Zwillinge in selbstlos altruistischen Haltungen, der eine beruflich in der Nähe von der von ihm versorgten Mutter, der andere im Rahmen einer Familie mit Kindern. Deutlich ist, wie in der Lebenszeit der Erwachsenen durch berufliche und eheliche Beziehungsformen zu anderen Menschen die jeweils in der Kindheit angebotenen und akzeptierten Umwelten zum Schicksal werden.

Aber ist es eigentlich für Psychoanalytiker enttäuschend, in neuen Befunden die eigenen früheren Auffassungen von den Mutter- und Vaterbeziehungen als weichenstellenden Kindheitstraumen zu korrigieren und die im Menschen liegenden Kräfte in seiner weiteren Geschichte in der Umwelt zu entdecken? Es weckt offenbar negative Gefühle, wenn man ein früheres Menschenbild, dessen man vor zwanzig Jahren noch ganz sicher war, in Frage stellen muss. Wir sind in Gefahr, eine Glaubensgemeinschaft zu bleiben, die an dem festhalten muss, was Freud vor 100 Jahren meinte entdeckt zu haben, was ihm Ruhm gab und noch gibt. Müssen wir an dem Idol der schicksalhaften Mutter der psychoanalytischen Traditionen festhalten? Als wissenschaftliche Disziplin unter anderen müssen wir neues eigenes und zusätzlich das umfassende interdisziplinäre Wissen nutzen. Aus den psychoanalytischen Schulen kommend, fällt es uns offenbar schwer, erlernte und lange gepflegte Überzeugungen aufzugeben.

Es waren nicht die frühen und familiären Interaktionen in der Umwelt, auch keine späteren Traumen, die schicksalhaft wurden, sondern die Anlagebedingungen und die später subjektiv-aktiv gelebte und erfahrene Umwelt, die lebensbestimmend werden. *Erbgleiche Zwillinge* sind ja auch bei Magersucht und Schizophrenie nicht hundertprozentig konkordant und das wirft ursächliche Fragen nach den weiteren lebenszeitlichen Bedingungen auf. Bei seinen langjährigen Zwillingsbeobachtungen findet Schepank selbst in den Beziehungen zwischen beiden Zwillingen, neben starken Bindungen, ein sich zwischen ihnen abzeichnendes *Dominanz-Submissions-Verhältnis*: Einer ist der eher führende in ihrer gegenseitigen Beziehung und gegenüber der Umwelt. Der dominante und selbstbewusstere Zwilling in der Paarbeziehung ist meist der stabilere, weniger »neurotische«, der weniger häufig krank werdende. Unter welchen Einflüssen diese im Lebenslauf auftauchenden Unterschiede und wann sich diese Ungleichheit zwischen ihnen herausbildet, ist noch offen. Sie zeichnet sich zwischen Zwillingen in den ersten beiden Jahrzehnten ab und kann wohl mit dem im Lebenslauf sich bildenden Selbstbewusstsein verbunden werden. Aus Erfahrungen aus eigenen Zwillingsstudien hat Schepank noch die Frage aufgeworfen, ob die Namensgebungen Einfluss besitzen, etwa dabei mitspielende familiäre Traditionen oder auch Klangwirkungen. Macht es einen Unterschied, ob man lebenslang als Alexander oder als Olaf durchs Leben laufen muss? In der Genetik erfahrene Psychiater wie Propping machen uns noch auf körperliche Faktoren aufmerksam: Die Zwillingsunterschiede könnten auch etwa mit in der Hirnreifung und den auch bei EZ sich unterschiedlich auswachsenden Nervenfasern im Gehirn in Verbindung stehen, so wie jeder Baum in Wurzeln, Zweigen und Blättern sich etwas anders auswachse.

Lebensbegleitende Studien mit Gruppenvergleichen, in denen bestimmte Abweichungen von Kindheit an in normalen Populationen verfolgt werden, sind nach wie vor eine Seltenheit. Einzigartig ist eine über mehr als zwei Jahrzehnte laufende entwicklungspsychologische Untersuchung, die von amerikanischen Wissenschaftlern seit 1972 geplant und 1975 mit Untersuchungen an 1037 *Kindern von drei Jahren* in Dunedin auf Neuseeland begonnen wurde, einer Stadt im kargen Süden des Landes (6). Sie konnten Aussagen über die ersten varianten Formen in der kindlichen Altersspanne mit späteren deutlichen Abweichungen und krankheitswertigen sowie asozialen Verhaltensstilen verbinden. Die Kinder wurden mit drei Jahren und dann bis zu ihrem 24. Lebensjahr im Abstand von zwei bis drei Jahren begleitet und dabei untersucht. Bei der Erstbeobachtung wurden sie neurologisch und psychologisch untersucht, wobei ihnen bestimmte Aufgaben gestellt und das allgemeine Verhalten in kognitiven und motorischen Testsituationen von 90 Minuten in 22 Verhaltenskriterien erfasst wurde, wie sie diagnostisch in diesem Alter möglich sind. Dabei wurden knapp 10 % als auffällig *impulsiv, irritabel und unfähig stillzuhalten* beurteilt. Eine kleinere Gruppe von 8 % wurde als auffällig gehemmt, der größte Teil als motorisch unauffällig beurteilt. Eine Gruppe Hirngeschädigter war dabei vorher ausgeschieden worden.

Mit 15 Jahren wurden bei beiden Gruppen ähnliche Auffälligkeiten registriert, bei der ersten häufige Kontrollverluste, bei der kleineren Gruppe vor allem bei Mädchen weiter Hemmungen und Verlangsamungen (7). Bei einer Nachuntersuchung mit 21 Jahren wurden noch 961 Personen aus der Kindergruppe erreicht (6). Es zeigten sich jetzt in der *Gruppe der Impulsiven* bei Männern deutlich höhere Abweichungen im Vergleich mit den Unauffälligen. Sie waren mehr als dreimal häufiger mit *asozialem Verhalten* in der Familie und der Schule aufgefallen, auch mehr als doppelt so häufig durch wiederholte *kriminelle Handlungen* und dabei mehr als fünfmal häufiger durch *Gewalttaten*. Bei ihnen waren auch Alkoholprobleme häufiger sowie psychiatrisch auffällige Merkmale. Bei den in den früheren Untersuchungen als gehemmt beurteilten Kindern waren mit 21 Jahren häufiger Depressionen und Suizidversuche aufgetreten als im Durchschnitt der Bevölkerung. Auch in der Gruppe der Unauffälligen und zunächst Angepassten fanden sich vereinzelt Jugendliche mit Gewalttaten, was vor monokausal deterministischen Auffassungen bewahren kann.

Nun ist in der Zwischenzeit das, was hier 1975 als Impulsivität oder Kontrollverlust beschrieben wurde, als eine mittlerweile als Variante der Dynamik in die Diagnoseregister aufgenommene Krankheitsform zu finden, zunächst als *»Hyperaktivitäts- und Aufmerksamkeitsstörung«* beschrieben im DSM IV, jetzt als *»Attention Deficit Hyperactivity Syndrom«, ADHS.* In den letzten Jahren haben diese hyperaktiven Entwicklungen mit ihren störenden Varianten und ihrer Dynamik allgemein große Aufmerksamkeit gefunden und Fragen zu ihrer Ursache und Behandlung aufgeworfen. Sie sind beispielhaft für die in den ersten Jahrzehnten multimodalen und sich wandelnden seelischen Erscheinungen. Amerikanische Zwillingsuntersuchungen zeigen, dass diese Hyperaktivität und Unaufmerksamkeit bei Schulkindern im Alter von 13 Jahren eine signifikant höhere Korrelation bei eineiigen Zwillingen gegenüber gleichgeschlechtlichen zweieiigen Zwillingen zeigt, eine Heretabilität von .78 (s. Tabelle 1 oben S. 93) (11). Die prävalente Häufigkeit der ADHS kann nicht mit 10 % angesetzt werden, es werden heute aber zwischen 3 % und 5 % genannt. Offenbar gibt es Übergänge zu dynamisch lebhaften Kindern in unauffällige Entwicklungen. Es besteht die Gefahr, dass von unerfahrenen Ärzten und Psychologen die Diagnose zu schnell gestellt wird. Es sind aber bei den hier gegebenen multigenetischen Streuungen auch immer Übergänge gegeben zu als normal einzuordnenden Erscheinungen von Temperamenten.

Wie diese Störung lebenslang verlaufen kann, ist in einem populären Buch unter dem Begriff »Zwanghaft zerstreut oder die Unfähigkeit, aufmerksam zu sein« (13) beschrieben. Dieses Buch ist nicht allein für Betroffene und deren Angehörige nützlich. Ermutigend ist, dass es von zwei Psychiatern in den USA geschrieben wurde, die sich selbst als Betroffene mit ADHS bezeichnen und beschreiben. Am deutlichsten wird die abweichende Entwicklung der

Jugendlichen, wenn sie unter den Anforderungen der Schule und der Pubertät zu Einschränkungen und Krisen führt. Dagegen ist sie später im Erwachsenenalter weniger auffällig, wenn es für viele möglich wird, in einem angemessenen Arbeitsgebiet sowie im Sport mobil und kooperierend mit Gleichgesinnten ihre Bedürfnisse mehr auszuleben als in den ersten Jahrzehnten der Erziehung und Schulung. Zu Krisen führt vor allem eine etwas größere Gewaltbereitschaft, die ja die Adoleszenz charakterisiert.

Historisch von Interesse ist, dass bereits 1844 Heinrich Hoffmann, ein Nervenarzt in Frankfurt, in seinen Bilderbüchern vom Struwwelpeter nicht nur diese Störung selbst beschrieb. Er hat auch die jeweiligen Altersformen und die dabei heute nahe liegenden therapeutischen Aufgaben charakterisiert: In der »Zappelphilipp-Phase« der ersten Jahre, wenn die Kinder die Decke mit dem Geschirr vom Tisch ziehen, sollen informierte Eltern mit festen Regeln und Grenzen setzend intervenieren; in der schulischen Zeit des egozentrischen und träumenden »Hanns Guck-in-die-Luft« können Medikamente eine heilsame Wirkung haben; der später allein durch die Welt irrende und asozial sich und andere gefährdende »fliegende Robert« braucht angemessene Aufgaben und eine sozialpsychiatrische und persönliche Führung. Die hyperaktive Aufmerksamkeitsstörung wird bei Jungen viel häufiger als bei Mädchen diagnostiziert. Fachleute vermuten jedoch, dass bei Mädchen die gehemmte Aufmerksamkeit im Vordergrund steht und nicht die Motorik, so dass sie zunächst nur weniger auffallen. Charakteristisch für das früher unangemessen als hyperkinetisches Syndrom bezeichnete ADHS sind die differenzierten körperlichen und psychotherapeutischen Methoden, die sich im Laufe der letzten Jahre bewährt haben.

Therapeutisch spricht die Mehrzahl der gestörten Kinder und Jugendlichen auf eine angemessene medikamentöse Behandlung an. Wenn es gelingt, später in der Freizeit den motorischen Bedürfnissen Raum und einen Gegenstand zu geben, läuft vieles unauffälliger ab. Es können aber erfahrungsgemäß bei unaufmerksamen, konzentrationsunfähigen Einstellungen erhebliche Lerndefizite und verzögerte Entwicklungen auftreten. Neben der medikamentösen Therapie ist ein verhaltenstherapeutisches Training bei Kindern und Jugendlichen angemessen, wobei auch die Eltern mitarbeiten können. Indem die Betroffenen sich konzentriert auf etwas einstellen, das sie bald allein oder mit anderen zusammen üben und leisten können, etwas, was sie weniger isoliert, was weniger enttäuschend und entwertend für sie ist, können sie selbst etwas für sich tun. Bei Jugendlichen und Erwachsenen kann aber vor allem auch durch die laufenden Enttäuschungen im Vergleich mit Gleichaltrigen eine depressive und resignierte Verfassung auftreten, die eine verstehende und stützende individuelle Tiefenpsychologie aussichtsreich macht. Dabei geht es aber nicht nur um die gegenwärtige äußere und innere Lage, sondern vor allem darum, wie und wo in der Zukunft die angemessenen Lebensaufgaben zu finden sind, die Selbstbewusstsein und ein Zuhause geben. Sicher stellen ADHS-Kinder schon in den ersten Jahren eine Belastung für die Eltern dar und eine diagnostische Klärung mit Beratung der Eltern kann sehr entlastend und hilfreich sein.

Zu leicht werden heute psychologische Ursachen und die Eltern als die Schuldigen genannt, wenn bei Säuglingen und Kindern Abweichungen und Schäden auftreten. Hirnschädigungen wurden bei den in Neuseeland beobachteten Kindern von Anfang an abgetrennt und den Eltern beratend beigestanden. In Wiegen erstickende Säuglinge in Bauchlagen wurden jetzt mit dem meist bestehenden und nicht erkannten geschwollenen tonsillären Mundsystem erklärt. Medizinische und psychologische Fragen werfen weitere kindliche Störungen auf, die für die Eltern bald zum Problem werden. So ist als frühe Störung in den letzten Jahren mit den *Schreibabys* keine sehr häufige, aber nicht weniger dramatische Abweichung aufgetreten und hat neue Fragen aufgeworfen. Sie stellen in den ersten drei bis sechs Monaten und nicht selten bis ins zweite Lebensjahr eine enorme Belastung für die Mütter wie die Väter dar. Erfahrungen zeigen, dass die Eltern hier meist völlig überfordert und hilflos sind. Die Macht des schreienden Kindes provoziert die altruistischen Gefühle erwachsener Menschen, die genetisch verankert sind, und die Impulse, dem leidenden Säugling unbedingt zu helfen. Wenn das über viele Stunden, Tage und Nächte zu keinem Erfolg führt, also nicht möglich ist, entsteht eine frustrierende und widersprüchliche Seelenlage bei den Erwachsenen, die dann schließlich im Affekt den Säugling etwa heftig schütteln oder durch die Luft schwenken. Dabei kann es zu Gehirnblutungen mit bleibenden Schäden kommen, zu Lähmungen und zu Todesfällen. Das hat wiederholt zu Gerichtsverfahren geführt, in denen die überforderten und »nicht voll zurechnungsfähigen« Väter oder Mütter zu mehrjährigen Gefängnisstrafen verurteilt wurden.

Die Störung bei »Schreikindern« wird diagnostisch als dynamische und kommunikative »Regulationsstörung« bezeichnet (24). Sie ist in den ursächlichen, unterhaltenden und prognostischen Bedingungen noch ungeklärt und wird intensiv erforscht. In vielen Städten sind sachlich kompetente Beratungsstellen eingerichtet, in denen die hilflosen und schwer belasteten Eltern beraten werden.

In der westlichen Welt sind bei den häufig *allein erziehenden Müttern*, die bisher berufstätig waren und von ihren Familien und Verwandten oft entfernt leben, soziale Lebenslagen gegeben, die eine sozialpolitische Aufgabe darstellen. Nicht nur Beratungsstellen, Krippen mit Ganztagsbetreuung und Ganztagsschulen sind dann eine entscheidende Entlastung für Mütter und Väter. Es gibt Länder wie Frankreich, wo für 95 % der Kinder solche Ganztagshilfen zur Verfügung stehen, was in den anderen europäischen Ländern kaum gegeben ist. Eine so isolierte duale Lebenslage ohne festen Rahmen und ohne ein entlastendes Beziehungsnetz zu Verwandten und Freunden wirkt verunsichernd auf die Mütter. Das kann zu frustrierenden, aber auch verwöhnenden Beziehungen führen und zu irrealen Ansprüchen der Kinder beitragen.

Dyadische familiäre Beziehung und die Gruppe der Gleichaltrigen

Es bleibt die Frage, wann und wie sich in der seelischen Entwicklung sowohl bei den als normal anzusehenden wie bei pathologischen Lebensläufen genetisch dynamische Faktoren mit den Umweltbedingungen verbinden. Letztere werden in ihrem ergänzenden

Gewicht mit 50 % angesetzt und aus psychoanalytischer Perspektive wird hier weiter an die Familie, das mütterliche Verhalten und an die ersten Lebensjahre gedacht. Auch die Hälfte des Einflusses wäre ja genug, sich als Psychotherapeut entschieden auf Mütter und Väter und auf die ersten Lebensjahre zu konzentrieren. Verhaltensgenetiker halten es jedoch seit langem schon aus evolutionärer, biologischer Sicht für unangemessen und sehen keinen Nutzen, wenn die Entwicklung des Nachwuchses von einem bestimmten affektiven Elternverhalten in den ersten Lebensjahren abhängig wäre. Bei so unreifen und verletzlichen Lebewesen, die kognitiv und emotional verstehend vier bis fünf Jahre in der Umwelt lernen müssen, die schon Jahre brauchen, sich in der Welt fortbewegen zu können, setzen die aktive Anpassung und der Austausch mit der Umwelt langsam in den ersten beiden Jahrzehnten ein. Eine solche emotionale wesentliche Formbarkeit pränatal oder in den ersten Lebensjahren, der sie passiv ausgesetzt sind, entspringt elterlichen Phantasien und Wünschen. Auch wenn sich, wie wir oben sahen, genetisch verankerte variable kognitive und emotionale Verhaltensformen im zweiten Lebensjahr bei Kindern schon abzeichnen, so erfolgt ihre weitere aktiv gestaltende und lernende Ausformung offenbar doch erst wesentlich später, wenn sie sich mobil und kognitiv in der Umwelt draußen fortbewegen können. Es ist noch zu zeigen, wie sich mit den zerebralen Reifungen die jeweiligen genetischen Ausrichtungen lebenslang im Rahmen der von ihnen selbst gewählten Umwelt auswirken.

Eine über die Familie hinausreichende Entwicklungspsychologie kam von einer Psychologin, Judith Harris, die vorher in Büchern schon lange über die Erziehung von Kinder informiert hatte. Die populären und ihre eigenen psychoanalytischen Auffassungen wurden 1995 von ihr in einer *Gruppensozialisations-Theorie* (14) in Frage gestellt: Nicht was in der Familie gelernt werde, sei entscheidend und richtunggebend, sondern das, was draußen geschehe, im Kindergarten, in Spielgruppen und auf der Straße, in den Schulklassen und später in Freundesgruppen in der Adoleszenz. In diesen Gruppen schafften sich Kinder und Heranwachsende neue eigene Wertsysteme und Kulturen. Aus dem Ich werde so ein Wir. Sie können

Selbstbewusstsein und Selbsterkenntnis im gemeinsamen Tun und Vergleichen erfahren, erleben es, einer Gruppe anzugehören. Sich zu den einen hin zu gesellen und von anderen abzugrenzen könne zu einer klärenden Selbsteinschätzung führen. Die Erfahrungen in der Gruppe Gleichaltriger, der Peergroup, seien die entscheidenden für das weitere Leben (15).

Peergruppen haben sicher ihre eigenen Ordnungen und wechselnden Hierarchien, sie geben dem Einzelnen einen Status, in dem sich schon seine Persönlichkeitszüge manifestieren: Wie jeder sich einbringt und durchsetzen kann, was er kann, weiß und tut unter den anderen, ist eine neue Selbsterfahrung. Der Status und die Rolle in den Gruppen würden bei Spielen, Sport und Freizeitbeschäftigungen in den folgenden Jahren durch die Person des einzelnen Kindes mitbestimmt. Die Reaktionen der Gruppe und das sich dabei dort ausbildende Verhalten des Einzelnen hätten nach Harris dann ein wesentliches Gewicht für das weitere Leben.

Aber was geschieht mit den familiären Beziehungen in dieser Zeit und im weiteren Lebenslauf? Die Beziehungen zwischen den Eltern und Kindern sind nach Harris immer nur Zweierbeziehungen. Sie sollen in der Ausrichtung und im Erleben von Vater und Mutter zum Kind und vom Kind zu Vater und Mutter als solche *dyadischen Beziehungen* erhalten bleiben und sich von beiden Seiten lebenslang wiederholen. Die Eltern erleben sich weiter verpflichtet, für das Wohl ihrer Kinder zu sorgen, und diese sehen in ihnen nützliche Helfer. Das sei aber nicht bestimmend für die späteren Beziehungen zu anderen Menschen in der gesellschaftlichen und kulturellen Lebensform. Begründend werden dazu im Hinblick auf familiäre Einflüsse die verhaltensgenetischen Arbeiten von Plomin und Rowe angeführt, die keinen bleibenden Einfluss der erziehenden Eltern zeigen.

Als biologische Parallelen werden u. a. Experimente mit Rhesusaffen herangezogen, wo eine Aufzucht nur mit Eltern ohne Gleichaltrige zu Verhaltensstörungen führte, während Aufwachsen ohne Elterntiere, aber mit Gleichaltrigen zwar für eine Zeit verstörtes Verhalten provozierte, später aber zur vollen sozialen Reife führte. Für die menschliche Gruppensozialisation werden die Beobachtungen bei Immigranten angeführt, wo sich zeigt, dass die Kinder nicht nur in kürzerer Zeit in ihren Altersgruppen die Sprache des anderen Landes erlernen, sondern sie auch meist besser beherrschen als die Eltern.

Harris betont und zeigt Befunde, dass zwischen Kindern und Eltern eingespieltes Verhalten schon nicht mehr für das Verhalten in der Spielgruppe bestimmend ist und noch weniger später in der Schule. Die Identifikation mit der Gruppe wird als kognitiver Prozess beschrieben, in dem die Kinder sich selbst finden, sich Vorbilder suchen, selbst einen bestimmten Status haben, mehr oder weniger beliebt und attraktiv und integriert sind. Das sei auch für die Stellung in der Schulklasse wichtig und bestimmend, wo sich dann allerdings unterschiedliche Gruppen bilden können. Die Gruppenbildungen seien hier selten auf zwei Personen begrenzt, und es werden in ihnen durchweg neue Ziele und Werte gesucht, gefunden und gepflegt, die nicht den elterlichen und auch nicht den Richtlinien der Lehrer entsprächen. Diese Gruppenbildungen reichen bis in die Adoleszenz, haben aber schon früher erhebliches Gewicht. Heranwachsende seien motiviert, von Gleichaltrigen zu lernen, kluge Eltern auch von ihrem Nachwuchs.

Ein berühmtes Beispiel dazu ist eines nicht von Menschen, sondern von Rhesusaffen: Auf einer japanischen Insel beobachteten neugierige Forscher, was die Affengruppe mit für sie an den Sandstrand ausgelegten leckeren Kartoffeln anzufangen wusste (18). Ein noch nicht geschlechtsreifes Weibchen kam auf die Idee, diese Kartoffeln zu waschen: Sie entdeckte, dass man Sand und Körner trennen kann, wenn man sie ins Wasser wirft. Das wurde bald von anderen jungen männlichen und weiblichen Affen nachgeahmt, später dann auch von älteren Weibchen, die das dann an ihre Nachkommen weitergaben. Die erwachsenen männlichen Tiere griffen das nicht auf, vielleicht, weil sie weniger mit dem Füttern der Jungen zu tun hatten, vielleicht sich auch generell eigensinniger Neuheiten widersetzten. Das Kartoffelwaschen gehörte nach einigen Jahren zur festen Tradition dieser Affenpopulation. Das führte bei Rowe schon zur Auffassung: Die kulturelle Weitergabe findet außerhalb und innerhalb der Familie mit gleicher Mühelosigkeit statt, offenbar gerade auch in Gruppen. Die kulturell formenden Gruppenelemente liegen in solchen, in denen die Teilnehmer sich subjektiv sozial vergleichen und in den Normen und Werten aufeinander beziehen.

Ein von Harris dabei angeführtes und eindrucksvolles Beispiel ist die von Anna Freud in London beobachtete Gruppe von Kindern, die im deutschen KZ ohne ihre Eltern überlebt hatten und nach London kamen. In ihrem Beziehungsverhalten fiel auf, dass die Kinder entschieden und vollständig auf diese ihre Gruppe beschränkt blieben und Erwachsene zunächst nicht einbezogen. Dabei wurden sie als auffallend altruistisch untereinander beschrieben. Sie sollen sich später als Erwachsene normal entwickelt haben (10).

Die 1995 von Harris erstmals vertretene, dann 1998 in einem Buch (15) noch differenzierte und anschaulicher gemachte entwicklungspsychologische Theorie zum bleibenden Einfluss der Gruppe der Gleichaltrigen hat großes Aufsehen erregt, Zustimmung und Widerspruch erfahren. So bejahte die Psychologin Deborah Vandell (41) das Gewicht genetischer Bedingungen für die Persönlichkeitsentwicklung, sah aber auch einen bleibenden Einfluss der Familie noch neben der Gruppensozialisation. Kinder seien in der gleichen Familie sehr verschiedenem elterlichem Verhalten ausgesetzt und unterschiedlich durch Scheidung, Beruf, Krankheiten, Trennungen und Todesfälle betroffen. Es wird von ihr wieder auf die Stellung in der Geschwisterreihe hingewiesen. Bedeutsamer ist vielleicht, dass sie die Peergroup als den einzigen sozialisierenden Faktor in Frage stellt und auf die *späteren Zweierbeziehungen* hinweist, die im Leben neben den Gruppen laufen, solche mit Freunden und Freundinnen, Lehrern und andere Personen, die zu Vorbildern werden. Die ausschließliche Ausrichtung der Aufmerksamkeit auf die Peergroup für die seelische Entwicklung sei einseitig, sie sieht die Notwendigkeit von Längsschnittstudien, in denen individuelle Entwicklungen über längere Zeit hinaus beobachtet werden.

Judith Harris' Verdienst ist es demgegenüber (16), entwicklungspsychologisch so entschieden die verschiedenen Gruppen der Gleichaltrigen betont zu haben, vom Spielen im Kindergarten über das Zusammenleben in der Schulklasse bis zu den Cliquen im nächsten Lebensjahrzehnt. In Bedingungen und Folgen handelt es sich um eine neue, andere Beziehungsqualität als das, was die Familie bietet. Sich mit den anderen in der körperlichen Bewegung und im Zusammensein, sich im Spiel sprechend, malend und schreibend in der Welt zu erfahren ist ein gemeinsames Erleben. Sich dabei zu vergleichen und zu messen, zu konkurrieren und abzugrenzen, zu überholen und überholt zu werden, mit Fähigkeiten und Schwächen konfrontiert zu werden ist eine seelisch bildende und nützliche Erfahrung. Ob es, wie Harris annimmt, für alle die entscheidende und einzig bleibende ist, muss offen bleiben. Eine Frage in der Sozialisation ist ja, was mit denen geschieht, die in den Gruppen der Gleichaltrigen nur schwer landen können.

Jedenfalls bringt die in der körperlichen und seelischen Reifung sich erweiternde Umwelt gegenüber der Familie einen Gewinn an Möglichkeiten, zu lernen, in neuen Freiheiten positive und negative Erfahrungen zu machen, gegenüber dem beschränkten Raum der Familie aber auch einen Verlust an Geborgenheit und Sicherheit. Es ist eine Veränderung, welche wieder entschieden auf eine Entwicklungspsychologie der gesamten Lebensspanne mit Gewinnen und Verlusten hinweist.

Die heute oft zu hörende These, Kinder bräuchten die ersten fünf Jahre nur die Mutter, trifft sicher nicht zu. Kinder brauchen Kinder, schon vom 2. Lebensjahr an ist es für sie ein Unterschied, ob sie allein in einem Sandkasten sitzen oder mit einem anderen gleichaltrigen Kind dort zusammen etwas bauen, etwas geben und nehmen können. Und sie sind an kleinen Tieren, welche um sie sind, ebenso interessiert. Wenn Kinder vorher in einem Kindergarten waren, werden sie leichter und bessere Schüler, profitieren lebenslang davon. Besonders Einzelkinder oder im großen Abstand zu älteren Geschwistern geborene, allein mit der Mutter aufwachsende, brauchen jemanden zum Spielen. Zur Reifung gehört die kinderfreundliche Umgebung mit Gleichaltrigen. Es ist wohl eine Illusion, die Mutter allein sei für die ersten fünf Jahre der günstigste Umgang. Die Mutter, die nur ein Kind als Aufgabe hat und auf alles andere Berufliche und Persönliche verzichten muss, erlebt selbst das Kind oft als Last und ist meist nicht der heiterste Umgang. Die psychoanalytisch überschätzte und damit belastete Mutterrolle hat sich nicht nur als Bürde für viele Frauen ausgewirkt, sie war auch für die Entwicklung der Kinder selbst nicht günstig.

Fasst man die empirischen Untersuchungen der allgemeinen Entwicklungspsychologie zur Frage interindividueller Unterschiede zusammen, so weisen sie zunächst auf die in jedem Menschen liegenden unterschiedlichen Anlagen hin. Sie sind bestimmend in den affektiven und emotionalen Bereichen, in denen die Umwelt subjektiv aktiv erlebt und verarbeitet wird. Sie vollziehen sich in der körperlichen Reifung, in der neue kognitive und empathische Bereiche sich ausbilden, die vom zweiten bis fünften Lebensjahr an in interindividuellen Unterschieden wie auch in den folgenden Lebensjahren kontinuierlich deutlicher fassbar sind. Es gibt sicher *Schwellen*, an denen sich körperliche und soziale Gegebenheiten verbinden, etwa die ersten Austrittsschritte über die Ursprungsfamilie hinaus mit fünf, sechs Jahren, wo der Einzelne sich unter anderen in einer Gruppe in seinen zwischenmenschlichen und geistigen Fähigkeiten durchsetzen und finden muss. Noch mehr geschieht das in den nächsten Jahren und dann in der Adoleszenz mit der entschiedeneren Loslösung vom Elternhaus, wenn zugleich affektive und sexuelle Empfindungen in neue Beziehungswelten führen. Dann sind mit der Selbstfindung in einer beruflichen Aktivität und der Bildung eines eigenen Mittelpunktes im Rahmen einer Familie für die meisten wieder neue Aufgaben und Schritte der Entwicklung und Reifung gegeben. Diese Zeit soll deswegen später in einem Abschnitt ausführlicher behandelt werden. Wenn von einer Entwicklungspsychologie der gesamten Lebenszeit gesprochen wird, so ist das durch umfassende Erfahrungen und systematische empirische Befunde begründet. Es gibt dabei keine Hinweise für eine Phase, die eine absolute Priorität hat, sicher aber für die verschiedenen Persönlichkeiten unterschiedliche Lebenszeiten, in denen ihre individuellen Eigenschaften bei den entsprechenden Entwicklungsschritten zu Krisen führen können. Es sollen deswegen hier zunächst noch einmal die psychoanalytischen Aussagen und ihre Begründungen über die entscheidenden ersten Lebensjahre aufgenommen und reflektiert werden.

4. Kapitel
Die Entwicklungen aus psychoanalytischer Sicht

Die für die psychoanalytischen Theorien und ihre Praxis relevanten Entwicklungen betreffen die normalen und die krankhaften Formen seelischen Erlebens und Verhaltens, vor allem ihre Ursachen. Von Freud wurde dazu eine eigene entwicklungspsychologische Lehre entworfen, die in den wesentlichen Zügen in erweiterten Formen bis heute vertreten wird. Sie ist eine Psychologie der ersten fünf Lebensjahre, nach der die kindlichen Sexualtriebe durch pathogene akzidentelle Einwirkungen vonseiten der Eltern unterdrückt werden. Die dann im Unbewussten liegenden abgewehrten Triebrepräsentanzen, die ins Bewusstsein und zu Aktionen drängen, werden bestimmend für das weitere neurotische Erleben und für die Persönlichkeitsstruktur. Von außen »prägende« Einwirkungen werden dabei angenommen, wie man in Übernahme eines Begriffes aus der Verhaltensforschung bei Tieren jetzt häufig sagt.

Dem stehen heute die Auffassungen gegenüber, die genetische, in den Anlagen des Menschen selbst liegende Kräfte beschreiben, die das Erleben und Verhalten in der Umwelt lebenslang bestimmen und auch in den krankhaften seelischen Entwicklungen mitwirken.

Eine entwicklungspsychologisch wichtige Frage ist dabei, wann überhaupt, in welchem Lebensalter und unter welchen äußeren Bedingungen sich die Natur des Menschen mit den Umweltangeboten verbindet und Weichenstellungen für bestimmte Störungen auftreten.

Freuds ödipale Theorien und die neuen Befunde

Es war ein bedeutender Schritt von Sigmund Freud, bei den von ihm behandelten seelischen Nöten seiner Patienten die Ursachenfrage aufzuwerfen und von der Psychotherapie zur Psychoanalyse zu kommen. Für Freud stand seit 1905 die kindliche Sexualität und damit der Ödipuskomplex mit der Liebe des Kindes zum andersgeschlechtlichen Elternteil zwischen dem 3. bis zum 5. Lebensjahr im Vordergrund. Beim Jungen, der vom Vater mit Kastration bedroht wird, führe die Aufgabe dieses Wunsches zur Identifikation mit dem Vater und zur Errichtung des Über-Ichs. Bei Mädchen sei in diesen Jahren der Vater libidinös besetzt, was verbunden wird mit dem Wunsch, von ihm ein Kind zu bekommen, um dadurch sich nicht kastriert zu erleben. Schließlich kehre die Tochter mehr oder minder enttäuscht zur Mutter zurück, erlebt sich organisch aber als minderwertig im Vergleich mit Knaben und hat ein weniger entwickeltes Über-Ich. In der Sexualtheorie von 1905 steht dies alles noch nicht im Mittelpunkt, aber in späteren Anmerkungen von 1912 heißt es dann, dass jedem menschlichen Neuankömmling die Aufgabe gestellt ist, den Ödipuskomplex zu bewältigen; wer es nicht zustande bringt, ist der Neurose verfallen. Es sind Aussagen, die aus Behandlungen von einzelnen erwachsenen Patienten in Rückprojektion auf die kindlichen Beziehungen entworfen wurden. Beschrieben wird dies als normale seelische Entwicklung in der Kindheit, die im Rahmen libidinöser, d. h. psychosexueller Entwicklungsstufen in triebhaften Objektbeziehungen in Phasen abläuft. Die neu entworfene Entwicklungspsychologie wurde zur Krankheitslehre.

Der Nervenarzt Erwin Straus hatte die Psychoanalyse schon 1930 im Buch »Geschehnis und Erlebnis« (43) gewarnt, das in der Reifung gegebene natürliche Auftreten und die Varianz neuer Eigenschaften und Fähigkeiten nicht ohne weiteres ursächlich mit krankhaften Abweichungen, den Neurosen, zu verbinden. Man dürfe die neu bestimmenden Erlebnisse nicht in materiellen Einwirkungen, Traumen, beschreiben, es handle sich um aktive und selektive Leistungen des Betroffenen, um neue subjektive Sinnentnahmen. Er kritisierte erkenntnistheoretisch, es werde von Freud häufig an entscheidenden Stellen der psychologischen Begriffsbildung Zuflucht zu physikalisch-somatischen Erklärungen genommen. Für eine solche Kritik hatte Freud kein Verständnis, er erwähnte zwar Straus nicht, sondern schrieb nur ablehnend 1932 in der »Neuen Folge der Vorlesungen zur Einführung in die Psychoanalyse« in einem Kapitel »Über eine Weltanschauung«, die Philosophie gebärde sich selbst wie eine Wissenschaft (18). Es seien meist weltabgewandte Denker, die den Erkenntniswert ihrer logischen Operationen überschätzen und meinten, ein einheitliches lückenloses und zusammenhängendes Weltbild geben zu können. Die Psychoanalyse kenne keine andere Welterkenntnis als die intellektuelle Bearbeitung sorgfältig überprüfter Beobachtungen, sei keine Weltanschauung außer »der Betonung der realen Außenwelt«. Sie bescheide sich in ihren Theorien zur Wahrheit und lehne Illusionen ab (18). Es ist deutlich, dass Freud dem seelischen Erleben, welches er bei den einzelnen Kranken entdeckte und interpretierte, positivistisch die gleiche Wirklichkeit zusprach wie dem, was er in der körperlichen Welt vorher beschrieben hatte (11). Das hatte ihn schon zum Thema des sexuellen Missbrauchs bei den hysterischen Frauen und Männern und dann zur Theorie der infantilen Sexualität gebracht. Bis heute handelt es sich um eine Grundfrage, wie äußere Geschehnisse und seelische Erlebnisse zu verbinden sind, wie die äußere zwischenmenschliche und soziale Welt im subjektiven Wahrnehmen erlebt und interpretiert wird. Wir sahen schon oben, wie individuell und geschlechtsgebunden unterschiedlich sich wahrnehmende, denkende und emotionale Fähigkeiten bei Zweijährigen manifestieren. Wie verschieden die Beziehungen zur räumlichen Umwelt und zu den Eltern sich gestalten, wie selektiv emotional Mutter und Vater genetisch naturbedingt wahrgenommen und subjektiv verarbeitet werden, das alles wurde oben bei den Elternbildern der verschiedenen Zwillingspaare deutlich.

In psychoanalytischen Theorien sind die ödipalen Krisen gegenüber den noch früheren Störungen zurückgetreten, bleiben aber weiter ein wesentlicher Teil der Entwicklungstheorien. Sie werden weiter gelehrt und nicht in Frage gestellt als Ursachen seelischer Störungen, als Quelle etwa von neurotischen Ängsten von Jungen und Gefühlen der Minderwertigkeit von Mädchen. Dazu wurden in den letzten Jahren empirische Untersuchungen an Kindern in dieser Altersphase vorgenommen, allerdings nicht durch Psychoanalytiker und bisher auch nicht von ihnen diskutiert. Bei Spielen, Zeichnungen und Bildexperimenten wurden zwischen vier und sechs Jahre alte Kinder beobachtet und ihre Eltern befragt, um den psychischen Abläufen in diesen Jahren näher zu kommen. Wie sind die Elternbeziehungen in diesen Jahren, wenn, wie die »Theory of Mind« feststellt, sich im Bewusstsein das bleibende Wissen einstellt, als Junge einmal Mann zu werden wie der Vater, bei den Mädchen Frau wie die Mutter? Wie kommt es bei beiden Geschlechtern, die zunächst der Mutter emotional und identifikatorisch nahe standen, zu einer Abgrenzung, bei Jungen zu einer identifikatorischen mit der männlichen Rolle und bei den Mädchen zu einer Abgrenzung von der Mutter und zugleich zu einer weiblichen Rolle? Manifestiert sich dabei die Einstellung zum anderen Geschlecht, wenn schon kaum in einer Blütezeit der Sexualität, so doch in einer entschiedenen Anziehung durch den andersgeschlechtlichen Elternteil?

Eine Übersicht über diesbezügliche Literatur haben die Entwicklungspsychologen Moos und Greve (32) mit eigenen Untersuchungen verbunden, die etwa 100 Kinder zwischen drei und neun Jahren und ihre Eltern betreffen. Es wurden den Kindern Strichfiguren von Kindern und Eltern vorgelegt, die zu bewegen, auszufüllen, mit Farben zu versehen und zu bewerten waren, sowie Zeichnungen mit ausdrucksvollen Gesichtern, die mit Farben ergänzt werden konnten und den Eltern zuzuordnen waren. Schließlich wurden elterliche Aussagen über die Kinder in dieser Zeit benutzt, und zwar über alltägliches, vor allem affektiv-positives, artiges und ablehnend-unartiges Verhalten gegenüber den anders- und gleichgeschlechtlichen Elternteilen. Was sich als Ergebnis der Untersuchungen für die Altersspanne zwischen dem vierten und sechsten Lebensjahr abzeichnet, ist sowohl bei Jungen wie bei Mädchen bis in das vierte Lebensjahr eine deutliche, parallel laufende Bevorzugung der Mutter in der affektiven Zuneigung. In den nächsten beiden Jahren zeigt sich bei Jungen zunehmend eine Bevorzugung des Vaters, während Mädchen bei der mütterlichen Präferenz bleiben. Die Autoren kommen zur Auffassung, dass diese Ergebnisse den Vorstellungen einer ödipalen Phase, wie die psychoanalytischen Theorien sie vertreten, absolut widersprechen, sie gehöre somit zur Geschichte der Psychotherapie. Dabei lassen sie es offen, wenn in einzelnen Fällen ödipale Konstellationen in der Kindheit auftreten, diese zu untersuchen und die weitere Entwicklung zu beobachten.

Einen viel weiteren Bogen zog Norbert Bischof schon in seinem Buch »Das Rätsel Ödipus«, als er diese Fragen behandelte (6). Er stellte dabei in den *filialen Beziehungen* der ersten Jahre zu den Eltern die Nähe, Wärme und Ruhe überzeugend in einen in der Natur des Menschen verankerten Gegensatz *zur sexuellen Anziehung*. Im späteren großen Werk vom »Kraftfeld der Mythen« (7) machen die ödipale Fragestellungen betreffenden psychologischen Beobachtungen nur einen kleinen Teil aus. Dort finden sich jedoch seine Untersuchungen mit Bischof-Köhler an 100 zwischen drei und acht Jahren alten Mädchen und Jungen zur Frage, wie sie sich selbst und ihre Stellung zwischen den Eltern erleben. Es wurden ihnen in einem projektiven Verfahren bewegliche Figuren auf Tafeln vorgelegt, zunächst solche, welche die Erde und den Himmel darstellten, mit dem Auftrag, sie in ihrer Distanz anzuordnen, wobei die Erde als mütterliches Element, der Himmel als väterliches von Bischof angesehen wird. In einer weiterzuführenden Erzählung konnten sie dann mit einer Leiter und mit darauf hinauf- und herabkletternden Himmelsmenschen und Erdmenschen Erde und Himmel verbinden. Bei Jungen gab es eine deutlich frühere und stärkere Trennung dieser Elemente, die Mädchen erst mit fünf Jahren vornahmen. Zusammen mit einer bei Jungen leichteren Zähmung der Erdmenschen sprach diese Untersuchung dann im Ganzen für eine bei Jungen loslassende *frühere Trennung von der Mutter* und Scheidung der Elemente, während diese bei Mädchen schubhaft im 5. Lebensjahr einsetzt und einen *gedämpfteren Verlauf* nimmt. In weiteren Spielen gab es eine Familie von Teddybären in einem Bärenhaus mit Kinderbären und Elternbären, die bei auftauchenden Gefahren einander zugeordnet oder getrennt werden sollten. Das Bärenhausexperiment wies auf eine Bevorzugung des Vaters bei Jungen zwischen dem 3. und 5. Lebensjahr hin, bei Mädchen auf eine deutliche Bevorzugung der Mutter in dieser Zeit. Weitere experimentelle Spiele führten nicht zu einer einheitlichen Aussage, die Mehrzahl verband eher mit dem Vater das Fremdartige und versuchte, die Verbindung mit dem mütterlichen Element nicht zu verlieren, ordnete sich selbst aber dann mit fünf Jahren endgültig dem *eigenen Geschlecht* zu, Mutter und Vater *trennend.*

Eine Grundthese der Bischofs ist, dass das mütterliche Element bei Kindern einem ozeanischen Gefühl entspricht und die Lebensentwicklung der ersten fünf Jahre eine der Trennung von dem ozeanischen Gefühl des Einsseins sei. Im Hinblick auf die psychoanalytische Theorie vermisst Bischof auf den ersten Blick jede Beziehung zwischen seinen Ergebnissen und der Libidotheorie und ihren Phasen. Er versucht aber eine Brücke zur Gedankenwelt der Psychoanalyse zu schlagen, indem er sie mit der »Theory of Mind« verbindet, also mit der Fähigkeit, unterschiedliche Vorstellungen und gegensätzliche Auffassungen von Tatbeständen zuzulassen (s. oben S. 125). Freud habe wohl erahnt, was und wie sich das hier bei beiden Geschlechtern vollziehe, habe es jedoch in seiner Zeit nicht fassen können. Man müsse ihm positiv anrechnen, dass er in der wilhelminischen Epoche, in der er seine Theorie entwickelte, überhaupt über Geschlechtlichkeit gesprochen und die Unterschiede der Geschlechter behandelt habe. Freuds Idee, dass wir als Kinder in libidinösen Beziehungen zum andersgeschlechtlichen Elternteil eine folgenreiche seelische Entwicklung durchlaufen, ist empirisch offenbar nicht zu fundieren.

Der affektiven Entwicklung in der Sicht der Psychoanalyse stehen bei Bischof im Ganzen die naturgegeben reifenden Beziehungen zu den Eltern gegenüber. Aus der Ureinheit einer *ozeanischen Gefühlsverbindung* mit der Mutter entstehe in einem seelischen Geschehen ein individuelles Selbstbild bei sich differenzierenden Geschlechtern. Dem wird von Norbert Bischof in einer umfassenden kulturhistorischen Weltschau über zwei Jahrtausende in Märchen, Sagen und Mythen eine Fülle emanzipatorischer und nostalgischer Trennungsmythen an die Seite gestellt, welche diesen dramatischen Trennungs- und Bildungsprozess in Wort und Bild anschaulich machend wiedergeben (7).

Norbert Bischof hatte zehn Jahre zuvor in seinem Buch zum »Rätsel Ödipus« die Widersprüche zwischen biologischen Aussagen zur Exogamie und den psychoanalytischen Theorien zur kindlichen und inzestuösen Bindung dargestellt. Hier stellt er den Fortschritt der Bisexualität der monosexuellen Sprossung gegenüber sowie evolutionäres Naturgeschehen und Kultur in einen umfassenderen Zusammenhang. Dabei gibt er allen Wissenschaftlern und damit auch Ärzten wie Psychotherapeuten noch eine mahnende Anmerkung mit: Auch für Menschen sei die evolutionäre Ausrichtung bestimmend; wer Menschen helfen wolle, lebendig zu bleiben, müsse ihnen helfen, sich zu *differenzieren* und zu *verändern*, und auch selbst dazu bereit sein.

Die immer frühere Kindheit als Ursache

In der weiteren Geschichte der psychoanalytischen Schule waren es dann vor allem mütterliche Liebesdefizite, die als schädigend angesehen wurden. Eine in psychoanalytischen Traditionen hoch angesehene Frau war Melanie Klein (1882–1961). Aus Wien und Budapest nach Berlin kommend, hat sie dort Lehranalysen durchlaufen, und gewann, seit 1926 in London lebend, großen Einfluss auf die sich bildende britische psychoanalytische Schule. Als Mutter von drei Kindern und ohne Beruf erwarb sie ihre Erfahrungen bei ihnen, sie erweiternd durch Spieltherapien mit begleitenden psychoanalytischen Deutungen bei Fünfjährigen und dann Zwei- und Dreijährigen. Sie ging in den psychoanalytischen Entwicklungstheorien bis ins erste Lebensjahr zurück, beschrieb eine *paranoid-schizoide Position* mit Aggressionen und Ängsten in den ersten Monaten, dann eine depressive Position in den nächsten sowie Frühstadien des Ödipuskomplexes in den ersten Jahren. Mit Anna Freud hatte sie große Differenzen. Ihre auf beschriebene Einzelfälle gründenden Theorien werden bis heute nicht allein in Kindertherapien, sondern auch bei der Behandlung von Erwachsenen bei den psychoanalytischen Deutungen herangezogen. In diesen frühen Stadien werden Ursachen bestimmter Übertragungen der Patienten beschrieben, vor allem aggressive Züge als Wiederkehr von Schäden in den ersten Lebensmonaten. Es wurde oben gezeigt, wie der in der Internationalen Psychoanalytischen Vereinigung führende Otto Kernberg ihre Theorien zur Erklärung aggressiver und destruktiver Handlungen in späteren Lebensaltern anführt.

Aus Wien kam auch Margret S. Mahler (1897–1962), seit 1942 in New York eine eigene Richtung gründend (31). Es gibt auch bei ihr frühe autistische und dann symbiotische Phasen in der Entwicklung, im zweiten Jahr eine Trennung von der Mutter, die dann im dritten zu einer Wiederannäherung führen soll. Wenn das anders verlaufe, komme es zu neurologischen oder psychiatrischen Störungen. Vor allem wurden von ihr *kindliche Psychosen* beschrieben und Schizophrenien bzw. sie begründete depressive Phasen und spätere Borderlinestörungen auf diese Weise. Die affektive Entwicklung des Säuglings im ersten Lebensjahr und dann die folgenden zwei Jahre werden in ihrer Schule als grundlegend und richtunggebend für Erwachsene angesehen.

Beispielhaft für den psychoanalytischen Rückzug ins Innenleben sind die entwicklungspsychologischen *Selbsttheorien* geworden, die Heinz Kohut in den USA entwickelte (29). Zunächst entworfen für narzisstische Störungen und Borderlinepatienten wurden sie zur neuen Theorie, neben der Triebtheorie Freuds. Mit dem Selbst sind seelische Repräsentanzen des eigenen Körpers als »Bilder im Ich« gemeint, die von der Mutter im ersten Lebensjahr beim Übergang von einer symbiotischen Einheit zu einem abgegrenzten selbstständigen Ich vermittelt werden. Das soll entscheidend für schwerste Persönlichkeitsstörungen oder eine gesunde Entwicklung werden. Psychoanalytische Therapie wurde Heilung mittels eines selbstpsychologischen Prozesses, eine Selbstanalyse des Selbst, keine Hilfe beim Leben in der Welt draußen.

Einen Vorläufer hatte diese Selbsttheorie in der Entwicklungspsychologie von Winnicott, der 1960 eine Selbstbildung beschrieb, die in den ersten Monaten im Blickaustausch zwischen Säugling und Mutter geschieht oder darin, dass die Mutter innerlich an das Baby als eigenes, selbstständiges Wesen denke und es somit anerkenne (49). Als Kinderarzt in London ging D.W. Winnicott (1896–1971) nach langer pädiatrischer Arbeit und einer Lehranalyse eigenen Theorien zur inneren Welt des Säuglings nach, dabei die psychoanalytische Bewegung mit neuen Ideen und Begriffen noch erweiternd. Nach seiner Auffassung *gibt es das Kind noch nicht* in den ersten Wochen und Monaten nach der Geburt, auch wenn es die Geburt als eigene Bemühung empfunden hat. Es existiert erst, wenn die Mutter ihm nach sechs Monaten das Selbst vermittelt, ein *wahres, kein falsches Selbst* (50). Allein bestimmend seien für die seelische Entwicklung des Menschen im späteren Leben die Vorgänge im ersten Lebensjahr und das mütterliche Verhalten nach der Geburt, ihre liebevollen oder lieblosen Empfindungen. Das führte auch dazu, dass Winnicott in der Behandlung von Erwachsenen ganz auf eine regressive frühe Erfahrung des Selbst ausgerichtet war. Die Mutter wird in dem, was sie empfindet, zur Garantin, aber auch Bedrohung der seelischen Existenz des Kindes, in ihren liebevollen wie feindlichen Gefühlen. Winnicotts Auffassungen wurden nicht nur in psychoanalytischen Richtungen, sondern später auch in Theorien der Psychosomatik von Thure von Uexküll herangezogen: Das mütterliche Empfinden und Verhalten gegenüber dem Säugling im Übergang vom symbiotischen Funktionskreis in den dyadischen sollen für seine gesunde Entwicklung entscheidend sein oder disponieren ihn zu allen späteren körperlichen, den psychosomatischen Krankheiten (46).

Ein häufiges Verhalten ist bei Säuglingen und Kindern im ersten Lebensjahr, sich den Zipfel einer Decke, eines Kissens oder eines Plüschtiers in den zu Mund stecken, daran zu saugen und ihn festzuhalten. Es wurde von Winnicott als *Übergangsobjekt* von der positiv erlebten mütterlichen Brust zur dinglichen menschlichen Umwelt beschrieben. Wenn die Mutter nicht so erfahren werde, habe das negative Folgen mit Abwehrmechanismen, Ängsten und Depressionen, es komme später vor allem zu Entwicklungshemmungen in der kulturellen Umwelt. Damit wird dem frühen Umgang mit Objekten, den Bischof-Köhler oben schon beschrieb, großes Gewicht gegeben.

Den Beziehungen zur *Dingwelt* wurde später von Tilmann Habermas (20) empirisch differenziert nachgegangen in seiner phänomenologisch-psychologischen Schrift »Geliebte Objekte – als Symbole und Instrumente der Identitätsbildung«. Hier wird im Ganzen die materielle Welt der Gegenstände im menschlichen Leben anschaulich gemacht. Seine psychologischen Überlegungen reichen vom Teddybären über die Eisenbahn der Kinder bis später zu Ringen, Vasen und Bildern, mit denen man als Erwachsener alltäglich ästhetisch umgeht und lebt. Beziehungen zu Objekten werden dabei an mehr als hundert Gegenständen beschrieben und reflektiert, in ihrem Eigenwert erfasst, und dabei auch, wie sie mit anderen Menschen verbinden können. Eine seiner umfassenden und abschließenden Aussagen ist, dass persönliche Objekte als Teil der dinglich widerständigen Welt gegenüber Personen den Vorteil haben, keine Ansprüche geltend zu machen; sie seien dem Körper nahe, hantierbar und sichtbar, sie vergegenwärtigen und sind gegenwärtig. Und indem sie, ob sie genutzt werden oder nicht, haltbar und fortbestehend seien, verweisen sie über das Individuum in die Welt hinaus. Die guten oder fehlenden Übergangsobjekte in Winnicotts Verbindung mit der guten Mutter werden von T. Habermas als eine *Vermutung* bezeichnet, die empirisch bei ihm nicht mit später krankhaften seelischen Entwicklungen zu verbinden war.

Es werden so noch heute in psychoanalytischen Theorien zur kindlichen Entwicklung Formen eines frühen Selbst angenommen und damit eine deterministisch gestiftete Verbindung zur späteren Struktur der Persönlichkeit. Dabei wird mit dem Selbstbegriff substantivisch und dinglich eine in den ersten beiden Jahren vermittelte Identität, eine sich abgrenzende Autonomie, nahe gelegt. Aber es ist zu fragen, ob die bewusste Eigenart der eigenen Person, die mit dem Begriff des Selbst zu verbinden wäre, nicht als lebenslange Selbstfindung in tätiger und reflektierter Welterfahrung gewonnen werden muss.

Eine wesentliche Form kognitiv-optischer, sich von anderen abgrenzender sinnlicher Selbsterfahrung zweijähriger Kinder wurde, wie oben beschrieben, von Bischof-Köhler im Spiegelerkennen erfasst (s. S. 119). Wie sie zeigt, befähigt diese normale kognitive Stufe der Selbsterkenntnis zur Empathie mit anderen Kindern, die über eine reine »Gefühlsansteckung« hinausreicht. Der – im Übrigen hauptsächlich in der westlichen Welt verbreiteten – Spiegelerfahrung wird eine bleibende Nachwirkung von dieser Autorin nicht zugesprochen. Sie setzt sich dabei auch kritisch mit Theorien des Psychoanalytikers D. Stern (42) auseinander, der in sensomotorischen Entwicklungen der ersten 18 Monate bereits vier Formen des Selbst beschreibt und benennt. Sie betont kritisch dazu, dass, wenn der Säugling in den ersten 18 Monaten auf fremde Berührungen und Schmerzreize reagiere oder lustbetont mit Mobiles umgehe, sich affektiv äußere und intersubjektiv affektiv reagiere, dem im Erleben keine sich von der Umwelt abgrenzenden Erfahrungen entsprächen. Der Säugling verstehe die anderen und sich selbst noch nicht als figuraler Träger eigener Intentionen, als »Ding unter Dingen«. D. Stern hat immer betont, dass er selbst nur in den ersten beiden Jahren diese frühen Selbst beobachtet habe. Längsschnittuntersuchungen zum frühen Selbst und damit aufgezeigten erworbenen Schäden sind von ihm und den anderen Selbsttheoretikern nicht vorgelegt worden.

Neben den akzidentell fremdbestimmten, frühen Ursachentheorien, die vor allem in den angelsächsischen Ländern entwickelt wurden, hat eine selbstbestimmte Ursachentheorie aus Frankreich noch einen historischen Stellenwert. Es ist die schon oben erwähnte von Jacques Lacan (siehe Seite 124), der als Psychoanalytiker in Frankreich jahrzehntelang in einer eigenen Schule führend war und seine Krankheitslehre in einem großen theoretischen Werk mit einer eigenen Entwicklungspsychologie begründete. Das Seelenleben wird bei ihm nicht in einem Triebsystem, sondern in einer unbewussten Sprachstruktur beschrieben, als basale Motivation eines unbewussten Begehrens (passion imaginaire). Element der Therapie im analytischen Gespräch sei es, dies Wahre, das Verdrängte des »Anderen«, aus der erstarrten Rede des Alltags in der Stunde zu entwirren, es hier auftauchen zu lassen, hier zur Sprache zu bringen. Grundlegend in seiner Entwicklungspsychologie ist das von ihm 1937 entworfene *»Spiegelstadium«*. Es wird von ihm zwischen dem 6. und 18. Monat als das Ereignis des Selbsterkennens im Spiegel, als normal ablaufende Entwicklung, aber auch als mögliche pathogene Ursache angesehen: Es sei ein frühes Begehren, wenn das Kind sich im Spiegel erkenne und das in einer freudig-jubilatorischen Äußerung beantworte. Komme es nicht zu dieser Reaktion, nicht zu dieser positiven Verbindung mit dem Selbst, führt das nach Lacan später zu psychotischen, etwa paranoiden Entwicklungen. Deutlich auch hier die Tendenz, eine normale, mit der physiologischen körperlichen Reifung neue kognitive Fähigkeit zur Ursache pathogener Entwicklungen zu machen und variant sich manifestierende normale Fähigkeiten mit Krankheiten zu verbinden.

Kritisch ist noch zu bemerken, dass die Fähigkeit des Selbsterkennens, wie wir oben gesehen haben, erst gegen Ende des zweiten Jahres auftritt und dabei nach allen Beobachtungen ohne krankhafte Folgen im weiteren Leben bleibt. Als Gewährsmann dieser Spiegelbeobachtung nennt Lacan den amerikanischen Psychologen James Mark Baldwin, der zeitweise in Paris lebte und dort 1934 starb. Eine Literaturstelle wurde von Lacan und seiner Schule bisher nie angegeben. In Baldwins großem Werk und seinen innovativen und provokativen Schriften (s. S. 344) sind keine empirischen Untersuchungen zu diesem frühen Entwicklungsbereich zu finden.

In der Zeit nach dem Zweiten Weltkrieg kamen also neue psychoanalytische Theorien auf, die die ursächlichen Psychotraumen immer früher ansetzten und dabei für die seelischen Störungen immer schwerer fassbare Einwirkungen verantwortlich machten. Dafür stehen die in verschiedenen Gruppen bestimmenden Theorien von Melanie Klein und Mahler, Winnicott und Stern.

Die zunächst zeitlich früheste ursächliche Rückdatierung von Psychotraumen war das 1924 von Otto Rank vertretene seelische *Trauma der Geburt* als Ursache neurotischer Störungen. Sigmund Freud selbst folgte dieser Traumatheorie nur eine kurze Zeit und sah sie dann als unbewiesen an.

Zu den unbewiesenen und wohl unbeweisbaren gehören die in letzter Konsequenz des psychoanalytischen Traumatismus neu entstandenen Theorien über *pränatale seelische Schäden* durch lieblose schwangere Mütter, welche ihre Kinder mit Störungen »versehen« (28). Man könnte diese erdachten, in den Säugling einfühlend projizierten, frühen und frühesten Ursachentheorien abtun mit dem amerikanischen Slogan über theoriebesessene Psychoanalytiker: »Don't disturb them with facts« (45). In Deutschland sind Vertreter dieser Theorien aber in psychoanalytischen Instituten als Lehranalytiker tätig und üben als Obergutachter bei der Kassenärztlichen Vereinigung Macht aus, was nicht ohne Folgen in der tiefenpsychologischen und der psychoanalytischen Versorgungspraxis bleiben kann. Um diese frühen, frühesten und vorgeburtlichen seelischen Schädigungen ans Licht zu bringen und in Übertragungen zu korrigieren, sind natürlich weit zurückreichende regressive Zustände und lange Therapien gefordert. Der dann praktizierte Aufwand in den Analysen überrascht nicht. Aber diese erdachte weitere Steigerung der frühen Störungstheorien stellt analytische Psychotherapie als wissenschaftliche Disziplin und praktizierte Versorgung in Frage.

Es gibt in den verschiedenen psychoanalytischen Gruppen und Schulen nicht wenige, die den Begriff der *frühen Störung* in der zeitlichen Datierung und die erwähnten Begründungen in Frage stellten. Das geschieht ausdrücklich bei S. O. Hoffmann, der sich auf gleichsinnige Aussagen von Anna Freud berufen kann, die später immer mehr das Jugendalter betonte (24). Er findet, dass die zumeist beschriebenen kindlichen Abweichungen nicht unbedingt als frühere und akzidentelle anzusehen seien, sondern vielmehr als Entwicklungsstörungen zwischen dem dritten Lebensmonat bis Ende des dritten Lebensjahres im Rahmen verzögerter oder abweichender körperlicher Reifung aufzufassen sind. Es wird auf dabei gegebene kindliche Homöostasebedürfnisse hingewiesen, auf die die Umwelt nicht mit den angemessenen Verhalten reagiert habe. Bei diesen gestörten Patienten mit ihren Ich-Defiziten und ihrer aggressiven Psychodynamik könne es zu Spannungen und Identifizierungen kommen, wie sie Melanie Klein mit der bösen Mutter beschrieben habe. Als Beispiele werden schizoide Strukturen genannt und destruktiv-aggressive Einstellungen, wobei der Begriff »Borderline« ausdrücklich vermieden wird. Sie seien abzugrenzen von späteren, nach Ende des dritten Lebensjahrs auf Konflikten beruhenden, durch Traumen verursachten Anomalien neurotischer Art, und dies sowohl in der Genese wie auch in der Behandlung.

Nun ist Homöostase das Gleichgewicht zwischen physiologischen und auch zerebralen Körperfunktionen mit der Umwelt in Wärme, Nahrung, Schlaf-Wach-Rhythmus und manchen Interaktionen, die zur artgemäßen Lebensentwicklung notwendig sind. Es ist nicht deutlich, ob bei diesem Votum eine ökologische Störungsform der homöostatischen Bedürfnisse und eine etwa damit zusammenhängende zerebralorganische Schädigung von den neurotischen Formen abgegrenzt werden. Wird auch hier weiter mütterlich angemessenes Passungsverhalten in den ersten drei Jahren verantwortlich gemacht? Es ist abzugrenzen von im Säugling angelegten Störformen, von Schreikindern und genetisch bedingter Hyperaktivität. Was als frühe seelische Störungen beschrieben wird, ist abzugrenzen von anderen Psychosyndromen wie den genetisch verankerten Varianten des Temperaments, die schon in den ersten beiden Lebensjahren und in der Folgezeit zu beobachten sind.

Eine weitere Innovation von psychoanalytischer Seite liegt auch in dem Vorschlag von S. O. Hoffmann, den Begriff der tiefenpsychologischen Psychotherapie durch »*Psychodynamische Therapie*« zu ersetzen (25). Begründend wird auf die in angelsächsischen Ländern schon selbstverständliche Nutzung von »psychodynamic« für entsprechende Psychotherapieformen hingewiesen. Andererseits wird betont, dass die Psychoanalyse als Wurzel unbestritten und unverändert bleibe: das Unbewusste, die Abwehr, die Übertragung und Gegenübertragung. Nur sei psychodynamische Therapie mehr symptomorientiert und weniger aufwendig, enthalte supportive und weniger regressive Elemente.

Tiefenpsychologie, vor Jahrzehnten durch Winkler vorgeschlagen, wies auch auf unbewusste und infantile Ursachen hin. Aber ist mit dem Wort *Dynamik* nicht mehr und etwas anderes gemeint und seit langem verbunden, wie oben schon erwähnt? Die Worte, mit denen wir unsere Patienten beschreiben und die uns anziehen, sind keine inhaltsarmen Floskeln. Im griechischen »dynamis« ist Kraft und Schwung, eine bewegende Kraft angesprochen, die im Menschen liegt. Ist damit nicht die beim Patienten wie beim Therapeuten gegebene, gedanklich und affektiv herausgeforderte Ausrichtung auf seine weitere Lebensstrecke gemeint? Wird in dem aufgetauchten Begriff nicht das Element deutlich, das sich in der Praxis aller Richtungen der Psychotherapie durchgesetzt hat und nur in den Theorien noch nicht allgemein mitvollzogen ist?

Es wurde oben gezeigt (s. S. 134), dass Werner Janzarik in seiner *strukturdynamischen Psychiatrie* diesen Begriff seit langem nutzt und beinhaltet hat, auch der Geschichte und der Definition des Begriffes nachging. Schon in der Romantik hatte er die Bedeutung von Lebenskraft, bei Janzarik war er dann gefasst als der »emotional-antriebhafte Aspekt«, der gesteigert wird zu »Stimmung, Gefühl und Affekt«. In der Emotion liege dynamisch eine »potenzielle Aktion«, ein Aspekt, der auf angeborenes Verhalten zurückgehe. Das führt bei Janzarik in der Umwelt zu Informationen, Repräsentationen und aktional zur situativen Strukturierung. Ausgerichtete Lebensbewegungen werden dynamisch aktualisiert zu strukturierten Einheiten. Die Psychologie und Psychopathologie von Psychosen und auch Neurosen, von Persönlichkeitsstörungen wie somatoformen Störungen und Magersuchten werden bei Janzarik in dynamisch strukturierten Verläufen gefasst, in lebenswissenschaftlich beschriebenen Formen.

Psychoanalytisch beschreibt Dynamik noch eine seelische Entwicklung als Kompromiss zwischen Triebimpulsen und Abwehrversuchen, die zu unbewussten Konflikten führen. Es ist das Menschenbild eines Gegensatzes von Natur und Umwelt, von infantilen sexuellen Wünschen und deren Unterdrückung, es geht um keine in Anpassungen aufeinander bezogenen Lebensbewegungen. Die Entwicklungstheorien von oralen, analen und sexuell ödipalen Triebkräften und deren elterlicher und gesellschaftlicher Unterdrückung können für das Verstehen normaler und abweichender seelischer Entwicklungen keine Hilfe geben.

Psychologen weisen seit langem darauf hin, dass der nervöse und irritierbare Säugling und das Schreikind ihrerseits frustrierte und häufig ängstliche oder ablehnende Eltern provozierten. Eine solche kindliche Grundstörung manifestiert sich nicht selten bei Behinderungen wie auch in störenden Abweichungen wie der der Schreikinder immer deutlicher, denn es provoziert damit Reaktionen der Eltern. Ein anderes Beispiel dafür ist die Dynamik der Hyperaktivitätsstörung, des ADHS. Es wäre auch hier gut, die in kranken Kindern grundlegenden genetischen und etwaigen hirnorganischen Einflüsse vonseiten des Kindes deutlich zu machen, um häufig ohnehin überforderte Mütter und Väter nicht noch mehr zu belasten. Es gibt ja auch Lebenslaufbeobachtungen, die nicht selten eine spontane Besserung frühen störenden Verhaltens nach dem dritten Lebensjahr feststellen.

Psychoanalytisch werden hier weiter in Reifungen auftretende neue Fähigkeiten des Verhaltens und Erlebens in ihrer naturgegebenen Varianz ursächlich mit *akzidentell provozierten* krankhaften Abweichungen verbunden. Was diese Theorien von anderen, etwa bei der Hyperaktivität von Kindern, unterscheidet, ist, dass dabei keine bestimmten, fassbar beschriebenen Fremdeinwirkungen bei Gruppen von Säuglingen oder Kindern systematisch in Längsschnittbeobachtung mit späteren Störungen verbunden werden. Die frühen Ursachentheorien psychoanalytischer Autoren und die Vorstellung, man könne Kinder durch mütterliche Gaben lebenslang formen, sind allein in subjektiv evidenten Vorstellungen und als allgemeine Mentalität zu verstehen. Der »Mythos der ersten drei Jahre« (12) entspricht den natürlichen altruistischen Impulsen der Eltern, ihrem Kind schützende und sie lebenslang versorgende Kräfte mitzugeben. Das von Lorenz beschriebene Kindchenschema übt seine Macht auf viele Menschen aus, weckt den Wunsch, diese hilflosen Wesen mit einer ganz ungewissen Zukunft jetzt schon bleibend zu sichern und mit Gesundheit und Glück zu versorgen. Bei werdenden Müttern taucht nicht selten der Wunsch auf, die in ihnen reifende Leibesfrucht zu formen und zu bilden, indem sie sie in den vorgeburtlichen Monaten mit schönen Eindrücken und guten Gedanken »versehen«, um sie zu schützen vor ungünstigen, schädigenden Mächten. Zu dieser weit verbreiteten Vorstellung kennt die Volkskunde die schönsten und verschiedensten Bräuche und Riten.

Es gibt aber wissenschaftlich zu widerlegende und nicht zu widerlegende, weil unbeweisbare Theorien. Die frühen Ursachentheorien sind als unbewiesen anzusehen, solange es nicht gelingt, in systematischen Untersuchungen an mehreren Kindern bestimmte Umwelteinflüsse aufzuzeigen, die in der Längsschnittbeobachtung mit Abweichungen verbunden sind.

Die Bindungstheorie in ihrer 50-jährigen Geschichte

Eine Sonderstellung in der Psychoanalyse hat bis heute das Werk des Kinderarztes und Psychoanalytikers John Bowlby (1907–1987), der in seinen Theorien innovative Wege ging, indem er bestimmte menschliche Motivationssysteme mit bei Tieren zu beobachtenden Verhaltensformen verband. Schon seine erste Mitteilung von 1951 an die WHO in Genf, in der er die Trennung der Säuglinge von der Mutter als Ursache von schweren »deprivations« beschrieb, erfuhr eine große Resonanz. Als Pädiater hatte Bowlby zwischen 15 und 30 Monate alte Säuglinge beobachtet, die ins Krankenhaus kamen und die, von der Mutter getrennt, bestimmte Verhaltensweisen zeigten: Protest in den ersten Stunden oder Wochen, dann Verzweiflung und schließlich Gleichgültigkeit. Dass dies dauernde Schäden verursache, vertrat Bowlby aber später kaum noch.

Seine weiteren Arbeiten suchten dann allgemeine empirische, ja experimentell erarbeitete Grundlagen, wobei er das Verhalten von Kleinkindern beobachtete und Vergleiche mit Tieren nutzte. Er stellte damit die psychoanalytischen Triebtheorien in einen weiteren Rahmen, indem er das Verhalten des Kindes und das der Mutter mit biologischen Aussagen verband. Das geschah, indem er u. a.

1. bei Neugeborenen angelegte aktive Beziehungsformen, ihr Bindungsverhalten (attaching behavior) als instinktives Verhalten beschrieb und mit dem Verhalten von Säugetieren verglich;
2. es in Beziehung zu mütterlichen altruistischen Beziehungsformen stellte und eine Interaktion zwischen beiden beschrieb;
3. in experimentellen Situationen auftretende Unterschiede bei Kleinkindern mit späteren krankhaften Abweichungen zu verbinden versuchte.

Bowlby distanzierte sich damit vom Freud'schen sexuellen Triebkonzept und beschrieb das Verhalten gegenüber der Mutter als Bindungsverhalten, wobei er anfangs wörtlich von »tie«, also von Band, sprach. Damit wird das Verhalten zu einer vollzogenen und festen materiellen Verbindung, eine sprachliche Form, die wieder die verdinglichenden Tendenzen in der Psychoanalyse anzeigt.

Bei Bowlby waren die schädigenden Einflüsse, welche die individuellen Formen von Bindung bestimmen, zunächst Verluste der Mutter und dann längere Trennungen des Kleinkindes von ihr, Entbehrungen oder »deprivations«. Schließlich wurden *seelische mütterliche Einflüsse* in den Mittelpunkt gestellt. Worin dieser mütterliche Einfluss auf die Bindung besteht, wird bis heute unterschiedlich gefasst: im Blickkontakt, in einer Wärme der Gefühlsbeziehung, im Denken über das Kind, im Anfassen beim Windeln etc. Das negative und schädigende Verhalten der Mutter wird auch als fehlende Feinfühligkeit bezeichnet und als unangemessene Antwort auf das unterschiedliche Verhalten des Kindes beschrieben: die genaue Wahrnehmung der Befindlichkeit des Säuglings, richtige Interpretation seiner Äußerungen und prompte und angemessene Reaktion, die ihm selbst das Gefühl von Effektivität vermitteln. Es seien damit innere Repräsentanzen erworben worden, die sich gegenüber dem bedrohlich Fremden als evolutionär nützlich erwiesen hätten. Bowlby schreibt, dass eine solche Feinfühligkeit mit »vielen positiven Verhaltensweisen der Säuglinge in Verbindung« gebracht werden könne (9). Es sind jedoch so vielfältig beschriebene Einflüsse, dass sie bisher nicht in systematischen Untersuchungen überzeugend fassbar wurden und sicher auch schwer zu ›operationalisieren‹ sind.

Die Varianz des »attaching behavior« der einjährigen Kinder wurde in experimentellen Anordnungen bei kurzen Trennungen von der Mutter in der »Fremdsituation« durch die Psychologin Ainsworth untersucht. Ein bestimmtes kindliches Verhalten wird positiv und als sichere Bindung B bewertet, wenn das Kind der in der Tür verschwundenen Mutter suchend nachsieht und auf die wieder auftauchende freudig zuläuft. Andere Verhaltensweisen werden negativ oder als unsichere bzw. als ambivalente und vermeidende Bindung mit A, C oder D bewertet. Diese *Bindungsformen* wurden dann ursächlich mit bestimmten Formen mütterlichen Verhaltens und außerdem mit der bleibenden Persönlichkeit des Kindes verbunden. Es wird davon berichtet, dass das mütterliche einfühlende Verhalten und eine sichere Bindung des Säuglings dann mit weiteren positiven Entwicklungen der Kinder, ihrer seelischen Gesundheit und ihren »traits« oder »Eigenschaften« in enger

Beziehung stehe. Dazu werden keine Zahlen genannt, nur größere Häufigkeiten angegeben. Vor allem fehlen auch in Handbüchern der Bindungsforschung Untersuchungen, welche versuchen, die genetischen Daten des Kindes von mütterlichen Einflüssen auf das Kind zu trennen, etwa in den Daten über mütterliche Wirkungen bei leiblichen und adoptierten Kindern. Vor allem wären diese verschiedenen Bindungsformen über die Jahrzehnte bis zum normalen oder gestörten Verhalten Erwachsener in Gruppen zu verfolgen, was nicht geschehen ist.

Eine Arbeitstagung zu Fragen der Bindungsforschung im Jahre 1987 nahm Bowlby, selbst 80 Jahre alt, zum Anlass, seine Auffassungen noch einmal zusammenzufassen. Das im Bindungsverhalten des Kleinkindes sich zeigende Bedürfnis, einem anderen nahe zu sein, der sicherer und klüger ist, und mit einer liebevollen Antwort angenommen zu werden, sei für die menschliche Natur so wichtig wie das Nahrungsbedürfnis und die Sexualität. Es sei ein wesentliches Produkt der Evolution für die Natur des Menschen und für die spätere vitale Rolle im Leben. Es bringe ein tiefes Gefühl der Sicherheit mit sich und bewahre vor Enttäuschungen, Ängsten und Unzufriedenheit im Leben. Es sei ein Unglück Freuds gewesen und habe ihn bei seinen Theorien über Triebkräfte von anderen Wissenschaften isoliert, dass es damals noch keine wissenschaftlichen Theorien über Information und Kommunikation gab. Wer nicht gut kommunizieren könne, verstehe auch nicht, was er selbst fühle und denke. Das Bindungsverhalten mit zwölf Monaten, die offene Kommunikation mit der Mutter, habe weit reichende Bedeutung für die Psychopathologie und Psychotherapie im späteren Leben. Die Formen der Bindungserfahrungen seien auch in der Psychotherapie mit Kindern und ihren Eltern wie auch bei der Psychotherapie von Erwachsenen zu nutzen.

Neben dem emotionalen mütterlichen Verhalten wird von Bowlby auch die Frage aufgeworfen, ob der Todesfall der Mutter für das weitere Schicksal des Kindes bestimmend sein könnte. In seiner großen Biographie über Charles Darwin (10) führt er dazu aus: Darwins von Kindheit an komplizierte und etwas öffentlichkeitsscheue Persönlichkeit sei mit dem frühen Tod seiner Mutter zu verbinden. Er war das sechste von sieben Kindern in einem großen Haushalt mit viel Personal, hatte vier ältere Schwestern und lebte schon im achten Lebensjahr in einer Tagesschule. Dort erfuhr er vom Tod der Mutter, eine seiner älteren Schwestern soll dann die Sorge für ihn übernommen haben. Aussagen von Darwin selbst zu seiner Beziehung zur Mutter und zu ihrem Tod liegen bei Bowlby nicht vor, in seinen Biographien schreibt Darwin nur, dass er kaum Erinnerungen an sie habe. Seine Interessen richteten sich schon früh auf die Naturkunde, mit 23 Jahren trat er seine Weltreise von 4 Jahren und 9 Monaten an.

Die sich wandelnden Tendenzen in psychoanalytischen Auffassungen werden deutlich, wenn in der Ausbildung heute führende Analytiker die Bindungstheorie ganz an die Stelle der früheren Triebtheorie setzen. Das menschliche Neugeborene sei kein polymorph perverses Triebbündel, wie Freud annahm; die spätere seelische Entwicklung sei durch Motivationslage und Emotionen bestimmt, welche in Interaktionen mit der Pflegeperson entstanden seien. Eine mütterliche Einstimmung der Grundregulationen wird in den ersten drei Monaten aufgenommen, ein positives Spiel von Angesicht zu Angesicht zwischen Mutter und Säugling sei für das Attachmentverhalten als bestimmend anzusehen. Dabei wird betont, dass nicht das kindliche Temperament selbst die Bindungsform bestimme oder mitbestimme. Es sei das Bindungsverhalten der Mutter, welches die Transmission in die nächsten Generationen forme, was sich dann im »Bindungsinterview« von Erwachsenen zeige. Das ist eine in den USA entwickelte standardisierte Befragung zur eigenen Persönlichkeit, wobei bestimmte eigene Züge dem im Rückschluss erfahrenen mütterlichen Verhalten entsprechen sollen. Schon die Befragung schwangerer Erstgebärender lasse mit 80%iger Sicherheit das Bindungsverhalten ihrer später geborenen Kinder voraussagen, wird behauptet. Für den Psychosomatiker soll sich in den körperlichen Fehlregulationen die Wirkung des Bindungssystems zeigen, und es sei auch für den Umgang mit der Übertragung des Patienten wichtig, sich hier auszukennen. Es ist deutlich, dass hier im Bindungssystem der ersten Jahre der Ursprung für alle menschlichen Beziehungsformen gesehen wird, die filiale Bindung wird zum Schicksal gemacht, allerdings ohne das empirisch in der Ursprungssituation und in Verläufen zu validieren.

Es ist sicher als positiver Schritt Bowlbys zu bewerten, die Bindungsmotivation des Menschen in einen ethologischen Rahmen zu stellen und mit dem Verhalten von Tieren zu vergleichen. Als filialen Schutz, Wärme und Entspannung spendendes Erleben ist sie für die ersten Jahre des Menschen eine elementare kindliche Erfahrung, aber keine lebenslang prägende. Schon die oben beschriebenen von Bischof gemachten Erfahrungen mit Blessgänsen zeigten, dass »prägende« Erfahrungen von diesen Tieren nicht ohne weiteres auf den Menschen übertragen werden können. Er hat keine sensiblen Phasen mit seine Persönlichkeit prägenden frühkindlichen Erlebnissen in seiner über Jahrzehnte reichenden Entwicklungszeit.

Der Säugling ist kein unbeschriebenes Blatt, keine Tabula rasa. Er verfügt nicht allein über arteigene Formen, in denen die Welt kognitiv aufgenommen wird in den ersten Jahrzehnten, sondern dabei auch über eine angelegte interindividuelle Varianz in affektiven und emotionalen Empfindungen. Verhaltensgenetiker wie Buss und Plomin haben schon 1982 auf die Temperamentseigenschaften wie Emotionalität und Soziabilität vonseiten des Kleinkindes hingewiesen, in welche die sicheren oder distanzierteren Bindungsformen eingehen (14), was bisher keine Resonanz bei den Bindungsforschern fand. Es ist ja nicht überraschend, wenn sichere Mütter gehäuft sicher gebundene Kinder haben, es sind Temperamentseigenschaften damit verbunden. Die im Kleinkind selbst liegenden Kräfte und Anteile für die jeweils sich entwickelnden Bindungsformen werden nicht zur Kenntnis genommen. Sie sind jedoch nicht auszuschließen, sie liegen in seiner subjektiv-aktiven Einstellung, welche in den Temperamentsstudien in den ersten Lebensjahren in ihrer genetischen Gewichtung durch Beobachtungen an Zwillingen gesichert ist. Es gibt keine Untersuchungen, die systematisch ein bestimmtes mütterliches Verhalten erfassten und es mit der kindlichen Bindungsform verbunden haben. Auch sind die Bindungsformen in ihrer Varianz nicht in Verlaufsuntersuchungen zu normalen, neurotischen oder asozialen Entwicklungen bei Erwachsenen in Beziehung gesetzt worden.

Wenn bestimmte Eigenschaften des Temperaments, still oder extravertiert, sozial oder schüchtern, im »Bindungsinterview« der leiblichen Eltern gehäuft auftauchen, so ist das ja nicht überraschend. Kontinuitäten wie Variationen sind ein genetisches und nützliches Merkmal der Evolution. Aus Sicht der Evolution wird dann aber von Verhaltensgenetikern allgemein die Frage des Warum gestellt: Welchen Nutzen hätte eine solche Labilität und affektive Formbarkeit im ersten und zweiten Lebensjahr? Die moderne Kleinfamilie, in der eine Mutter meist nur ein und höchstens zwei bis drei Kinder hat, ohne selbst durch Arbeit draußen zum Lebensunterhalt beitragen zu müssen, ist eine sehr späte Familienform, die ihrer Emotionalität Raum, Zeit und Kraft gibt. Muttersein wurde dabei für viele zum Beruf, zum Lebensinhalt und führte zu einer neuen Mentalität. Das kann sich evolutionär kaum über die einfachsten Lebensformen des Homo sapiens, von Jägern und Sammlern, bei Hirten und später bei sesshaften Gesellschaften als gleich zweckmäßig erwiesen haben. Noch vor hundert Jahren mussten Bauersfrauen nicht nur ihre meist nicht geringe Kinderzahl versorgen, sondern übers ganze Jahr auf dem Felde und in der Scheune mitarbeiten.

Die Entwicklungspsychologen Robert und Joan Hinde zeigten (23), dass Bindung nicht allein unter dem familiären Ideal und Wunschbild der sicheren Bindung, dem Desideratum des anhänglichen Kindes an die gute Mutter gesehen werden darf. Die Gefahr einer einseitigen Perspektive in der Bindungsforschung wird aufgezeigt, indem in der *sicheren Bindung* nur ein in der *gegenwärtigen Kleinfamilie* herrschendes *Ideal familiärer Interessen* von friedlichem Zusammensein vertreten wird. Wie die Autoren betonen, gaben biologische Anforderungen in der Evolution und auch in der Gegenwart immer Aufgaben für selbstständige und über die Familie hinausreichende Handlungen. Es mit den Wechselfällen der jeweiligen Umwelt aufzunehmen, sich selbst und den Nahestehenden in »inklusiver Fitness« eine Chance zu geben, daneben aber auch sich mit Fremdem vertraut zu machen entspreche einem anderen Ideal. Die jeweiligen kulturellen Wertungen entsprächen anderen Normen und Werten der Gesellschaften und Populationen als dem eines individuellen Wohlbefindens. Es stelle sich die Frage, ob nicht eine ambivalente oder vermeidende Einstellung anderen, später dann ebenso gefragten Verhaltensformen entspreche, die nicht nur der subjektiven Wohlfahrt dienten, d.h., biologische und kulturelle Ebenen seien hier zu integrieren. Im Sinne einer flexibleren Anpassung sei zu werten, wenn in der ersten Untersuchung von Ainsworth sich zeigte, dass ihre ABC-Typen wenig konstant seien. Die Autoren betonen auch, dass nationalkulturelle Einflüsse in der Häufigkeit der verschiedenen Bindungstypen eine Rolle spielen, so dass in Japan, wo von Kindheit an eine große Nähe zwischen Eltern und Kindern und wenig räumliche Expansivität gegeben sind, der B-Typus weit überwiege, was in anderen Kulturen mit mehr Mobilität nicht gegeben sei.

Bei allen variabel auftretenden Verhaltensformen ist nach ihrer biologischen Relevanz zu fragen. In der »inklusiven Fitness« sind Kinder wie Erwachsene zunächst geneigt, vertraute Menschen in nahen Beziehungen zu bevorzugen, dann aber später fähig und interessiert, sich mit anderen, nichtverwandten Individuen der eigenen Population vertraut zu machen. Schließlich sind sie in der modernen mobilen und globalisierten Welt mit fremden Menschen konfrontiert. Diese werden in der sexuellen Anziehung bevorzugt, was den Populationen Varianz und die Chance besserer Anpassungen gibt. Eine zu fest geborgene und zu lange Bindung mit fehlender Überdrussreaktion, bei heute oft bis zum 30. Lebensjahr im Elternhaus lebenden Kindern, schädigt ihre Kompetenz und Flexibilität. Die Fähigkeit, mit verschiedenen Situationen und anderen, zunächst feindlich anmutenden fremden Menschen umzugehen, sich bei ihnen selbstständig durchzusetzen, ist lebenslang gefragt. Kann nicht die ambivalente und vermeidende Einstellung, die auf vielseitige, auch Gruppenbeziehungen gerichtet ist, wertvoller sein?

Wie von Bischof gezeigt, ist eine basale Motivation des Kindes im ersten Lebensjahr, sich an Artgenossen zu orientieren, optisch, akustisch und taktil eine filiale Bindung herzustellen. Bindung ist als Motivation auch bei Tieren ein Instinkt ohne Endhandlung, sie zielt auf Geborgenheit, Vertrautheit und hohe vegetative Entspannung. Bindungsobjekte sind nach Bischof »Individuen mit Heimcharakter«. Das steht zur Neugierde, Exploration der Umwelt und später auch zur sexuellen Anziehung in einem antagonistischen Verhältnis. Dem Appell der Kleinkinder entspricht bei den Eltern eine altruistische und eigene Bedürfnisse zurückstellende Hingabe an die hilfsbedürftigen kleinen Artgenossen. Es sind Einstellungen sowohl bei Eltern und Kindern, die lebenslang bestimmten Erwartungen der Kinder und die Sorgen der Eltern, die eine noch spürbare Motivation darstellen. Es gibt auch Familienstile, in denen die Verwandten in einer lebenslangen engen Verbindung bleiben, sie bei Krankheit pflegen, andere, die sich über die weite Welt verstreut haben, sich kaum noch sehen und voneinander wissen. Die Ungleichheit der Menschen wird auch hier deutlich in ihren jeweiligen Werten.

Der Theorie bleibender Schädigungen durch frühe mütterliche oder allgemeine Deprivationen ist die Entwicklungspsychologin Cécile Ernst, wie oben gezeigt, entgegengetreten, gestützt auf ihre Verlaufsuntersuchungen. Der Kinderpsychiater Rutter schlug in »Maternal Deprivation Reassessed« (35) vor, den Deprivationsbegriff ganz aufzugeben, und stellte fest: »Viele Daten sprechen dafür, dass Erbfaktoren, organische Schädigungen oder zerebrale Dysfunktionen in der Genese von emotionalen und Verhaltensstörungen eine wichtige Rolle spielen.«

Neurobiologie des Gehirns und Gedächtnis

Die Frage, wie Anlagefaktoren und Umwelteinflüsse in der körperlichen und der seelischen Lebensentwicklung zusammenkommen, stellt sich auf verschiedenen Ebenen: den körperlichen, den seelischen und den sozialen Bedingungen der Umwelt. Zur körperlichen Ebene haben wir oben auf das Gewicht genetischer Einflüsse in den Entwicklungen und Strukturen der Persönlichkeit hingewiesen. Fragen dazu wurden in den letzten Jahrzehnten noch auf einem weiteren Gebiet aufgeworfen: dem des Gehirns in seiner Reifung und funktionalen Entwicklung. In welchen Formen und wann sind im reifenden Gehirn die Voraussetzungen gegeben, dass sie sich mit der artgemäßen allgemeinen und auch mit besonderen Angeboten verbinden können? Die Hirnforscher finden Bildungen der Hirnzelle, des Neurons, schon im Mutterleib, dann nach der Geburt genetisch gelenkte neuronale Verbindungen zu anderen Zellen in Ästen, Axons, indem dort kleine Ausläufer, Synapsen, sich mit der anderen Zelle chemisch und funktional verbinden und austauschen können.

Die Vorstellungen von der frühen Kindheit als bestimmender Lebenszeit und Ursache guten oder schlechten und kranken Verhaltens haben seit langem die Öffentlichkeit erreicht und erfreuen sich auch in den Medien immer wieder neuer Aufmerksamkeit. Im Frühjahr 1997 hatte die damalige Präsidentenfrau Hillary Clinton die Presse zu einer Tagung nach Washington ins Weiße Haus eingeladen: »What New Research on the Brain Tells us about our Youngest Children«. Die bei ihr vortragenden Pädagogen, Psychologen und Rechtsanwälte verkündeten, man wisse jetzt, dass die Gehirnvorgänge der *ersten drei Lebensjahre entscheidend* seien, ob Kinder später gut, tüchtig und friedfertig oder ob sie undiszipliniert und gewalttätig werden. Was sie in diesen Jahren an Zuwendung, Gefühlen und erlernten Fähigkeiten aufnähmen, sei bestimmend für das Persönlichkeitsbild, auch wenn die Gehirnentwicklung noch die nächsten Jahre weitergehe. Es wurde allgemein beschlossen, es müsse etwas geschehen: Vereinigungen und Stiftungen wurden gegründet, welche die Eltern und Erzieher informieren und für einen besseren Einsatz gerade in diesen Jahren gewinnen sollen. Es wurde in einer Art von Kreuzzugsmentalität die Öffentlichkeit ins Visier genommen, eine Bewegung »I Am Your Child« entstand. Es wurden die Medien bis zum »New Yorker« erreicht, der mehr als zwanzig Seiten darüber schrieb. Psychoanalytiker wurden dabei als Mitwirkende nicht erwähnt, ihre Auffassungen sind aber sicher in die hier vertretenen Ausführungen eingegangen.

Das hat manche Zustimmung gefunden, bei Wissenschaftlern aber auch Widerspruch hervorgerufen. Bei der Tagung im Weißen Haus war nur eine Neurowissenschaftlerin anwesend und hatte in einem Votum, welches in die Entschließungen nicht einging, auf differenzierterere Gehirnvorgänge hingewiesen: Es gibt zwei verschiedene Phasen kindlicher Hirnentwicklung, zunächst eine des rasanten quantitativen Größenwachstums und danach erst eine weitere bleibender Feinvernetzungen in den folgenden Jahren. In diesen entstehen dann die bleibenden Verbindungen der Zellen und der Netzwerke in den verschiedenen Hirnteilen, ein Prozess, der über die ersten beiden Jahrzehnte läuft. Diese Antithese zum alles entscheidenden Einfluss der ersten Lebensjahre auf die spätere Entwicklung kommt detailliert im Buch »Der Mythos der ersten drei Jahre« von John T. Bruer, Leiter eines medizinischen Forschungszentrums in den USA, zur Sprache (12). Es werden die Befunde und Aussagen von Hirnforschern, Entwicklungspsychologen und Kinderärzten differenziert und anschaulich dem Mythos der ersten drei Jahre gegenübergestellt.

Nach gegenwärtigem Wissensstand der Hirnforscher und Genetiker (26) entwickelt sich das Gehirn des Säuglings offenbar von Geburt an in den ersten drei Jahren in einer *Wachstumsphase*, in der es sich in Größe und Gewicht nahezu verdreifacht, wobei viele Millionen von Verbindungen in »Synapsen« zu anderen Nervenzellen des Gehirns entstehen. Kinder haben so schon mit zwei Jahren eine viel größere Dichte von Nervenverbindungen als Erwachsene später. Diese Dichte bleibt zunächst als *Plateauzustand* unterschiedlicher Dauer in den verschiedenen Hirnregionen erhalten. Das geschieht unter den jeweiligen optischen und akustischen Umwelteinflüssen im Austausch mit der Umwelt, was taktile, optische und akustische Sinnesleistungen und Umweltverarbeitungen möglich macht. Säuglinge sind schon in den ersten Monaten an bewegten Formen und Lauten interessiert, haben ein Kurzzeitgedächtnis z. B. für Gesichter und erwerben, wie oben ausgeführt, im zweiten Jahr kognitive und emotionale Fähigkeiten. Zum ersten Gedächtnis gehört das Sprechenlernen, zunächst in der einfachen Form verbunden mit Gegenständen, Personen und bestimmten motorischen Verhaltensweisen. Es ist das von Piaget als *Faktengedächtnis* bezeichnete *Kurzzeitgedächtnis*, es ist von späteren Wahrnehmungen mit ihrer Verarbeitung vom vierten Lebensjahr an abzugrenzen.

Mit drei Jahren ist nämlich dieses Größenwachstum des Gehirns beendet. In einer *Umbauphase* wird, von Region zu Region unterschiedlich früh, in den nächsten Jahren und Jahrzehnten die Mehrzahl der Nervenzellen und ihrer Neuronenbahnen mit den synaptischen Verbindungen zu Gehirnzellen atrophierend eingeschmolzen. Es bleiben in verschiedenen Hirnbereichen nur bestimmte synaptische Verbindungen zwischen den funktionalen Zellschwerpunkten erhalten, in denen von da an die unterschiedlichen und bleibenden Leistungen ablaufen, d. h. als Funktionsglieder repräsentiert sind. Darunter sind die, in welchen sich u. a. die nervalen Repräsentanzen für das im Austausch mit der Umwelt entstehende Gedächtnis mit bleibenden Erinnerungen bilden. Dieses komplexere *Episodengedächtnis* setzt dann langsam in der Umbauphase des Gehirns ein. Mit diesen Gehirnbefunden und ihren unterschiedlichen Gedächtnisformen erklärten sich die normale physiologische und reifungsbedingte Amnesie für die ersten drei Jahre und das erst in den folgenden Jahren langsam gegebene bleibende Gedächtnis für die Interaktion mit anderen Menschen. Der mit dem vierten Lebensjahr einsetzende Umbau geschieht zeitlich unterschiedlich in den Hirnregionen, in denen verschiedene Leistungen repräsentiert sind. Bis weit in die Adoleszenz reicht dabei die unterschiedliche Umbauphase bis zum Reifungsniveau in den verschiedenen kortikalen Hirnregionen für differenzierte kognitive und affektive Einstellungen in der Persönlichkeit, im Stirnhirn etwa bis zum 16. Jahr.

Die Gedächtnislücke für die ersten drei Jahre ist offenbar keine Amnesie von verdrängten sexuellen Erlebnissen, wie Freud meinte, sondern physiologisch mit der ersten quantitativen Wachstumsphase des Gehirns und den frühen Gedächtnisformen verbunden. Sie ist keine Zeit bleibender und prägender Eindrücke, in denen sich die Fenster und die entscheidenden Wege zur Welt öffnen.

Die ersten drei Jahre sind sicher eine Lebenszeit, wo Kinder auch auf eine normale Umwelt mit artgemäß ausreichenden sinnlichen Eindrücken und Interaktionen in ihrer sensomotorischen Entfaltung angewiesen sind. Der Mensch hat in Körperbau, Sinnesleistungen und seelisch-geistigen Fähigkeiten aufeinander abgestimmte Reifungen, welche im Laufe der ersten beiden Jahrzehnte unterschiedlich früh einsetzen. Sie reichen im Erwerb seelischer und geistiger Fähigkeiten jedoch über die gesamte Lebenszeit, und die ersten drei Jahre sind keine Phase bleibender seelischer Erfahrungen, wie viele Beobachtungen zeigen. Die sich in den Jahrzehnten nach dem dritten Jahr ausbildenden differenzierteren kognitiven und affektiven Wahrnehmungen und Bewertungen führen unter den genetisch verankerten Bedingungen im Austausch mit der Umgebung zu den interindividuell unterschiedlichen Fähigkeiten des Erlebens und Verhaltens, dabei auch zu den in solchem Zusammenhang genutzten des Gedächtnisses.

Aus der Sicht evolutionärer Anpassung von allgemeinen körperlichen Reifungen in der Umwelt und sinnlich-seelischen Fähigkeiten im Rahmen der Gehirnentwicklungen lässt sich eine Abstimmung feststellen. Die beschränkten Funktionen des Gehirns im ersten Jahr korrespondieren zunächst mit der liegenden, sensomotorisch beschränkten Körperlage bei noch unvollkommen akustischen und optischen Fähigkeiten bei einer allgemeinen neugierigen Offenheit; der beginnenden Gehfähigkeit entsprechen mit dem ersten Faktenwissen und Sprechen die einsetzenden oben beschriebenen kognitiven und emotionalen Wahrnehmungsstufen des zweiten Jahres. Erst mit den Reifungen nach dem dritten Jahr öffnen sich in den nächsten Jahren Fähigkeiten bleibenden und differenten Wissens. Damit öffnen sich bleibende Fenster zur Umwelt auf einer kognitiven Stufe und im einfühlenden Verstehen anderer Menschen sowie in den kommunikativen Möglichkeiten und Gefährdungen neuer Erfahrung. Wenn die Bewegung »I Am Your Child« den Müttern vorschlug, den Babys in der Wiege möglichst viel vorzulesen, oder Psychoanalytiker die Wahrnehmung emotionaler Gefühlsbindung des ersten Jahres als entscheidend beschrieben, so reicht das weit hinaus über die sensorisch und zerebral altersmäßig gegebenen Fähigkeiten, das bleibend zu verarbeiten.

Nun kann die Gehirnforschung seit einigen Jahren die ablaufenden Lebensfunktionen des menschlichen Gehirns mit ihren moderneren technischen Mitteln telemetrisch in Bildern darstellen. Es ist heute am lebenden Menschen deutlich zu machen, welche Bereiche des Gehirns beim Ablauf nicht nur der körperlichen, sondern auch der seelischen Funktionen, beim Wahrnehmen, Empfinden, Vorstellen, Fühlen und Denken im Gehirn funktional beteiligt sind, welche Bereiche etwa in der Hirnrinde und welche in der Hirnbasis. Die telemetrisch darstellbaren Funktionsglieder seelischen Erlebens von intentionalen und affektiven Einstellungen verführten auch zu neuen lokalisierenden Ursachentheorien und zu Aussagen, wie sie vor hundert Jahren schon einmal modern waren. Als die ersten Repräsentationen körperlicher Funktionen mit motorischen und sensorische Fähigkeiten des Erlebens im Gehirn damals entdeckt und in der Hirnrinde lokalisiert wurden, als »Zentren« bezeichnet, verführte das damals schon zu Theorien, in denen geistiges und seelisches Handeln des Menschen als von dort bestimmt beschrieben wurde.

Jetzt wird von einem Schriftsteller in populären Büchern verkündet: »Das Gehirn steuert unser Denken, Fühlen, Handeln« oder »Alle Gewalt geht vom Gehirn aus«, und findet sein Publikum (34). Die zerebralen Funktionsträger der seelischen Leistungen werden benutzt, um zu begründen, dass wir vom Gehirn gelenkt werden. Um eine Brücke zu psychoanalytischen Aussagen zu schlagen, wird »das Unbewusste« im Bereich des limbischen Systems lokalisiert. Der Autor vermutet, dass es in diesem ein subkortikales Gedächtnis für besonders frühe und verdrängte Eindrücke gebe. In einem Freud folgenden Schichtensystem werden dabei Bewusstsein, Vorbewusstes und das Substantiv »Unbewusstes« geordnet und die von der kindlichen Sexualität abgewiesenen und verdrängten Erlebnisse werden dorthin verlagert. Menschen mit seelischen Störungen sollen gelenkt sein vom Gehirn und dabei von »dem Unbewussten«, das uns vom Gehirn her dirigiert und mit seinen Schaltungen unser Verhalten bestimmt. Nun sind die zerebralen Abläufe emotionaler Aufmerksamkeiten offenbar vor allem im Stirnhirn und auch im Stammhirn repräsentiert und zeigen hier in bestimmten Lebenslagen bestimmte Aktivitätsmuster bei Erwachsenen. Aber jetzt werden wieder aus den *zerebralen Funktionsgliedern* verschiedener seelischer Abläufe *steuernde Organe* gemacht. Auch seine Behauptungen, dass diese Organe und Zentren nicht allein durch frühkindlich, sondern auch pränatal abgewehrte mütterliche Empfindungen zu dem wurden, was die Psychoanalyse seit Freud mit dem Unbewussten bezeichne, wären noch zu fundieren.

Es wird von Psychologen dieser Gruppe abgrenzend von prägenden Einflüssen im Unbewussten gesprochen, die 30 % bis 40 % der seelischen Abläufe bestimmen sollen, neben den genetischen, die

40 % bis 50 % ausmachen, für weitere Lebenserfahrungen in der Umwelt bleiben noch etwa 10 % bis 20 % übrig (19). Diese Autoren vertreten in Vorträgen die lokalisierenden Gehirnkonstrukte mit den ebenso unbewiesenen psychoanalytischen Theorien über pränatale Schädigungen. Mütterliche Ängste in der Schwangerschaft sollen zu bleibender Schädigung des Nucleus amygdala beim Kinde führen und damit schon zum fehlenden Urvertrauen. Diese Säuglinge würden schon mit Angst vor Dunkelheit, Ängsten, verlassen zu werden, geboren, was sie bei der Mutter emotional intrauterin gelernt hätten. Wenn Epidemiologen heute feststellen, dass 5,3 % der Menschen mit Ängsten zu kämpfen haben, ist auch das wieder eine kaum zu verantwortende Schuldzuschreibung an die Adresse der Mütter.

Der Neurobiologe Eric Kandel in New York hatte 1998 in einem Artikel festgestellt, Freud selbst habe für seine von ihm entdeckten frühkindlichen und unbewussten Prozesse ein zentralnervöses Modell als wissenschaftliche Grundlage als dringend notwendig betrachtet. Auf kritische Einwände darauf wird in seinem weiteren Beitrag (28) die Verbindung von Biologie mit der in den USA seit Jahrzehnten rückläufigen Psychoanalyse als wichtige Aufgabe für die Zukunft der Psychiatrie beschrieben. Die Schwäche der Psychoanalyse liege in ihren fehlenden experimentellen Grundlagen und Kinderbeobachtungen sowie im Abstand ihrer Ausbildungsinstitute von den akademischen Einrichtungen und deren interdisziplinärem Wissen. Kandel versucht dann eigene Aussagen über ein frühes Handlungsgedächtnis – bei ihm das Vorbewusste – von einem späteren Erinnerungsgedächtnis abgrenzend mit Freuds Aussagen und seiner Schule über das Unbewusste in Verbindung zu bringen. Freuds »philosophische und poetische Aussagen über frühe sexuelle und die Bindungsabläufe« seien durch neue Befunde über diese Gedächtnisformen wiederzubeleben. Das vorbewusste Handlungsgedächtnis entspreche den Aussagen Freuds und denen seiner Schule, indem Abläufe, wie sie Bowlby und Winnicott beschrieben hätten, heute mit bestimmten Hirnregionen des Kortex und des Stammhirns in enger Verbindung stünden. Seine eigenen neurobiologischen Studien des Gedächtnisses seien für ein tieferes Verständnis des Seelischen zentral, so wie es zuerst von der Psychoanalyse Freuds aufgebracht worden sei.

Erwähnt werden dabei nur positives oder frustrierendes mütterliches und väterliches Verhalten und die Rolle des Vorbilds im Rahmen der frühen Bindungstheorien als Einfluss auf das selbstbewusste Leben in der Geschlechtsrolle. Kandel bezeichnet die Psychoanalyse im Ganzen in ihren Theorien vom Seelischen als die »noch kohärentesten und intellektuell befriedigendsten«. Er bezieht sich aber nicht mehr auf die Theorien Freuds der ersten fünf Jahre mit ihren traumatischen Ursachen und Fixierungen in einzelnen Daten und verbindet sie nicht in den Wirkungen mit seinen Gedächtnistheorien. Doch kann die Theorie frühkindlich abgewehrter Erlebnisse ohne empirische Beobachtungen mit den Gedächtnisformen und den zerebralen Erregungsabläufen verbunden werden? Es werden auch hier zerebrale Abläufe als Ursachen für entwicklungspsychologische Konstrukte genommen, die für einen weiteren neurophysiologisch begründeten seelischen traumatischen Determinismus stehen.

Es gibt jedoch heute auch am Gehirn forschende Neurophysiologen, die den Versuch unternehmen, ihren wachsenden Wissensstand über das Gehirn mit dem Selbstbild des Menschen zu verbinden, in seinem Bewusstsein und Handeln frei zu sein (39). In einem Vortrag über »Gehirn und Geist, Kosmos im Kopf« in den »Berliner Lektionen« (40) hat Wolf Singer, Leiter des Max-Planck-Instituts für Hirnforschung in Frankfurt am Main, zunächst die körperlichen Grundlagen bei Tieren und Menschen in ihren evolutionären Verbindungen mit der Umwelt verglichen. Er betonte die vielen Gemeinsamkeiten der Gene, die wir in funktionellen Abläufen mit einfachen Tieren und auch in den Hirnformen mit den Säugetieren gemeinsam haben. Beim Menschen seien aber in der Größe des Gehirns und dabei in den Strukturen auch *neue Dimensionen* aufgetreten. Es seien über die funktionellen Verbindungen des Hörens und Sehens, des Fühlens und des Sichbewegens hinausreichende. Bei Tieren habe man keine Schwierigkeiten, ihr Verhalten auf materielle Systeme zurückzuführen, die von neuronalen Prozessen bestimmt seien. Aufgetreten seien beim Menschen aber in einem Mantel von 3 bis 4 cm weiße und graue Substanzen mit vernetzten Nervenzellen, die nicht mit der Umwelt funktional verbunden sind. Es seien miteinander kommunizierende und mit sich selbst beschäftigte »autistische Strukturen«. Sie machen in ihrer Zahl und Dichte hunderttausende Nervenzellen auf jeden Kubikzentimeter dieser vernetzten Substanz aus. Es seien neurale Informationsprozesse, die untereinander ablaufen in Repräsentationen der subjektiven Welt, bei denen das Gehirn auf das Gehirn schaue. Diese Abläufe seien etwa als *Konsequenzzentrum eines Ichs* aufzufassen. Wolf Singer verwies noch auf subjektive Abläufe in Vorstellungen, wie sie beim Kontaktmangelparanoid von allein lebenden alten Frauen auftreten (s. unten S. 359). Es handelt sich um selbst erzeugte Vorstellungen von Stimmen, die aus den Wänden auf sie einreden. Singer weist dann zunächst auf allgemeine Untersuchungsbefunde des Gehirns hin, bei denen sich im Kernspintomogramm beim Hören Abläufe in mehreren Hirnregionen feststellen lassen: Es gibt dabei solche beim realen Hören von Stimmen und bei der Vorstellung, Stimmen zu hören. Es sind bei diesen Frauen mit dem Kontaktmangelparanoid dann aber nicht nur die bei Vorstellungen über akustische Eindrücken ansprechenden Bereiche. Auch die bei realem Stimmenhören im Gehirn zuständigen Hirnregionen erweisen sich hier als erregt. Die Frauen seien subjektiv und situativ begabt, sich in diesen Halluzinationen selbst im Gehirn ein kohärentes System zu schaffen, in dem eine ihrem jeweiligen Bewusstsein angemessene Dimension konstituiert wird. Er weist damit auf die im Menschen liegenden Kräfte, sein Gehirn selbst zu bewegen, sowohl im gesunden wie hier auch in krankhaften Bereichen.

Erwin Straus hatte schon vor dem Krieg in seiner Schrift »Vom Sinn der Sinne« die objektive Psychologie von Skinner und die Reflexlehre von Pawlow kritisiert, welche Bewusstseinsvorgänge ganz ausschalten. In seinen Beobachtungen und Beschreibungen werden die Aussagen der Lebenswissenschaften vorweggenommen, sie werden in einer subjektiv-aktiven *phänomenologischen Methode* der lokalisierenden Psychologie gegenübergestellt. In der 2. Auflage seines Buchs »Vom Sinn der Sinne« (44) von 1954 wird in einem Kapitel betont: »Der Mensch denkt, nicht sein Gehirn.« Die affektiven, kognitiven und vielen geistigen Anlagen und Fähigkeiten des Menschen seien jeweils repräsentiert im Körper und auch im Gehirn, so wie er mit seinem Leib lebt und sich individuell unterschiedlich bewegt. Sie reichen im Denken und Handeln über das fürs Überleben nützliche Handeln hinaus. Wie wir von unserer Natur her unterschiedlich musikalisch sind, können wir auch die Umwelt in unterschiedlichen kognitiven und affektiven Valenzen aufnehmen, verstehen und verarbeiten.

Amerikanische Neuropsychiater haben gezeigt, wie im Lebenslauf unterschiedliche subjektive Verarbeitungen von Lebenslagen auch im Gehirn repräsentiert sind (30). Bei 51 Menschen mit einer akuten depressiven Phase und früheren Phasen in der Anamnese wurden im Doppelblindversuch antidepressive Medikamente oder ein Placebopräparat gegeben, also eine rein suggestive Wirkung provoziert. Dabei wurden die seelischen Besserungen und auch die Abläufe im Gehirn telemetrisch über acht Wochen festgehalten und verglichen. Bei beiden Gruppen gab es eine mit deutlichen seelischen Besserungen und eine ohne diese. Bei den gebesserten waren jeweils stärkere Veränderungen im Erregungsablauf im Stirnhirnbereich zu beobachten, der bei depressiven Störungen offenbar immer betroffen ist. Bei den ungebesserten Gruppen war das nicht gegeben. Auffällig waren bei den Placebogebesserten eine höhere Aktivität und Erregung im Stirnhirn, bei den medikamentös gebesserten eine reduzierte Aktivität im Stirnhirn, die ebenfalls von früheren Behandlungen bekannt ist. Die suggestiv aufgenommene Vorstellung hat in der placebogebesserten Gruppe also auch in diesem Bereich zu diesen anderen Veränderungen geführt. Die amerikanischen Neuropsychiater empfehlen der Psychotherapie weitere Studien, um die suggestiv erreichbare Gruppe mit den subjektiv-aktiven seelischen und dabei ablaufenden zerebralen Besserungen zu finden.

Was zeigen diese Behandlungen mit den altmodisch suggestiven Placeboinjektionen und den modernen Hirnbeobachtungen? Sie zeigen, dass wir unsere Gehirnfunktionen selbst mit unseren Vorstellungen, Erwartungen und Hoffnungen, mit unserer Persönlichkeit und der unterschiedlichen Verarbeitung einer bestimmten Situation aktiv lenken. Das bestimmt dann auch das subjektive Befinden und seine Besserung. Wenn wir anders sind in unserer Natur und Person, nicht suggestibel oder zu gleichgültig in der Situation, geschieht nichts im Gehirn und der Körper spricht auch nicht bei allen auf das Medikament gleich an. Das Gehirn folgt unseren naturgegebenen subjektiv ungleichen Einstellungen, wir reagieren mit ihm aktiv und selektiv auf die Welt und ihre Angebote.

Lokalisierende Konstrukte im Gehirn können die psychoanalytische Verdrängungslehre der ersten fünf Jahre nicht fundieren. Dass die unterschiedlichen seelischen und körperlichen Funktionen auch immer in mehreren und unterschiedlichen Bereichen des Zentralnervensystems mitgegeben sind und auch ohne unser Bewusstsein ablaufen, ist allgemein gegeben. Wenn Nietzsche noch schrieb: »Alles vollkommene Tun ist unbewusst«, und damit die unwillkürlichen, immer leiblich getragenen Motivationen betonte, wird jetzt das Unbewusste zu einem substantivischen Konstrukt, im Gehirn lokalisiert und von kindlichen und pränatalen Traumen lebenslang bestimmt.

Entwicklungspsychologen in England sind in den letzten Jahren mit systematischen Untersuchungen Fragen des Kindergedächtnisses nachgegangen, welches sie in den ersten drei Jahre haben und ob sie es dann bleibend besitzen. Dabei wurden Kinder und Schüler, zwischen vier und zwölf Jahre alt, aus einfachen und höheren Schulen gefragt, ob sie die Geburt eines Bruders oder einer Schwester erinnern, die nach ihnen geboren wurden, als sie selbst noch Kinder waren. Die Fragen dazu waren etwa »Wer hat damals, als deine Mutter im Krankenhaus war, auf dich aufgepasst?«, »Hast du, hat dein neues Brüderchen Geschenke bekommen?« usw. Den Müttern wurden die gleichen situativen Fragen gestellt. Es zeigte sich, dass die ersten Erinnerungen über Geburten von Geschwistern erst langsam nach drei Jahren einsetzten und in den nächsten Jahren auch für weitere Geschwister konsistent waren. Bis drei Jahre erinnerten sie nichts. Dabei haben die Kinder schon vom zweiten und dritten Monat an ein Gedächtnis für Gegenstände, für bestimmte Fakten. Aber dieses faktische Gedächtnis ist zeitlich begrenzt. Dabei ist auch deutlich, dass besonders die interaktiven Handlungen mit den Eltern eher im Gedächtnis bleiben als die äußeren und sachbezogenen. Diese ersten interaktiven und gelernten eigenen Verbindungen und örtliche Lokalisationen haften jedoch nicht bleibend im Gedächtnis, wenn sie nicht immer wieder erneuert werden. Dieses Gedächtnis ist nur passager. So ist eine der neurophysiologischen Entwicklung entsprechende Amnesie für Erlebnisse in den ersten drei Jahre nur zu bestätigen.

Im Rückblick auf diese psychologischen Beobachtungen und Aussagen in der angelsächsischen Welt fasst Baddeley (2) die Kindheitsamnesie für die ersten Jahre zusammen. Es seien keine Hinweise für aktive kindliche Verdrängungen in den ersten drei Lebensjahren zu finden, es gebe immer mehr Hinweise, dass mit der Gehirnreifung das episodische Gedächtnis sich vom dritten Jahr an langsam in den nächsten Jahrzehnten entwickle. Deswegen wird von ihm auch dringend gewarnt, aus Kindern herausgearbeitete Zeugenaussagen etwa gerichtlich zu verwerten. Kinder hätten ein gutes Gedächtnis auch in den ersten Jahren für bestimmte eigene Bewegungen und Handlungen, aber sie vergessen diese Handlungen und seien sehr suggestibel in ihren Aussagen. Das verbindet er mit einer Systematik über Gedächtnisformen und Beobachtungen, die in entwicklungspsychologischer Retrospektive feststellen, die Freud'schen Spekulationen über verdrängte und unterdrückte Erlebnisse in der frühen Kindheit seien nach gegenwärtigem Wissensstand nicht plausibel.

Psychosoziale Lebensbedingungen und Traumatheorien

Es haben sich in der Freud'schen Schule schon seit den 20er-Jahren mehrere Richtungen abgegrenzt, die etwas anders gefasste ursächliche Theorien zur seelischen Entwicklung vertreten. So haben sich neopsychoanalytische Schulen von Europa ausgehend zunächst in den USA verbreitet. Sie unterschieden sich nicht nur durch andere Begriffe, in denen die seelischen Störungen beschrieben wurden. In neuen Entwürfen einer nicht auf die Kindheit reduzierten psychosozialen Perspektive tendieren sie in die Richtung einer Entwicklungspsychologie der gesamten Lebenszeit.

Zu ihnen gehört Karen Horney, eine Nervenärztin, die, aus Berlin kommend, seit 1932 in den USA arbeitete. In ihrer Psychotherapie betonte sie eine seelische Verbindung mit sozialen und kulturellen Bedingungen des Menschen in ihrer weiteren Lebenszeit. Sie hatte in New York großen Einfluss auf verschiedene psychotherapeutische Richtungen. Mit einem Buch, in dem sie den »neurotischen Menschen unserer Zeit« beschrieb, ging sie den sozialen und kulturellen Einflüssen nach und zeigte, dass ungünstige kindliche Entwicklungen im weiteren Leben in Psychotherapien, aber auch spontan zu selbstbewusster Einstellung und kreativem Verhalten führen können.

Sicher kann man auch Heinz Hartmann, einen aus Deutschland kommenden Nervenarzt, seit 1941 in den USA, mit seiner entschiedenen Ich-Psychologie sich abgrenzend von der klassischen Orientierung, zu dieser Richtung rechnen, wenn er betonte, dass die seelische Entwicklung der Menschen relativ unabhängig von der Umwelt verlaufe (21). Er hebt damit eine Autonomie des einzelnen Menschen hervor, auch wenn er nicht ausdrücklich auf erbliche Einflüsse dabei hinweist. Er beschreibt die aktive Ausrichtung in den menschlichen Beziehungen als *Ichleistungen*, verteidigte die Empirie der Naturwissenschaften gegenüber den unbewusst verankerten Ursachen (s. oben S. 135).

Eine auf Deutschland begrenzte neopsychoanalytische Richtung ist die von Schultz-Henke (1882–1962), der die seelische Entwicklung in neuen Begriffen fasste (38). Er beschrieb, wie bereits weiter oben erwähnt, vier Formen von Antriebserleben, die bei ihm in neurotischer Symptomatik zu »*Antriebssprengstücken*« werden: beginnend mit den intentionalen, dann kaptativ-oralen, retentiv-analen, aggressiv-geltungsstrebigen und schließlich liebend-sexuellen. Diese seien in der Kindheit gegeben, in ihrer genotypischen Anlage unterschiedlich ausgeprägt als Hypersensibilität, Hypermotorität und Hypersexualität. Neurosen wurden in ihrem Kern als Hemmungen beschrieben, durch Härte oder Verwöhnung durch die Eltern in der Kindheit der ersten fünf Jahre verursacht, was das Traumadenken begünstigte. Es kehrt bei ihm so der Gegensatz von

Antriebserleben und familiären Einwirkungen wieder, so, wie bei Freud ein Antagonismus von sexuellen Trieben und Gesellschaft bestand, keine Anpassung. Schultz-Henkes Werk war dabei ein Versuch, das seelische Geschehen neu, einfacher und anschaulicher zu fassen, die äußere Welt und Wirklichkeit der Kranken in die Behandlungen einzubringen. Den späteren Jahrzehnten wurde für Neurosen damit Gewicht gegeben in auslösend wirkenden Versuchungs-Versagungs-Situationen. Er förderte damit eine innovative Richtung, die neben der traditionellen, sich ganz an Freud anlehnenden Richtung in der Nachkriegszeit in Deutschland zu neuen psychotherapeutischen Methoden führte, der Tiefenpsychologie und Gruppentherapie. Aus seiner Richtung kommende empirische Nachweise der Wirksamkeit von Psychotherapien führten zu ihrer kassenärztlichen Verankerung, die eine Behandlung für Menschen aller Schichten und Altersstufen möglich gemacht hat. Auch die ersten genetischen und epidemiologischen empirischen Untersuchungen kommen aus dieser Richtung.

Umfassender ist das Werk von Erik H. Erikson, einem als Kind dänischer Eltern in Deutschland geborenen Mann, der zunächst in der Kunst, in Bildern und in Biographien sowie als Pädagoge bei Kindern Anschauungsmaterial für die Psychoanalyse suchte. Seit 1933 in den USA von seiner psychoanalytischen Praxis lebend, reflektierte und erweiterte er die traditionellen Theorien vom Einfluss der Kindheit auf den weiteren Lebenslauf. In seinem großen Werk von 1950 »Kindheit und Gesellschaft« entwarf er dabei schon die lebenslangen Entwicklungen und Wandlungen des Menschen. Es sei zwar Aufgabe der Mutter, dem Kind im ersten Lebensjahr das Urvertrauen fest einzuprägen, zugleich sei Entwicklung aber eine weitere individuelle Aufgabe. Sie sei in der Pubertät in sozialen und kulturellen Zielen zu finden, später sei durch Leistungen im Erwachsenenalter und in der Reife eine Ich-Integrität zu erreichen. Die Weite des Denkens von Erikson zeigt sich u. a. in seinen Biographien über Martin Luther, Mahatma Gandhi – und Adolf Hitler. Er beschreibt damit Menschen, die in kreativen Gedanken und ihrem humanen Einsatz für viele Generationen zum Vorbild werden – und auch solche, die mit ihren Ideen Millionen von Menschen umbringen. Kindheit und Anatomie sind dort nicht das Schicksal für Jungen und Mädchen, auch gesellschaftliche Rollen und Zwänge nicht mehr bestimmend, sondern das, was der Einzelne aus ihnen später macht. Eriksons undeterministisches Denken hat in der gegenwärtigen Ausbildung und Praxis leider wenig Gewicht und Einfluss. Seine sich lebenslang wandelnden Auffassungen werden in dem Kapitel über Adoleszenz noch deutlich werden (s. S. 231).

Um die psychoanalytischen Ursachentheorien der ersten Lebensjahre besser zu fundieren, werden heute auch Daten aus *epidemiologischen Untersuchungen* herangezogen. Es wird versucht, dabei nicht nur die Häufigkeit der körperlichen Erkrankungen in verschiedenen Bevölkerungsgruppen, sondern ebenso psychische Störungen und Erkrankungen sowie die Lebensbedingungen zu erfassen, in denen die Betroffenen leben. Schon immer war es eine interessante Frage für die Psychotherapeuten, wie häufig psychische Erkrankungen in den Gruppen der Bevölkerung und dann in der allgemeinärztlichen Praxis auftauchen, auch wie sie dort diagnostisch beurteilt und behandelt werden.

In einer ersten Publikation im Rahmen einer epidemiologischen Feldstudie hat der neoanalytische Psychotherapeut Heinz Schepank es mit seinen Mitarbeitern von 1979 an unternommen, bei 600 Personen der Durchschnittsbevölkerung von Mannheim die Häufigkeit seelischer Störungen, sowohl psychiatrischer, aber vor allem auch neurotischer und psychosomatischer, zu dokumentieren. Es geschah in Gesprächen mit aus den Wohnregistern nach dem Zufallsprinzip ausgewählten erwachsenen Personen aller Schichten und Berufe. Es wurden zusätzlich weitere soziale Daten aus der Umwelt, vor allem als frühkindliche Risikofaktoren bezeichnete Lebensbedingungen, festgehalten und den einzelnen Gruppen zugeordnet. Die Häufigkeit der neurotischen Störungen in der Bevölkerung lag bei 7 %, meist depressive Störungen, Frauen hier häufiger betroffen als Männer. Ebenso häufig mit 7 % waren Persönlichkeitsstörungen, dabei mehr Alkoholiker bei den Männern, und schließlich 12 % psychosomatische Erscheinungen, meist funktionelle somatische Störungen. Die Population umfasste die Altersgruppe von 25, 35 und 45 Jahren, es waren seinerzeit also auch die Kriegsjahrgänge noch berücksichtigt.

Bei allen wurde nach Umweltbedingungen der Kindheit gefragt und nach belastenden Lebensereignissen gesucht, und zwar in auslösenden »Versuchungs-Versagungs-Situationen«. Bei den seelisch gestörten und den kranken Personen, also »den Fällen«, fanden sich häufiger psychopathologische Züge der Mutter und auch des Vaters, auch Elternbeziehungen mit Streitigkeiten, Belastungen durch Geschwister. Häufigste auslösende Situation waren Versagungen, etwa durch den Tod nahe stehender Personen. Allerdings waren Sterbefälle bei den »Nicht-Fällen« eher noch mehr zu finden, auch Belastungen durch Prüfungen, was schon auf das Gewicht subjektiver Verarbeitungen hinweist. Bei den Krankheitsfällen wurden Konflikte mit Angehörigen, Freunden und im Beruf, Kränkungen und auch Ehekonflikte beschrieben. Aber diese Lebensereignisse waren in der Gruppe der 410 »Nicht-Fälle« auch zu finden, statistisch nicht signifikant, weniger als bei den 145 als »Fälle« eingestuften Probanden.

Diese erste, 1975 begonnene Untersuchung wurde dann über zwei Jahrzehnte weitergeführt in Studien mit den gleichen Personen dieser schon erfassten städtischen Gruppe. In der Zwischenzeit war allen psychisch Kranken ein Psychotherapieangebot gemacht worden. Nur einige waren aus eigener Initiative in Behandlung gegangen. Der Versuch, die Zögernden zu motivieren, gelang nur bei wenigen, zwei Drittel von ihnen lehnten endgültig ab. Später war dann festzustellen, dass die Personen der in Anspruch nehmenden Gruppe bei den Nachuntersuchungen subjektiv weniger beeinträchtigt waren als die psychotherapeutische Hilfe ablehnenden. Jetzt wurde noch mehr nach Daten der Kindheit geforscht, ebenso aber auch nach dem eigenen Verhalten in der familiären, beruflichen und sozialen Welt in der Zwischenzeit. Bei der Gruppe der Kranken wird erneut die gehäufte Psychopathologie bei den Vätern und Müttern erwähnt. Im Verlauf seit der Erstuntersuchung ergab sich, dass die Gesunden bildungsmäßig höher aufgestiegen waren, während die Kranken durchweg abstiegen. Es wurde aber auch eine Gruppe der Wechsler erfasst, vorher Gesunde, die jetzt krank waren. Als negative Kindheitsfaktoren werden dazu jetzt die uneheliche Geburt und wieder die Neurotizität des Vaters und der Mutter herausgestellt. Neurotische Patienten haben offenbar häufiger auch neurotische Eltern. Die epidemiologisch nach psychosozialen Bedingungen fragenden Autoren wie Schepank stellen fest, dass es sich hier stets um ein multifaktorielles Geschehen handelt, d. h., dass immer auch die Persönlichkeiten und deren Anlage in der Lebensgeschichte zumindest mitwirken. Es wird betont, dass solche gehäuften seelischen Merkmale und die familiären Befunde und Lebenslagen *Korrelationen* sind und diese Korrelationen noch keine ursächlichen Zusammenhänge beweisen. Aus der psychoanalytischen Tradition traumatischer und in der Kindheit erfahrener Schädigung sprechen Schepank und andere Autoren jedoch weiter von den »verantwortlichen psychosozialen Einflussfaktoren«, etwa wenn Mütter allein lebend oder geschieden sind. In solchen epidemiologischen Untersuchungen wird meist auch die niedere Schichtzugehörigkeit als belastender Einfluss angeführt. Aber bei Lebewesen in ihrer Umwelt ist immer nach den bewegenden Kräften im Menschen selbst zu fragen. Die hat Schepank in seinen oben beschriebenen Zwillingsschicksalen (s. S. 153) untersucht und hier die von Patienten unter genetischen Einflüssen eigenen Umweltverarbeitungen beschrieben.

»Armut macht krank« war in den letzten Jahrzehnten das Schlagwort von Tagungen in Berlin. Zu dieser hier kausal genutzten häufigen Verbindung gibt es aber andere Beobachtungen, welche auf die im einzelnen Menschen angelegten Faktoren hinweisen, die Persönlichkeit und die Intelligenz des Menschen, welche seinen sozialen und beruflichen Lebensweg mitbestimmen.

Man hat in den USA in Minnesota, also einem Staat im nördlichen Mittleren Westen mit sowohl landwirtschaftlicher wie kleinstädtischer Bevölkerung, eine Untersuchung zur sozialen Mobilität im Vergleich der Väter und der Söhne gemacht (47). Dabei wurde der noch relativ gut messbare IQ bei beiden erfasst, nicht die vielleicht noch wichtigere Dynamik der Persönlichkeit.

Tab. 8: Soziale Mobilität im IQ-Vergleich zwischen Vätern und Söhnen (Waller)

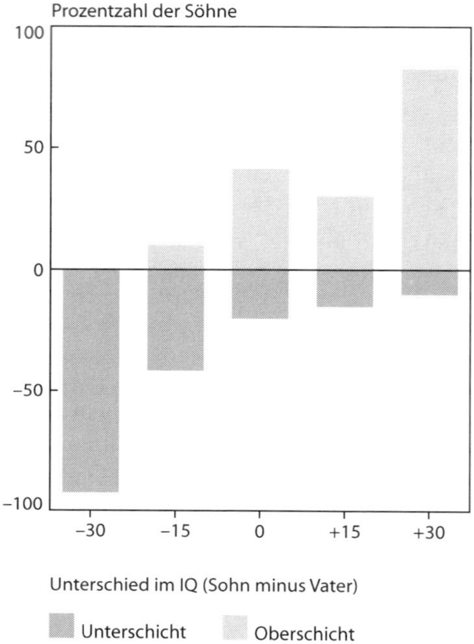

Es zeigt sich in diesen vor drei Jahrzehnten gewonnenen Befunden, dass in der Mehrzahl der Fälle ein Aufstieg umso wahrscheinlicher ist, je intelligenter der Sohn war. Ebenso deutlich war noch bei den weniger Begabten die Tendenz, in die unteren Schichten abzusteigen. Spätere Untersuchungen in England bestätigten diese Befunde und sicher ist die Mobilität im Laufe des letzten Jahrhunderts nicht geringer geworden. Es empfiehlt sich also, mit wechselnder Schichtzugehörigkeit als pathogener Ursache vorsichtig zu sein und auch hier die in der Natur des Menschen jeweils liegenden individuellen Faktoren nicht unbeachtet zu lassen.

Von anderen Psychoanalytikern (15) wird eine Literaturübersicht über solche epidemiologischen Studien gegeben, die psychosoziale Risiko- und Schutzfaktoren der Kindheit und Jugend in ihrem Gewicht für psychische Störungen im Erwachsenenalter suchten. Als Risikofaktor tauchen hier wieder die mütterliche Berufstätigkeit im ersten Lebensjahr des Kindes auf sowie eheliche Konflikte, unvollständige Familien und Armut, als protektive Faktoren warme Beziehungen zur Mutter, stabile Bezugspersonen, sichere Bindungserfahrungen in der Kindheit. Nur erwähnt werden dabei auch einige Studien, die im Temperament, der Intelligenz und erfolgreichen Bewältigungsstrategien der Patienten selbst Schutzfaktoren finden und damit dem eigenen Verhalten der untersuchten Personen Aufmerksamkeit schenken.

In den sozialen Daten fanden die Autoren in ihrer eigenen poliklinischen Untersuchungsgruppe in Mainz bei 407 Patientinnen und Patienten als häufigste Risikofaktoren: fehlende emotional tragfähige Beziehung zu den Eltern, die beruflich angespannt in schlechter Situation lebten, Mutter häufig psychisch krank, der Vater alkoholisch und auch psychisch und körperlich krank. Schwerer sexueller Missbrauch, hier reichend bis zum 16. Lebensjahr, wurde bei 9 % der Patienten gefunden. In der Literatur von Psychotherapiepatienten schwankt die Rate sexuellen Missbrauchs zwischen 6 und 30 %. Allgemein stellt sich dabei immer die Frage, was es für Kinder und Jugendliche sind, die sexuell missbraucht werden und dabei mehr oder weniger wehrlos sind, sicher mit drei bis fünf Jahren mehr als mit sechzehn Jahren. Man müsste dabei auch einbeziehen, wann entsprechend junge Frauen in den jeweiligen Populationen ihre ersten sexuellen Erfahrungen haben.

Es stellt sich hier überhaupt die Frage, aus welchen Populationen die Daten gewonnen werden. Beim unehelichen Geburtsstatus und bleibend allein erziehenden Müttern stellt sich die Frage, was die Väter und die Mütter den Kindern in ihrer Persönlichkeit nicht nur in der äußeren Lage, sondern auch genetisch mitgegeben haben. Wer sind die Mütter, die die Männer nicht anziehen und halten können? Was sind es für Männer, die die Partnerin und das Kind alleine lassen und keine Verantwortung spüren für das von ihnen gezeugte und heranwachsende Kind? Was haben sie ihnen sonst noch vererbt, außer dass sie zumindest finanziell für die Kinder aufkommen?

Die Traumatheorie Freuds vom *sexuellen Missbrauch* als Ursache der Hysterie gehört zur Geschichte der Psychoanalyse, aber auch noch zu ihrer Gegenwart. Die Kriterien eines eng gefassten sexuellen Missbrauchs in leichter oder schwerer Form fanden sich 1999 in psychoanalytischen Protokollen von 276 Ausbildungsfällen, 167 weiblich, 109 männlich, bei 63 der Behandelten, bei den häufiger betroffenen Frauen also wohl bei 30 % (13). Der Missbrauch war hier allerdings bezogen auf die Zeit bis *einschließlich des 17. Lebensjahres.* Die behandelten Patienten hatten meist Hochschulbildung, waren im Durchschnitt 29 Jahre alt und standen noch in Behandlung, knapp die Hälfte bisher über 450 Stunden. Die Diagnose bei den missbrauchten Frauen war in 80 % hysterische Symptome und Struktur, bei Männern in 30 %. Es sind meist besondere Patienten, die sich eine so lange und anspruchsvolle Behandlung leisten können, sicher eine ausgelesene Population, keine aus der Unterschicht stammenden, akut kranken Patienten. Gegenüber der Gruppe ohne Missbrauchserfahrung tauchten hier in der Behandlung häufiger Gewaltphantasien mit oder ohne sexuelle Inhalte auf, von denen angenommen wurde, dass sie in diesen Behandlungen allgemein und auch in der Übertragung ein weit verbreitetes Phänomen seien. Die Autoren sehen sich nach diesen Befunden veranlasst, zur Vorsicht zu mahnen, nicht von sexuellen Reaktionen in der Übertragung gleich auf eine Missbrauchanamnese zu schließen. Andere pathogenetische Erklärungsversuche seien dann notwendig.

Wenn es sich bei den gebildeten Psychoanalysepatienten nicht um schwer gestörte Kranke handelt, kann man sich fragen, ob diese über 450 Stunden reichenden, zudem meist noch nicht abgeschlossenen und Ursachen suchenden Analysen nicht auch ein provozierendes Element für diese Vorstellungen bei den hysterisch charakterisierten Patienten waren. Wenn diese Missbrauchsphantasien in der Erinnerung hier auftauchen und damit ein so weit verbreitetes Phänomen sind, könnte die Behandlung hier fördernd für die gleichen Phantasien sein, wie Freud sie seinerzeit in Hypnose und Handdrücken auf die Stirn erwartete und provozierte. Sind es jetzt die langen Liegungen auf der Couch bei einem nicht im Gegenüber sichtbaren Therapeuten, der in Ausbildung ist und nach traumatisierenden Schäden sucht und sie findet? Schließlich gibt es bekanntlich Patienten, die, wie Freud schon erfuhr, spüren und liefern, was Therapeuten erwarten. Die fachlichen Sexualwissenschaftler finden weniger als ein Viertel dieser sexueller Missbrauchshäufigkeit und meist dann bei sozial desorganisierten Populationen.

Sexueller Missbrauch von Kindern als Ursache hysterischer Störungen war bei Freud eine eigene Phantasie, die er dann bei all seinen hysterischen Patienten fand. Er hat das nicht widerrufen und das Thema ist zum Paradigma, d. h. zum richtungsgebenden Beispiel von traumatischer Schädigung und pathologischer Entwicklung geworden. Die heutige Lage beschreibt 1995, also 100 Jahre später, eine Kinder- und Jugendpsychologin (33) mit der Feststellung, dass nicht nur viele Therapeuten nach Missbrauchsopfern suchen und fragen. Viele Frauen kämen zu Behandlungen in die Praxis und berichteten als Erstes, sie seien Opfer von sexuellem Missbrauch. Früher hätten Patientinnen und Patienten wegen bestimmter Symptome die therapeutische Hilfe gesucht, Schlafstörungen, depressive Verstimmungen, Angstträume etc. Heute brächten sie häufig zunächst ihre negativen Lebenserfahrungen, die sich jedoch keineswegs auf sexuelle Übergriffe beschränkten. Es sei notwendig, den ausgeweiteten Traumabegriff in bestimmter Weise einzuengen, und vor allem sei es fraglich, ob solche Ereignisse überhaupt die Ursache ihrer Störung seien.

Die Autorin weist auf Statistiken psychotherapeutischer Institute hin, die eine Opferrate von 20 bis 30 % bei Frauen finden und bei ambulant-psychiatrisch Behandelten 36 %, bei stationären 51 %. In unangemessener Weise würde eine Diagnose damit verbunden. Bei vielen seien alle anderen familiären Einflüsse in der frühen und späteren Entwicklung vernachlässigt. Und sie schließt ihren Beitrag mit der Bemerkung, es sei unklug, unangebracht und gefährlich, Patienten das zu vermitteln, was man hören wolle.

Untersuchungen in einer weiteren psychosomatischen Klinik (16) erbrachten 1995 Angaben über einen bis zum 14. Lebensjahr gemessenen sexuellen Missbrauch bei 28,5 % der Patientinnen und Patienten, davon 77 % weiblich und 23 % männlich. Es wird dort vorgeschlagen, sexuellen Missbrauch zumindest als zusätzliche Diagnose zu vermerken. Damit würde eine Angabe über kindliche Erfahrungen schon zur Diagnose. Das ist für die ärztliche und vor allem die psychiatrische Praxis ungewöhnlich und zeigt die bestehende Tendenz eines traumatisch deterministischen Denkens. Dabei wird nach allen Untersuchungen keine bestimmte Symptomatik und Krankheitsform als Folge des sexuellen Missbrauchs in einer empirischen Untersuchung festgestellt. Auch besteht bei dieser Mentalität die große Gefahr, dass die übrige seelische Entwicklung, die subjektiv und aktiv vom Patienten entfaltete seelische Welt in den Hintergrund tritt, also was er selbst aus seinen Lebensbedingungen, den Lasten und Angeboten seiner Umwelt gemacht hat.

Es gibt im Leben jedes Menschen, auch in Friedenszeiten, wie sie in Europa seit über fünfzig Jahren gegeben sind, belastende Erlebnisse, die betroffene Menschen vor seelische Anforderungen stellen. Es sind vor allem Verlusterlebnisse von nahe stehenden Menschen, heute auch Verkehrsunfälle oder Eisenbahnunglücke, körperliche Angriffe und schwere Misshandlungen. In den letzten Jahrzehnten ist das Traumathema in der Psychotherapie wieder aktuell geworden und wird theoretisch, ursächlich und als Behandlungsziel diskutiert. In den Diagnoseregistern des DSM und ICD sind seit Jahren posttraumatische Belastungsstörungen vertreten. Das physikalisch-psychologische Traumakonstrukt ist in mehrerer Hinsicht wieder aufgelebt in Versuchen der zerebralen Lokalisierung, in Ausweitung der als traumatisch wirkenden Faktoren und in theoretischen Differenzierungen. So unterscheidet und spricht man heute von Traumatisierung und Dissoziationen, also ihren abgetrennten Verarbeitungen. Bei Freud wirkte das Trauma in den energetischen Einflüssen äußerer oder innerer Reize, die in ökonomischer Überforderung das seelische Leben des Subjektes bedrohen und dann abgewehrt als unbewusst motivierende Erinnerungen wirken. Das reichte bei ihm von der Hemmung der kindlichen Onanie in die libidinöse ödipale Entwicklung der ersten Jahre, indem hier der durchbrochene Reizschutz auf eine besondere Empfänglichkeit der psychischen Organisation treffe. Es seien Einbrüche, die dann durch den Wiederholungszwang bestimmend werden könnten, der eine normale Erledigung und Aufarbeitung des Reizes verhindere, da der psychische Apparat unfähig sei, den Reiz abzuführen. Deutlich ist hier, wie der materielle Charakter des physikalischen Traumabegriffes in die subjektiv wahrgenommene und verarbeitete Umwelt übernommen wurde. Aber offenbar ist das eine anschauliche Phantasie, die weiter für bestimmte Patienten und Therapeuten attraktiv ist.

Der energetisch-physikalistischen Traumavorstellung als Reizzuwachs und zerebraler Störung von Breuer und Freud wird heute kein Erklärungswert mehr gegeben. Es wird auf die repräsentative Funktion des Erlebens und die historischen Modalitäten desselben hingewiesen. Es zeigt sich bei allen Unfällen, die Gruppen von Menschen betreffen, dass die individuelle Verarbeitung unterschiedlich ist, dass sich die meisten nach einem Unfall im Austausch mit den anderen Betroffenen wieder entlasten und zu einem neuen Anfang finden.

Beschrieben werden als traumatisierende Erlebnisse von Erwachsenen gegenwärtig: Zeuge eines Unfalls (25 %), Bedrohung mit einer Waffe (13 %), Tod einer nahe stehenden Person (10 %), eigener Unfall (10 %), erlittene körperliche Gewalt (9 %), sexuelle Bedrohung (7,5 %), Vergewaltigung (5,5 %), Kriegserlebnisse (3 %). Es wurde auch behauptet, dass die Gewalttäter mit Todesfolgen selbst traumatisierte Fälle seien, sie die eigene Tat nicht erinnern können und in einem »dissoziierten Trancezustand« lebten. Diesen psychologischen Aussagen sind forensische Psychiater entgegengetreten, die in Täterbegutachtungen große Erfahrungen gesammelt haben. Sie weisen u. a. darauf hin, dass gerade bei diesen Tätern durchweg eine große Zielsicherheit bestehe, wenn sie zu einer Waffe greifen und dies solche tödliche Folgen hat.

Psychotherapeutisch ist auch bei den durch schwere und bedrohliche Erlebnisse belasteten Menschen von einer individuell unterschiedlichen Verarbeitung dieser Erlebnisse auszugehen, die dem Alter, der Stellung, der Reife und der Persönlichkeit des Betroffenen entspricht.

Es ist nach allen Erfahrungen in Gruppen etwa darauf zu achten, wie der Einzelne mit dem Erlebten fertig wird: ob er sich im Austausch mit anderen entlasten, vergleichen und wieder in eine Kommunikation eintreten kann oder ob er sich isolierend und nur innerlich verarbeitend eher zurückzieht von anderen Menschen, ob es zu einer psychosozialen Verarbeitung kommt oder nicht. Selbst bei extrem belastenden Verkehrsunfällen, gerade auch selbst verschuldeten, sind phobische Verarbeitungen und Fehlhaltungen, die sich anschließen, nur vorübergehend.

Die Belastungssituation der nationalsozialistisch Verfolgten war eine besondere und einmalige, weil hier über Jahre nicht allein eine Todesdrohung, sondern auch eine gegen den Einzelnen gerichtete Sinn- und Wertberaubung seiner persönlichen und sozialen Existenz erfolgt ist. Den seelischen Schäden der Verfolgten wurde in der »Psychiatrie der Verfolgten« durch von Baeyer, Häfner und Kisker (4) nachgegangen. Sie hatten viele Überlebende in ihrer Psychologie und Psychopathologie untersucht, gutachterliche Erfahrungen gesammelt und die Psychopathologie extremer Erfahrungen überhaupt reflektiert. Die Lehre von der traumatischen Neurose und der Begriff des psychischen Traumas werden dabei kritisiert und in der Beschreibung der seelischen Verarbeitungen und Folgen nicht benutzt.

Allgemein taucht bei Gewalttaten immer wieder die Frage auf, ob die Täter nicht doch auch selbst Opfer von Belastungen und Vernachlässigungen sind, die sie in der Kindheit erlitten haben. In der Hauptstadt eines Staates im Mittleren Westen der USA wurde die Frage des Kreislaufes der Gewalt aufgeworfen, ob erlittene Gewalt als Trauma später zu eigenen Gewalthandlungen führt (48). Es wurden die Gerichtsunterlagen und Krankengeschichten über erlittene Gewalt bei Kindern zwischen sechs und zehn Jahren herangezogen, wobei 908 Fälle die Opfer von Misshandlungen oder Vernachlässigungen und sexuellem Missbrauch waren. Sie wurden mit einer Kontrollgruppe, die nicht als solche Opfer in einer Klinik behandelt wurden, verglichen, die aber in Schulbildung, Zugehörigkeit zur weißen oder farbigen Bevölkerung etc. gleich waren. In einer Nachuntersuchung zwanzig Jahre später wurde erneut in Gerichtsunterlagen der gleichen Personen nach Gewalthandlungen geforscht, und auch nicht wenige gefunden. Es ergab sich nun, dass im Hinblick auf kriminelle Handlungen im Jugendalter in der Gruppe der damals Misshandelten mit 26 % gegenüber der Kontrollgruppe mit 17 % eine deutlich höhere Korrelation gegeben war, ebenso in der Erwachsenenkriminalität von 28 % bei Misshandelten gegenüber 21 % in der Kontrollgruppe. Es waren zur Hälfte

Jungen und Mädchen in beiden Gruppen, wobei Jungen in der allgemeinen Neigung zu kriminellen Handlungen deutlich überwogen. Zwischen der weißen und farbigen Bevölkerung war kein wesentlicher Unterschied. Aber das bedeutet, dass beinahe 20 % der Kontrollgruppe ohne erlebte Misshandlungen und Missbrauch auch aktiv geworden waren. Und andererseits waren auch bei Misshandelten und Vernachlässigten mehr als 70 % nicht kriminell tätig geworden. Das weist auf weitere soziale, gesellschaftliche und kulturelle Faktoren hin, die das Handeln dieser Generation bestimmen und einen noch mächtigeren Einfluss haben als die eigenen als Kind erlittenen Erfahrungen. Dazu gehört auch die Frage, ob die etwas größere Gruppe der Misshandelten, Vernachlässigten und Missbrauchten von ihren Eltern nur diese erlebten Schäden mitbekommen haben und nicht auch in der genetischen Anlage etwas, was ihr eigenes Verhalten bestimmte.

Für das naturgegebene Wahrnehmen und Erleben in der seelischen Entwicklung des Menschen ist das Trauma ein zu einfacher und fremder Begriff, der aber bestimmte Patienten anziehen und Therapeuten motivieren kann. Das sich wieder ausbreitende physikalisch denkende Traumakonstrukt in seiner jetzt mehr als 100-jährigen Geschichte, die mit Charcot, Breuer und Freud in der Psychotherapie gestiftet wurde, hat sich wieder mit neuen suggestiven Therapien verbunden.

Spezialisierte Therapeuten in Kliniken und Beratungsstellen sowie auf Internetadressen vermitteln spezialisierte Behandlungsformen, die wie früher hypnotische Augenfixierungen zusammen mit Persuasionen benutzen. Es gibt offenbar Patienten, die mehr davon angezogen werden, Opfer zu sein, als ihren seelischen Zustand in der Therapie mitzuverantworten. Und es gibt Therapeuten, die ihre Aufgabe darin finden, diese in suggestiven Formen zu behandeln, die Abläufe dabei telemetrisch im Gehirn mitverfolgend. Man kann darin und in diesen Rollen die normale Erwartung von Menschen mit Ängsten, Schmerzen und Lebensnöten finden, die hoffen, von einem erfahrenen Arzt durch sein Wissen und Handeln vom eigenen Leiden befreit zu werden. Auffassungen einer schädigenden und passiv erlittenen Umwelt in den persönlichen und den sozialen

Bedingungen haben so bis heute in psychoanalytischer Tradition noch ihr Gewicht.

Dem stehen Theorien gegenüber von einer subjektiv-aktiv wahrgenommenen und verarbeiteten Umwelt mit ihren lebenslang unterschiedlichen Möglichkeiten.

In der »talking cure« haben sich seit hundert Jahren nicht nur ein entlastendes Sprechen, sondern eine Verständigung mit dem Arzt und neues Handeln im Leben draußen als Wirkfaktoren bei seelischen Störungen aufgedrängt. Es stellt sich ja immer, wie wir in den vorigen Kapiteln sahen, die Frage, wie der Mensch seine Umwelt und seine Eltern wahrnimmt, was er selbst aus dem gemacht hat, aus den Belastungen der Kindheit, dem Bildungsangebot, den ihm gegebenen Möglichkeiten, auch aus den Schwächen seiner Eltern. In der eigenen Persönlichkeit liegt ein gestaltendes Element für berufliche Aufstiege und Abstiege und dafür, was Verluste und Belastungen bedeuten, die in jedem Lebenslauf bis ins Alter auftauchen. Es gehört zur persönlichen Reifung und Entwicklung, den eigenen Anteil anzunehmen, der im seelischen Schicksal liegt und was bis heute gerne Müttern und Vätern und ihren Defiziten zugesprochen wird. Mit Psychotherapie ist eine Behandlung verbunden, die nicht nur eine eigene Beteiligung fordert, sondern auch lehrt, den bisherigen und den weiteren Lebenslauf mitzuverantworten.

Schon vor 50 Jahren hat ein holländischer Nervenarzt, Hendrik van den Berg, selbst Psychotherapeut und Leiter eines Instituts für Konfliktforschung an der Universität Leiden, Freuds These von der seelischen Kontinuität von der Kindheit bis in die Erwachsenheit und von einer sexuellen Libido als der bedingenden und durchgehenden Motivation in Frage gestellt. Er hat die sich entwickelnde Natur des Kindes mit der sich historisch und kulturell wandelnden Umwelt verbunden. Es geschah in dem Buch »Metabletica«, einer Lehre der »Veränderungen« (5). Dabei stellte er der Theorie der infantil ursächlichen Neurosen eine Lehre der »Soziosen« gegenüber, in der seelische Entwicklungen der Kinder in der jeweils mehr oder weniger angemessenen Umwelt der letzten beiden Jahrhunderte beschrieben werden. Es geht um die allgemeine Wirkung der menschlichen Umwelt, aber auch um die individuell ungleich erlebte. Bis ins 19. Jahrhundert habe man Kinder nur als kleine Erwachsene verstanden und behandelt. Anschließend habe sich dann die Entdeckung der Kindheit als eigene und sich wandelnde Welt abgezeichnet und eine sie mehr oder weniger verstehend fördernde, aber oft auch einseitige Welt der Erwachsenen. Die Aufgabe der Entwicklung mit ihren Problemen und auch die Konflikte entstehen bei van den Berg immer in einer gegenwärtigen Welt – vor der Freud mit der Psychoanalyse in die Vergangenheit geflüchtet sei.

Das Wunder der lebendigen Natur sieht van den Berg darin, dass der Mensch sich verändernd in jedem Lebensalter zu einem Neuling werde. Es geschieht in emotionalen und wissenden Reifungen in einer sich allgemein verändernden Umwelt, wir würden heute sagen: in Anpassung an sie. Die Neurose findet er in einer fehlenden Verbindung mit der modernen entfremdeten Umwelt, Neurosen sind Soziosen. Er bezieht sich u. a. auf Karen Horneys Werk über die »Neurosen der Zeit«, einer Zeit, die mit ihren Bildern viele Bedürfnisse anstachele, die nicht zu befriedigen seien, die individuelle Freiheiten vertrete und als kollektive Macht die Menschen gefangen halte und einenge. Van den Berg selbst erwähnt den Fall eines sehr differenzierten und ängstlichen Mädchens mit hohen Begabungen und originellen Einfällen im Geigenspiel, die von einem Experten der Musikhochschule geprüft, in Ängsten versagte und entmutigt wurde. Er beschreibt so eine individuell fehlende Passung bei einem Menschen mit Begabungen und Vulnerabilitäten, wirft schon die Frage nach den Stärken und Schwächen seelisch kranker Menschen auf (s. S. 296).

Das Werk von van den Berg wurde vom Psychiater Walter von Baeyer (3) 1960 in seinen Aussagen differenziert referiert, positiv aufgenommen und in der Problematik erweitert. In einer Epoche der jetzt sehr aufgewerteten Kindheit, die sich von der Erwachsenheit schon zeitlich immer mehr entferne, sei die Frage aufgeworfen, ob die gegenwärtige Umwelt angemessene seelische Reifungschancen biete. Er findet eine Kluft zwischen beiden und betont mit van den Berg allgemein eine vorherrschende versachlichte Dingwelt bei einer Reduzierung der sinnlich fassbaren Lebensvorgänge. Auch der historische Wandel der seelischen Störungsbilder wird betont und ihre Bedingungen werden in der gegenwärtigen Umwelt vermutet. Die »metabletische Perspektive« könne z.B. bei der Pubertätsmagersucht heute mit dem gegebenen Anlagefaktor weiterhelfen. Den Schritt in die sexuelle und mütterliche Frauenrolle vollziehen diese intelligenten und differenzierten Frauen nicht, sie suchen anderes für sich selbst aus einer individuellen genetischen Disposition wie aus dem für sie heute größeren Abstand zu dieser Frauenrolle. Bis ins Mittelalter in Einzelfällen und heute in größerer Zahl sei zu beobachten, dass sie nicht von der affektiv-sinnlichen, der sexuellen und körperlich sich fortpflanzenden Rolle der Frau angezogen werden, sondern eine ästhetisch-altruistische Aufgabe als Lebensinhalt suchen (s. unten S. 343).

Wir können bei Männern die heute zu beobachtende Diskrepanz zwischen bestimmten Begabungen einfacher Menschen und der intellektuell einseitigen Sozialisation in den Schulen mit ihren Folgen ebenso finden (s. unten S. 250).

Mutterliebe als Schicksal und Ideologie

Der Rückblick auf die psychoanalytischen Ursachentheorien zeigte, dass sich im Laufe des letzten Jahrhunderts die zentralen Konflikte in immer frühere Altersstufen verlagerten; damit wurde nicht dem ödipalen Dreieck mit dem drohenden Vater, sondern der Mutter ein für die seelische Entwicklung entscheidendes Gewicht gegeben. Im historischen Wandel des Familienlebens könnte man darin eine Aufwertung der Frauenrolle sehen, wenn der verantwortlichen auch eine freiheitliche Entwicklung entspräche. Das wären die bald nach der Geburt des Kindes berufstätigen Mütter, die, sich individuell entfaltend, am Leben draußen teilhaben können.

Aber die Denkweise, vor allem bei der Mutter die Ursachen eigener Nöte zu suchen, ist offenbar ein Teil einer allgemeinen, sich mancherorts in den Jahren nach dem Zweiten Weltkrieg immer deutlicher abzeichnenden und ausweitenden Mentalität. Dokumentiert ist das in einem kleinen Buch eines analytischen Psychotherapeuten von 60 Jahren, Felix Schottländer, dem er als Frucht seiner Erkenntnisse 1947 den Titel gab: »*Die Mutter als Schicksal*« (36). Er weist einleitend nur darauf hin, dass Freud die neurotische Ursachenfrage 1928 ja noch offen gelassen habe, als er damals mit Rank auch die Geburt als neurotische Angstquelle diskutierte. In anschaulichen, kleinen Krankengeschichten wird dann von Schottländer beschrieben, wie scheinbar angepasste und erfolgreiche Männer und ihre von Ängsten geplagten Frauen neurotisch wurden. Sie waren alle gestört und geschädigt durch lieblose Mütter, die selbst auch durch eigene zu kühle Mütter Schädigungen erfahren hatten. Alle litten unter einer schweren »seelischen Unterernährung durch die Mütter«. Die englischen Schriften von Melanie Klein und Margret Mahler tauchen noch nicht auf. Es ist wohl bezeichnend für diese Jahre, dass in dem kleinen Buch das politische Geschehen der vorangegangenen zwölf Jahre und die Machtübernahme, das »Dritte Reich«, seine Verfolgungen und auch die Kriegsjahre mit den Opfern mit keinem Wort vorkommen, auch nicht in Nebensätzen der Biographien. Es ist nicht die »heldenhafte«, »opferbereite« Mutter und Witwe der Nazijahre, die hier beschrieben wird, und auch nicht die arbeitende Trümmerfrau der Nachkriegszeit, sondern die ganze soziale Wirklichkeit wird einfach ausgeblendet. Das Buch mit einer sicher niedrigen Auflage wurde nicht wieder aufgelegt, erlebte keinen Zuspruch oder Widerspruch, und wurde auch in keiner psychoanalytischen Zeitschrift besprochen. Aber das könnte auch darauf hinweisen, wie selbstverständlich im deutschen Denken der Nachkriegsjahre das war, was hier niedergeschrieben wurde.

Es sind die Jahre nach dem Krieg, in denen Hannah Arendt, die kritische deutsch-jüdische Schriftstellerin, aus den USA kommend, wieder Deutschland besuchte. Sie beschrieb die zerstörten Städte und die Menschen, die sie hier traf, und war erstaunt, dass diese sich nicht als Täter und Verantwortliche, sondern selbst nur als Opfer erlebten: Sie waren voller Selbstmitleid, sie schreibt auch von *Realitätsverlust* (1). Wie sie hörte, fühlten sich viele Deutsche von den Polen überfallen, durch den Krieg geschädigt, von Hitler getäuscht und verlassen. Es erscheint denkbar, dass dieses kleine Buch Schottländers ebenso dieses »Opfersein« repräsentiert und präsentiert. Deutschland ist dabei das Land, in dem die Psychoanalyse in den nächsten Jahren eine große Verbreitung erlebte: Man kann fragen, welchen Anteil die Nachkriegsgenerationen hatten, die sich – aus verschiedenen Gründen – traumatisiert erlebt hatten und die bis heute die herrschenden theoretischen Auffassungen bestimmten. In England und den USA sind ja ebenso psychoanalytische Theorien mit schädigenden Müttern entworfen worden, initiiert meist durch Emigranten aus Deutschland, waren dort aber nicht lange bestimmend.

Diese allgemeine Mentalität könnte auch mit dem veränderten Familienleben in Verbindung gebracht werden, also *aufgewerteten Kindern* und neuen Frauenrollen in den Familien der westlichen Welt. Nicht allein die gesellschaftliche Rolle der Geschlechter, auch die der Kinder selbst veränderte sich. Man hat von der *Entdeckung der Kindheit* (5) gesprochen, indem ihre eigene Natur und Welt erst zum Thema und dabei ganz neu bewertet wurden. Während bis weit ins 19. Jahrhundert Kinder als kleine Erwachsene angesehen wurden, die in Erziehung und Schulung ganz auf spätere berufliche Rollen und Aufgaben in der Erwachsenenwelt auszurichten waren, wurde die Kindheit langsam als eine eigene Welt betrachtet. Wie Kinder die Welt erleben und wie sie sich von Natur aus verhalten, wurde beobachtet, ihre Freude an Spielen wurde anerkannt, Kindheit als eine Lebenszeit, die große Werte, Inhalte und Möglichkeiten hat. Folgt man den psychoanalytischen Theorien des 20. Jahrhunderts über die schicksalhafte und lebensprägende Bedeutung mütterlichen Verhaltens in den ersten Jahren und die damit gegebene Verantwortung, so haben Kinder das Recht nicht nur auf körperliche Pflege und geistige Erziehung. Sie haben vor allem einen totalen Anspruch auf emotionale Zuwendung ihrer Mütter, um nicht mit bleibenden Schwächen und Schäden leben zu müssen. Dieser Anspruch tritt aber in Konkurrenz mit dem emanzipierten, gleichberechtigten Leben der Frauen in Beruf und Politik.

In der Psychoanalyse taucht bei Freud der Begriff »Mutterliebe« noch nicht auf. Der Psychologe Watson wusste bei seinen Bildungsplänen 1928 noch, dass Frauen ihrer liebevollen Natur nicht nachgeben und ihre Kinder nicht verwöhnen dürften, das führe zu niemals heilenden Wunden.

Populär wurden in den USA in den Nachkriegsjahren die Bücher des Kinderarztes Benjamin Spock (41), sie erreichten dort in den Jahren nach 1948 Millionenauflagen und wurden auch ins Deutsche übersetzt. Dieser Arzt betonte eine gute Natur des Kindes und empfahl den Müttern, doch ihren jeweiligen eigenen Empfindungen und Bedürfnissen nachzugeben, den eigenen Instinkten zu folgen, vor allem nicht auf die Spezialisten zu hören: »Habe keine Furcht, deinem gesunden Menschenverstand zu vertrauen und lieber einige Fehler zu machen, die sich dem natürlichen Verhalten verdanken.« Und er belastete sie auch nicht mit der Verantwortung für das Schicksal ihrer Kinder.

In einer *historisch-soziologischen Rückschau* wurde 1986 von der Psychologin und Erziehungswissenschaftlerin Yvonne Schütze (37) die Stellung von Vater und Mutter im Haushalt, im familiären Leben und in der Gesellschaft im Wandel der letzten zweihundert Jahre beschrieben. Dabei wirft sie die Frage auf, was naturgegeben sei und was sich in den verschiedenen Ländern und hier in den Bevölkerungsschichten der westlichen Gesellschaft geändert habe. Bis weit ins 18. Jahrhundert hinein waren die ständischen Unterschiede für die männlichen und weiblichen Rollen bestimmend. Bis dahin war es für adlige und reiche Damen üblich, dass sie ihre Kinder nicht selbst stillten und versorgten, es vielmehr Ammen und dem Gesinde überließen, wohingegen bäuerliche und proletarische Frauen ihre Kinder selbst versorgen und auch noch arbeiten mussten; sie hatten meist mehrere Kinder und die Kindersterblichkeit war bei ihnen höher. Im Laufe des 19. Jahrhunderts haben sich die sozialen Formen des häuslichen Zusammenlebens langsam geändert, auch die Zahl der Kinder, die von den Müttern zu versorgen waren. Aufklärende Bücher von Ärzten gaben Anweisung für eine gesunde Erziehung durch Sauberkeit und Ordnung, eine Aufgabe, die selbstverständlich den Müttern zugeschrieben wurde. Sie waren kompetent in der Versorgung, für die häuslichen Aufgaben zuständig und auch, wenn Angestellte im Hause waren, verantwortlich, während der Mann auf dem Felde, in einer Werkstatt oder bald in der Fabrik tätig war.

Damit zeichneten sich mit der Abgrenzung der Aufgaben deutlich sehr unterschiedliche *Geschlechtscharaktere* ab: Die Mutter musste für Ernährung, Reinlichkeit und Ordnung sorgen, während die väterlichen beruflichen Wege es möglich machten, zu lernen, sich zu bilden und individuell zu profilieren.

Die Kinderpsychologin Schütze findet hier den Beginn der einseitig ideologischen Profilierung polarer Geschlechtscharaktere. Der Mann vertritt die Kraft, den schaffenden Geist, der sich in der Weite der Welt verwirklicht, die Frau ist beschränkt auf ihren kleinen häuslichen Kreis, den sie mit Güte und Liebe versorgen muss, bei ihr sind Gefühle und Empfindungen vorherrschend. Denken und Fühlen stehen einander gegenüber, es ist nicht die gleiche Autonomie und individuelle Lebensentwicklung, die für beide vorgezeichnet werden. Wir haben oben in den Lebensbildern von Emily Dickinson und Bertha Pappenheim gesehen, wie sich besonders begabte Frauen nur unter lebenslanger Anstrengung einen individuellen Weg bahnen konnten.

Yvonne Schütze zeigt, dass im 19. Jahrhundert zunächst noch »allgemeine ärztliche Anweisungen« vorherrschten und es in den letzten fünfzig Jahren zunehmend die Psychoanalyse war, die mit dem »normativen Muster der guten Mutter der ersten Jahre« das Schicksal des Kindes bestimmte. In einer Übersicht über die analytischen Entwicklungstheorien bei Spitz und Bowlby wird die emotionale Bereicherung durch *Mutterliebe zur Pflicht.* Zunächst von England ausgehend, hatten sie in den USA in den populären Medien und in Ratgeberbüchern schon einigen Erfolg, dem die Psychoanalyse dort und dann in Deutschland mit einiger Verzögerung entschieden nachging. Das habe den Frauen die neue Aufgabe gegeben, in immerwährender Liebe, pränatal und lebenslang ihre Kinder vor emotionalen Schädigungen zu bewahren. Es werde jetzt zur Pflicht und Verantwortung, was, spontan und gern getan, den Müttern Selbstvertrauen geben könne. Dabei wäre es heute auch möglich für die Frauen, nur das ihrer eigenen Lebenslage Angemessene zu tun und auch sich durch ihre männlichen Partner dabei helfen zu lassen.

In den jüngeren Generationen ist heute unverkennbar, dass sich die Lebensformen für Neugeborene schon in den ersten Stunden nach der Geburt im Krankenhaus geändert haben, etwa im »Rooming-in« in der Klinik, bei dem der Säugling im Zimmer bei der Mutter bleibt. Nicht wenige Eltern ziehen es vor, zu Hause mit einer Hebamme die Zeit der Vorbereitung und dann die Geburt geschehen zu lassen. Bei der Geburt zu Hause helfende Väter, die auch nach der Geburt Frau und Kind versorgen, sind häufiger geworden. Viele Väter wirken ganztägig in den folgenden Monaten mit, manche nehmen Erziehungsurlaub oder lassen sich ein ganzes Jahr in ihrer Anstellung beurlauben, um ihre Frau in ihrem Beruf oder der Weiterbildung nicht zu benachteiligen.

Wenn früher Familientherapeuten wie Theodore Lidz behaupteten, ein zu großer väterlicher Einfluss auf den Säugling würde die Beziehung zur Mutter einschränken und wegen fehlender Identifikation zu schizophrenen Entwicklungen führen, ist davon heute nicht mehr die Rede. Es gibt Stimmen von altersweisen Psychoanalytikerinnen, die sich selbst und ihre früheren Konstrukte korrigieren. So hat Margret Mahler (31) später vom *falschen Ehrgeiz* der Psychoanalytiker geschrieben, aus den präverbalen Phasen vorhersagen zu wollen, wie der Mensch sich entwickle, was durch ihre späteren eigenen Längsschnittbeobachtungen widerlegt sei. Sie spricht von den späteren äußeren Einflüssen und von lebenslangen Veränderungen in der Entwicklung. Angeborene Ausstattungen seien dabei fortbestehend und stabiler als die angenommenen mütterlichen Einflüsse. Und Anna Freud, über 70 Jahre alt geworden, schreibt, es sei unrealistisch, in strengem psychoanalytischem Denken die Wurzeln der Neurose in der Kindheit zu suchen und die Erwartungen und Behandlungen darauf auszurichten (17). In ihren Schriften hat sie die Aufmerksamkeit immer mehr auf das zweite Lebensjahrzehnt gerichtet.

Frau Schützes Sorge ist heute, dass Frauen in ihrem natürlichen Verhalten verunsichert würden, indem eine völlige und irrationale Hingabe der Mutter an das Kind als wissenschaftliche Aussage scheinbar gut begründet publiziert werde. Einseitige Rollenbilder von Frauen und ebenso von Männern, gefördert durch psychoanalytische, behavioristische oder systemische Ideen, fänden in populären Traktaten und Anweisungen immer wieder ihren Platz. Es sei gerade die Aufgabe der verschiedenen psychotherapeutischen Schulen, von den traditionellen Ideen und Theorien Abschied nehmend und über die eigenen Fachgrenzen hinausblickend *sich selbst aufzuklären*. Sie hofft auf humanethologische und entwicklungspsychologische Befunde, welche das Kind in seinem Erleben und Verhalten als aktiven Mitgestalter seiner Entwicklung zeigen, nicht als passiv geprägtes, sondern als eines, das ein angeborenes Potenzial besitzt, um auf die Umwelt selbst aktiv einzuwirken und sich ihr anzupassen.

Es soll dazu im Folgenden am Beispiel der adoleszenten Entwicklung die Zeitfrage wesentlicher Weichenstellungen im Leben behandelt werden.

5. Kapitel
Adoleszente Sozialisationen, Ursachen und Formen von Gewalt

Die Psychologie der Lebensspanne als eine der gesamten Lebenszeit betonte die mit Reifungen und dem Umbau des Körpers verbundenen seelischen Wandlungen, unter denen sich die Umwelt lebenslang unterschiedlich erschließt. Entwicklung wird dabei nicht als Folge von Wiederholungen oder als stufenförmige Leiter aufgefasst, welche zu einem bestimmten Ziel auf höherer Ebene führt, sondern als eine Reihe von Lebensschritten, die jeweils mit Gewinnen und Verlusten verbunden sind. Mit neuen Fähigkeiten und Perspektiven ist immer anderes zu lernen, sind weitere Erfahrungen zu machen, ist jedoch auch manches, was bisher vertraut und bestimmend war, aufzugeben.

Das wurde schon deutlich an der Stelle der unbegrenzten Phantasien von Kleinkindern, die glaubten, erwachsen sowohl Frau wie die Mutter und auch Mann wie der Vater werden zu können, bis sich vom dritten Jahr an das Wissen aufdrängte, selbst bleibend in einer geteilten, einer mütterlichen oder in der väterlichen Welt leben zu müssen. Es manifestierte sich dann nach dem dritten Jahr auch die Kenntnis, dass andere nicht selbstverständlich das eigene Denken und Wissen teilen. Das sich differenzierende Wissen über die Menschen und auch über die Welt bringt so individuell einen Gewinn, bedeutet aber auch wieder ein Verlust an Gemeinsamkeit. Das subjektiv einheitliche Weltbild geht verloren, wird komplexer und damit widerspruchsvoller. Deutlich wird das dann in einer weiteren Lebensphase, der Adoleszenz. Psychologische und soziale Gründe legen es nahe, dieser Periode mehr Aufmerksamkeit zu schenken, schon weil es hier zu gewichtigen sozialen Konflikten und krankhaften seelischen Abweichungen kommt.

Die Schritte aus der familiären zur eigenen Welt

Die als Adoleszenz bezeichnete Entwicklungszeit ist repräsentativ für umfassende bio-psycho-soziale Veränderungen und kann die sich verbindenden mehrdimensionalen Lebensvorgänge anschaulich machen. In der Adoleszenz stellt sich dem Heranwachsenden die Aufgabe, sich vom Elternhaus zu lösen und bei wachsenden körperlichen und geistigen Reifungen für die eigenen Kräfte und Gaben eine angemessenen Lebensform in der sich neu erschließenden Umwelt zu finden.

Es sind dabei zunächst die Gruppen der Gleichaltrigen, ihre sozialen und kulturellen Werte, die Anziehung ausüben, und in sich erweiternder Sicht die beruflichen und kulturellen Angebote der Umwelt. Das Elternhaus tritt nicht nur als Schutz gebende Macht zurück, auch die traditionellen, von den Eltern vertretenen und weitergegebenen Werte werden in Frage gestellt. Von Altersgenossen neu entwickelte Ideen im sozialen oder politischen Bereich entfalten ihre Macht. Der Soziologe Dahrendorf beschrieb das als Schritte von den *Ligaturen zu den Optionen* (3), also von dem, was bisher an Bindungen mächtig war, zu dem, was jetzt vom jungen Menschen in der weiten Welt selbst zu wählen und anzueignen ist. Vieles, was Schutz und Halt gebend in Kindheit und Jugend war, wird durch das relativiert, was jetzt selbst zu tragen und zu verantworten ist, auch hier das Nebeneinander von Verlusten und Gewinnen.

Wie ist Adoleszenz in der bio-psycho-sozialen Dynamik in der Persönlichkeit zu fassen?

Die Adoleszenz entspricht einer Lebensperiode, in der sich unter biologisch-körperlichen Wandlungen die sich manifestierenden seelischen Kräfte mit den jeweiligen sozialen, politischen und kulturellen Bedingungen der Umwelt verbinden. Eine drastische Veränderung des leiblichen Selbsterlebens liegt schon in den sich verändernden Körperformen, der Reifung der Geschlechtsteile mit erwachender Sexualität. Bei Frauen zeigt sich der körperliche Wandel mit Wachstum der Brüste, mit Menstruation und den rundlicheren Körperformen deutlicher. Das körperliche Selbst verändert sich und weist damit gerade bei Frauen auf künftige Lebensformen als sexuelle Partnerin und in der Fortpflanzung hin, Mutter als Aufgabe und als Beruf für manche zeichnen sich ab.

Schon dieser körperliche Wandel kann die Adoleszenz zu einer Zeit der Krisen machen. Die neuen Formen werden zwar von den meisten Frauen mit Stolz registriert und untereinander verglichen, anderen ist das aber nicht selbstverständlich. Sie nehmen selbst darauf Einfluss in ihrem Essverhalten, wenn ihr Körper den eigenen, subjektiv auftauchenden ästhetischen Ansprüchen und affektiven Bedürfnissen nicht entspricht. So kann es in der adoleszenten Entwicklung zu den sich manifestierenden Magersuchten kommen, aus einer widerspruchsvollen Spannung zwischen einem bestimmten Anspruch an sich selbst und dem körperlichen Reifungsgeschehen mit der gesellschaftlich erwarteten Frauenrolle. Es ist ein dramatisches Geschehen und bis heute stellt es sich als eine schwierige Aufgabe für die Psychotherapie. Bei diesen nicht seltenen und häufig chronifizierenden, dabei auch lebensbedrohlichen Entwicklungen besteht eine komplexe therapeutische Situation: Unmittelbar ist zunächst lebenserhaltend auf das gegenwärtige Essverhalten einzuwirken; im weiteren Verlauf kommt es auf Hilfen an, bei den besonderen Begabungen und latenten Optionen die zu entdecken, welche für diese besonderen Frauen erreichbar sind und ihnen einen Lebensinhalt bieten (s. S. 335).

Die jetzt auftauchenden sexuellen Triebe und Neigungen bei sich anzunehmen, sie mit Partnern des anderen oder des gleichen Geschlechtes in befriedigenden Formen auszuleben ist für viele Menschen beinahe selbstverständlich. Für manche sensiblen und differenzierten Frauen und Männer bleibt es ein lebenslanges Problem. »Mir ward die Liebe nicht … drum wühl ich mich in Arbeit ein«, schrieb Bertha Pappenheim mit 40 Jahren über sich und ihr Leben. Und von Franz Kafka stammt der Satz, den er einem Freund in einem Brief schrieb: »Die Liebe wäre eine so schöne Sache – wenn das mit dem Körper nicht wäre.« Die Monate, wenn er sich wieder entlobt hatte, was er dreimal tat, waren seine fruchtbarsten Perioden als Schriftsteller (2). Differenzierte, sensible und künstlerisch begabte Menschen neigen gerade in der adoleszenten Entwicklung zu Optionen für ästhetische Ideale, die dann auch für das weitere

Leben bestimmend bleiben. Das Werk von Franz Kafka beschreibt einzelne suchende und durch die Welt irrende Menschen. In einem kleinen Kreis von gleichgesinnten Freunden hat sein eigenes Leben sich trotz schwerer körperlicher Krankheit in heute weltweit bewunderten Schriften erfüllt, die er selbst versuchte zu vernichten, bis sie, durch Freunde gerettet, posthum erschienen. Lebensläufe wie die von Kafka und von Menschen, die in dieser Verfassung lebenslang bleiben und die das Ungebundene des Jugendlichen nicht aufgeben können, sind nicht sehr selten. Die festen Regeln und Zwänge des erwachsenen Lebens mit naher Partnerschaft, Familiengründung, beruflicher Karriere sind ihnen kein Gewinn. Es bleibt das Bewegliche im Planen und in den Phantasien liegende Element des kindlichen und jugendlichen Lebens für sie anziehender, in dem Spiel und Offenheit für alles noch bestimmend sind.

Die Aufgabe, die erhabene Welt ästhetischen Erlebens mit der elementaren sexuellen Sinnlichkeit zu verbinden, stellt sich in den adoleszenten Jahren und dann lebenslang. Der Schweizer Schriftsteller Robert Walser (1878–1956) veröffentlichte mit 26 Jahren eine »Liebesgeschichte Simon«, in der ein lieblicher Page für eine himmlisch-schöne Dame entflammt, aber dann entdeckt, man müsse doch »bei sich selbst bleiben beim Verlieben in der Welt und die eigenen Gefühle lieben«. Walser schrieb in den nächsten Jahrzehnten dreißig weitere Liebesgeschichten, in keiner von ihnen kommt es zu einer körperlichen und bleibenden Verbindung mit einem Menschen des anderen oder des gleichen Geschlechtes. Mit 50 Jahren trat er freiwillig, psychotisch krank, in eine Heilanstalt ein und blieb hier bis zu seinem Lebensende, in Spaziergängen draußen weiter Abwechslung suchend. Er schuf dabei ein allgemein anerkanntes Werk, in dem er die adoleszenten Liebessehnsüchte aufsteigen ließ, die er mit einem anderen Menschen leiblich offenbar nicht erfahren konnte.

Für die Psychologie stellt sich die Frage, was hier im Menschen selbst angelegt ist, was aus der Natur des Individuums an Interessen und Begabungen sich im Seelischen zeigt und wo der junge Mensch draußen in der Welt handelnd eine Aufgabe findet, die ihm Selbstbewusstsein bei sich und vor den anderen geben kann. Dabei kann er sich mit einem Kreis von gleichgesinnten Menschen verbinden und einen Raum schaffen, der ihm angemessen ist. Dass der adoleszente Übergang nicht selbstverständlich ist, zeigt sich in vielen Riten: Bei manchen Völkern wurde Heranwachsenden erst in dieser Zeit der endgültige Name gegeben. In den christlichen Religionen gibt es mit Firmung und mit Konfirmation stärkende Hilfen für diesen Weg ins Erwachsenenalter, in der DDR als Jugendweihe auch nach ihrem Untergang weiter gefeiert.

Die Adoleszenz kann so zu einer Zeit der Krisen werden, was sich auch darin zeigt, dass in dieser Altersgruppe von Frauen und auch von Männern erste psychotherapeutische Behandlungen gesucht und praktiziert werden. In der Sicht Freuds folgt nach einer sexuellen und intellektuellen Blüteperiode der ersten fünf Jahre eine regressive »Latenzperiode«, eine Eiszeit, in der die Kinder sexuell gehemmt und auch geistig etwas »dümmer« werden (6). Dabei sind die Schul-, Lehr- und Studienjahre eine Periode begierig aufgenommener und lebenslang wirkender Eindrücke, aktiv gesuchten und gefundenen Wissens, was einer unlebendigen Eiszeit absolut widerspricht. Bei Freud kommt dann die als Pubertät beschriebene Zeit, in der sich die kindlichen Konstellationen in den Beziehungen wiederholen, wo das Wiederfinden der kindlichen Identität zur Lustquelle wird. Grundlegend ist bei ihm der zweizeitige Ansatz der Sexualität, wobei die in der Kindheit gefundenen Einstellungen wiederkehren sollen, die richtunggebenden Entscheidungen sind in den ersten fünf Jahren gefallen. Forensisch erfahrene Psychiater zeigen dagegen an kopro- und urophil fixierten Männern, dass fixierte Eindrücke aus den Jugendjahren zwischen acht und elf Jahren für die Devianz bestimmend werden können (10), ähnliche Befunde werden bei Nekrophilie berichtet. In diesen Krankengeschichten verbinden sich in der Vorpubertät bestimmte sinnlich-kognitive Eindrücke in der Umwelt mit affektiven Regungen, die dann zu späteren sexuellen Perversionen führen.

Der Begriff »Adoleszenz« wurde 1904 vom Entwicklungspsychologen Stanley Hall in den USA eingeführt, einem Mann, der mit Galton auch die Erblichkeit seelischer Eigenschaften vertrat. Das Wort stammt vom lateinischen adolescere – heranwachsen – und beschreibt eine Bewegung: adulesco – »ich wachse heran« oder »ich erstarke« –, es bezeichnet auch eine auflodernde, aufflammende Bewegung. Schon über die entscheidenden Jahre der Veränderungen wie über die hier wesentlichen Vorgänge gibt es unterschiedliche Aussagen. Nach der Brockhaus-Enzyklopädie von 1963 war Adoleszenz bei Männern die Zeit vom 17. bis zum 20. Jahr und bei Frauen vom 17. bis zum 18. Jahr, die als Übergang vom Jugend- zum Erwachsenenalter bezeichnet wurden. Die Jugendentwicklung soll in dieser Zeit in körperlicher und geistiger Hinsicht abgeschlossen werden und der Mensch in die Welt der Erwachsenen eintreten.

Heute sind die somatischen wie die psychosozialen Entwicklungen schon zeitlich viel weiter zu fassen. Mit den globalen Veränderungen des Klimas und der Lebensformen hat sich weltweit die Pubertät auf frühere Jahre verlagert, die Menarche bei Frauen auf 12 bis 14 Jahre. In vielen Städten und Ländern hat die Mehrzahl der Mädchen und Jungen mit 15 Jahren bereits erste sexuelle Erfahrungen. Es werden andererseits die ehelich bindenden familiären Lebensformen immer weiter hinausgeschoben. Auch die festen beruflichen Stellungen in der modernen Arbeitswelt lassen immer länger auf sich warten. Schon die meist wechselvollen beruflichen Neubeginne reichen weit ins dritte und vierte Jahrzehnt. Es droht zur Ausnahme zu werden, dass die erste Ausbildung und Arbeitsrichtung lebenslang mit einer bestimmten festen Stellung verbunden bleibt, etwa auch familiäre Geschäfte und Unternehmen von der nächsten Generation übernommen und weitergeführt werden. Die vielseitigen Versuche persönlicher Beziehungen führen relativ spät zu bleibenden Verbindungen und Familiengründungen. Es stellt sich damit auch hier die Frage, was diese zeitlich gedehnten und wechselvollen Lebensformen in dieser Lebensphase für die individuelle Persönlichkeit wie für die Gesellschaft an Gewinnen und an Verlusten mit sich bringen. Für manche einfache Menschen kann damit ein Mangel an festen und Halt gebenden Rollen verbunden sein. Für andere und differenziertere bieten die möglichen Wahlen und unterschiedlichen Erfahrungen einen individuellen Gewinn, die Freiheit, beruflich lernend die eigenen Gaben und Grenzen in der modernen vielseitigen Welt zu entdecken. Es ist deutlich, dass gerade auch in dieser Entwicklungsphase die Umweltangebote unterschiedlich sein müssen, das Gleiche ist nicht für alle richtig.

Identitätssuche in den Gruppen der Gleichaltrigen

Der Pädagoge und psychoanalytische Entwicklungspsychologe Erik H. Erikson hatte 1951 in der ersten Auflage seines Werkes »Kindheit und Gesellschaft« eine Phasenlehre von acht verschiedenen Lebensaltern beschrieben (4). Der Pubertät und Adoleszenz widmete er nur drei Seiten, schrieb von einem Moratorium, also einem zeitlichen Aufschub von verpflichtenden Verbindlichkeiten, solle es nicht zu Rollenkonfusionen kommen mit sexuellen und kriminellen Zwischenfällen. Es gehe darum, »Ich-Identität« zu gewinnen, wobei das Gewicht der Gruppenzugehörigkeit von ihm betont wird, aber auch wie notwendig es sei, sich davon wieder zu emanzipieren, um nicht in nationalistische oder internationalistische Ideologien gelenkt zu werden.

Der Begriff *Identität* und eine damit verbundene seelische Reife, die in diesen Jahren zu erreichen sei, wurden für die psychoanalytischen Schulen richtunggebend und bestimmend. Identität – id est, also, das, was man ist – ist wieder ein Substantiv, welches eine überdauernde Selbstfindung der Persönlichkeit für die gesamte Lebenszeit nahe legt: ein jetzt zu gewinnender stabiler Selbstwert in eigener Sicht und in der Stellung vor der Umwelt, auch in den Augen der anderen Menschen. In späteren Auflagen werden von Erikson der Identität immer größere Teile des Buches gewidmet. Dabei trat einige Jahre später in einer differenzierenden Arbeit über »Das Problem der Identität« (5) an die Stelle des Substantivs ein *»Sichidentifizieren«*, was jetzt als *lebenslange Entwicklung* beschrieben wird. Adoleszenz sei eine Zeit, in der das im Kern des Individuums Angelegte sich in einem inneren Zusammenhalt mit einer Gruppe verbinde. »Der junge Mensch muss lernen, dort am meisten er selbst zu sein, wo er auch in den Augen der anderen am meisten bedeutet.«

Das zeigt er dann an George Bernard Shaws Rückschau auf sein Leben mit 70 Jahren und an dessen instabilen und dabei kreativen Lebensformen. Shaw hat sich hier selbst als einen mit 20 Jahren unangenehmen, unerfreulichen jungen Mann mit diabolischen Meinungen beschrieben, der nach einer Kaufmannslehre sein irisches Elternhaus mit einem alkoholischen Vater und einer resignierten Mutter verließ. Er ging nach England, wo er, arbeitsbesessen und entschieden vorwärts gerichtet, Bildung zu erlangen suchte. Als engagierter Kritiker und Schriftsteller schuf er mit 40 Jahren seine ersten sozialkritischen Lustspiele und dann, über 50 Jahre alt, seine großen zeitlosen Werke.

Der Begriff »Identität« verspricht zu viel, so wie andere Begriffe der Psychoanalyse: nämlich dass es in diesen Jahren möglich, ja notwendig sei, bleibende Festigkeit und Stärke zu erlangen und ein neues Zuhause in sich selbst und in der Welt zu finden. Es ist schon zu fragen, ob jeder im Menschen- und Weltbild nur eine Identität oder mehrere hat, nicht sich auch wandelnde: heimatliche und religiöse, berufliche und politische, nationale und an geistigen Vorbildern orientierte, erste erlernte und spätere wissenschaftlich fundierte, die zu neuen Überzeugungen führen. Können, dürfen, ja müssen diese persönlichen Selbst- und Weltbilder sich nicht wiederholt ändern im Laufe der Lebenserfahrungen in einer wissenschaftlich, politisch und kulturell sich wandelnden Welt, in der wir heute leben? Es droht eine geistige Einengung, wenn man bei dem stehen bleibt, was mit 20, 30, ja 40 Jahren als die eine wesentliche und konstante Überzeugung angesehen wird. Es wird nützlich sein, alte Menschen dazu zu hören.

In den Zwillingsvergleichen wurde deutlich, dass genetische Einflüsse bei der Wahl der Gruppen von Gleichaltrigen mitwirken, in der Persönlichkeit angelegte Eigenschaften verbinden sich mit sozialen Interessen und den gesellschaftlichen Verhältnissen (s. oben Tab. 6, S. 143). Es wird zur Aufgabe, die in der Adoleszenz wachsenden eigenen Kräfte gemeinsam mit anderen und vergleichend mit Gleichaltrigen zu nutzen, sich Erfolge und Selbstbewusstsein zu verschaffen, Sicherheit zu gewinnen, subjektiv im Erleben wie im Ansehen draußen. Es ist eine Suchphase des Lebens nach neuen Zielen und Vorbildern und dabei nach etwas, was über die Auffassungen der Elterngeneration und über die traditionellen Werte hinausreicht.

Zur Frage, was Konstanten in der Weltgeschichte seien, nannte der Soziologe Kossellek (11) neben der Tatsache, dass Menschen sich schon immer in Kriegen wie im Frieden totgeschlagen haben, weitere Handlungen und darunter: Jede heranwachsende Generation stehe im Denken vor der Frage und Aufgabe, sozial, politisch und kulturell *andere Ziele und Werte* als die vorige Generation zu vertreten und durchzusetzen. Die Adoleszenz sei eine Zeit kreativer Ideen, dabei oft der Utopien und nicht selten auch gewaltsamer Empörungen, um neue Leitbilder durchsetzen und leben zu können. Es ist eine Zeit, in der Gruppen gebildet werden, wo der Einzelne, auch der Schwächere, sich heimisch macht und stärker fühlen kann und dann sich erfahrungsgemäß Dinge leistet, die er allein nie tun würde. Es ist eine Zeit überschüssiger Kräfte, die zu Gewalttaten führen können. Es hängt von der Persönlichkeit ab, ob diese Lebensformen in den Werten und politischen Zielsetzungen lange beibehalten werden oder bei differenzierteren Erfahrungen in Beruf und Bildung nur eine passagere Episode bleiben. Die Fähigkeit sich zu begeistern, dabei einseitig und intolerant andere und sich selbst zu gefährden ist in dieser Zeit besonders groß. Deshalb ist es nützlich, hier auch solche Bewegungen zu erwähnen, die sich für friedliche Werte einsetzen.

Historisch lässt sich verfolgen, wie am Anfang des letzten Jahrhunderts in der *Jugendbewegung* Gruppen von Schülern als Wandervogel und Pfadfinder Abstand von der bürgerlichen Welt in der Natur und in fremden Ländern suchten. In Berlin gründeten Schüler eines Gymnasiums mit ihren Lehrern 1901 in Zehlendorf den ersten Jugendbund. Sie zogen singend »Aus grauer Städte Mauern ins weite Feld hinaus«, zelteten dort und gingen »auf Fahrt« in andere Länder. Unabhängig von der älteren Generation wollten sie in jugendlichen Gemeinschaften miteinander einen neuen eigenen Lebensstil finden, und das nicht nur in ihrer Freizeit. Sie widerstanden Versuchen, sie national und antisemitisch zu infiltrieren, und so entstanden vor und nach dem ersten Weltkrieg viele solcher Gruppen, auch von Mädchen. Sie wurden 1927 als »Bündische Jugend« zusammengefasst, zogen weltanschaulich immer weitere Kreise und wanderten auch in ferne Erdteile: »Sechs Jungens tippeln nach Indien« hieß eines ihrer Bücher, das eine abenteuerliche Reise beschreibt. Alle, die im Juni 1933 von ihren »Fahrten« zurückkamen, erlebten, dass ihre Bünde aufgelöst und in die Hitler-

Jugend »übernommen« waren. Ihre eigenen friedlichen Jugendideale fanden dort keinen Platz mehr. Nach dem Zweiten Weltkrieg entstanden noch Wandergruppen, eine solche Jugendbewegung kam aber nicht mehr auf.

Eine profilierte eigene Generation zeichnete sich überdeutlich in den Jahrgängen der 68er ab. Inspiriert von jungen Männern und Frauen, die in den USA zunächst gegen den Krieg in Vietnam protestierten, entstand ein weltweit reichender Protest, die Menschen anderer Länder und auch weitere Altersgruppen ergreifend. In Deutschland hieß es an den Universitäten: »Unter den Talaren der Muff von 1000 Jahren!«, und gegen die Kriegs- und konservative Nachkriegsgeneration wurde kritisch angetreten. Was in der »Aufbaugeneration«, von den »Bildungsbürgern« zugedeckt und verschwiegen war, durch überlebende Täter der nationalsozialistischen Zeit in den Institutionen weiter Macht ausübte, sollte jetzt zur Sprache kommen und verändert werden. In ihrer Breitenwirkung war diese Bewegung ein historisch einmaliges Geschehen, ihre Folgen reichen bis in die Gegenwart. In den Jahrzehnten danach kamen dann wieder andere, modische und politisch weniger breit wirkende Gruppen, welche die Generationen nicht so mächtig erfassten und die neue Werte und Lebensformen vertraten.

Wertesysteme von Heranwachsenden bleiben nur für wenige lebenslang bestimmend, meist werden sie mit zunehmendem Altersabstand und sich erweiternder Welterfahrung relativiert und in Frage gestellt. Zusammen mit der um Jahrzehnte verlängerten durchschnittlichen Lebenszeit ergeben sich weiter neue Generationen bis ins mittlere und späte Alter. Man spricht auch von *Subkulturen der heranwachsenden Generationen*. Sie agieren weniger dramatisch und protestierend, stellen aber doch durch eigene Entscheidungen ihre bisherigen Lebensformen in Frage. Dem entspricht allgemein heute im beruflichen Leben ein sehr viel häufigerer Wechsel bei größerer Mobilität.

Von systemischen Psychologen, die in großen Firmen beratende Funktionen ausüben, wurde etwa registriert, dass gegenwärtig eine Tendenz zu beobachten sei, selbst einen beruflichen Wechsel zu provozieren, indem eine sichere und gut bezahlte Stellung in einer Firma aufgegeben wird. Begründet wird es etwa damit, dass ein gutes Einkommen noch keinen befriedigenden Lebensinhalt gebe. Trotz vieler Nachteile suchen die Betreffenden dann in einem Bereich tätig zu werden, der ihrem Tun einen anderen Sinn und Wert verschafft. Und es gibt viele junge und alte Alte, Frauen und Männer, welche, im Ruhestand und ohne ihre Kinder lebend, ehrenamtliche Aufgaben in öffentlichen Einrichtungen suchen und finden, in denen sie leidenden Menschen helfen, sie pflegen und begleiten.

Sieht man auch bei uns die große Zahl von allein erziehenden Frauen und von allein lebenden Männern, welche bis weit ins vierte Lebensjahrzehnt noch in wechselnden beruflichen Verhältnissen leben, so wird darin wohl weniger eine hedonistische als innovative und individualisierte Lebensform gesucht. In einer bisher konservativen und auf feste Rollen fixierten Gesellschaft setzen sich beide Geschlechter neuen Erfahrungen und einer bis ins Alter reichenden Lebensschule aus.

Aus internationaler Sicht verdient hier Aufmerksamkeit, dass auch in Japan schon diskret veränderte Lebensformen kritisch als »Generation der Unvollkommenen« beschrieben werden. Zum männlichen Samuraigeist in Japan gehörte es früher und offenbar bis in die Gegenwart, sich als einzelner Mensch ganz dem Nationalen unterzuordnen. Im letzten Krieg bedeutete dies, dem Kaiser als menschlicher Torpedo sein Leben zu opfern und im Beruf lebenslang nur einer Firma anzugehören, die dann auch bleibend Verantwortung für ihre Mitarbeiter übernahm. Und eine frühe Bindung und Heirat gaben den jungen Männern Ansehen und einen gesellschaftlichen Status. Diese Lebensformen haben sich aber auch dort verändert, indem mehr als ein Drittel der jungen Männer zwischen 30 und 40 Jahren unverheiratet sind, weder einer Familie noch einer Firma fest zugehören. Die männliche Identität ist nicht mehr an die patriarchalische Rolle des Familienvaters gebunden und muss sich nicht mehr im Karrieredenken beweisen. Es ist offenbar ein neues individuelles Ideal, was dort gelebt wird, bezeichnet als neuer »Hedonismus«, und das Anstoß erregt.

Pädagogen in Europa beschreiben in der adoleszenten Generation jetzt eine Gruppe, die, im Wohlstand und in verlängerter Adoleszenz lebend, heute nicht selten fragt: Warum sollen wir eigentlich viel arbeiten, erwachsen werden, schwere Pflichten übernehmen?

Warum etwas tun für andere und uns anpassen an das, was die anderen wollen? Warum arbeiten – nur um zu überleben? Sie wohnen und bleiben bei den Eltern, zeigen keine Überdrussreaktion, erwarten aber doch, etwas zu erleben, was sie im Fernsehen gesehen haben, suchen Unterhaltung in ihrer Peergroup. Es wird von den zu hohen Ansprüchen einer adoleszenten Generation gesprochen. Kinderärztliche Untersuchungen in Süddeutschland in den letzten Jahren haben bei 32 % der Mädchen und Jungen ein Übergewicht diagnostiziert mit erhöhten Cholesterinwerten und bei 7 % Zeichen eines beginnenden Diabetes vom Typ 2 festgestellt, also früh im Leben auftretend, der früher unbekannt war. Sie bringen es mit deren sitzendem Freizeitverhalten beim Fernsehen und Computerspielen in Verbindung sowie einer hereditären Vulnerabilität. Die Ärzte finden hier ihre wesentliche Aufgabe darin, das familiäre Gesundheitsverhalten zu verbessern.

Anders war es bei den in einfachen Verhältnissen lebenden Kindern der früheren Generationen. Es war selbstverständlich, dass Jungen und Mädchen schon in der Kindheit und dann in der Jugendzeit halfen, der Mutter im Haus und dem Vater im damals meist noch nahen Berufsfeld. Sie fanden Aufgaben, in denen sie sich nützlich machen konnten, was ihnen Selbstbewusstsein gab. Dabei konnten sie nicht allein ihre persönlichen Interessen und ihre Abneigungen entdecken, sie erfuhren auch ihre eigenen Begabungen und Grenzen. Diese für manche auch gegenwärtig noch selbstverständliche adoleszente Lebenserfahrung, geboten von außen oder selbst gesucht, fehlt vielen Heranwachsenden in der modernen, großstädtischen Überflussgesellschaft. Selbst wo noch in alltäglichen Bereichen gegeben und möglich, wird von den Eltern kaum gewagt, diese Mitarbeit zu fordern, sie entsprechen nicht mehr dem Lebensstil und den Ansprüchen der Jugendgeneration.

Dabei können die aktiv in eigenem Handeln und Austausch mit der Umwelt durchlaufenen Jahre der Adoleszenz für den jungen Menschen, in realen Aufgaben sich vergleichend und konkurrierend mit anderen, eine seelisch stärkende Lebenszeit sein. Diese Jahre haben mehr Gewicht für die seelische Entwicklung als die frühen und späteren Jahre der Kindheit. Eine nur in rezeptiver Weise erfahrene Umwelt, der Informationsflut der modernen Medien ausgesetzt, ist eine sowohl andere Menschen wie auch selbstgefährdende Form von Sozialisation.

Die adoleszenten Fragen stellen sich entwicklungspsychologisch als Novum jedem einzelnen Menschen und in jeder Generation in anderer Weise, was dann bis in die Abweichungen und die krankhaften Störungen reicht. Damit sind auch für Psychotherapeuten Aufgaben gegeben, sie auf dieser Strecke des Lebenswegs verstehend und Hilfe gebend zu begleiten. Wieder stellt sich hier die Frage bio-psycho-sozialer Verbindungen, wie sich die angelegte Persönlichkeit in ihrer seelischen Reifung in der Umwelt entwickelt und in dieser besonderen Lebensphase im gesellschaftlichen Raum eigene Aufgaben, Werte und Sicherheit findet.

Von psychoanalytischer Seite wird der Adoleszenz und dem Begriff »Identität« weiter Bedeutung geschenkt, ohne aber ihn neu zu fassen und zu bewerten. Unter dem Titel »Adoleszenz und Identität« wurden 1996 zehn Arbeiten zusammengefasst (1). Im richtunggebenden Beitrag des Herausgebers wird Identität als eine Qualität und Ausrichtung des Selbst verstanden, ein dauerndes Sich-selbst-gleich-Sein mit jetzt gruppenspezifischem Charakter. Adoleszenz wird zwar auch als lebenslanges Geschehen bezeichnet, die dabei gewonnene Identität wurzele jedoch in den »kindlichen Kristallisationen«, die jetzt durch das »interaktionelle Entwicklungsmodell der Säuglingsforschung psychoanalytisch erweitert« seien. Es wird auf die Arbeiten von Stern, M. Mahler, Winnicott und vor allem auf Lacan hingewiesen, dessen Auffassungen zum Selbsterkennen in der Spiegelphase im zweiten Jahr ein besonderes Gewicht zugesprochen wird. Die Mutter-Kind-Interaktion und die frühe Selbstbildung gingen in einen synthetischen Prozess ein, indem der »intermediäre Raum« und hier vor allem der des mütterlich vermittelten Selbst bestimmend seien. Präverbale Interaktionen zwischen Mutter und Kind in den ersten Jahren seien nachwirkend und formend für die Identität. Die späteren Aktualisierungen der seelischen Entwicklung, mitbestimmende genetische, hirnorganische körperliche Faktoren wie auch spätere Sozialeinflüsse im Jugendalter, in der Adoleszenz oder im Erwachsenenalter treten demgegenüber zurück und werden nicht diskutiert. Die Aussagen und die Kritik von Bischof-Köhler an Stern und Lacan werden hier nicht erwähnt. In einem weiteren Beitrag wird dem aufgetretenen Rechtsextremismus der Jahre seit 1990 Aufmerksamkeit geschenkt. Er wird einerseits mit den gesellschaftlichen Verhältnissen und andererseits mit mütterlichen Defiziten in den ersten Lebensjahren in Verbindung gebracht. Frauen sind offenbar nirgendwo sicher vor psychoanalytisch deutendem Wissen, auch für diese die Adoleszenz charakterisierende neue Form des Handelns werden sie offenbar verantwortlich gemacht.

Neue Kräfte und Ziele – Die Gewalt in der Adoleszenz

Wie sich bei Adoleszenten die Kräfte der Persönlichkeit mit der gesellschaftlichen Umwelt verbinden, wird in manchen geschichtlichen Epochen besonders deutlich, wenn sie sich in gewaltsamen Formen manifestieren. Das muss nicht so sein, wie die schon erwähnte Generation der Jugendbewegung zeigte.

Eine zu Kritik und Protest herausgeforderte Altersgruppe kann, in politischen Gruppen agierend, zu gewaltsamen Handlungen kommen. Damit sind dann nicht nur juristische Aufgaben gegeben, sondern auch psychologische und soziologische Fragen aufgeworfen. Eine derartige Gruppe, die Interesse verdient, ist die seit zwei Jahrzehnten in den alten Bundesländern sich rechtsradikal begründende und in den neuen Bundesländern deutlich häufiger auftretende Gruppe von Straftätern. Es ist eine Gruppe, die sich von Vergleichsgruppen der vor Gericht gestellten Kriminellen und von hier psychiatrisch untersuchten Straftätern in vielerlei Hinsicht unterscheidet. Die individuelle Motivation gerade dieser sich politisch begründenden und die individuelle Motivation der anderen Gruppe von Gewalttätern sind für adoleszente psychosoziale Fragestellungen informativ.

In einer psychiatrischen Untersuchung hat in Berlin H.-L. Kroeber mit einer Gruppe forensisch erfahrener Autoren unter den in den letzten zehn Jahren begutachteten Fällen die Täter erfasst, die sich selbst als politisch durch *rechtsradikale Auffassungen* motiviert deklarierten (12). Unter den insgesamt in dieser Zeit Begutachteten waren es nur 3 %, also ein kleiner Teil der zu ihrer Schuldfähigkeit begutachteten Personen. Dieser Gruppe von 22 politischen Gewalttätern wurde eine Vergleichsgruppe von 46 ebenfalls gewalttätigen Männern deutscher Abstammung, aber ohne diese politische Einstellung, gegenübergestellt. Die rechtsradikalen Gewalttäter hatten dabei mit 68 % mehr Tötungsdelikte als die anderen mit 41 %, waren mit 19 Jahren im Durchschnitt wesentlich jünger als die 47 Jahre alte Vergleichsgruppe, sie kamen zu 77 % aus den neuen Bundesländern oder Ostberlin, die anderen Gewalttäter machten dort nur 45 % aus. Sie waren geschieden durch das Geschlecht, indem hier nur männliche Straffällige auftraten, während bei den anderen Tätern immerhin 10 % Frauen zu finden waren. Ein bemerkenswerter Unterschied war, dass die sich politisch motivierenden Täter nie allein auftraten: Rechtsradikale Straftäter waren bei ihren Handlungen zu 82 % in Gruppen von drei bis zehn Mittätern gewesen, bei den anderen Tätern waren es nur 28 %. Die Opfer ihrer Taten in der Gruppe waren ihnen immer unbekannt. Sie wurden als fremd, feindlich und minderwertig erlebt, es waren immer Unterlegene, Andersfarbige oder durch Alter, Krankheit und Alkoholgenuss abgebaut. Auch das traf bei der Vergleichsgruppe nicht zu, die meist bestimmte bekannte Menschen angriffen.

In ihrer Persönlichkeit boten Rechtsradikale in der überwiegenden Mehrzahl keine psychiatrischen krankhaften Störungen, während psychotische Störung, Minderung der Intelligenz, Entwicklungsstörungen und schwerere Persönlichkeitsstörungen mit 57 % in der Vergleichsgruppe zu finden waren. Als eine *»dissoziale Persönlichkeitsstörung«* wurden 27 % der Rechtsradikalen diagnostisch charakterisiert und vor allem, dass 50 % sich in den Stunden vor der Tat alkoholisiert und Mut angetrunken hatten. In der anderen Gruppe hatte bei 11 % Alkoholeinfluss ein die Schuldfähigkeit verminderndes Gewicht. Die Rechtsradikalen waren dabei aber nicht volltrunken und im Bewusstsein eingeschränkt, wurden deswegen dann auch alle als straffähig angesehen. Was sind das für Menschen, die in diesen Gruppen auftreten?

Es ist hier keine bestimmte Konfiguration in der Persönlichkeit zu finden, meist waren es einfache, retardierte, wenig angepasste Menschen ohne Bildungs- und Studienmotivation, die bis zu ihrem 15. bis 16. Lebensjahr relativ isoliert gelebt hatten, ohne persönliche Freundschaften und feste sexuelle Bindungen. Ein bestimmter politisch ausgerichteter oder in sonstiger Hinsicht belastender familiärer Hintergrund war nicht gegeben. In dieser isolierten Situation hatten sie offenbar die Anziehungskraft einer rechten politischen Gruppe erfahren, die sich in ihrer Umgebung anbot und die eine bestimmte Ordnung, bestimmte feste politische Auffassungen und Werte vertrat: »Skins sorgen für Ordnung«, für »Autorität und Ruhe«, sie geben »Schutz vor den Fremden«, »Ausländer raus!«.

Die Betroffenen hatten keine festen Ziele in Ausbildung und Beruf, die ihnen einen Lebensinhalt gaben. Den fanden sie dann im Kreis der politischen Altersgenossen, dem sie sich auslieferten, hier Kraft, Stärke und Identität suchend. Sie wurden Mitglied einer disziplinierten Gruppe, die weiß, was richtig ist, die vom bis dahin sinnlosen und oft langweiligen Leben befreite. Dem demokratischen Zeitgeist wird widersprochen unter Bezug auf eine historisch verklärte deutsche Vergangenheit, von der sie aber kaum etwas wissen, nichts gelesen und studiert haben. Attraktiv ist offenbar, dass diese Epoche von der gegenwärtig herrschenden Elterngeneration abgelehnt wird. Die Rechtsradikalen unterschieden sich auch von anderen gleichaltrigen Straftätern, die zunächst durch häufige Eigentumsdelikte, etwa Diebstähle in Läden, aufgefallen waren. Sie verbanden mit ihrer Gewalthandlung ein *Imponiergehabe*, sich dabei kaum verbergend.

Was den weiteren Lebenslauf adoleszenter Täter nach Kroeber allgemein betrifft, so ist die Gefahr bei vielen gegeben, dass sie im dritten Lebensjahrzehnt im Rahmen ihrer Gruppe eine Delinquenzkarriere antreten, weniger aus individueller Neigung als bestimmt durch die Aufwertung und Inhalte, die sie in der politischen Gruppe erlebten. Mit ihrer Bestrafung verbindet sich eine Chance der Abschreckung, die man jedoch nicht überschätzen dürfe. In Strafanstalten sei unter Erwachsenen meist eine rechte Ideologie und eher staatsfeindliche Einstellung bestimmend, welche die bisherige Haltung noch begünstigen kann. Psychotherapie im jetzigen Maßregelvollzug, der die Freiheitsstrafe mit erzieherischen Maßnahmen verbinden soll, ist eine schwierige und nicht häufig gesuchte Aufgabe. Prävention gehe hier eigentlich vor Strafe. Sie könnte bei diesen Persönlichkeiten schon in der Schulzeit ansetzen, die sie meist nur mit Mühe durchlaufen, abbrechen und nicht mit Leistung und Anerkennung beendet haben. Ihre Begabungen liegen gewöhnlich nicht darin, sich viele Dinge merken und diese verbinden zu können. Kritisch sei hier schon auf die einseitig nur Wissen und Gedächtnis fördernden gegenwärtigen Methoden in Grundschulen und in den Ausbildungen hinzuweisen.

Therapieversuche zeigen, dass rechte Gruppen im Ganzen nicht zu behandeln sind, sondern der einzelne Mann aus der Gruppe gelöst werden muss, um dann in konkreten Aufgaben und in Zusammenarbeit mit anderen etwas zu erfahren, was ihm selbst Wert, Selbstbewusstsein und Sicherheit gibt. Wie bei Suchttendenzen kann das Leben in einer Gemeinschaft, also eine Sozialisation, die auf einfache Arbeiten und Aufgaben ausgerichtet ist, eine Chance bieten, in anderer Weise selbstbewusst und erwachsen zu werden. Eine solche Chance liegt für die Betroffenen in einfachen und konkreten Tätigkeiten, die sie mit anderen erfüllen, wobei sie in den Gruppenleistungen eine Aufwertung erfahren. Es gibt neue pädagogische Ansätze, die gerade darin ihre Aufgabe finden, den einfach strukturierten, in ihrer normalen seelischen Entwicklung eingeschränkten Menschen eine Chance zu geben, die zu den radikalen Handlungen neigen.

Allgemein wächst die Kriminalität gegenüber Ausländern in den neuen wie in den alten Bundesländern, die neuen Bundesländer sind jedoch deutlich stärker betroffen. Man hat gefragt, ob eine Generation von jungen Menschen sich mit ihrer Geschichte als »realsozialistischer Staat« kollektiv entwertet erlebt, vom Westen vereinnahmt, in ihrem Status benachteiligt und zurückgesetzt. Ein Positivum und eine jetzt verlorene Stütze der DDR war sicher die dort gegebene Nähe mit den anderen im alltäglichen materiellen Austausch, wobei jeder dem anderen helfen konnte und musste, um im Alltag zu überleben. Die Erfahrungen und die Kräfte eines jeden waren hier gefragt und gebraucht, sie gaben jedem einen Wert. Unter einfachen Verhältnissen in der räumlichen Enge des Staates lebend, teilten sie miteinander auch ein wärmendes Zusammenleben. Bei der Last allgemein größerer Arbeitslosigkeit fehlte nach der Wende dieser Zusammenhalt, den sie früher im Zwang kollektiver Arbeit und in manchem anderen gefunden hatten. Viele konnten sich jetzt mehr erlauben, auch reisen, aber die meisten fühlten sich, aus der fremden Welt zurückgekommen, noch mehr allein.

Was in den Jahrzehnten des Lebens in der DDR völlig gefehlt hatte, war, mit Menschen aus fremden Ländern persönlich vertraut werden zu können. Es hatte mit den russischen Truppen und auch mit ausländischen Arbeitern keinerlei Kontakte gegeben. Die Russen lebten als Soldaten in riesigen Kasernen streng abgeschlossen. Es gab offizielle Kundgebungen und Feste, aber auch dabei nie persönliche Begegnungen und einen bleibenden Austausch. Das Gleiche betraf auch die Arbeiter aus anderen Ländern, die in ihren Unterkünften miteinander lebten und nicht verstreut unter und mit deutschen Arbeitern.

Der Einblick in eine frühere Generation und Gruppe von Tätern der 70er-Jahre kann die typischen Verbindungen von Persönlichkeit und politischer Kritik an einer Elterngeneration noch deutlicher machen.

Die »politischen Terroristen« der früheren Nachkriegsgeneration sind mit der 68er-Generation in einem Buch mit *»Lebenslaufanalysen«* (21) erfasst worden. Die Ausführungen von Liselotte Süllwold gehen dabei auf Fahndungsunterlagen und Prozessakten zurück, die nach 1977 soziologisch und psychologisch ausgewertet wurden. Es zeigt sich dabei, dass es damals nicht allein linksradikale Gruppen waren, die, sich selbst einer »politischen Vereinigung« zugehörig erklärend, mit ihren Handlungen straffällig geworden waren. Allerdings überwogen zahlenmäßig bei den Untersuchten die Linken weit gegenüber den Rechtsorientierten, im Verhältnis 227 zu 23. Ein Unterschied bei den historisch wieder oder noch rechtsradikalen Gruppen dieser Jahre war zunächst, dass sie deutlich älter oder auch jünger waren, noch vor dem Krieg oder später geboren. Die 68er waren dagegen einfach die Nachkriegsjahrgänge. Auch gab es bei den Rechten keine Frauen, während bei den linken Gruppen weibliche Mitglieder beinahe ein Drittel ausmachten. Ein Bildungsunterschied war damals zwischen Links- und Rechtsterroristen deutlich gegeben, indem linke Gruppen hier schon als »bildungsbeflissen« bezeichnete Eltern besaßen und selbst in mehr als 50 % höhere Schulen besucht, zum großen Teil ein Studium begonnen, jedoch meist dann nicht abgeschlossen hatten. Die Mitglieder der rechten Gruppen hatten überwiegend Volks- und Hauptschulen besucht. An Interessen überwogen in den Studienrichtungen bei den Linksterroristen Psychologie und Soziologie wie Rechtswissenschaft. Deutlich ist auch, dass bei den Linken politische Bildung sowie organisatorische Interessen deutlich ausgeprägt waren, während bei den Rechten bei niedriger Schulbildung und wenig Ausbildung eine Neigung zu geschlossenen Einheiten mit Gruppenübungen militärischer und auch sportlicher Art bestand.

Bei einzelpsychologischen Erhebungen durch Süllwold werden Belastungen durch Misserfolge in der Vorgeschichte bei beiden herausgestellt, bei rechten schon in den Grundschulen, bei Linken erst mit den Studienabbrüchen. Bei den Daten zu Frauen in der linken Terroristengruppe wird darauf hingewiesen, dass hier relativ viele Frauen ihre lesbische Einstellung angaben, im Übrigen sich zwischen Frauen und Männern aber keine wesentlichen psychologischen Unterschiede ergaben. In der Anlage der Delikte von Linken in den 60er-Jahren war eine politisch und historisch begründete marxistische Ausrichtung fundierend gegeben. Ihre Handlungen waren dabei geplant und organisiert, nicht wie bei den Rechten durch situativ und spontan in kleinen Gruppen auftauchende Affekte motiviert. In schriftlichen Äußerungen von linken RAF-Mitgliedern kehrten bestimmte Ausdrücke wie »Imperialismus«, »Befreiungskrieg«, »Metropole«, »Guerilla« etc. gehäuft auf, ein Gruppenprozess war auch hier mächtig. Ihre Handlungen ließen sich aber nicht aus der Persönlichkeit, psychischen Störungen oder Drogengebrauch erklären. Bei rechten Terroristen waren auch hier, wie in der Generation Jahrzehnte später, hierarchische Organisation und Führungspersonen gesucht, meist von einfacheren und ungebildeteren jungen Menschen, die gegen ethnisch fremde Menschen und Gruppen gemeinsam zu Taten kamen, zu denen sie allein kaum fähig gewesen wären. Täter, welche sich von der Terroristenszene trennen konnten, wurden nur bei Linksterroristen gefunden und untersucht. Es waren 23 %, die sich schon während der

Haftzeit oder danach distanzierten, meist, weil sie die gebrauchten gewaltsamen Mittel ablehnten.

Beim Thema von *adoleszenter Gewalt* sind Beobachtungen aus den alten Bundesländern nicht zu vernachlässigen, z. B. dass in Jugendstrafanstalten in der niedersächsischen Provinz ein höherer Anteil *türkischer Jungen* als »jugendlicher aktiver Gewalttäter« beschrieben wird (16). Sie treten hier beinahe dreimal häufiger auf, als ihrem statistischen Bevölkerungsanteil entspricht, Tötungsdelikte sind nicht erwähnt. Eine dann angestellte Befragung von 15-Jährigen ergab, dass offenbar Schlägereien untereinander sehr verbreitet sind, als Täter wie als Opfer. Es finden sich in türkischen Familien überhaupt häufigere elterliche Gewalt durch Züchtigung und auch Missbrauch gegenüber den Jugendlichen. Eine größere Rolle spielt dabei die beobachtete Partnergewalt zwischen den Eltern, die um ein Fünf- bis Zehnfaches höher ist als in einheimischen deutschen Familien. Sind Vorbilder hier einfach die erlernten Ursachen eigenen Verhaltens? Die jungen Männer werden von ihren Eltern auch nicht selten für ihre Schlägereien gelobt.

Es besteht für die jungen Menschen jedoch die Möglichkeit einer Integration und Emanzipation in der deutschen Kultur, sie lernen ja schon die Sprache stets schneller als die Eltern. Es zeigt sich, dass in den armen und den ökonomisch wenig integrierten Familien solche Gewalttaten mehr verbreitet sind als in integrierten. Bei Jungen und Mädchen, die zu den *»Privilegierten«* gehören, etwa, indem sie bereits das Gymnasium besuchen, sind Gewalttaten nicht zu beobachten. Aber ist das Privileg der höheren Schule eine Folge der familiären Umwelt oder weist eine solche positive Entwicklung einzelner junger Männer und Frauen auf ihre eigene aktive Form von Anpassung? In der Untersuchung wird einerseits darauf hingewiesen, dass schlagende Väter ein problematisches Vorbild für die Söhne und geschlagene Mütter für Mädchen ein solches »Vorbild« für eine Opferrolle sein können. Es ist auch hier das Gewicht der *ökonomischen Bedingungen* nicht zu übersehen und nicht allein die Ethnien als Einflussfaktor. Die waren bei den gewalttätigen Türken um das Doppelte bis Dreifache schlechter als bei den deutschen Tätern in dieser Altersgruppe. Sie hatten oft keine Gelegenheit, in einer ihnen angemessenen Aufgabe arbeitend ihre Kräfte zu entwickeln und zu zeigen. Bei Türken wie bei Deutschen liegen die individuellen Unterschiede und jeweils unterschiedlichen Motivationen und Möglichkeiten schon im psychosozialen Niveau der Familie und dem Grad der Freiheit überhaupt, in der türkischen wie in der deutschen Umgebung eine Wahl zu treffen.

Die Gefahr ist aber auch hier gegeben, dass die Umwelteinflüsse allein gesehen und überschätzt werden. Es gibt die geteilten familiären Umwelteinflüsse, die bewirken, dass sich Verhaltensmerkmale ähnlich sind, und die nichtgeteilten, die jedes Individuum in je eigener Weise sinnentnehmend wahrnimmt (s. S. 146). Wenn Kinder erleben, dass ihr Vater die Mutter prügelt, können sie das anziehend als Vorbild für eigenes Verhalten erleben, andere werden das aber gerade nicht tun, in allen Ethnien.

Bei den in Gruppen auftretenden politischen Tätern verbinden sich die soziale Umwelt und die Geschichte unseres Landes mit verschiedenen politischen Motivationen und bestimmten akzentuierten Persönlichkeiten. Diese haben bei aggressiven Handlungen und der Fähigkeit zu Gewalttaten allgemein großes Gewicht. Schon im Jugendalter oder in der Adoleszenz auftretende sexuelle Gewalttaten sind nicht leicht zu nehmen, sie zeigen in neuen Verlaufsstudien persistente Tendenzen. Es gibt viele Formen von aggressiven Handlungen und von asozialen Entwicklungen, passagere in der Adoleszenz, und davon abgehoben später sich entwickelnde kriminelle Entwicklungen von Einzeltätern. Heute tauchen in den Medien die *pädophilen Gewalttäter* häufig als besonderes Problem auf.

Dazu gibt eine Untersuchung von Rudolf Wyss von 1967 in der Schweiz einen Überblick über 160 psychiatrisch untersuchte Männer mit pädophilen Handlungen, bei denen zwar in den ersten drei Jahren mehrere, später auch noch vereinzelte Rückfälle beobachtet wurden, aber alles Taten ohne Gewaltanwendung oder gar Todesfolge (22). Es waren in den Altersgruppen der Täter 20 % zwischen 20 und 30 Jahre alt und ebenso viele in den nächsten drei Jahrzehnten, über 60 Jahre alte nur noch 14 %. Die Mehrzahl dieser Untersuchung, nämlich 90 Probanden, war verheiratet und mit den Kindern bekannt. Die Kinder waren 53 % Knaben, 22 % Mädchen und

5 % beide Geschlechter, darunter 20 % Inzestopfer. In der Persönlichkeit werden die Pädophilen überwiegend als infantil, unsicher, retardiert und willensschwach beschrieben, nur 7 % als triebhaft. Sie sind als Menschen zu sehen, bei denen eingeengte seelische Entwicklungen mit Unfähigkeit zu Partnerschaft auf gleicher erwachsener Ebene bestehen. Das trifft zusammen mit in bestimmten Situationen sich auslösender Dynamik sexueller Anziehung und Machtgefühlen gegenüber kleinen Kindern, die ihnen durchweg nahe und vertraut waren und dabei als sexuell anziehend erlebt wurden. In den Typisierungen von Wyss tauchen Früheinsteiger und Späteinsteiger, Gelegenheitstäter und einzelne Intensivtäter auf, altersbegrenzte und resistente Einzeltäter als Verlaufstypen, die bei den unsicheren Ursachen keine sicheren prognostischen Kriterien hergeben.

Sieht man die in der Schweizer Untersuchung vor einigen Jahrzehnten völlig fehlenden Gewalttaten mit Todesfolge, wirft das die Frage nach den Persönlichkeiten auf, die in den folgenden Generationen und jetzt als *pädophile Gewalttäter* auftreten und die heute im Mittelpunkt der Aufmerksamkeit stehen. Das sind oft *persistente Intensivtäter*, bei denen die Ohnmacht der Strafandrohung und der Therapieverfahren letztlich zu lebenslanger Haft zwingt. Sicher sind hier andere abnorme Persönlichkeitstypen und andere Lebenslagen gegeben als bei den pädophil handelnden Männern in der Schweiz. Auch wenn es bei den persistenten Intensivtätern nur eine Rückfallquote von 3–5 % gibt, so ist es bei ihren Deliktformen mit häufiger Todesfolge und dem fehlenden Wissen, wie die einseitig akzentuierten und starren Persönlichkeiten zu behandeln sind, kaum möglich, hier Freiheit zu geben. Das Gebiet der Psychotherapie und Sozialtherapie bei diesen Straftätern ist eines der schwierigsten und übt so wenig Anziehungskraft bei Therapeuten in der »Psychoszene« aus.

Eine neue Untersuchung in England (7) mit Befunden an 13 »soziopathischen Mördern« wies, im Vergleich mit einer größeren Gruppe von Kriminellen, auf bestimmte Faktoren in den Persönlichkeiten mit fehlenden Hemmungen für Handlungen bei provokanten Reizen. Ob die benutzten Testmethoden, welche die Probanden etwa mit Begriffen wie »Blut« usw. konfrontierten und die danach fragen, inwieweit sie sich dabei angenehm oder unangenehm fühlten, ausreichen und zu bestätigen sind, ist wohl noch zu prüfen.

Eine Frage, die in psychoanalytischen Abhandlungen immer wieder auftaucht, ist die, ob solche Täterpersönlichkeiten nicht selbst *Opfer familiärer Schädigungen* sind. Sind es von Vätern misshandelte und von Müttern vernachlässigte Kinder, Folgen von Traumen? Es gibt dazu Verlaufsuntersuchungen aus bestimmten Populationen in den USA, in denen körperliche Misshandlungen und Vernachlässigungen eher häufiger sind und deren Nachwirkung im Längsschnitt untersucht werden können.

Erfasst wurde namentlich eine Gruppe von ihren Eltern misshandelter und vernachlässigter Kinder, die wegen der Folgen in einem Krankenhaus behandelt werden mussten (17). In einer städtischen Population der Südstaaten in den USA wurden sie im Vergleich mit einer Kontrollgruppe ohne diese Belastungen aus der gleichen Bevölkerung und demselben Krankenhaus in ihrer Entwicklung verfolgt. Man suchte nach beiden Gruppen 20 Jahre später in den Akten der verschiedenen Behörden des Staates nach einem auffällig gewordenen kriminellen Verhalten. Es war eine Population, die relativ hoch war im Hinblick auf ein hier schon gegebenes allgemeines Risiko an kriminellen Entwicklungen. In der Gruppe der Misshandelten waren im Strafregister für Jugendkriminalität dann 26 % zu finden gegenüber 17 % in der Kontrollgruppe. Im Strafregister für Erwachsenenkriminalität waren es 29 % der Misshandelten gegenüber 21 % in der Kontrollgruppe. Bei Misshandelten bestand also ein etwas größeres Risiko, statt 1 auf 1,4- bis 1,5-mal erhöht. Aber es ist ja, wie wir in anderem Zusammenhang bereits erwähnten, bemerkenswert, dass auch bei den misshandelten und vernachlässigten Kindern mehr als 70 % nicht auffällig wurden und dass in der nichtmissbrauchten Kontrollgruppe etwa bei jedem Fünften als Erwachsener auch Kriminalität zu verzeichnen war.

Bei solchen Zuweisungen stellt sich eben immer die Frage, ob neben der kindlichen Erfahrung nicht auch ein von den Eltern erblich vermittelter Persönlichkeitsfaktor mitwirkt. Als fremdbestimmten Einfluss macht die Kontrollgruppe noch die *Macht der Gruppe der Gleichaltrigen* deutlich, die hier Bedeutung hat.

Umfangreiche Untersuchungen in den USA von 1983 zeigen, dass hier nur sehr schwache genetische Einflüsse wirken, die sich dann aber im weiteren Leben mit den bestimmenden alltäglichen Situationen verbinden. Es wurde zunächst in großer Zahl unter Schülern die Delinquenz von Adoleszenten für eingestandene Straftaten in Oklahoma erfasst (18). Schüler der oberen Schulklassen, darunter 530 Zwillingsgeschwister, hatten in Fragebögen selbst ihre strafbaren Handlungen aufgezeichnet: deren Art und Häufigkeit und ob allein, mit Freunden oder Geschwistern, mit wem und wie sie ihre freie Zeit verbrachten, alles Angaben, die ohne Namensnennung erfolgten. Es waren Handlungen wie Ladendiebstahl über 50 Dollar, körperliche Angriffe auf andere, Fenstereinschlagen und ähnliche Übertretungen der Strafgesetze. Bei den erbgleichen Zwillingen zeigte sich eine nur gering größere Häufigkeit als bei zweieiigen, bei Jungen wie bei Mädchen, wobei die Häufigkeit im Ganzen bei Frauen geringer und zahlenmäßig hohe Steigerungen von Delikten auf wenige beschränkt waren. Der Unterschied in den beiden Zwillingsgruppen war aber so gering, dass man doch mit dem wesentlichen Anteil der geteilten Umwelt bei beiden Gruppen rechnen musste. Der Umweltanteil lag aber dann nicht in den Familien und sozialen Schichten, aus denen die Zwillinge kamen, auch nicht darin, ob sie aus der weißen oder farbigen Bevölkerung kamen. Bei den situativen Anlässen der Handlungen ergab sich, dass sie durchweg mit anderen Jugendlichen begangen worden waren, wozu dann ein bestimmter Einfluss noch dazukam: Wenn auch zwischen zweieiigen Zwillingen eine nahe Beziehung bestand, dann war keine Differenz in der Häufigkeit gegenüber den eineiigen. Sie hatten ein Delikt dann gemeinsam begangen, wenn sie auch sonst viel Zeit und Handlungen zusammen verbracht hatten. Dieses *Merkmal gemeinsamen Lebens und Handelns* in alltäglicher Vertrautheit war dann bei erbgleichen wie den geschwisterähnlichen erbungleichen Zwillingen offenbar der entscheidende Faktor. Nicht die Elternerziehung hatte sie zu den Straftaten geführt, sondern das alltägliche gemeinsame Erleben. Unter den Faktoren, die in dieser Altersgruppe menschliches Verhalten bestimmen und Gewicht für die weitere Lebenszeit haben, ist die gewählte *Gruppe der Gleichaltrigen*, mit denen man spielt, Gemeinsamkeiten entdeckt und in der man dann schließlich handelt, nicht zu vernachlässigen.

In der Adoleszenz ist die sozialisierende Macht deutlich geworden, die im persönlichen Austausch in den gesuchten Gruppen Gleichaltriger und neuer Vorbilder liegt, welche in den Generationen bestimmend sind. Bei den klugen linken wie den einfacheren rechten Gewalttätern war es eine über den rational-politischen Austausch hinausreichende Lebenserfahrung.

Kritiker der Verhaltensgenetik werfen ihr oft »fehlende Selbstkritik« vor, zu einseitig zu sein und die Umwelt zu undifferenziert zu behandeln (20). Es wird von diesen Entwicklungspsychologen gefordert, auf »die schweren lebensgeschichtlichen Belastungen in der Familie« zu achten, denn die Folgen von *Scheidungen* und *Doppelerwerbstätigkeiten* seien in den späteren alltäglichen Interaktionen zu verfolgen.

Dass elterliche Scheidungen im frühen und auch noch im späteren Kindesalter eine Belastung für Kinder bedeuten können, soll nicht bezweifelt werden. Ob sie in einem zerstrittenen Elternhaus mehr negative als positive Folgen haben, vor allem bleibende negative Auswirkungen, ist empirische Untersuchungen wert.

In den USA haben Psychologen an der Universität in Virginia seit 20 Jahren große empirische Untersuchungen an vielen hundert Fällen unternommen (9). Es wurden die Eltern und die Kinder über Jahrzehnte beobachtet und in Gruppen verglichen, wobei man vor allem auch der »Perspektive der Kinder« nachging.

Die Untersuchung kommt zur Auffassung, dass für eine unglückliche, zerstrittene und destruktive Ehebeziehung Scheidungen für die Mehrzahl der Eltern und Kinder neue Lebensmöglichkeiten eröffnen. Auch hier hängt es offenbar von der Persönlichkeit der Eltern wie der Kinder ab, wie sie zu neuen Lösungen kommen oder ob sie in traumatischem Schmerz verharren.

Es gibt nicht nur für Eltern, sondern auch für die Kinder kreative Scheidungen, die ein nicht mehr tragbares und belastendes Zusammenleben beenden. Bei den Kindern finden sich keine Häufungen seelischer Schäden oder sozialer Schwierigkeiten.

Sich zur Scheidung entschließen zu können ist zunächst auch etwas, das, wie Zwillingsuntersuchungen zeigen, eine erbliche Gewichtung hat: Sie ist als erbliche Schwäche oder Fähigkeit mit .52 gewichtet, wie Rowe in seinem Buch über die Grenzen des Familieneinflusses zeigt (19). Heiraten aus Familien mit geschiedenen Mitgliedern kommende Personen einen mit der gleichen Last oder Gabe, so steigert sich das Scheidungsrisiko auch in der folgenden Generation erheblich. Die erlebte Scheidung ist offenbar kein Trauma, welches zu einer sie phobisch vermeidenden Haltung führt.

Es gibt noch andere Formen von Gewalt, in denen Heranwachsende in den Jahren schulischer Sozialisation gegen ihre Lehrer und Mitschüler mit modernen technischen Mitteln als einzelne Täter auftreten. Was bisher eher aus den USA bekannt war, hat sich in Erfurt im Mai 2002 mit einem 19-jährigen Gymnasiasten ereignet. In seiner Schule hat er zwölf Lehrer und drei andere Menschen, darunter zwei Schüler, mit gezielten Kopfschüssen getötet und dann sich selbst. Wie kommt es bei Menschen zu solchen Taten und wer sind die Täter? Man hat versucht, bei dem nach deutschen Gesetzen ja volljährigen jungen Mann die berufstätigen Eltern und auch die Lehrer wegen fehlender Verbindungen untereinander verantwortlich zu machen. Bemerkenswerter und auffällig waren bei dem Gymnasiasten die von ihm selbst gesuchten Betätigungen in seiner freien Zeit. Er war lange Mitglied eines Schützenvereins, in dem er brillierte, auch sehr aktiver Spieler in einem Fußballklub und er liebte aggressive Computerspiele. Wie seine Altersgenossen hatte er in den Medien sicher zahlreiche Mordhandlungen miterlebt. Ist es die Macht der Bilder, die sich bei manchen nur wenig, aber bei anderen stärker auswirkt? Ob der Besitz von Schusswaffen allgemein durch Waffengesetze besser kontrolliert werden muss, die Computerspiele eingeschränkt, wurde nach diesem bisher hier einmaligen Geschehen gefragt. Aber in diesem Fall ist auch in der pubertären Sozialisation ein Problem fehlender Passung von sich manifestierenden Persönlichkeitszügen und der ihm zugewiesenen Umwelt unübersehbar.

Seine gebildeten und gutmeinenden Eltern hatten ihn in ein Gymnasium gegeben, die in ihren Augen qualifizierteste und aussichtsreichste Ausbildung, die in der Stadt zu finden war. Es ist etwas, was viele Eltern in guter Absicht tun. Aber ist das intellektuell Beste für alle gut? Es liegt in den Gegenständen, an denen gelernt wird, den Inhalten und zu erwerbenden Qualitäten, um die es geht, in den Anforderungen, die gestellt, und Befriedigungen, die dort zu erreichen sind. Das Beste ist schon in der Schule angesichts der Ungleichheit der Menschen sicher nicht das Gleiche für alle, sondern etwas sehr Verschiedenes. Die Schule war über zehn Jahre für diesen jungen Täter eine Serie von Misserfolgen, Enttäuschungen und Entwertungen. Wie sich zeigte, lagen seine Interessen und Fähigkeiten nicht im Bereich geistiger Leistungen, sondern in konkreten manuellen Handlungen und in körperlichen Leistungen. Es gab in diesem Bereich sicher auch für ihn soziale Tätigkeiten, die zu entdecken waren, ihm aber nicht geboten wurden. Es sind solche, die in früheren Zeitaltern mit rustikalen und handwerklichen Aufgaben für Kinder und Jugendliche selbstverständlicher und viel breiter angeboten wurden als heute in den städtischen begüterten Lebensformen.

Der 19-jährige Schüler war ein hervorragender Schütze, ein in seiner Mannschaft geschätzter Fußballspieler und körperlich vielseitig begabter Jüngling. Er war aber unfähig, die abstrakten Inhalte, die ihm in der Schule zugeführt wurden, aufzunehmen und produktiv zu verarbeiten. Er war *ein Täter.* Nachdem mehrfach nicht versetzt, mied er die Schule, fälschte Entschuldigungen und Krankheitsdokumente, wurde schließlich aus der Schule verwiesen, was er den Eltern verbarg. Er hatte ein Jahrzehnt von Misserfolgen hinter sich, Entwertungen seiner Person erfahren. Er kannte viele Menschen, aber hatte mit niemandem nähere persönliche Kontakte, keine Liebschaft und keinen engen Freundeskreis, blieb ein Einzelgänger. Seine Tat, einigen Mitschülern vage angekündigt: »*Man werde von ihm hören*«, war für ihn ein verzweifelt gesuchter und erfolgreicher Weg, auf sich aufmerksam zu machen, nicht nur in Erfurt, sondern im ganzen Land durch seine unmenschliche Tat. Es war ein, wie heute nicht selten, an den Medien orientiertes Handeln, sich als Täter einen Namen zu machen.

Es sind Einzeltäter, die in Gewalt gegen Lehrer auftreten, junge Männer die, wie aus den USA bekannt, vorher nicht grob auffällig waren, nicht psychiatrisch krank, aber profilierte akzentuierte Charaktere. Man muss hier wohl, wie bei vielen Gewalttätern, eine *Emergenz* in der genetisch strukturierten Persönlichkeit voraussetzen (s. oben S. 96), worauf auch die Erfahrungen aus Nordamerika verweisen.

Es stellt sich damit hier die differenzierte Frage einer Prävention. Liegt sie bei der Familie, im Kreis der Gleichaltrigen oder bei den ausbildenden und sozialisierenden Einrichtungen? Sie liegt in der Adoleszenz bei diesen Persönlichkeiten nicht in der traditionellen Schule, sondern vor allem in Einrichtungen, die Lebenserfahrungen vermitteln, die den Menschen Aufgaben und Entwicklungsmöglichkeiten bieten, die ihnen Selbstbewusstsein geben und sie nicht verzweifelt zu Mitteln der Gewalt greifen lassen.

Es gibt in den USA und jetzt auch in Europa schulische Formen und Versuche, in denen Jungen und Mädchen, die sonst im Schulalter nur scheitern, gefördert werden und vorankommen können durch vermittelte *Praxiserfahrungen*, indem sie in bestimmte Tätigkeiten und Berufe eingeführt werden. Schon in den Gesamtschulen versuchte man in der BRD seit Jahrzehnten mit Arbeitslehre und Betriebspraktika Schüler von 13 und 14 Jahren mit der Berufswelt vertraut zu machen. Es gibt jetzt die Praxis von »Hauptschulen für produktives Lernen«, in denen Schüler einige Wochentage im Berufsleben als Gehilfen in verschiedene Berufe hineinschauen. Selbst handelnd, auch in manuellen Formen, sollen sie ihre Möglichkeiten und Grenzen austesten, um später ein ihnen angemessenes und sinnvolles Leben zu finden. Dabei tauschen sie sich dort untereinander in der Gruppe und mit den Lehrern über eigene positive und negative berufliche Erfahrungen aus. Das Ziel solcher Einrichtungen ist, in *»gesellschaftliche Ernstsituationen«* einzuführen, d. h., im Leben selbst Erfahrungen machen zu können, in Nähe und Austausch in der sinnlichen Welt aus konkretem eigenem Handeln zu lernen, praktische Fertigkeiten und eine soziale Intelligenz zu entwickeln. Diese Einrichtungen sind bisher meist von persönlichen Initiativen getragen und tun sich offenbar schwer im öffentlichen Ausbildungssystem. Es bedarf neben den bisherigen Schulen, die intellektuell hoch qualifizierten Schülen gerecht werden, anderer, breiter angelegter Lehrformen, um in diesem Richtung gebenden

Jahrzehnt der Entwicklung der Ungleichheit der Menschen gerecht zu werden.

Eine besonders dieser Altersphase angemessene Therapie ist die in den USA seit Jahrzehnten praktizierte der *»teen-courts«*, in denen Jugendkriminelle zwischen 10 und 18 Jahren vor Richtern aus der eigenen Altersgruppe stehen. Es geschieht im Mittleren Westen etwa in einem Saal des Rathauses bei der Anwesenheit der Eltern und jugendlicher Zuhörer. Diebstähle, Genuss von Haschisch, respektlose und aggressive Handlungen gegenüber anderen Menschen werden in den Verhandlungen besprochen und führen zu einem Urteil. Die jugendlichen Täter werden vernommen, ob sie die Handlung zugeben, gefragt, warum und wie sie sie praktiziert haben. Richter und Verteidiger sind gute Schüler der oberen Klassen, die sich mit dieser sozialen und unentgeltlichen Arbeit Ansehen erwerben können. Die Strafen bestehen dann in Aufsätzen, in denen die Betroffenen ihre Tat noch einmal darstellen, mit ihr gedanklich konfrontiert werden und die sie bedauern sollen, sowie in gemeinnützigen Arbeiten in der Gemeinde. Die Rückfallquote soll nach solchen Verhandlungen und Strafen wesentlich geringer sein und es zeigen sich Unterschiede hinsichtlich weiterer Kriminalität als Erwachsene. Von deutscher Seite wurde die Frage aufgeworfen, ob hier nicht banale jugendliche Delikte nur aufgebauscht werden. Aber deutlich wird hier, wie groß der Einfluss Jugendlicher auf andere junge Menschen sein kann. Sie sind einander näher, schon in dem, was sie meist miteinander an unkonventionellen und illegalen Taten unternehmen und hier noch einmal miteinander austragen können.

Lebenserfahrung und philosophische Menschen- und Weltbilder

Die Adoleszenz in ihrer natürlichen Verbindung von körperlicher Reifung mit seelischen und geistigen Entwicklungen unter Gleichaltrigen und im gesellschaftlichen, politischen und kulturellen

Raum bietet methodische Probleme. Es zeigt sich wieder, wie leicht Entwicklungstheorien zu Menschenbildern und zu ganzen Weltordnungen werden. Auch hier wurde in der psychoanalytischen Tradition denkend abweichendes Verhalten in dieser Lebenszeit mit früheren, kindlichen Schädigungen verbunden, was im Identitätskonstrukt deutlich wurde. Das Gebiet der Psychotherapie, die Entwicklung des Menschen und seine Stellung in der Welt thematisierend, hat nun auch Philosophen dazu gebracht hat, ihre Stimme zu erheben und Kommentare abzugeben. Wenn welterfahrene und methodisch denkende Philosophen sich nicht in ihren Denktraditionen isolieren, sondern in andere Fachgebiete hineinschauen, wenn sie das, was wir tun und in unseren Theorien darüber denken, kritisch betrachten, so kann das für beide Seiten die Perspektiven erweitern und Gewinn bringen.

Aus seiner Jugendzeit hat Freud auch über philosophische Interessen berichtet, sich dann aber ganz der Naturwissenschaft seiner Zeit gewidmet. Sein Werk hat Jürgen Habermas 1968 dazu gebracht, sich in seinem international bekannten Buch »Erkenntnis und Interesse« (8) intensiv mit der Psychoanalyse in ihren Theorien wie ihrer Praxis zu beschäftigen. Er behandelt zunächst die Frage, ob in der Psychoanalyse Freuds »Selbsterkenntnis in Selbstreflexion als Wissenschaft« realisiert sei und fand dabei ein »szientistisches Selbstmissverständnis«. Die Physiologie habe Freud in einen naturwissenschaftlichen Objektivismus und zeitgenössischen Positivismus geführt, die in ihrer Kausalität der geschichtlichen Dimension, der Hermeneutik und biographischen Rückschau nicht angemessen seien. Er habe es unternommen, seelische Erlebnisse wie physiologische Abläufe im Strukturmodell zu beobachten und zu beschreiben. Habermas hat hier offenbar das mechanistische und räumliche Denken in seelischen Traumen als bestimmend angesehen, das Denken von Vorstellungen, welche in den Raum des Unbewussten verdrängt werden, von dem zu überwindenden Widerstand und seiner Abwehr wie vom Wiederholungszwang der verdrängten Kindheitserlebnisse. Die Frage ist nach Habermas, ob dieses Selbstverständnis in der »Theoriesprache« dem wirkenden Geschehen in der Psychotherapie entspreche. Er schreibt, die Psychoanalyse sei in ihrer lebensgeschichtlichen Hermeneutik »kein gesteuerter Naturprozess«, sondern eine Bewegung der Selbstreflexion auf der Ebene der umgangssprachlichen Intersubjektivität zwischen Arzt und Patient. Angeregt durch den Austausch mit Psychoanalytikern findet er aber in ihrer Praxis »in der Kommunikation von Arzt und Patient in gemeinsamer Sprache und in allgemeinen Interpretationen« einen möglichen lebensgeschichtlichen Bildungsprozess. Aber er empfiehlt auch den theoretischen Rahmen der Naturwissenschaften zu reformulieren »im Rahmen einer strikten Erfahrungswissenschaft«, dabei nicht auf die psychoanalytische, sondern die empirische Lernpsychologie hinweisend. Es ist deutlich, dass, wenn Freud und auch Habermas, zu dieser Zeit Direktor des Max-Planck-Instituts in Starnberg, von Naturwissenschaft sprechen, sie noch nicht die biologischen Lebenswissenschaften meinen, die mit Darwin und nach ihm aufgetreten sind, sondern die physikalisch-chemische Naturwissenschaft des 19. Jahrhunderts.

In einer Nachrede zur späteren Taschenbuchausgabe hat Habermas dann seinen allgemeinen Wahrheitsbegriff relativiert, die mögliche vernünftige Rede aber in ihrem Wert, wie dann in seinem weiteren Lebenswerk, verteidigt. Die elementare sprachliche Verständigung habe Geltungsansprüche, die unbedingt seien und diskursiv auftreten, also erweiternd. Sie sei offensichtlich ein Faktum der Natur, das in den real existierenden, unvermeidlich idealisierten Kommunikationsgemeinschaften nicht in die Argumentationen, sondern in die *Lebenspraxis der gesellschaftlichen Systeme* eingebaut sei. Psychotherapie wird hier als ein möglicher dialogischer Bildungsprozess gefasst, der in der Behandlungsstunde abläuft.

Anzufügen ist hier, dass es kein pädagogisches Gespräch zwischen einem Wissenden und einem Lernenden ist. Es ist von zwei Seiten ein lernendes Mitteilen, Aufnehmen und Verstehen vom seelischen Leben in der Welt, das in einer Verständigung über die weitere Entwicklung des Kranken draußen in seiner Welt führen muss. Die Mitteilungen über die äußere und innere Lebenslage des Patienten hat der Therapeut in sein professionelles Wissen einzuordnen.

Der Gegenstand des so erweiterten persönlichen Gesprächs stellt die Nähe her, die es zwischen einem Kranken, Leidenden und dem Behandler in verstehend helfender Position gibt. Es ist dabei ein

Gespräch, das über die Stunden hinausreichen und sich im weiteren alltäglichen Leben des Betroffenen draußen bewähren muss.

Einige Jahre später hat ein anderer Philosoph, Karl Löwith (1888–1972), seinem früheren Lehrer Heidegger zum 80. Geburtstag einen kritischen Festvortrag gehalten über »Die Natur des Menschen und die Welt der Natur« (13). Er zeigt dabei, dass man einem Lehrer und der gemeinsamen Sache am ehesten gerecht wird, wenn man ihn nicht nur bestätigt und lobt, sondern über von ihm gefundene und vertretene Auffassungen fortschreitet. Löwith hatte als junger Mann mit der Philosophie auch Biologie studiert. Dabei sei ihm aufgegangen, wie er hier erwähnt, »welch ein Wunder an Organisation die Lebendigkeit ist«. Was er in Heideggers existentialontologischem Denken vermisse, sei »die Natur um uns herum und in uns selbst«. Wenn aber die Natur fehle, so sei das Ganze des Seienden in seiner Seiendheit verfehlt und lasse sich nicht nachträglich hereinholen.

Löwith hatte zu dieser Zeit mit Arbeiten über Natur und Geschichte, Natur und Humanität des Menschen der Welt des Lebendigen schon Aufmerksamkeit geschenkt. Jetzt behandelte er das Wachsein des Menschen, seinen Trieb zur Selbsterhaltung und die Freiheit des menschlichen Daseins, sich dabei u. a. auf Aussagen des Psychiaters Erwin Straus beziehend. »Die Natur des Menschen zeigt sich nicht nur in der gesamten Leiblichkeit mit ihren Welt eröffnenden Sinnen und dem Triebleben des Geschlechts, sondern vor allem in dem unscheinbaren Phänomen, dass wir ein Drittel unseres Daseins verschlafen, ohne Bewusstsein am Leben sind.« Er schließt diesen Vortrag vor Heidegger 1966 mit der kritischen Aussage: »Ein an ihm selber ungeordnetes Wesen, das wesentlich ›existiert‹ … kann nicht den Kosmoscharakter der Welt und die Natürlichkeit der Natur entdecken. Die Natur kann sich keinem unsinnlichen leiblosen Dasein erschließen.«

Damit weist er auf die Gefahr hin, dass wir denkend und konstruierend die sinnliche Welt ausschließen, in der wir mit den anderen leben und in der wir Psychotherapeuten in leiblicher Präsenz ja auch mit unseren Patienten eine Strecke unseres Lebensweges teilen. Dies leibliche Miteinander im Sprechen scheint in der Psychotherapie ja wesentlich, sie ist jedenfalls nicht in einem einmaligen Austausch und nicht brieflich oder telefonisch zu praktizieren. Löwith schloss seinen Vortrag vor Heidegger in Freiburg noch ab mit dem Satz. »Aber in einem glaube ich mich, trotz aller unzulänglichen Kritik und mangelhafter Explikation, mit Ihnen einig zu sein: dass das Wesentliche ein Einfaches ist – bei mir vielleicht etwas allzu Einfaches.«

Aber wie kommt man zu diesem Wesentlichen? Offenbar nicht allein im Denken, es braucht dazu andere Menschen und ein Erleben der Natur und der Welt. Löwith war mehr als 30 Jahre älter als Habermas und hatte Erfahrungen im 1. Weltkrieg, u. a. mit einer Kriegsgefangenschaft in Italien, gesammelt. Als jüdischer Deutscher war er 1933 zur Emigration wieder nach Italien gezwungen und lernte dann andere Sprachen und Länder kennen. Seit 1938 lebte er fünf Jahre in Japan, an einer Universität im Austausch mit Kollegen lehrend. Nach erneuter rettender Emigration in die USA 1942 fand er dort eine Stelle an einer Universität. Er gehörte dann zu den leider wenigen jüdischen Deutschen, die in ihre Heimat zurückkehrten. 1948 folgte er einem Ruf nach Heidelberg, las an der Universität noch mehr als zwei Jahrzehnte Philosophie und schuf ein vielseitiges Werk.

In Rückschau auf die japanische Lebensphilosophie hat er formuliert, was wohl für alle Lebenswissenschaften gilt: »Wer nie in Berührung kam mit einem anderen und Fremden, der weiß auch nicht, wer er selbst ist.« Eine solche Berührung veranlasse zweierlei: Vergleich mit und Unterscheidung von, weil sich nur Ungleiches oder Verschiedenes auch miteinander vergleichen lässt. Der unterscheidende Vergleich führe jedoch nicht notwendig zu einem Ausgleich, sondern eher zur Auseinandersetzung, diese bedeutet zugleich eine Selbstunterscheidung oder »Kritik« an sich selbst. Kritiklosigkeit an sich selber beruhe auf der Unfähigkeit, sich selbst wie einen anderen zu sehen und aus sich selber herauszugehen. »Die Möglichkeit einer solchen Selbstunterscheidung verdanke ich der Auswanderung und meiner fünfjährigen Tätigkeit an einer japanischen Universität.« In »Bemerkungen zum Unterschied von Orient und Okzident« sind diese in ihren wertvollen Traditionen behandelt und bei ihm zu finden (14). Sein Bekenntnis zur Natur des Menschen und zum Leben in einer sinnlichen Welt, die in der europäischen Kultur und auch in ihren Wissenschaften tradiert ist, hat er in seiner Rede in Freiburg zum Ausdruck gebracht.

Nicht jeder ist wie Löwith schicksalhaft in andere Länder gekommen, hat hier gelebt und nicht jeder hat die Möglichkeit der Berührung mit dem Fremden so genutzt wie er. Eine Möglichkeit selbstkritischer Distanz und natürlicher Reifung liegt auch in der Chance des Älterwerdens, sich dabei zu verändern und selbst neu zu finden. Es wird dazu häufig bemerkt, dass man das, was man als junger Mensch verehrt habe, im Alter kritisieren dürfe. Darf man das nur oder muss man es nicht, in einer Zeit sich wandelnden Wissens über den Menschen und den Kosmos? In den adoleszenten Jahren war man begeisterungsfähig, oft unkritisch und einseitig, lebte in der Gefahr, in den einmal gefundenen Ideen und Theorien stecken zu bleiben.

In den letzten 100 Jahren hat sich das Wissen über den Menschen auf unserem Planeten, über die Geschichte des Lebens hier und über seine körperliche und seelische Entwicklung erweitert und wir müssen es zur Kenntnis nehmen. Die Konstrukte, die sich Breuer und Freud, Erikson und Bowlby im vorigen Jahrhundert erdachten, müssen nicht in religiöser Verehrung und weil es Ansehen und Besitz gibt, in der Aus- und Weiterbildung konserviert werden. Solche Gründergestalten können nur lebendig bleiben, wenn wir ihre Gedanken mit den neuen Entdeckungen in den Lebenswissenschaften verbinden und sie erweitern. Wissen ist ein Gewinn, aber auch eine zu verantwortende Last. Es gibt uns Übersicht über unser eigenes Tun und Können und auch darüber, was wir als Ärzte und Psychologen, die kranke Menschen behandeln, mehr oder weniger angemessen gedacht und getan haben und jetzt noch besser tun können. Dazu muss man jedoch über die Literatur der eigenen Richtung hinausschauen, denn man hat im interdisziplinären Wissen eine Chance, Neues zu finden und sich im Denken und Handeln noch zu verändern.

6. Kapitel
Konsequenzen für Praxis, Theorien und Ausbildung

Die Praxis der Psychotherapien und ihre bestimmenden Theorien schließen Menschenbilder ein, in denen sie sich verstehend und therapeutisch einrichten. Es sind Grundannahmen darüber, wie sich die reifende Natur des Menschen allgemein und individuell in der Umwelt seelisch entwickelt. Ein Assistent der Heidelberger Abteilung für Psychosomatische Medizin, Albert Görres, hat 1958 in einem Buch »Methode und Erfahrungen in der Psychoanalyse« (14) festgestellt, dass die Psychoanalyse teilbar sei. Teilbar in eine psychologische Methode des Sichmitteilens, frei Assoziierens, Von-sich-Sprechens etc. und in die erhobenen Befunde mit einem Verstehen und Erklären des Gesprochenen. Das alles geschieht in Deutungen und im Rahmen von Theorien zu den Ursachen. Dabei sei sie nicht aus einem Guss, sondern wie Freud schon betonte, ein Klumpen Erz mit unbekannt wie viel edlen Metallen. Heute stellen wir fest, sie ist teilbar in Menschenbilder und in wissenschaftlich zu begründende Aussagen über ihre Praxis und ihre Theorien.

Nun hat sich nicht nur eine Konkurrenz in der Verhaltenstherapie mit ganz anderer Praxis und ganz anderen Theorien gebildet, sondern die Psychoanalyse hat sich selbst in verschiedene Behandlungsmethoden geteilt, die sich auf unterschiedliche ursächliche Konflikte und Wirkfaktoren ausrichten. In der Medizin ist ein Widerspruch oder auch nur ein zu großer Abstand zwischen Aussagen über Ursachen einer krankhaften Störung und den darauf ausgerichteten und hier wirksam ansetzenden Behandlungen wissenschaftlich schwer tragbar. Schon Menschenbilder, in denen der Mensch selbst zum Agens einer lebenslangen Entwicklung gemacht wird, und eines, in dem andererseits das Kind zum Vater des Mannes gemacht wird, sind solch ein Widerspruch.

Die biogenetischen Verbindungen weisen auf in der körperlichen

Natur des Menschen selbst liegende seelische Kräfte und prospektive Motivationen hin, welche aktiv und passiv sich anpassend den Lebensweg mitbestimmen. In den Entwicklungen der Persönlichkeiten manifestiert sich eine genetische Varianz, in der subjektiv und selektiv die jeweiligen Umweltangebote seelisch erlebt und verarbeitet werden: die Familie, die Gruppe der Gleichaltrigen, die beruflichen und sozialen Bedingungen wie die kulturellen Angebote für die jeweiligen Generationen. Diese Dynamik, die zunächst in Temperamenten beschrieben wurde, wird in den schon aufgeführten »Big Five Eigenschaften« anschaulich und in ihren genetischen und Umweltbedingungen fassbar. Es sind biologisch verankerte Dimensionen von Eigenschaften wie Extraversion, emotionale Stabilität etc., in deren interindividueller Varianz die zwischenmenschliche und die psychosoziale Umwelt gesucht und strukturiert, d. h. sinnentnehmend wahrgenommen und verarbeitet werden. Interessen und Begabungen werden geweckt, in ihrer mehr oder weniger deutlichen Ausprägung zeigen sich aber auch bestimmte situative Schwächen, welche zu Krisen und krankhaften Abweichungen führen können.

Die individuelle Persönlichkeit ist in der Dynamik bio-psychosozialer Verbindungen damit naturgegeben mitbestimmt und ebenso die psychosoziale Welt, welche den Menschen anzieht und in der lebend er dann angetroffen wird. Damit sind auch die seelischen Krankheitsformen erbgenetisch verankert, die sich unter den späteren Lebensbedingungen manifestieren. In den angebotenen psychotherapeutischen Hilfen sollen im weiteren Leben die jeweiligen individuellen Gaben und Möglichkeiten gefördert und die gegebenen Grenzen respektiert werden. Die Patienten werden ermutigt ihren Lebensweg weiterzugehen, neue Aufgaben zu finden und einen Raum unter Menschen, der ihnen angemessen ist. Rückblicke in die Vergangenheit können ihnen dabei helfen, herauszufinden, was förderlich und was hinderlich war, was noch nicht gelebt wurde und im weiteren Leben zu nutzen ist.

Aus der psychoanalytischen Tradition hat sich die tiefenpsychologische Behandlung entwickelt, die auf *die Gegenwart* und die *zukünftige Entwicklung* ausgerichtet ist und damit eigene Aktivitäten des Patienten herausfordert. Dabei werden aber die grundlegenden

Theorien über ursächlich formende, kindliche und fremdbestimmte Einwirkungen in der Entwicklung der Persönlichkeit kaum in Frage gestellt. Es bleibt in den Schulen die Vorstellung vom in der Kindheit durch fremdbestimmte Einflüsse geformten und geschädigten Menschen.

In der Verhaltenstherapie waren die Behandlungen zunächst ganz auf die gegenwärtige Symptomatik und deren Beseitigung ausgerichtet, weniger auf die gesamte Lebensentwicklung. Dem lagen Auffassungen zugrunde, dass von außen kommende Eindrücke formend seien, es wurden schwere Belastungen durch Stress und aufgezwungene Lernerfahrungen betont, dies allerdings im gesamten Lebenslauf. Bei unterschiedlichen Störungen und schwereren Krankheiten hat sich dann eine differenziertere Ausrichtung auf die subjektiv entworfene Zukunft und affektive Einstellung der Patienten ergeben. Mit den *kognitiven und emotionalen Wenden* sind neue Perspektiven aufgetreten, in bestimmten Therapien werden die biologischen und genetischen Ursachen als Grundlagen und teilweise auch schon als neuer Ausgangspunkt genutzt. Die große Zahl pragmatischer und zielgerichteter Behandlungen bei unterschiedlichen Störungen in den Verhaltenstherapien entsprechen dem Bild eines Menschen, der sich weiter entwickeln und dazu ermutigend angeleitet werden kann.

In der zweiten Hälfte des vorigen Jahrhunderts sind so in den Psychotherapien Erfahrungen gesammelt worden, die in der Praxis zu neuen therapeutischen Einstellungen und differenzierteren Methoden geführt haben, welche auch eine umfassende Revision der theoretischen Grundlagen nahe legten. Sie fand allerdings kaum statt.

So ist es heute aus drei Gründen für Psychotherapeuten notwendig, neues Wissen zur Kenntnis zu nehmen:

- Der entwicklungspsychologische Wissensstand über die genetisch angelegten bio-psycho-sozialen Verbindungen mit der Umwelt bei seelischen Störungen kann nicht länger übergangen werden;
- die veränderte Praxis, die sich in den Behandlungen in den letzten Jahren ohne Änderung der traditionellen Ursachentheorien ergab, muss mit dem neuen Wissen verbunden werden;

– die Mentalität vom Menschen als Opfer seelischer Traumen und von Stress muss durch ein Menschenbild ersetzt werden, in dem der Patient selbst wahrnehmend und handelnd seinen bisherigen Lebenslauf mitbestimmt hat und weiter mitbestimmen kann.

Neue Psychotherapiemethoden bei alten Theorien

Die im Laufe des letzten Jahrhunderts sich durchsetzenden und heute zahlenmäßig weit dominierenden tiefenpsychologischen und lerntheoretischen Psychotherapien richten sich auf die gegenwärtige und die zukünftige Lebenslage der Patienten. Sie gehen in den Behandlungen von lebenslangen seelischen Entwicklungen aus, die bisherige Lebensgeschichte dabei nicht als Ursache nehmend, sondern sie nutzend zum besseren Verstehen der Persönlichkeit des Patienten.

Schon in den neoanalytischen Schulen rückten die konflikthafte gegenwärtige und die weitere Lebenslage mehr in den Mittelpunkt des Gesprächs. Neben akuten Belastungen wurde die individuelle Persönlichkeit in ihrer Dynamik und Einstellung zur Fragestellung. Genetische Faktoren und ihre Wirkung in der bio-psycho-sozialen Lebensentwicklung wurden damit zum wissenschaftlichen Thema.

Aus psychoanalytischer Tradition entstanden die tiefenpsychologische, die dynamische und die fokale Psychotherapie sowie Gruppentherapien, die alle auf neue Einstellungen und Erfahrungen in der gegenwärtigen und weiteren Lebenslage ausgerichtet sind. Die Kindheit und familiäre Bedingungen traten als Ursachenkonstrukte zurück hinter dem, wie der einzelne Mensch die soziale Umwelt wahrgenommen, erlebt und was er selbst aus ihr gemacht hat.

Aufgabe der Psychotherapien wurde es, die in der gegenwärtigen Lebenssituation subjektiv erlebten Belastungen und Konflikte in einer Situationstherapie verstehend aufzunehmen und rückschauend, auch die bisherigen Erfahrungen nutzend, dem Patienten in seiner weiteren Entwicklung eine Chance zu geben.

Wie die psychoanalytischen Ursachentheorien weiter zu entwickeln sind, ist in den Aufzeichnungen eines Mannes zu finden, der als Patient und dann als Psychotherapeut Erfahrungen gesammelt hat. In einer Rückschau auf seine Geschichte hat er im Gefängnis über sein Leben und die erfahrenen Behandlungen noch Aussagen machen können.

John Rittmeister wurde 1898 in Hamburg geboren, er war ein deutscher Arzt, der im Widerstand 1943 sein Leben verlor. Aus einer reichen Familie von Handelsherren und Senatoren in Hamburg stammend, waren ihm politisch aktiver Widerstand und sozialer Einsatz eigentlich nicht in die Wiege gelegt. Aber er war als Kind schwach, oft krank, dabei sensibel und begabt, stets suchend und fragend nach dem Leben und Denken anderer, an den »Menschen südlich des Limes« interessiert. Ein zwei Jahre jüngerer Bruder war gesund und stärker, sportlich, ein Segler, als Kind eher an den Kelten und Germanen und hanseatisch konservativ orientiert. Der übernahm das väterliche Geschäft, war von Politik auch nach 1933 wenig berührt, überlebte den älteren Bruder um vierzig Jahre. John beschrieb als Schüler Leben und Werk von Giordano Bruno, er behandelte Fragen der Naturwissenschaft und Philosophie, wurde im ersten Weltkrieg noch Soldat und studierte dann Medizin. Er macht eine erste analytische Behandlung in dieser Zeit durch, arbeitete später als Neurologe und Psychiater in der Schweiz an Universitäten und Heilanstalten. Er hatte sich mit Marxismus und schon immer mit sozialen Ideen beschäftigt, veranstaltete in Bern wie schon früher Vortrags- und Diskussionsabende in sozialistischen Arbeiter- und Studentengruppen. Das führte dazu, dass in der Schweiz 1937 seine Aufenthaltsgenehmigung nicht mehr verlängert wurde. Er musste eine begonnene zweite analytische Behandlung abbrechen, konnte sie aber dann in Berlin bei Wilhelm Kemper fortsetzen. In Berlin arbeitete er zunächst in einer Nervenklinik am Rande der Stadt, dann als Leiter der Poliklinik am »Institut für psychologische Forschung und Psychotherapie«, dem so genannten Göring Institut.

Weihnachten 1942/43 lernte er Schulze-Boysen, den Leiter einer Widerstandsgruppe, durch seinen jüngeren Bruder kennen, der ihn seit Jahren kannte, ohne von seinen politischen Ideen angesteckt zu werden. John war sofort von ihm fasziniert, trat in seinen weiten Widerstandskreis ein, der dann als »Rote Kapelle« bezeichnet wurde. Er verfasste mit anderen Flugblätter, gab ihnen den Namen »Agis«, also »Handle«, was, entdeckt, dann zu seiner späteren Hinrichtung führte.

Er hatte nach seiner Verhaftung im September 1943 noch neun Monate Zeit und Gelegenheit, auf sein Leben zurückzuschauen, die letzen vier im Wissen um seine Hinrichtung. Auf Tütenpapier gekritzelte Aufzeichnungen und »ein roher Überblick über mein Leben«, aus dem Gefängnis herausgeschmuggelt, sind erhalten geblieben:

»Vom wirklichen Glück aus der Kindheit erinnere ich kaum eine Szene ... mir fehlte der Zugang zu Küche und Keller, Zärtlichkeit, Bindung mit dem, wo alles entsteht ... Mutter habe ich unendlich beschäftigt in Erinnerung. Ein wohl doch unnötig großer Hausstand ... Besuchstees ließen die arme Frau selten zur Ruhe kommen ... Vater verlangte wohl viel Äußeres von ihr ...

Mit der Unterminierung eines gesunden Selbstbewusstseins parallel ging auch die Suche nach Sinn, Lebenssinn ...

Ich kann natürlich ungeschminkt das Pathologische notieren, in meiner Genese verstehen ... und die reine, eigentlich gemeinte Wesensart, wie sie sein sollte, als deformiert bezeichnen ... Ich kann aber auch umgekehrt darauf bestehen, alle neurotischen Leiden als meinem Wesen immanent und schicksalsnotwendig zu erweisen und als die eigentlichen Wegbereiter zu all den tieferen Einsichten, die sonst unerschlossen geblieben wären.

Ich wäre ohne Neurose nie über das Hamburger Milieu hinausgekommen ... War ich also von Natur kein zum Geist disponierter Mensch? Sondern wurde es erst aus sekundären Gründen der Bedrängnis? Aber ist es nicht immer so mit dem Geist?

Der Mensch macht seine Geschichte ebenso, wie er sie erleidet. Es ist seine Art, in der Welt zu sein ...« (39)

»Der Mensch macht seine Geschichte« und John Rittmeister bejahte seine, auch wie sie dann endete (5). John Rittmeister war im Vergleich mit seinem Bruder ein Mensch, der die Welt problematisierte und sie verändern wollte. Er stand zu seinen gefundenen Werten und zu seiner eigenen Natur, die konflikthafter war und die sozialen Widersprüche der Welt in sich aufnahm. Die von ihm in der Kindheit erlebte Welt war eine andere als die seines Bruders. Er suchte und fand eigene Vorbilder und war dazu fähig, was sehr selten war, sich aktiv handelnd am Widerstand zu beteiligen.

Was waren das für Männer und Frauen, die den Widerstand wagten? In einer Rede zum Gedenken an das Attentat auf Hitler hat Ralf Dahrendorf am 20. Juli 1994 in Berlin diese Menschen beschrieben: Sie kamen einmal aus den Arbeitervorstädten mit ihren kommunistischen und sozialistischen Populationen, in Hamburg nicht aus dem feinen Harvestehude wie Rittmeister, eher aus Altona; es seien auch Männer gewesen, die aus religiösen Motiven handelten, wie Dietrich Bonhoeffer; dann traten später auch Männer aus national denkenden Gruppen auf, wie der Kreis um Stauffenberg; und schließlich habe es noch einzelne *schwierige Menschen* gegeben, wie Jakob Elser, der aus eigenem Antrieb allein eine Bombe bastelte und sie 1938 im Hofbräuhaus legte, um Hitler zu treffen. Man darf wohl ebenso John Rittmeister zu diesen zählen.

In seinem Beruf als Arzt und als Psychotherapeut hat John Rittmeister ebenso eigene Weg gesucht und gefunden. Er schrieb 1937 eine Arbeit »Die psychotherapeutische Aufgabe und der moderne Humanismus«, die er nur noch in Holland publizieren konnte, in der er Jung und Freud gegenüberstellt. Sich von beiden distanzierend bemerkt er zu Jung und seiner archetypischen Lehre mit ihrer zeitlosen Transzendenz nur: »Hier unten brennt doch die Welt«; zu Freud heißt es, man könne sich auch nicht allein auf die private Vergangenheit ausrichten. Psychotherapie, schrieb er später, müsse dem »einsamen Menschen mit seinen konkreten Nöten beistehen und mit ihm gemeinsam neue Wege und Lösungen finden«. Das sei, was er bei seinen eigenen Therapien und Analysen vermisst habe.

Auf die *gegenwärtige Lage* und ebenso die *zukünftige Lebensentwicklung* der Patienten ausgerichtete Behandlungen sind in den Nachkriegsjahren mit den tiefenpsychologischen bzw. dynamischen Psychotherapien und ebenso in den Verhaltenstherapien auf den Plan getreten.

Unter dem Begriff der *dynamischen Psychotherapie* wurde 1972 eine entsprechende therapeutische Richtung von Annemarie Dührssen von der Psychoanalyse abgegrenzt und anschaulich neu beschrieben, wesentliche Unterschiede betonend: Die Behandlung geschieht hier im Gegenübersitzen, der Gesprächsaustausch ist auf die vom Patienten mitgeteilten Themen gerichtet, in niederer Frequenz bei begrenzten und konkreten Behandlungszielen (8). Sie hatte damals und später begründend auf die Arbeit Freuds zur Metapsychologie von 1924 hingewiesen, in der das Seelische in dynamischen, topischen und ökonomischen Beziehungen auftrat. Da die Gefahr gegeben war, dass der dynamische Aspekt, der mit der Triebdynamik gegeben sei, in den unbewussten Beziehungen drohe verloren zu gehen, betont sie Auffassungen von Rapaport, der 1959 den dynamischen Gesichtspunkt herausgestellt habe: dass nämlich alles Verhalten und damit auch das Denken und Fühlen letztlich triebbestimmt seien (9). Damit hat sie auf den lebenswissenschaftlichen Gesichtspunkt hingewiesen, den sie später noch stärker hervorhob. In einer Rückschau auf die psychoanalytische Bewegung (10) schrieb sie jedoch, dass in keiner Psychotherapie eine hilfreiche Entwicklung eintrete, »wenn nicht in einem kontinuierlichen Prozess von Lernleistungen die alten Einstellungen abgestreift und in produktiven Eigeninitiativen förderliche neue Coping-Strategien zur Anwendung kommen«.

Die Geschichte und die gegenwärtige Lage der *tiefenpsychologisch fundierten Psychotherapie* klärend zu beschreiben, ihre Praxis und Indikationen, wurde jetzt von Ulrich Rüger unternommen (29). Er stellt die wesentlichen Unterschiede zur analytischen Psychotherapie und der klassischen hochfrequenten Psychoanalyse vor, in ihrer praktischen Ausrichtung und ihren Wirkfaktoren. Auch Freud hatte 1918 einmal von der Psychoanalyse als unvollkommener, durch aktive, adaptive wie erzieherische Einstellung zu erweiternder Behandlungstechnik gesprochen, ohne das selbst weiter zu verfolgen. Es wurden oben Alexander und French, Wallerstein und Spence erwähnt, die schon eine notwendig auf die gegenwärtige und zukünftige Lage des Patienten gerichtete Ausrichtung vertraten.

Als *Indikation* für tiefenpsychologische Psychotherapie werden von Rüger akute Symptombildungen und strukturelle Störungen genannt, behandelt hier mit modifizierten interaktionellen und strukturierenden Interventionen. Das komme dann einer stark modifizierten analytischen Therapie nahe, die bei bestimmten Persönlichkeitsstörungen indiziert sei. Gegenindikation bei bestimmten Krankheitsformen wird nicht genannt, tiefenpsychologische und analytische Psychotherapie aber einander gegenübergestellt: Hier in der Tiefenpsychologie werde das gegenwärtige Krankheitsbild mit seiner aktuell wirksamen unbewussten Psychodynamik behandelt, dort werde analytisch die neurotische Symptomatik mit der zugrunde liegenden Struktur, Übertragung, Gegenübertragung und Widerstand beachtet und psychoanalytisch analysiert; hier seien die Behandlungsziele und auch die regressiven Prozesse begrenzt, dort würden sie psychoanalytisch genutzt. Auf das *Gegenwartsunbewusste* sei man tiefenpsychologisch ausgerichtet, auf das *Vergangenheitsunbewusste* psychoanalytisch.

Es werden von Rüger wie von anderen Autoren dabei Übergänge zwischen psychoanalytischen und tiefenpsychologischen Methoden betont und es wird ein Kontinuum der Indikationen angenommen. Wie schon sprachlich deutlich, wird am psychoanalytischen Ursachenkonzept Freuds festgehalten: Regression und Unbewusstes, Übertragung und Gegenübertragung tauchen als bestimmend bei beiden Methoden auf, die Therapien werden offenbar weiter mit den kindlichen und fremdbestimmten Ursachentheorien verbunden. Es werden auch keine Indikationen oder Kontraindikationen für eine Methode bei bestimmten Krankheitsformen genannt. Dabei beträgt die Stundenzahl kassenärztlich vorgesehener Behandlungen bei Psychoanalyse das Dreifache der tiefenpsychologischen Behandlungen, wobei die retrospektiv zu klärende infantile Konfliktlage betont und keine auf die gegenwärtige und zukünftige Lebenslage gerichtete Therapie betrieben wird. Aber gerade bei akuten und schweren seelischen Störungen und körperlichen Krankheiten stehen Letztere ja im Vordergrund.

Es sind die normalen Entwicklungskonflikte, die in psychoanalytischen Behandlungen gut aufgehoben sind, traditionell bei der Lehranalyse. In einem lange Zeit richtunggebenden Buch hatte es R. Greenson (16) schon vor Jahren unternommen, die Indikationen der Psychoanalyse zu beschreiben. Sie sei indiziert bei Hysterien und Zwangsneurosen im Rahmen »elastischer und flexibler Lebensfunktionen«, bei Menschen, die regressionsfähig sind und wieder auftauchen können. Borderlinefälle, narzisstische und schizoide Neurosen und alle Patienten, die akut seelisch oder körperlich krank seien, fand er nicht geeignet für das bei ihm entscheidende »psychoanalytische Arbeitsbündnis«. Er betonte die gesunden und geistig differenzierten Seiten geeigneter Patienten und so stehen bis heute die »relativ gesunden Neurotiker« bei den Psychoanalysen im Mittelpunkt.

In einer früheren Untersuchung (28) hatte Rüger schon gezeigt, dass die tiefenpsychologischen und psychoanalytischen Verfahren bildungsmäßig unterschiedliche Populationen erreichen. In Anamnesen von kassenärztlichen Gutachtenanträgen des Jahres 1988, die wohl meist neurotische Störungen betrafen, fand er, dass signifikant häufiger Patienten mit niedrigerer Bildung (Realschule, Hauptschule oder kein Schulabschluss) tiefenpsychologisch behandelt wurden. Im Gegensatz dazu waren in der analytischen Psychotherapie mehr als die Hälfte Abiturienten. Dabei hatten Geschlecht und Alter keinen Einfluss auf diese Verteilung. Es wird von Rüger tiefenpsychologisch die Bedeutung der gegenwärtigen sozialen Lebensrealität des Patienten betont, dabei keine auf die zukünftige Entwicklung gerichtete Perspektive. Eine Gefahr »dirigistischer Interventionen« wird in ihnen dabei gesehen und dann eher eine Nähe zur Verhaltenstherapie erwähnt.

Aber ist es dirigistisch, wenn man dem Patienten vorschlägt, sich auszumalen, wie es für ihn wäre, wenn er sich in dieser oder jener Lage nicht wie bisher, sondern anders verhalte? Dennoch: Eine auf die Zukunft ausgerichtete tiefenpsychologisch-dynamische Psychotherapie ermutige zu neuen Perspektiven, Einstellungen und geändertem Verhalten. In einem Nachtrag erwähnt Rüger noch, dass die tiefenpsychologische Behandlung nicht beliebig abzukürzen sei, dass Patienten und Therapeuten sich »Zeit füreinander nehmen müssen«, beide also eine Lebensstrecke miteinander teilen.

Wie bedeutsam die gemeinsame zeitliche Begleitung der Patienten ist und nicht die Zahl regressionsfördernder Wochenstunden, spiegelt sich in Aussagen von Psychoanalytikern wie S.O. Hoffmann (18). Es wird eine von ihm entwickelte und geschätzte niederfrequente Psychoanalyse vertreten, die mit einer oder noch weniger Wochenstunden über zwei bis fünf Jahre reicht. Meist auch im Sitzen gegenüber oder schräg hinter dem Patienten auf der Couch ablaufend, mit Interventionen sozialen Lernens soll die Behandlung einen dialogischen Charakter haben. Es wird eher die Lösung von Konflikten bearbeitet, psychoanalytisch orientiert aber weiter an der Übertragungsneurose und Aufdeckung unbewusster Anteile festgehalten. Die Frage der Wirkfaktoren wird nicht aufgeworfen.

Aber auch hier richtet sich der Fokus der Behandlung lernend in der gegenwärtigen auf die weitere zukünftige Lebensstrecke. Psychotherapie wird für viele junge Menschen dann zur Hilfe bei einer zweiten Sozialisation, in der sich zeitlich immer mehr verlängernden Adoleszenz und darüber hinaus. Gegenüber Tendenzen in den USA, wo die immer kürzeren »Fast-Food-Therapien« modern geworden sind, weist das auf den psychosozialen Entwicklungsprozess im Leben draußen hin.

Beispielhaft für die konservative Einstellung, wie in Theoriekonstrukten psychoanalytisch mit einer sich aufdrängenden Notwendigkeit umgegangen wird, sich auf die gegenwärtige Lage des Patienten auszurichten, und wie traditionelles Denken bewahrt wird, sind die dabei benutzten Begriffe. Es ist die von amerikanischen Analytikern entworfene Unterscheidung von einem *Vergangenheitsunbewussten* und einem *Gegenwartsunbewussten* (30). Das Substantiv »Unbewusstes« als Raum für frühkindliche Verdrängungen war schon für Freud ein Begriff, in den viel hineinzulegen und aus dem viel herauszuholen war. Die Autoren betonen dabei zunächst, Ziel psychoanalytischer Behandlungen sei es nach Freud, den Patienten auf der intellektuellen Ebene durch Deutungen mit seinen eigenen primitiven Kindheitswünschen vertraut zu machen. Eigentlich müsse das, was in den ersten Jahren bei ihm aktiv gewesen sei, was seit der Kindheit an Triebwünschen und frühen unlustvollen Erfahrungen mit den Eltern, an Kränkungen des Narzissmus, durch Objektverluste, Kastrationsängste etc. fixiert sei, stets in der Übertragung bearbeitet werden. Es könne aber auch auf symbolische Weise geschehen, den Patienten dabei auf unterschiedlichen Ebenen mit den Inhalten des Unbewussten, d. h. seiner verdrängten Kindheitsphantasien, vertraut zu machen. Es kämen zwar in einem Gegenwartsunbewussten nur die sich wiederholenden schon angepassten Kindheitsimpulse ins Spiel, die Folgen einer weiteren Zensur zwischen vorbewusst und bewusst seien. Auch wenn seine Innenwelt ihm nicht bewusst gemacht werde und die Behandlung auf Gegenwartsunbewusstes beschränkt bleibe, sei doch eine tolerante Einstellung des Analytikers gegenüber dem bisher unbewussten Infantilen etwas, was der Patient schon aus der Analyse in sein Leben mitnehmen könne.

Damit werden hier die besondere Persönlichkeit und die gegenwärtige Lebenslage des Kranken sowie eine freundliche Einstellung des Therapeuten erwähnt, was seit langem in den Behandlungen geschieht. Der Patient soll aber weiter Opfer seiner Kindheit und von Ursachen bleiben, die nur der Therapeut kennt. Bestimmend bleiben für ihn weiter die infantilen Ursachenkonstrukte und nur sekundär erreichten Behandlungsziele. Es ist deutlich, dass hier nicht die Lebenswirklichkeit der Patienten, ihre gegenwärtigen Konflikte und zukünftige Entwicklung wirklicher Gegenstand der Behandlung sind, die ja nur eine Wiederholung der infantilen und abgewehrten intrapsychischen Seelenlage sein sollen. Die Therapeuten, die nur in der wiederholenden Übertragung anwesend sind, und die wirkliche Welt, in der beide sich bewegen, bleiben Schattenbilder, in denen sich die ersten Jahre wiederholen.

Zur *tiefenpsychologischen Qualifikation* werden von Rüger einerseits interaktionelle Kompetenz, Einfühlung in andere, Kenntnisse der Lebenswelt und Humor betont, dabei aber die bisherige Selbsterfahrung nicht in Frage gestellt. Auch von Annemarie Dührssen wurde erwähnt, dass die sicher schwierigere dynamische Psychotherapie nicht nur Ruhe und Erfahrung voraussetzten, sondern auch eine psychoanalytische Selbsterfahrung. Aber bereiten diese retrospektiv ausgerichteten Jahre auf der Couch wirklich für die beiden Methoden vor? Der Krankheitswert tiefenpsychologisch behandelter seelischer und körperlicher Störungen liegt dabei weit über dem der psychoanalytisch behandelten. Es ist doch fraglich, ob die immer längere Selbsterfahrung in Form der Couchpsychoanalyse eine ausreichende Qualifikation für die tiefenpsychologisch-dynamischen Behandlungen gibt. Nicht allein die soziale Lebensrealität des Patienten ist hier präsenter, wie Rüger selbst feststellt, sondern wohl auch die reale Person der Therapeuten, die sich schon mimisch zum Ausdruck bringt. Freud hatte offen geschrieben, er habe sich vor den »ihn anstarrenden Patienten« hinter die Couch zurückgezogen. Es wird aber auch von Rüger wie schon von Dührssen für die Praxis der tiefenpsychologischen und dynamischen Psychotherapie weiter an der psychoanalytischen Selbsterfahrung festgehalten. Es ist nicht leicht, aus der psychoanalytischen Tradition kommend die Idee der traumatisch prägenden Kindheit aufzugeben und sich an einer Entwicklungspsychologie der gesamten Lebenszeit zu orientieren.

In vielen deutschen Städten und auch in anderen Ländern haben sich in den letzten Jahren neue Weiterbildungskreise zusammengefunden, in denen Gruppen von Ärzten und Psychologen mit krankheitszentrierten Seminaren, Supervisionen und Intervisionen Erfahrungen austauschend eine tiefenpsychologische Orientierung suchen und sich verschaffen. Eine Selbsterfahrung, die in Einzel- oder Gruppenform angeboten wird, ist persönlich freigestellt. Das stellt die bisherige Macht der ausbildenden Institute in Frage, die bisher allein den Zugang zur Psychotherapie eröffneten.

Ohne Aufklärung über die neuen Ursachentheorien im Rahmen einer lebenslangen Entwicklungspsychologie, die der gegenwärtige Wissensstand nahe legt, werden die unterschiedlichen therapeutischen Ausrichtungen in ihrer Praxis und in der Ausbildung unbegründet bleiben. Entstehen die als neurotisch bezeichneten Konflikte und Probleme nicht aus der eigenen Natur in lebenslangen Entwicklungen und führen auf den verschiedenen Lebens- und Altersstufen dann zu den unterschiedlichen Störungen? Sind Menschen nicht selbst aktiv und selektiv sinnentnehmend, ihre Umwelt in eigener Weise wahrnehmend und verarbeitend mitbestimmend, was dann zu ihren Belastungen und Konflikten mit den seelischen und körperlichen Störungen führt? Oder sind wir die Opfer elterlichen Verhaltens und die Ursachen der seelischen Störungen sind in äußeren Schäden und Defiziten der ersten fünf Jahren zu suchen und zu finden? Sind es fremdbestimmte Traumen der Kindheit, die sich als unbewusste Zeitminen und Wiederholungen bestimmend auswirken? Die Psychotraumatologie, retrospektiv aufdeckend oder jetzt suggestiv behandelnd, floriert in psychoanalytischen und psychosomatischen Zeitschriften. Sie hat ihre Stellung im ICD und DSM, es gibt Therapeuten, Institutionen und Zeitschriften, die auf sie spezialisiert sind.

Das Beispiel, wie Verhaltenstherapeuten mit ihrer eigenen und dabei kürzeren Geschichte in ihrer Praxis und ihren Theorien umgehen, ist hier von Interesse. Vor der gleichen Aufgabe stehend, sind sie dabei eine nützliche Konkurrenz. Ihre Stärke in der Praxis lag immer in der entschiedenen Ausrichtung auf die gegenwärtige Lebenslage des Kranken mit der ermutigenden Aufforderung, diese zunächst zu verbessern. In ihren Gutachten liest man: »Herr X. soll lernen, seine gegenwärtige Lebenslage darzustellen, seine Gedanken, Gefühle und Bedürfnisse auszudrücken, seine eigenen Schwächen und Stärken besser zu verstehen und neu einzustellen. Er soll seine verschütteten Fähigkeiten und Fertigkeiten neu orientieren, seine eigenen Bedürfnisse gegenüber anderen vertreten, er soll lernen, sie zu modifizieren im Zusammenleben mit den anderen.« Diese ermutigende Haltung kann nicht nur für einfache Menschen in ihrer inneren und äußeren Lebenslage hilfreich sein, sondern für viele seelisch und körperlich Kranke, die durch ihre Symptomatik gehemmt, eingeschränkt und isoliert sind. Eine solche Herangehensweise verbindet die Therapiestunde entschieden mit der gegenwärtigen äußeren und inneren Lebenslage, ohne zwischen einem gegenwärtigen und vergangenen Unbewussten zu unterscheiden. In einer ermutigenden Einstellung wird der Patient in seinem weiteren realen Leben begleitet, ohne die Beziehung als wiederholende »mésalliance« und Übertragung zu relativieren. Die Patienten werden über ihre Krankheit informiert, verbunden mit Appellen, bei den neu einzuübenden Formen normalen Verhaltens und Denkens zu kooperieren. Über das gegenwärtige Wissen aufgeklärt, sollen sie zum Partner in einer Zusammenarbeit an der gemeinsamen Aufgabe werden. Dazu sind in den letzten Jahrzehnten eine Fülle differenzierter Therapiemethoden für die unterschiedlichen Formen von Störungen und Persönlichkeiten entworfen worden. In Psychotherapie-Manualen (22) stellen Autoren verschiedene Techniken in Einzelverfahren dar, vom Aktivitätsaufbau über Reaktionsverhinderung bis zu verdeckten Sensibilisierungen reichend.

In ihren Theorien standen in den verhaltenstherapeutischen Richtungen, vertreten durch Psychologen an Universitäten in England, Südafrika und dann in den USA, zunächst ursächliche Belastungen durch Stress und die Auffassungen passiven Lernens im Vordergrund. Im Unterschied zum medizinischen Modell wurde dabei weniger nach weiteren Ursachen einer Störung gesucht, sondern die äußeren Bedingungen berücksichtigt, unter denen ein bestimmtes Problemverhalten auslösend oder nachfolgend auftritt. Dieses *Bedingungsmodell* wurde dann, wie wir weiter oben schon ausgeführt haben, in den *kognitiven und emotionalen Wenden* erweitert, indem subjektiv-aktives Erleben als wesentlich angesehen wurde, organismische Faktoren mit genetischen und biologischen Einflüssen werden allgemein erwähnt. Das hat dazu geführt, dass auch hier allgemein von einem bio-psycho-sozialen Modell gesprochen wurde, welches bei allen Krankheiten eine Rolle spiele.

Eine Verhaltensanalyse bleibt meist Ausgangpunkt und Kernstück, ebenso deren Verbindung mit der Lebenslage. Die Auffassungen über die jeweils relevanten Phänomene und Störungsformen für die Therapien waren und sind unterschiedlich: die Symptome selbst oder die angenommenen Ursachen, die individuelle oder die allgemeine Lebensgeschichte in ihren jeweiligen biologischen und soziologischen Bedingungen. Das ist noch nicht übereinstimmend geklärt und könnte auch individuell verschieden sein.

In den letzten Jahrzehnten konnten auch an deutschen Universitätskliniken Psychologen dieser Richtung die Grundlagen seelischer Entwicklung wissenschaftlich interdisziplinär ausgerichtet erarbeiten. So wird in der Planung der Behandlung jetzt in der modernen Verhaltenstherapie durch Peter Fiedler der Schritt von der allgemeinen zur *»phänomen- und störungsspezifischen Psychotherapie«* vertreten (12). In einer interdisziplinären Ausrichtung werden Aussagen der Genetik und Biologie zur Ätiologie bei vielen Krankheitsformen erwähnt und die jeweils aktiv aufgenommenen sozialen Bedingungen in der individuellen Entwicklung werden als wesentliche Grundlagen angesehen. Es geht nicht nur um ein zu veränderndes Verhalten, auch ein umfassenderes Problemlösen im Lebensbereich der Beziehungen und der Arbeitswelt wird bei einer zukunftsorientierten Ausrichtung in den Mittelpunkt gestellt. Den aktiven Anteil des Patienten in Therapieplanung und in Suchstrategien bei einer kooperativen Psychotherapie betonend, wurde im weiteren Lebenslauf eine zu fördernde *Selbstbehandlung* des Patienten anvisiert und damit ihre Eigendynamik gefördert (11). In diesen interdisziplinären Grundlegungen und spezifischen Ausrichtungen grenzt sich Fiedler ausdrücklich von der allgemeinen Psychotherapie Grawes ab, der versuchte, analytische, gesprächs-

und verhaltenstherapeutische Praxis zu amalgamieren (15). Die phänomen- und störungsspezifische Therapie setzt ein sehr differenziertes Wissen bei den unterschiedlichen Krankheitsformen voraus und dieses zu gewinnen wird die Aufgabe weiterer Forschungen sein.

Verhaltenstherapeuten haben in den letzten Jahrzehnten ihre klinische Erfahrungsbasis wesentlich verbreitert, indem sie, in psychiatrischen Kliniken arbeitend, die verschiedenen seelischen und körperlichen Krankheitsformen durch unterschiedliche Methoden und Techniken gezielt behandelten und dabei auch schwere Krankheitsfälle kennen lernten. Das gab manchen Therapeuten Gelegenheit, die verhaltenstherapeutischen Methoden neu und umfassend mit psychobiologischem und klinischem Wissen zu verbinden.

In der Behandlung schwerer *anankastischer Syndrome* betonte die Verhaltenstherapeutin und Psychologin Lilo Süllwold (38) zunächst die organischen und genetisch gegebenen Ursachen. Sie findet hier *keine ursächlichen Lernerfahrungen*, eher Hinweise auf die Spuren stammesgeschichtlicher Anpassungen und abgewandelter angeborener Instinkte. Exemplarische Behandlungsfälle aus den letzten Jahrzehnten zeigten ihr aber, dass diese Störungen in Auslösung bei Frauen häufig mit der Eheschließung und der dann folgenden familiären Lage mit zu vielseitigen und überlastenden »mütterlichen« Aufgaben verbunden sind. Besserungen erfolgen in Therapien bei Sicherheit, Halt und Schutz gebenden Wohnlagen mit intensiver Aktivität in bestimmten, aber begrenzten Bereichen. Die schweren anankastischen, früher mit Angststörungen verbundenen Erkrankungen werden als eigene Krankheitsform aufgefasst. Sie sind von den Angststörungen geschieden, die in der Nähe von Gefahren auftreten, denn die Zwangskranken leben in der Erwartung von Gefahren: Angst, sich durch Berührungen, durch Schmutz zu schädigen, im Zweifel an eigenen zukünftigen oder früheren Handlungen, verbunden mit Zwangsvorstellungen und zwanghaft wiederholten Handlungen. Sie werden auch vom Prozess zwanghaft fixierter Schizophrenien und deren Verläufen abgegrenzt, die in wahnhaften Gewissheiten leben, während Zwanghafte in der *Welt des Zweifels* gefangen seien. Die in den letzten Jahren erhobenen Befunde bei neurobiologischen und genetischen Untersuchungen weisen auf die Mitwirkung nicht nur genetischer, sondern auch neurobiologisch fassbarer Grundlagen hin, etwa PET-Befunde, die zu den Basalganglienfunktionen geführt haben, auch zu neuen medikamentösen Behandlungen mit ihren günstigen Einflüssen und den Nebenwirkungen. Vorbildlich ist hier in den Therapieprogrammen die Verbindung mit ganz gezielt übenden verhaltenstherapeutischen Techniken, die sowohl eine Reizüberflutung wie Vermeidungsverhalten mit intensiven Übungen in klinischer und dann ambulanter Umgebung einsetzen. Die Behandlungen dieser schweren Störungen laufen nicht selten über Jahre, wobei dann wie bei Psychosen Verbindungen mit einer jeweils angemessenen Umwelt nötig werden. Die verbundene Praxis von klinisch tätigen und niedergelassenen Verhaltenstherapeuten mit schweren und leichteren Zwangsstörungen führt zu erweiterten und gezielten therapeutischen Perspektiven (19).

Zum psychotherapeutischen Umgang mit *Schizophrenien* liegen in einem Beitrag von Lilo Süllwold ebenfalls neue verhaltenstherapeutische Perspektiven und Erfahrungen vor. Das klinische Wissen zur Symptomatik dieser Psychose, zur Ätiologie wie zum Verlauf der heute medikamentös behandelten Erkrankung wird dargestellt. Der Stellenwert der Psychotherapieansätze sei dann in der Restitutionsphase gegeben (36). Psychotherapie sei nicht vom ursächlichen Gewicht psychogener Schäden abhängig zu machen, der supportive psychotherapeutische Umgang müsse aber konsequent in der Zeit der Wiedereingliederung ins soziale Leben eingesetzt werden. Das beginne mit der Frage, wie mit dem Wort »Schizophrenie« oder »Psychose« verfahren werde, für viele Patienten mit der Vorstellung eines hoffnungslosen Verrücktseins verbunden. Dem Kranken eine Vorstellung von einem *sensiblen und erregbaren Nervensystem zu vermitteln*, mit dem er weiter umgehen und sein Leben einrichten müsse, sei weniger entwertend. Das könne helfen, mit ihm zusammen zusätzliche Belastungen zu meiden und eine neue Lebensweise zu fördern, welche seine erhöhte Sensibilität für akustische und optische Reize respektiert. Diese neue Bewertung kann im sozialtherapeutisch zu planenden Wohnen und Arbeiten dann realisiert und auch mit einschränkenden Lebensformen verbunden werden. Die für Schizophrene typischen morbusbestimmten Einstellungen und Vorstellungen, meist Kontakt vermeidend und resignativ, seien in einer individuell varianten Therapie in dem persönlichen und beruflichen Lebenslauf dann neu zu optimieren. Die Verbindung von morbusorientierten und individuell lebensgeschichtlichen Elementen, vergangenen, gegenwärtigen und zukünftigen in der persönlichen Lebensgeschichte ist das, was heute als »Bausteinkonzept« der Schizophreniebehandlung (37) bezeichnet wird.

In seinem Therapiemodell einer *allgemeinen Psychotherapie* hat Grawe (15) als Therapieziel »Problemaktualisierung, Problemklärung, Ressourcenaktivierung und aktive Hilfe zur Problembewältigung« genannt. Wie weit diese allgemeinen Charakterisierungen der aktuellen Ausgangslage bei den unterschiedlichen Störungen und Persönlichkeiten helfen, ist die Frage. Unberührt sind hier die körperlich und lebensgeschichtlich begründeten subjektiven Ausgangsbedingungen und die sehr verschiedenen therapeutischen Ansätze und Wirkfaktoren gezielter Psychotherapien für ein angepasstes Leben in der psychosozialen Umwelt. Wo liegen erfahrungsgemäß die jeweils situativ und subjektiv unterschiedlichen Lebensprobleme bei Behandlung einer akuten Zwangsneurose, bei chronifizierten Pubertätsmagersuchten und nach einer akuten Schizophrenie? Wie sich Symptomatik, Ätiologie und die seelische Dynamik mit der unterschiedlichen Lebenslage des Kranken verbinden lassen, wird bestimmend für die weitere psychotherapeutische Ausrichtung.

Wie notwendig eine solche differenzierte Offenheit ist, zeigt sich beispielhaft an der in den letzten Jahren erforschten kindlichen Hyperaktivität (ADHS), die auf genetische Unterschiede der Persönlichkeit zurückgeht (s. oben S. 157). Es lassen sich motorische und affektive Auffälligkeiten von den ersten Lebensjahren bis in die Adoleszenz in Längsschnittuntersuchungen verfolgen. Übende Einwirkungen auf das motorische Verhalten der ersten Jahre sind von Verhaltenstherapeuten entwickelt worden, medikamentöse Gaben werden danach mit Verhaltenstraining der Kinder und Beratung der sie betreuenden Eltern kombiniert. Sie verbinden sich in der Adoleszenz mit neu ausrichtenden psychosozial stützenden und aufdeckenden Interventionen, um bei den Patienten einseitige und asoziale Entwicklungen zu vermeiden. Es sind niederfrequent lebensbegleitende Behandlungen, die über eine Schulrichtung und eine Methode hinausreichen. Aber es sind Methoden, welche die Entwicklung berücksichtigen, die gesammelten Erfahrungen dabei nicht in einer unspezifischen, allgemeinen oder integrierten Psychotherapie auflösend.

Es haben sich in Abgrenzung von der klassischen Psychoanalyse und den verhaltenstherapeutischen Techniken in der Praxis seit langem und immer wieder neu weitere und originelle Behandlungsmethoden entwickelt. Ein Rückblick auf die früheren und auf neue Schulen mit ihrer Praxis und anderen Theorien kann nützlich sein. Sie haben alle gemeinsam, sich nicht auf die Vergangenheit, sondern entschieden auf die gegenwärtige und zukünftige Entwicklung der Patienten auszurichten.

Schon Alfred Adler hatte 1911 mit der *Gesprächstherapie* eine eigene Individualpsychologie entwickelt. Sich im Krankheitskonzept von den traumatischen Ursachen lösend, wird hier der »gegenwärtige Selbstwiderspruch« des seelisch kranken Menschen in den Mittelpunkt gestellt. Die normale organismische Selbstregulation sei gestört und soll durch geförderte Selbstheilungskräfte verbessert werden.

Die bei Adler kurz auftauchende Theorie der »Organminderwertigkeit«, mit einem etwas unglücklichen Begriff schon auf Anlagefaktoren weisend, wurde später nicht weitergeführt. Im therapeutischen Gegenüber wird bei ihm die Störung im Gespräch aktualisiert und soll durch neue Sinnerfahrung gefördert werden.

Es sind dabei in der Praxis mit Einzel- wie Gruppen- und Paartherapien große Erfahrungen im unmittelbaren therapeutischen Gespräch gewonnen worden, wobei vor allem in den 80er-Jahren Carl Rogers in den USA und auch in Europa Anhänger fand. Das ganz auf intuitives Erfassen des inneren Lebensentwurfs des Kranken und zukunftsgerichtete Gespräch ist als Krankheitstheorie kaum allgemein und interdisziplinär zu begründen. Das hat wohl dazu geführt, dass diese Richtung in den meisten Ländern nur in persönlichen Traditionen weitergegeben wird und in der BRD bei den kassenärztlich anerkannten Verfahren nicht einbezogen wurde.

Die *systemischen Krankheitstheorien* und Behandlungsziele sind in den USA, ursprünglich aus analytisch orientierten Familientherapien hervorgegangenen, Behandlungen, die im Krankheitskonzept ganz auf menschliche Beziehungsformen ausgerichtet sind. Widersprüchliche und damit pathogen bindende Beziehungen von Eltern zu den Kindern wurden zu Ursachen von Psychosen: Sie wurden mit schizophrenogenen Müttern beschrieben und stehen als Ausrichtungen im Mittelpunkt. Entwicklungsstörungen in der Adoleszenz werden im Rahmen einer Familientherapie als Beziehungskonflikte zwischen den Generationen beschrieben und seelische und psychosomatische Störungen in diesen Zusammenhang gestellt. Die erfahrene Wirklichkeit des Lebens auf ein *Netzwerk gegenwärtiger Beziehungen* reduzierend, werden körperliche wie seelische und Umweltbedingungen ausgeblendet, was zu *selbstkonstruktivistischen* Leitbildern führte. Die entschiedene Ausrichtung auf die gegenwärtige familiäre Lage nimmt aber die individuellen Entwicklungsnöte und Konflikte der Patienten gerade nicht auf. Diese sind zum Beispiel bei den jungen Anorexien gerade nicht im Rahmen der Ursprungsfamilie zu lösen und zu bewältigen. Es besteht die Gefahr, dass gegenüber dem »Patient Familie« dann das Anliegen der jungen Frauen und deren Emanzipation von der Ursprungsfamilie zurücktreten, was zu neuen seelischen Belastungen führt (s. unten S. 336).

In den letzten Jahren sind entschieden zukunftsgerichtete Ausrichtungen mit dem Konzept der *Salutogenese* aufgetreten, einer im Anschluss an den Soziologen Antonovsky (1) in Israel entstandenen Richtung, die den Sinnkrisen des täglichen Lebens nachgeht. Nach den in der Gesundheit wirkenden Faktoren fragend, werden diese in einem Kohärenzgefühl beschrieben, als aktives und bejahendes Coping, in dem das Leben und die gegenwärtige Situation nicht als zufällig, sondern sinnvoll, letztlich auch in gläubigen Überzeugungen verstanden werden. »Salus«, also Gesundheit als Heilung, bedeutet lateinisch, hebräisch wie deutsch ja auch »Erlösung«. Es sind meist aus der psychoanalytischen Tradition kommende Autoren, die weniger nach den pathogenen Faktoren suchen, sondern als Zielsetzung Begriffe wie »Urvertrauen«, »Autonomie«, »Initiative«, »Intimität« in den Mittelpunkt stellen. Das wird durchweg in Einzelfallbeschreibungen anschaulich gemacht, wobei mütterliche Mängel erwähnt werden, die therapeutische Ausrichtung bleibt aber ganz auf die Zukunft ausgerichtet. Diese auf individuelle Entwicklung und Selbstbehandlung gerichteten Therapien sind auch als Kritik an der einseitigen Ausrichtung der klassischen Therapieschulen zu sehen, die mit Trauma, Organminderwertigkeit, Todestrieb etc. die Lebensentwicklung mit negativen Konnotationen verbinden. Es wird von Benyamin Maoz dabei betont, dass die salutogenetische Ausrichtung keine Alternative gegenüber anderen Psychotherapieverfahren darstellen müsse, eher eine ergänzende Haltung (23). Es ist deutlich, dass sich diese Richtung der Psychotherapie sowohl im Bereich leichterer Störungen und der Entwicklung des Menschen im Gesundheitsverhalten bewegt, sicher betrifft sie auch die einer psychotherapeutischen Begleitung von körperlich Kranken mit begrenzter Lebenszeit.

Bei der oft gefährlichen Ausweitung des Begriffes und Feldes von Psychotherapie für alle möglichen Lebensschwierigkeiten sind in der Behandlung von seelisch und körperlich kranken Menschen bestimmte Voraussetzungen zu betonen. Zur wissenschaftlich begründeten und orientierten Psychotherapie gehört ein morbusorientiertes und entwicklungspsychologisches Wissen. Kenntnisse über körperliche Ursachen, psychische und soziale Bedingungen sowie zu den unterschiedlichen Verlaufsformen in ihren seelischen und körperlichen Erscheinungen bei psychotherapeutischen Begleitungen sind wesentlich. Psychotherapie kann sich nicht auf die gegenwärtige Beziehungswelt und allgemeine Lebensentwürfe beschränken.

Wirkfaktoren der Psychotherapien und die psychosoziale Umwelt

Im Leben differenzierter Menschen wird deutlich, wie sich seelische Krankheiten im Auftreten mit einer bestimmten, sie in ihrer Natur überfordernden Lebenslage verbinden können. Eine belastende und häufig auslösend Situation kann etwa darin liegen, als Lehrer vor großen Schulklassen stehen und unterrichten zu müssen. Es kann ebenso auch das Leben in dauernder Nähe und Partnerschaft mit einem anderen Menschen zur Last werden. Wenn es diesen Menschen aber gelingt, allein oder mit wenigen Menschen in einem vertrauten Rahmen lebend in einer angemessenen Arbeit zu sich selbst zu finden, können sie auch nach schweren Krankheiten noch sichere und kreative Lebenszeiten haben. Es ist lehrreich und ermutigend für Psychiater und Psychotherapeuten, zu wissen, wie kranke Menschen nach Jahren psychotischen Krankseins wieder gesund leben konnten. Ein solches Schicksal verdient Aufmerksamkeit und soll hier skizziert werden.

Die 1924 geborene neuseeländische Schriftstellerin Janet Frame (13) wuchs im kargen Süden von Neuseeland in einer schlichten Eisenbahnerfamilie auf. Sie war früh interessiert an Geschriebenem, las viel, fing schon in ihrer Schulzeit an zu schreiben und später auch zu publizieren. Sie studierte in der Hauptstadt, und um materiell leben zu können, nahm sie danach die Stelle einer Lehrerin an, stand vor übervollen Klassen mit ungebärdigen Kindern. Das führte nach kurzer Zeit zu einem Nervenzusammenbruch und mit 24 Jahren zu ihrer Aufnahme in eine psychiatrische Klinik. Unter der Diagnose Schizophrenie lag sie viele Monate in einer Abteilung für chronisch Kranke. Es waren die 50er-Jahre, in denen häufig nach erfolglosen Behandlungen bei chronischen Fällen noch die Lobotomie praktiziert wurde, wobei bestimmte Hirnlappen abgetrennt wurden, was bleibende geistige Einschränkungen mit sich bringt. Eines Tages erklärte man ihr, dass ihre Eltern bereits die Zustimmung zu diesem Eingriff gegeben hätten, sie selbst sei dafür ja nicht mehr urteilsfähig. Am nächsten Tag, an dem die Operation durchgeführt werden sollte, kam aber zum ersten Mal der Direktor der Klinik zu ihr. Er erklärte ihr, er habe heute früh in der Zeitung gelesen, dass sie den Schriftstellerpreis von Neuseeland für eines ihrer Werke bekommen habe. Er wolle sie deswegen doch nicht operieren lassen, sie solle jetzt aber einen Arbeitsplatz in der Bibliothek des Hauses haben. Dort arbeitend, kam es dann in den nächsten Monaten zu einer Besserung und sie konnte auch nach einigen Monaten entlassen werden. Sie lebte danach zunächst in der Nähe eines Schriftstellers in Neuseeland, dann in England, schrieb wieder manches, hatte aber immer wieder Lebenskrisen mit ambulanten psychoanalytischen Therapien. Sie suchte wiederholt psychiatrische Kapazitäten auf, um ihre Diagnose zu erfahren, und durchlief mehrere klinische und auch psychoanalytische Behandlungen.

In einem Jahrzehnt wechselvollen und suchenden Lebens in verschiedenen Ländern Europas und am Mittelmeer versuchte sie einen Platz im Zusammenleben mit anderen Frauen und mit Männern zu finden. Sie erlebte immer wieder nur Enttäuschungen, wobei es zu weiteren Behandlungen kam. Wieder in London musste sie nach fünf Jahren mit einem Rückfall in eine psychiatrische Klinik und fand dort einen neuen Therapeuten. Er war, wie sie später in ihrer Autobiographie schreibt, Anfänger in Psychotherapie, aber mit zwei früheren Berufen sehr lebenserfahren. Zu seiner Behandlung heißt es bei ihr, der Unterschied gegenüber den früheren Therapeuten sei bei ihm der gewesen, dass er nicht nur in ihrer Vergangenheit gesucht habe, sondern sich für ihr Hier und Jetzt, für ihr emotionales persönliches und auch finanzielles Auskommen interessiert zeigte. Er habe sie nicht nur professionell behandelt, sondern eingehend ihr alltägliches seelisches Leben und auch die berufliche und materielle, die innere und äußere Lage mit ihr besprochen. Nach einigen Stunden der Gespräche habe er ihr dann gesagt: Sie müsse ihre Lebensweise eingrenzen, ihre Gabe und ihr Zuhause sei es, Schriftstellerin zu sein, zu schreiben, und nichts sonst. Sie habe dann bei ihm gelernt, dass sie nicht wie die anderen Menschen sein solle und nicht das tun müsse, was die anderen von ihr erwarteten. Sie solle sie selbst bleiben, schreiben könne sie, das sei ihre wirkliche Welt. Sie müsse nicht zusammenleben mit jemand anderem, sondern ihr eigenes Leben einrichten. Sie konnte darauf bald das Krankenhaus verlassen, zunächst von Sozialhilfe in einem Vorort Londons lebend, wurde sie weiter von diesem Therapeuten gestützt. In den folgenden Jahren schuf sie ein Werk, welches internationale Verbreitung erfuhr, wovon sie gut leben konnte. Ihre Autobiographie fand nicht nur in der englischsprachigen Welt immer neue Auflagen, sie wurde auch in andere Sprachen übersetzt. Sie kehrte 40-jährig in ihre Heimat zurück, lebt seither und bis jetzt wieder im wärmeren Norden von Neuseeland und ist weiter produktiv in ihrem Beruf.

Was durch den Arzt hier mit seinen Grenzen setzenden Interventionen geschah, ist nicht selbstverständlich für Psychotherapeuten. Es entspricht aber schon dem, was Ärzte tun, die seit langem Sozialpsychiatrie praktizieren, indem sie auf die gegenwärtigen und weiteren äußeren Lebensformen Einfluss nehmen. Patienten zu ermutigen, im Leben draußen die den eigenen Fähigkeiten entsprechenden neuen Lebensformen zu wagen, gehört sicher zu den nützlichen psychotherapeutischen Interventionen.

Im Ganzen wird als therapeutischer Wirkfaktor deutlich, wie sich neue psychosoziale Einstellungen, zu denen ermutigt und die gefördert werden, fördernd im sozialen Leben des Patienten auswirken können. Vor allem in der Psychiatrie wirkte sich die Verbindung von Psychotherapie und Sozialpsychiatrie häufig positiv aus, indem Patienten eine Hilfe im beruflichen und häuslichen Leben durch Ärzte, Psychologen oder auch Sozialarbeiter gegeben wurde. Dass sich Psychotherapien nicht nur mit den Symptomen, sondern auch mit der sozialen Welt des Patienten auseinander setzen, ist ein Schritt, der Psychiatern näher liegt, weil er sich hier häufig aufdrängt und in der Bewegung der Sozialpsychiatrie auch seine Früchte gezeigt hat. Wissenschaftstheoretisch hat ihn für die Psychotherapie schon in den 70er-Jahren Hans Strotzka (33) begründet und beschrieben. Dabei wurde auch eine Verbindung psychoanalytischer und verhaltenstherapeutischer Methoden nicht gescheut, die beide in den Psychotherapien für Patienten genutzt werden.

Eine andere und konkrete Form psychotherapeutisch-psychosomatischer Medizin wird anschaulich gemacht, indem *Coping* als Wirkfaktor und Interventionsstrategie bei somatischen Krankheiten benutzt wird. Bei schweren körperlichen Krankheiten, vor allem bei Krebserkrankungen, sind dabei unterschiedliche Hilfen entwickelt worden.

Um Krebskranken zu helfen, wurden von Ute Schlömer-Doll verschiedene Einstellungen, didaktische mit Problemanalyse, aktivbewältigende, emotional-entlastende, akzeptierende und Sinn gebende, differenziert und in eindrucksvollen Krankengeschichten dargestellt (31). Es handelt sich um ein ganzheitliches Krankheitsverständnis in bio-psycho-sozialer Perspektive, ohne Theorien einer Psychogenese, wobei speziell krankheitsbezogene sowie die allgemeine Gesundheit erhaltende Faktoren einbezogen werden. Coping wird hier als Prozess und Vermittlung verschiedener äußerer und innerer Hilfen verstanden, es ist eine individuelle Ausrichtung, die das soziale Umfeld einbezieht. Die Verantwortung des Arztes nicht nur für die Krankheit, sondern für die gesamte Lebenslage seiner Patienten wird damit wieder betont. Seine Autorität und Überzeugungskraft können dazu beitragen, den Patienten als im eigenem Interesse Handelnden zu motivieren. Psychotherapie ist nicht an eine Psychogenese gebunden.

In psychoanalytischer Tradition wurden die Bewusstmachung und Deutung belastender früherer Schädigungen als Wirkfaktor angenommen, die abwehrende Verdrängung soll aufgehoben, das Unbewusste zugänglich werden. Es ist aber unverkennbar, dass auch in den klassischen psychoanalytischen Behandlungen die gegenwärtige Lebenslage und die weitere Lebensgeschichte auftauchen und mehr oder weniger intensiv besprochen werden. Nicht mehr als »Übertragung« wird dabei die *Beziehung zwischen Patienten und Therapeuten* charakterisiert, sondern als natürliche, reale, realistische Beziehung oder als Arbeitsbeziehung wurde versucht, persönliche und zugleich mit der therapeutischen Aufgabe im psychosozialen Leben gegebene Qualitäten zu fassen. Es ist ein Wandel in den Auffassungen zur Qualität und zum Wirkfaktor der Beziehung in der Praxis eingetreten, welcher der Theorie der wiederholenden »falschen Verknüpfung« widerspricht.

Ärzte und ihre Patienten stehen in einer professionellen Beziehung, die an ein kompetentes Wissen appelliert und die mit persönlichen Themen eine nahe Beziehung mit sich bringt. In der Psychotherapie, die sich als Aufgabe in der Medizin herausbildete, ist das Thema des subjektiven Erlebens und der Lebensnöte bestimmend, auch für die Art der Beziehung. Die Schulen, welche sich nicht mehr an verdrängten Ursachen in der Kindheit und deren Wiederholung orientieren, sondern an der gegenwärtigen Lebenslage ihrer Patienten, haben es leichter, die gegenwärtige Beziehung angemessen zu fassen.

In der klientenzentrierten Gesprächstherapie wurde durch Wolfgang Pfeiffer (25) von einer gegenseitig wechselvollen *Realbeziehung* gesprochen, wobei im Sitzen und Blickkontakt regressive und passive Tendenzen wie auch idealisierende Projektionen gerade nicht gefördert werden. Eine irreale Elemente nicht fördernde Einstellung wird dabei betont, sich abgrenzend von den Übertragungskonstrukten.

Es ist sicher eine besondere Beziehung in der »talking cure« gegeben, die zunächst gestiftet wird durch das, was die Patienten von sich mitzuteilen haben, und durch das professionelle und persönliche Interesse der Therapeuten. Gegenstand ist ein gemeinsames Verstehen der in der Stunde von jedem Patienten geschilderten inneren Lage und der äußeren Lebensbedingungen. Die Person des Patienten wird in den Stunden lebendig, berührt den Therapeuten in ihrer affektiven Valenz und kann dabei ihr gemeinsames Verstehen erweitern. Das Gespräch und die Beziehung sind aber kein Selbstzweck, sie sollen den Patienten befähigen und ermutigen, sich draußen im Leben neuen Erfahrungen auszusetzen. Diese persönliche und dabei sachlich ausgerichtete Beziehung wurde vor langem im Begriff »participant observation«, »teilnehmende Beobachtung«, charakterisiert.

Im unten noch zu beschreibenden Heidelberger Katamneseprojekt erfassten wir katamnestisch sowohl psychoanalytische wie tiefenpsychologische, ambulante wie stationär eingeleitete Einzel- und Gruppentherapien. Eine der Fragestellungen war dabei, welches die Wirkfaktoren waren, die mit einem erfolgreichen Ausgang zu verbinden waren. In mehreren Kriterien wurde nach dem Ende der Behandlungen in Fragebogen und in Interviews danach geforscht.

Katamnesen nach mindestens drei Jahren zeigten, dass der Wirkfaktor einer »positiven Beziehungserfahrung«, d. h., etwa auch bei Krisen »den Therapeuten als Partner bei einer gemeinsamen Aufgabe erlebt zu haben«, am deutlichsten mit dem Behandlungserfolg korrelierte. Die Stärke psychoanalytischer Ausrichtung lag immer darin, die Beziehungen der Menschen zu thematisieren. Daneben standen der Faktor des »Gewinns neuer Einsichten in die Lebenslage« und die Einsicht in »Zusammenhänge in meinem Leben« ebenso in positiver Verbindung. Der Faktor »regressive Erfahrungen und kindliche Erlebnisse«, ob wieder erlebte Empfindungen der »Zuneigung wie gegenüber den Eltern«, »Gefühle der Ablehnung« oder überhaupt ein »aktualisiertes Erleben von kindlichen Wünschen« in der Beziehung zum Therapeuten erfahren wurde, korrelierte nicht mit der Besserung in den individuellen Therapiezielen und der Hauptprobleme, auch die Zufriedenheit war hier nicht deutlich ausgeprägt (7).

Die im Rahmen der therapeutischen Aufgabe als positiv und hilfreich erlebte Beziehung scheint dabei eine grundlegende und gewichtige Voraussetzung bei allen Formen von Psychotherapie. Heute würden wir einem weiteren Faktor im Interview und den Kriterien katamnestisch nachgehen: Haben unsere Behandlungen den Patienten zu *neuen Einstellungen* und *neuem Verhalten* in seinem Leben draußen ermutigt?

Die Stärke der verhaltenstherapeutischen Einzelverfahren und ihrer Techniken lag zunächst darin, dass sie sich unbedingt auf die gegenwärtige Lebenssituation ausrichteten und auf neues Verhalten und damit auf neue Erfahrungen ihrer Patienten drängten. Mit erstaunlichen Erfolgen bei manchen Störungen, ihre früheren einseitigen Reflextheorien über Bord werfend, nehmen sie den Vorwurf der Theoriearmut gleichmütig hin und haben sich in der kognitiven Wende von der gegenwärtigen Lebenslage den neuen Zukunftsentwürfen bei den Patienten zugewendet. Nachdem früher die therapeutische Beziehung in den Behandlungen und auch in der Ausbildung kaum eine Rolle spielte, haben sie selbst in den letzten Jahren hier Erfahrungen gesammelt, die auch für andre Richtungen informativ und korrigierend wirken können (s. unten S. 302).

Indikationen für Therapieverfahren und ihre Erfolge

Es ist ungewöhnlich, dass getrennte und auf unterschiedliche Behandlungsverfahren spezialisierte Therapieschulen innerhalb eines Fachgebiets existieren, wie es in der Psychotherapie mit Psychoanalyse und Verhaltenstherapie der Fall ist. Niemand ist bisher in Deutschland gleichzeitig für Psychoanalyse und Verhaltenstherapie im Rahmen der kassenärztlichen Versorgung zugelassen. Ein Lehrbuch mit dem Ziel der Integration ist erstellt worden (32) und es gibt eine Zeitschrift zu diesem Thema. Aber es geht bei beiden Richtungen heute noch, wie oben schon ausgeführt, darum, sich über ihre grundlegenden Theorien und Wirkfaktoren zunächst einmal selbst klar zu werden (siehe Seite 77). Dabei ist absehbar, dass es Störungen gibt, die gegenwärtig eher für Verhaltenstherapeuten eine Indikation darstellen, und solche, die eher in tiefenpsychologischen Behandlungen einen Erfolg versprechen. Und es gibt akute Krankheiten, bei denen zunächst symptomzentriert eine Verhaltensänderung erreicht werden muss und dann langfristig eine neue psychosoziale Entwicklung der Persönlichkeit zum Behandlungsziel wird.

Eine solche differenzierte Indikation ist z. B. bei der Pubertätsmagersucht gegeben (s. unten S. 343). Auch die kindlich-jugendliche Hyperaktivitätsstörung (ADHS) ist zunächst eine Störung für spezielle verhaltenstherapeutische Übungen, wobei dann aber die weitere psychosoziale Entwicklung im Mittelpunkt steht und beide Perspektiven nacheinander zu verbinden sind.

Nach bisherigen Erfahrungen werden bestimmte neurotische Symptome, Phobien und Zwangsstörungen eher als eine Indikation für gezielte Verhaltenstherapien aufgefasst, depressive neurotische Störungen bieten eher Aufgaben für tiefenpsychologische Methoden. Für die weite Skala der Persönlichkeitsstörungen mit der diagnostisch oft unscharfen Borderlinegruppe finden sich für beiden Methoden Möglichkeiten. Die unterschiedliche Schwere der seelischen Erkrankungen und die ebenso verschiedenen Persönlichkeiten bei gleicher seelischer oder körperlicher Symptomatik von

Ängsten und Schmerzstörungen machen es schwer, hier Zuordnungen zu treffen.

Rudolf Cohens Auffassung von 1984 war, dass die vorgeschlagenen Integrationsversuche bei unterschiedlichen Ursachentheorien und Ausrichtungen nicht praktikabel seien, bei beiden Schulen handele es sich um Endzustände von Entwicklungen, welche nicht überzeugend miteinander zu verbinden seien. Innerhalb beider Schulen sei noch die eigene Praxis mit ihren Theorien über die behandelten Krankheiten besser zu verstehen und zu begründen, um Regeln zu finden, wer wem am besten helfen könne. Diese Auffassung hat auch heute noch Gewicht. Schon innerhalb der psychoanalytischen Schulrichtungen gibt es differenzierte Indikationen, wobei, wie seit langem praktiziert, relativ leicht gestörte Patienten zu einer psychoanalytischen Behandlung kommen, stärker gestörte und auch einfacher strukturierte Patienten eher zu tiefenpsychologischen Behandlungen, wenn nicht die akute körperliche Lage zu einer stationären Behandlung zwingt. Es gibt einen weiten Kreis von körperlich Kranken und von gestörten einfachen und differenzierten Patienten, für die Gruppentherapien die besten Aussichten bieten. Vor allem Männer haben es hier leichter, eine Hilfe zu erfahren im Nehmen und Geben mit anderen, die in der gleichen oder einer ähnlichen Lage sind. Vergleichende Erfolgsmessungen bei den verschiedenen Psychotherapieverfahren sind dadurch erschwert, dass sowohl die Krankheitsformen wie auch die Schwere der Erkrankungen bei den behandelten Patientengruppen sehr unterschiedlich sind. Psychotherapeuten als immer auch persönlich betroffene Partner in den lebensbegleitenden Psychotherapien tun sich leichter damit, erfolgreiche Behandlungen zu publizieren, als erfolglose und abgebrochene.

Die Wirksamkeit ambulanter und klinischer Psychotherapien war zunächst nur an Einzelfällen demonstriert worden, wobei die Abbrüche oder andere Nachbehandlungen nicht erfasst werden. Die oben erwähnte verdienstvolle erste katamnestische Untersuchung nach analytischer Psychotherapie von 1962 durch Annemarie Dührssen bemerkte nur am Rande einen großen Anteil von Abbrüchen, die nicht nachbeobachtet und einbezogen wurden. Auch heute werden oft nur kurze Katamnesen erhoben und die längeren Verläufe nicht beachtet. Eine große Ausnahme ist eine Nachuntersuchung bei einer anorektischen Krankheitsgruppe, die nach zwanzig Jahren erfasst werden konnte und die sehr ernüchternd wirkte (s. S. 336).

Bis 1968 war in der Psychosomatischen Universitätsklinik Heidelberg die klassische Psychoanalyse ambulant und auch stationär die bevorzugte, ja beinahe alleinige Behandlungsmethode. Danach wurden von uns ambulant und auf der Krankenstation tiefenpsychologische Einzeltherapie und Gruppentherapie eingeführt, dort auch Bewegungstherapien und Gestaltungstherapien sowie ein therapeutisches Gemeinschaftsleben. Möglich war es damals, die stationären Behandlungen von zwei bis drei Monaten in ambulanten Nachbehandlungen zu verbinden, durch die gleichen Therapeuten und in den gleichen Gruppen. Damit wurde eine gute Verbindung mit der Lebensrealität in Arbeit und Familie gefördert.

Ab 1976 planten und 1978 begannen wir die verschiedenen, uns nun vertrauten Verfahren in einem *Katamneseprojekt* auf ihre Wirksamkeit zu prüfen und zu vergleichen (6). Dabei wurden neben den stationären auch primär ambulante psychoanalytische und tiefenpsychologische Psychotherapien durch niedergelassene Therapeuten, zum Teil frühere Mitarbeiter, als Vergleichsgruppe einbezogen. Bei allen ambulant vorher untersuchten Patienten des Projektes wurde eine unserem damaligen Wissen entsprechende Verteilung vorgenommen: ambulant psychoanalytisch meist Entwicklungsstörungen (Selbstwertprobleme, Kontaktstörungen mit depressiven oder angstneurotischen Symptomen); ambulant tiefenpsychologisch und stationär/ambulant tiefenpsychologisch meist seelische und funktionelle Körperstörungen (darunter Herzphobie, Magen-Darm-Störungen, Bulimie etc.); stationär tiefenpsychologisch Einzel- und Gruppentherapie meist damals als psychosomatische Störungen aufgefasste Kranke (Colitis ulcerosa, Ulcera, Morbus Crohn, Asthma bronchiale und Persönlichkeitsstörungen). Eine stationär tiefenpsychologische Einzeltherapie mit Essprogrammen erhielten Anorexia-nervosa-Patientinnen.

Das Projekt zog sich zeitlich in die Länge, da psychoanalytische Behandlungen zwischen ein und siebeneinhalb Jahren mit 61 bis 731 Behandlungsstunden liefen, auch manche der tiefenpsychologischen beinahe ebenso lange von drei Monaten bis sieben Jahre und 10 bis 320 Stunden.

Am Anfang der Behandlungen und nach ihrem Ende wurden Symptomatik und seelische Befunde im Gespräch und mit Tests erfasst. Ausgewertet wurden dabei vor Behandlungsbeginn festgelegte Symptombewertungen für Behandlungserfolge und für individuelle Therapieziele. Als individuelle Therapieziele waren zwischen Behandlungsbeginn und fünfter Stunde drei bis sechs in einer Konferenz bestimmte Fragen formuliert worden, die für die Nachuntersuchung und Katamnese die persönlichen Lebensziele und Behandlungswünsche des Patienten festhielten. *Im Durchschnitt 3,5 Jahre nach Behandlungsende* wurde ein katamnestisches Interview durch eine von den Therapeuten unabhängige Gruppe von Untersuchern durchgeführt, daneben Fragebogen vorgelegt. Von den 207 in einem bestimmten Zeitraum behandelten Projektpatienten waren 68 % weiblich, es konnten 91 % der Patienten bei Therapieende, 81 % bei der Katamnese in dieser Form untersucht werden. Es waren zwei Patienten verstorben, darunter eine Anorexie. Angaben über Arbeitsunfähigkeit, weitere stationäre Behandlungen etc. waren wegen des damals strengen Datenschutzes von Krankenkassen nicht zu erhalten.

Die zentrale Frage, welche wir uns selbst stellten, war, ob die ambulanten und stationären Behandlungsmethoden bei den verschiedenen Patientengruppen vergleichbare und zufrieden stellende Ergebnisse bringen. Die wesentlichen Daten dazu sollen hier kurz herausgestellt werden (26).

Bei den Katamnesen hatten in den *Symptombewertungen*

ambulant psychoanalytisch behandelte
30 % gute, 44 % leichte, 22 % keine Erfolge,
ambulant tiefenpsychologisch
55 % gute, 33 % leichte und 11 % keine Erfolge,
stationär tiefenpsychologisch
59 % gute, 33 % leichte und 8 % keine Erfolge,
stationär Einzel und Gruppe
30 % gute, 37 % leichte und 33 % keine Erfolge,
Einzeltherapien (Anorexia nervosa)
56 % gute, 33 % leichte und 11 % keine Erfolge.

Auffallend ist hier das schwache Ergebnis in der psychoanalytisch behandelten Gruppe, die bei Behandlungsende, also dreieinhalb Jahre früher, mit 56 % guten Erfolgen noch einen wesentlich höheren Erfolgsanteil hatte als alle anderen Gruppen. Offenbar waren die unmittelbaren Nachwirkungen am Ende der langen Therapien hier noch von Gewicht gewesen.

Weitere Fragen, die katamnestisch gestellt wurden, betrafen die subjektive *Zufriedenheit* der Patienten mit dem Ergebnis der Behandlung.

Bei den ambulant psychoanalytisch behandelten waren

16 % sehr zufrieden, 62 % zufrieden und 22 % unzufrieden,
den tiefenpsychologisch behandelten
47 % sehr zufrieden, 47,5 % zufrieden und 5 % unzufrieden,
den stationär in Gruppen behandelten
35 % sehr zufrieden, 57 % zufrieden und 8 % unzufrieden,
den stationär in Gruppen- und Einzeltherapie behandelten
35 % sehr zufrieden, 53 % zufrieden und 12 % unzufrieden,
in den stationären Einzeltherapien waren
35 % sehr zufrieden, 62 % zufrieden und 13 % unzufrieden.

Solche die klinische Praxis begleitenden Studien sind mit experimentellen Untersuchungen nicht zu vergleichen. Trotzdem lässt sich hier feststellen, dass offenbar auch bei Patienten mit Symptomen von erheblichem Krankheitswert in ambulanten und auch stationären tiefenpsychologischen Verfahren gute Erfolge erreicht werden können, nicht allein bei der Symptomatik, sondern ebenso in der subjektiv erfahrenen Eingliederung im weiteren Lebenslauf. Die damals noch mögliche Verbindung stationärer Behandlungen mit Nachbehandlungen durch die gleichen Therapeuten und in der gleichen Gruppe war sicher ein günstiger Faktor. Dass Psychoanalysepatienten in der Symptombewertung keine besonders guten Erfolge hatten und beinahe jeder Vierte nicht zufrieden war, ist auffallend und kann unterschiedlich bewertet werden. Sicher war der Krankheitswert der Störung bei den hier behandelten Patienten eher geringer als bei den anderen Gruppen. Es geht vielleicht in introspektiven, auf Selbsterfahrung und -entwicklung zielenden Analysen weniger um greifbare Symptome und die äußere familiäre und berufliche Lage.

Deswegen muss zusätzlich die soziale Lebenslage in den Behandlungsgruppen festgehalten werden: Psychoanalysepatienten waren sowohl in Ausbildung wie in Berufsstellung von tiefenpsychologischen verschieden: Sie hatten zwei- bis dreimal häufiger Abitur und Studienabschlüsse als die Patienten der anderen Gruppen, arbeiteten auch deutlicher häufiger in selbstständiger Stellung. Die Mittelwerte des Alters lagen in den Behandlungsgruppen zwischen 24 und 31 Jahren, waren dabei nicht allzu weit auseinander, auch in ihrem Familienstand, wobei Ledige mit etwa 60 % überwogen.

Im Hinblick auf Indikationen und Erfolge war allgemein festzustellen, dass psychische Störungen bei ambulanten Therapien größere Erfolge hatten als funktionelle Störungen und die damals von uns als psychosomatische Störungen aufgefassten Patienten mit den körperlichen Krankheiten. Es war ein Unterschied, der auch bei stationären und dann ambulant weitergeführten Therapien zutraf. Es war aber durchaus nicht so, dass nicht auch bei diesen in der Symptomatik und den individuellen Therapiezielen gute Erfolge oder zumindest leichte Erfolge erreicht wurden. Und der Anteil sehr zufriedener war noch größer bei denen, wo funktionelle und psychosomatische Störungen bestanden.

Beim Vergleich ambulanter psychoanalytischer und psychotherapeutischer Behandlungen zeigte sich in Symptomatik und individuellen Therapiezielen die Tendenz, dass die Erfolge bei psychoanalytischen Behandlungen am Behandlungsende zunächst eher besser waren, katamnestisch und in der Zufriedenheit später jedoch absanken, während sich beides bei psychotherapeutisch ambulanten und auch stationären Einzel- und Gruppentherapien nicht verschlechterte, zum großen Teil eher verbesserte. Auch die subjektive Zufriedenheit mit der zurückliegenden Behandlung war zum Katamnesezeitpunkt hier deutlich größer. Es tauchte bei einer Diskussion der Ergebnisse des Katamneseprojektes einmal die Frage auf, ob die psychoanalytisch behandelten Patienten, die ja gebildeter und auch höher in ihren Ansprüchen sind, in der geringeren Zufriedenheit ihre kritische und auch differenziertere Persönlichkeit zum Ausdruck bringen. Vielleicht sind höher gebildete Menschen und sozial höher stehende anspruchsvoller? Aber es ist sicherlich von Bedeutung, wenn die tiefenpsychologisch Behandelten, meist ja die kränkeren und einfacheren, besonders zufrieden sind.

Das Ideal zukünftiger katamnestischer Untersuchungen in der Psychotherapie liegt in den multizentrischen Studien, in denen die gleichen Störungsformen und Krankheitsbilder an verschiedenen Orten, in Instituten oder klinischen Abteilungen mit verschiedenen Methoden behandelt werden, in der Auswertung sich dann vergleichend. Unsere bisherigen Erfahrungen finden, wie oben erwähnt, als zentrale Wirkfaktoren und Ausrichtungen eine ermutigende Bearbeitung der gegenwärtigen und zukünftigen Lebenslage und nicht die retrospektive Bewusstmachung kindlicher Schäden in der Übertragung.

Wohl nur in Deutschland mit ihrer großen, die Schulen übergreifenden Verbreitung kassenärztlicher Psychotherapien bei vielen seelischen Krankheiten und bei Patienten aus allen Schichten war ein *Wandel der praktizierten Therapieverfahren* möglich, wie er hier zu verzeichnen ist. Er weist auf die in der Praxis sich aufdrängenden therapeutischen Methoden hin. Übersichten über die Zahlen zur Psychotherapie in den vergangenen Jahrzehnten, die kassenärztlich finanziert wurden, mit tiefenpsychologischen und psychoanalytischen, seit 1987 auch mit verhaltenstherapeutischen Methoden praktiziert, geben davon ein bemerkenswertes Bild. In den 60er- und 70er-Jahren stand das analytische Standardverfahren mit Couch und hohen Stundenzahlen noch im Vordergrund und damit zahlenmäßig an der Spitze. Das hat sich langsam seither und in den 90er-Jahren rapide verändert, indem tiefenpsychologische und dann auch verhaltenstherapeutische Verfahren immer häufiger wurden und die analytischen Therapien zahlenmäßig weit überholten. Betrachtet man nur die im letzten Jahrzehnt zwischen 1991 und 2001 gestellten Gutachtenanträge mit den verschiedenen Methoden, so zeigt sich zunächst im Ganzen eine Steigerung um 100 %, also eine Verdoppelung in der Zahl der ärztlichen und psychologischen Psychotherapien. Aber während 1991 die drei Verfahren noch nicht weit auseinander lagen, wenn auch tiefenpsychologische und verhaltenstherapeutische schon etwa doppelt so häufig wie analytische waren, so sind beide jetzt jeweils mehr als sechsmal häufiger als analytische. Die Zahl von Verhaltenstherapien hat nahezu die gleiche Höhe wie die der tiefenpsychologischen Einzel- und Gruppentherapien erreicht. In diese Aufstellung geht die gegenwärtig noch anwachsende Gruppe psychotherapeutischer Kurzzeittherapien mit nur 25 Stunden nicht ein, die von vielen Therapeuten ohne Anträge auf Gutachten praktiziert und abgerechnet werden. Psychoanalysen dürften hier nur selten vertreten sein. Die haben vor allem in den Ausbildungsfällen psychoanalytischer Institute mit klassischem Couch-Setting, höherer Wochenfrequenz und Stundenzahl sowie Dauer der Therapien ihre traditionelle Domäne.

Bei hier seltener werdenden Ausbildungskandidaten kommt heute wohl auf mehr als 20 Kassenbehandlungen in Tiefenpsychologie oder Verhaltenstherapie noch eine in Psychoanalyse.

Der Anteil der *Gruppentherapien* wird in der Aufstellung nicht deutlich, sie sind in Gefahr, an den Rand gedrängt zu werden, was ein großer Verlust ist. Sie haben sich für bestimmte Patienten und Störungsformen als besonders aussichtsreich erwiesen. Die Vorbereitung und Zusammenstellung von Gruppen fordert immer einen besonderen Aufwand an Zeit und Kraft und ist damit nicht besonders lukrativ. Dabei ist der therapeutische Prozess dann ein vielseitiger des Gebens und Nehmens in einer zusammenwachsenden kohärenten Gemeinschaft, der vielen Teilnehmern Gewinn bringt.

Es kann auch in tiefenpsychologischen Behandlungen nützlich sein, Patienten auf der Couch entspannt ihren spontanen Gedanken, Phantasien und auch Träumen zu überlassen, wenn sie zu einseitig an die alltägliche Realität ihres Daseins fixiert sind. Andererseits ist beim Setting, der Länge und Frequenz analytischer Psychotherapien immer zu reflektieren, dass diese Behandlung selbst zu einer Nische vor der Realität werden kann. Informativ sind Beobachtungen, dass diese verschiedenen Verfahren auch heute weiter bildungsmäßig unterschiedliche Populationen betreffen, wie die Aufstellung von Rüger und unser Katamneseprojekt zeigen. Dabei kann nicht davon ausgegangen werden, dass es sich bei den Patienten mit einfacher Bildung um Gesündere handelt: Epidemiologische Untersuchungen zur sozialen Schichtzugehörigkeit und zu psychischen Krankheitsfällen mit Neurosen, Persönlichkeitsstörungen, Alkoholismus und psychosomatischen Erkrankungen zeigen, dass sie in den unteren Schichten deutlich häufiger waren und das Doppelte bis Dreifache ausmachten. Nur die Neurosendiagnose wurde in der Unterschicht etwas weniger häufig gestellt als in den anderen. Aber das heißt nicht, Armut macht krank, Korrelationen sind noch keine Ursachen: Bestimmte Störungsbilder wie der soziale Abstieg sind durch Persönlichkeitsfaktoren zumindest mitverursacht (s. S. 207). Allerdings ist zunächst die Motivation für Psychotherapie und deren Akzeptanz bei einfachen Menschen meist gering. Bei Männern, die nur etwa 30 % der Patienten ausmachen, ist sie nur für Gruppentherapien größer, man findet sie auch häufiger in Selbsthilfegruppen. Man kann im Ganzen so das Wort von Greenson auch jetzt noch bestätigen: Man muss ein relativ gesunder Neurotiker sein, um psychoanalytisch behandelt werden zu können und davon zu profitieren.

Zusammenfassend zeichnet sich in tiefenpsychologischen und verhaltenstherapeutischen Richtungen ab, dass sie sich in der Praxis in den Methoden nicht nur selbst differenzierten, sondern dabei auch in ihren Ausrichtungen aufeinander zubewegten. Aus psychoanalytischer Tradition kommende Richtungen sind jetzt mehr auf die gegenwärtige Lebenslage und Störungen wie auch auf die weitere psychosoziale Entwicklung gerichtet. Dabei werden aber die archäologischen Ursachentheorien der Kindheit nicht ausdrücklich in Frage gestellt und aufgegeben. Die Verhaltenstherapie hat sich in kognitiven und emotionalen Wenden von einer rein symptomzentrierten Perspektive auf die innerseelische Lage und die weitere psychosoziale Entwicklung ausgerichtet. Auch hier werden aber die bisherigen Theorien eines fremdbestimmt pathogenen Lernens meist nicht ausdrücklich in Frage gestellt. Es zeichnet einzelne Verhaltensherapeuten aber aus, dass sie die vernachlässigten biogenetischen Zusammenhänge in ihre Therapien aufnehmen, sie verstehend nutzen und dabei betonen, dass die praktizierte Therapie nicht auf psychische Lernerfahrungen zurückgehe (s. S. 274). Es ist eine in den Grundlagen und Methoden *sich differenzierende Psychotherapie*, die bei den unterschiedlichen Krankheitsformen und den jeweils individuell strukturierten Lebenslagen angemessen ist, keine allgemeine oder integrierend verschmolzene.

Begabungen und Vulnerabilitäten von Patienten

Therapie hat es mit der Behandlung von Krankheiten zu tun, muss diese in ihren Formen beschreiben, in den Lebensbedingungen ihres Auftretens und in ihren Ursachen, um sie wissenschaftlich fassen und behandeln zu können. Diese Aufgabe ist ebenso in Psychotherapien gegeben, wenn auch hier oft schwer abgrenzbar ist, was als krank und noch als gesund angesehen werden kann. Es setzt Lebenserfahrung und Offenheit gegenüber der Streubreite und den Schwankungen seelischer Entwicklung voraus.

Wie früher in der psychiatrischen Psychopathologie besteht bis heute in den Psychotherapien die Gefahr, sich allein auf die pathologisch, die krankhaft bewerteten seelischen Eigenschaften auszurichten. Als Reaktion darauf wurde in den salutogenetischen Richtungen die Frage der positiven Seiten aufgeworfen, wie oben gezeigt. Es ist nicht selbstverständlich, aber notwendig in Behandlungen, die sich auf die gegenwärtige und weitere Lebenszeit beziehen, bei seelisch kranken Menschen danach zu fragen und zu suchen, woran sie interessiert, wozu sie besonders begabt und worin sie leistungsfähig sind. Was in der Medizin als Krankheit gefasst und wie es bezeichnet wird, unterliegt gesammelten Erfahrungen und damit dem jeweiligen Wissen, dabei aber auch kulturellen Bewertungen. Krankheit ist ein beschreibender und *kein wissenschaftlicher Begriff*. Differenziert werden bestimmte abweichende Formen des Erlebens und Verhaltens als Symptome beschrieben, in langer Erfahrung und im Austausch mit Fachkollegen als Krankheitsbilder gefasst. Sie unterliegen mit jeweiligem Wissen und neuen Erfahrungen einem fortlaufenden Wandel und auch kulturellen Einflüssen. Obwohl seit Jahrzehnten Befunde über die genetischen Bedingungen der homosexuellen Einstellung beim Manne vorlagen, wurde in den 60er-Jahren in den USA und auch in Europa Homosexualität noch psychoanalytisch in Theorien erklärt und therapiert, nicht um Lebenshilfe bei diesen sexuellen Neigungen zu geben, sondern um diese Einstellungen zu ändern. Es war damals noch schwerer als heute, mit einer »schwulen« oder lesbischen Einstellung zu leben. Die politischen und zivilisatorischen Entwicklungen haben sich verändert, aber als Minderheit brauchen auch heute manche heranwachsende Menschen mit diesen Varianten in ihrer Lebensentwicklung psychotherapeutische Hilfe.

Die Praxis der ersten internationalen Diagnoseschlüssel, der DSM-Krankheitsklassifikationen, bestand darin, bestimmte Erlebnisweisen und Verhaltensformen als Symptome und Kriterien von Krankheiten zu bewerten. Diese Daten waren getrennt vom Lebenslauf, wurden addiert, und wenn etwa die Hälfte der Kriterien erreicht war, als positive Diagnose bewertet. Das mag für epidemiologische Vergleiche nützlich sein, ist es aber sicher nicht für den therapeutischen Umgang mit den Patienten. Zu wissen, wie und in welchem Zusammenhang abweichendes Erleben und Verhalten auftritt und zu vermeiden ist, wird diagnostisch ebenso notwendig, wie nach dem zu suchen, was Halt gibt und Selbstbewusstsein. Wie sich Stimmungen und Sicherheit mit der sozialen und zwischenmenschlichen Welt, mit den Formen des Wohnens und Arbeitens verbinden, ist durch die Sozialpsychiatrie zum Thema geworden. Auch Psychotherapie ist daran gebunden, abweichendes Erleben und Verhalten in der subjektiv-aktiv erlebten Umwelt mit der äußeren Lebenslage zu verbinden, um dem Kranken im weiteren Lebenslauf eine bessere Chance geben zu können.

In einer »Kleinen psychoanalytischen Charakterkunde« wurden von Karl König die verschiedenen Neuroseformen nicht nur in den abweichenden Beziehungen zu den anderen Menschen beschrieben, sondern differenziert auch in ihrem Auftreten in der Arbeitswelt und im Freizeitverhalten, im Urlaub wie in den Institutionen (20). Die klassische Neurosenlehre und Psychodynamik wurden hier im Rahmen der wahrgenommenen und gelebten Umwelt differenziert. Wie wichtig schon seelische Krankheitsbegriffe sind, dass nicht von Neurosen, sondern von Charakteren gesprochen wurde, hatte sich schon vor 50 Jahren gezeigt: Psychiater wie Karl Leonhard ersetzten damals den Begriff »Psychopath« durch »akzentuierte Persönlichkeit«. Heute spricht man von Persönlichkeitsstörungen oder Anpassungsstörungen.

Auch der erfahrene Psychoanalytiker Fritz Riemann hatte in den »Grundformen der Angst« 1961 zunächst noch die Schwächen der neurotischen Persönlichkeitsformen herausgestellt. In einer dann erweiterten 9. Auflage (27) beschrieb er 1975, selbst 73-jährig, ergänzende Betrachtungen über ihre Interessen und Neigungen. Es ging ihm nicht darum, die subjektiv erlebte Lebenslage zu verschönern und Schwächen zuzudecken, sondern die verschiedenen seelischen Einstellungen in ihren affektiven Schwankungen und einseitigen Fixierungen zu erkennen und die häufig situativ und zeitlich fixierte Sicht zu erweitern. Sie seien in mehrdimensionaler Sicht als seelische Akzentuierungen mit den Stärken und Begabungen zu verbinden, die stabilisierend wirken können. Seine Aussagen lassen sich mit weiteren Beobachtungen seither verbinden.

Die Begabungen *schizoider* und auch vieler *angstneurotischer Menschen* seien etwa darin zu finden, dass sie einfühlend schon früh in ihrer kindlichen Entwicklung die unterschiedlichen Meinungen anderer aufnehmen, durch sie beeindruckt deren Ansichten und Anliegen verstehen und vertreten können. Sie sind eher Einzelgänger und eigenwillig, können besser allein lebend initiativ und kreativ sein, sind dabei sensibel für die Sichtweisen anderer Menschen. Sie sind fähig, die Vielseitigkeit der Menschen und der Welt in ihren unterschiedlichen Aspekten und Bedeutungen in sich aufzunehmen, was sie dann kreativ werden lässt. Die Meinungen, Gefühle und Stimmen, die nebeneinander bestehen, differenzieren das Weltbild. Das kann für eine dichterische Produktivität nützlich sein, wenn die Betroffenen sie in einem ruhigen, geordneten und begrenzten Raum entfalten können, der zugleich Sicherheit und Schutz gibt. Solange das aber nicht gegeben ist, wie sich bei Janet Frame zeigte und wie es auch bei Robert Walser und auch bei Franz Kafka zu finden war, können die Nähe und Konfrontation mit vielen anderen Menschen überwältigend sein und das seelische Gleichgewicht bedrohen. Heute als Lehrer vor einer großen Schulklasse von aufsässigen Jungen und Mädchen komplexes eigenes Wissen vermitteln zu sollen und dabei die eigene Ohnmacht zu erfahren oder plötzlich in eine sprachfremde Umgebung versetzt zu werden gehört zu den klassischen Auslösungen schizophrener und schizoider Störungen (s. S. 323). Allein oder in der Nähe eines vertrauten Menschen in einem eigenen Raum eigene Gedanken entwickeln zu können gibt ihnen Selbstvertrauen und hilft, die Störungen zu überwinden. Den Patienten Mut zu machen, sich in diesem begrenzten Raum einzurichten und sich nicht an anderen, der eigenen Person fremden, überfordernden Zielen zu messen, gehört zur Hilfe, die Psychotherapie hier bieten kann.

Die *depressive Persönlichkeit* ist begabt, sich emotional einzufühlen in andere Menschen und ihnen zu helfen. Sich in einer sinnvollen Aufgabe für andere nützlich zu machen gibt den Patienten Sicherheit und Selbstbewusstsein. Das muss nicht auf einen kurzen altruistischen Austausch begrenzt sein. Sie können dabei auch selbst Nähe und Halt bei dann nahe stehenden anderen Menschen finden. Auch noch im Alter, wenn der Verlust von Menschen, mit denen man den Lebensweg geteilt hat, zu einer bedrohlich depressiven Lage führt, kann eine neue Tätigkeit, eine einfache Arbeit oder die Pflege anderer zu einer Entlastung und Stabilisierung führen. Es gibt heute viele Frauen, die nach Verlusten ihrer Lebenspartner, von beruflichen Stellungen oder nach Auszug ihres jüngsten Kindes gemeinnützige Aufgaben übernehmen. Verluste können dann auch Gewinne sein, Kräfte freimachen für neue Aufgaben und in weiteren Entwicklungen, welche die gewonnene Lebenserfahrung nutzen. So ist in depressiven Reaktionen und Entwicklungen nach Verlusten immer zu fragen, welche Neuanfänge sich hier bieten, die gesucht und gefunden werden können.

Personen mit *zwanghaften Zügen* sind oft konservativ und interessiert an Geschichte und Traditionen. Sie haften an konkreten Gegenständen des Lebens, ihre Ordnungsliebe ist meist ausgeprägt und konkretisiert sich an bestimmten Räumen, Gegenständen und Ideen. Diese ordnungswillige Seite in eine sozial nützliche Aufgabe einmünden zu lassen, das gute Gedächtnis und die Ausdauer dieser Menschen in einen ordnenden, klärenden Bereich überzuleiten wird in verhaltenstherapeutischen Ansätzen unternommen. Es helfen hier ermutigende Übungsprogramme, die dann gewissenhaft ausgeführt werden. Zwanghafte leben in einer mit Angstqualitäten belasteten Welt bei oft hohen intellektuellen Gaben. Es ist nicht zu übersehen, dass große wissenschaftliche Werke ohne eine solche geduldig sammelnde, in den Einzelheiten ordnende und dann auch differenzierende Einstellung nicht möglich sind.

Der zwanghaften, oft auch gehemmten und eingeengten Dynamik ist heute mit medikamentösen Behandlungen zu helfen. Die weitere Aufgabe ist es dann, sie in subjektiv angemessene und lebensgeschichtlich noch freie, nützliche Bereiche einmünden zu lassen.

Wie die *hysterische Frau* vom Neuen und Unbekannten angezogen wird, hatte Riemann schon in den »Grundformen der Angst« beschrieben, wie für sie in jedem Anfang ein Zauber wohnt, so, wie für andere Menschen dieser nur im Vertrauten und Gewohnten zu finden ist. Dem hysterischen, theatralisch auftretenden Wesen dieser Frauen liegen Phantasie und darstellerische Fähigkeiten zugrunde, die sie aber in der alltäglichen und oft langweiligen Welt nicht zu leben vermögen. Es ist in Psychotherapien wichtig, die Selbstdarstellungen auch in den Symptomen nicht zu entwerten. In einer Haltung des »Ja, aber nicht so!« sind die Nöte, die äußeren Lasten und inneren Konflikte, aus denen sie erwuchsen, anzuerkennen, um den Betroffenen im weiteren Lebenslauf eine Chance geben zu können. Hysterische sind immer wieder neu begeisterungsfähig, wendig und kontaktfreudig, dabei oft nicht sehr realistisch in ihren Zielen. Dem in der Zukunft eine angemessene Form in alltäglichen Lebenslagen zu geben wird zur psychotherapeutischen Aufgabe. Dazu gehört es, in fortschreitenden Altersphasen zu helfen, auch Grenzen anzuerkennen, vorzusorgen und Nein zu sagen, wo es sinnlos ist, fortzufahren, sich nicht in verstiegenen Höhen zu verlieren und zu vereinsamen.

Nach Begabungen, Interessen und subjektiven Zielen zu fragen und dies als erweiternde Perspektive zu nutzen wird stets auch bei anderen Abweichungen zur Aufgabe. Bei der *Anorexia nervosa* wird es zur zentralen Aufgabe. Wenn zunächst die Gewichtszunahme im Vordergrund steht, so zeigt sich dann, dass die einfache Rückführung in Schule, Studium und Familie von Rückfällen begleitet ist. Die besorgten Eltern bedürfen selbst der Beratung und sind nicht die Ursache der hier gegebenen endogenen Persönlichkeitsproblematik. Sie liegt bei diesen differenzierten Frauen in hohen und altruistischen Ansprüchen, die sie an sich selbst und an andere stellen (s. unten S. 343).

Es war schon im zu Beginn dieses Buches erwähnten ersten Fall von Psychotherapie bei Bertha Pappenheim zu sehen, wie ihre als hysterisch charakterisierte Persönlichkeit erst mit 30 Jahren in einer anderen Umwelt sich selbst finden und über Jahrzehnte entfalten konnte. Verhaltenstherapeuten verbinden in unterschiedlicher Behandlungstechnik die Symptome unmittelbar mit dem Verhalten in der Umwelt, vereinzelt dann auch mit der Aufgabe, die Lebensentwicklung im Ganzen zu fördern. Eine solche umfassendere Ausrichtung auf die gesamte gegenwärtige, vergangene und zukünftige Lebenslage ist aber nicht nur in kognitiven Verhaltenstherapien, sondern auch in einer psychosozial ausgerichteten dynamischen Psychotherapie gegeben. Es konnten hier nur einige Beispiele beschrieben werden.

Bei epidemiologischen Untersuchungen wurde deutlich, dass jeder vierte Mensch in der Persönlichkeit als neurotisch oder psychosomatisch gestört beurteilt wurde, aber nur ein relativ kleiner Teil eine angebotene Psychotherapie annahm. Die bildungsmäßig meist schon benachteiligten und für sprachliche Selbstmitteilung nicht offenen Menschen pflegen ihre Schwächen dann in Suchten oder anderen abnormen Verhaltensweisen auszutragen. Es kann gerade den sehr belasteten und gestörten Menschen, die angebotene Behandlungen ablehnen, eine *Gruppentherapie* angemessen sein. Frauen und Männern mit bestimmten Störungen, die sich in Psychotherapien zunächst schwer tun, können hier Gemeinsamkeiten mit anderen entdecken, in Schwächen und Ängsten wie in Phantasien und Wünschen. Anderen dann Hilfreiches sagen zu können und auch Hilfreiches gesagt zu bekommen, von Menschen, die die gleichen und noch andere Schwierigkeiten haben als man selbst, ist eine wichtige Erfahrung.

Das wird noch deutlicher in *Selbsthilfegruppen*, die Männer und Frauen mit den verschiedensten Krankheiten heute erreichen, oft kranke Menschen, die für die Psychotherapien kaum zu motivieren sind. Als Alkoholiker nicht allein zu sein, sondern in eine Alkoholikergruppe zu finden ist eine identifikatorische Erfahrung. Krankheit, die man mit anderen in der Gruppe teilt, entlastet nicht nur, die Gruppe gibt eine Aufgabe und einen gehobenen Status, wie sie außen stehende Ärzte und Therapeuten nicht vermitteln können. Ärztliche Autorität und Fachkenntnisse können jedoch den Zugang zu solchen Selbsthilfegruppen sehr fördern und erleichtern, indem sie entschieden und nachhaltig auf die nächstliegende Gruppe hinweisen. Es gibt heute für die verschiedensten Krankheits- und Altersgruppen spezialisierte Anlaufstellen, um Kranken helfen zu können.

Psychotherapie als Abendschule, Glaubensgemeinschaft oder wissenschaftliche Disziplin?

Nachdem »Psychotherapie« in der Bezeichnung des psychiatrischen Facharztes oder Diplompsychologen mit entsprechender Zusatzausbildung einen Platz gefunden hat, ist die vor Jahrzehnten formulierte Frage Otto Kernbergs nach ihrer *Wissenschaftlichkeit* wieder aktuell geworden. Es wird nicht nur ihre Praxis mit den Erfolgen, sondern auch der wissenschaftliche Wert ihrer Theorien neu diskutiert. Eine Besonderheit psychoanalytischer Weiterbildung war es immer, dass sie in Instituten außerhalb der Universitäten ablief und heute noch ihren Platz dort hat. Auch die Weiterbildung für den neuen »Facharzt für Psychotherapeutische Medizin« wie die Zusatzbezeichnungen »Psychotherapie«, »Psychoanalyse« und »Verhaltenstherapie« werden in Instituten und Gesellschaften vermittelt. Es sind im Grunde genommen Abendschulen, die damit über eine beträchtliche Macht verfügen.

Die Geschichte von Psychotherapie war bestimmt durch »niedergelassene Ärzte«, die zu Gründergestalten wurden. Man kann darin den Vorteil finden, dass sie, nahe an den seelischen Bedürfnissen der Kranken arbeitend, von ihren seelischen Nöten bestimmt, zu innovativen Schritten gedrängt waren und sich dem anpassen mussten. Es schaffte aber auch Abstand zu den wissenschaftlichen, interdisziplinären Einrichtungen der Universitäten. In den psychosomatischen und psychotherapeutischen Abteilungen an den Universitäten konnten motivierte Psychoanalytiker und Verhaltenstherapeuten klinische und wissenschaftliche Erfahrungen in medizinischen und psychologischen Fakultäten sammeln. Die Psychologen in der Verhaltenstherapie hatten stets eine größere Nähe zu den Universitäten, ihre Weiterbildung läuft heute aber auch häufig im Rahmen privatwirtschaftlich geführter Kliniken und Einrichtungen ab. Dass die klassische Psychoanalyse wichtigste Therapie, Ausbildung und zugleich die ideale wissenschaftliche Forschungsmethode sei, wie Freud annahm, wird kaum noch vertreten.

Die Psychoanalyse hatte bestimmte Ausbildungstraditionen in die Psychotherapie eingeführt, zunächst mit der Lehranalyse, später als Selbsterfahrung bezeichnet. Die theoretische Weiterbildung wird als »Abendschule« bis heute traditionell in bestimmten Instituten durch die lokal dort niedergelassenen Therapeuten vermittelt, die in Berufsverbänden die praktische und theoretische Weiterbildung organisieren und auch eine Kassenzulassung sichern. In meiner Ausbildung, begonnen 1942 während des Krieges mit 23 Jahren, umfasste die Lehranalyse, durch Kriegsereignisse lange unterbrochen, in fünf Jahren etwa 100 Stunden, wie damals üblich (4). Es kam mit der Zeit dazu, dass 300 Stunden Lehranalyse in der analytischen Ausbildung festgelegt wurden. Es bestand später in den Fachgesellschaften die Bestimmung, dass diese Selbsterfahrung die gesamte Weiterbildung bis zum Abschlussexamen begleiten müsse, wobei in fünf bis zehn Jahren mit 500 bis 1000 Stunden zu rechnen war. Ob diese Zeit und Stundenzahl der Dynamik einer als hilfreich selbsterfahrenen Behandlung kranker Menschen entsprechen und vor allem, ob sie auf die Praxis mit den verschiedenen Krankheitsbildern gut vorbereiten, ist zu bezweifeln. Sie verbinden eine hier ablaufende persönlichen Erfahrung und seelische Eigendynamik mit dem formalen Ausbildungsgang in einer jahrelangen Abhängigkeit. Zeit, Kräfte und Geld in dieser über hunderte Stunden und über Jahre reichenden Beschäftigung mit sich selbst sind sehr einseitig angelegt. Es ist vielleicht nützlicher, in diesen Stunden in Kliniken, Ambulanzen oder Praxen im Umgang mit seelisch kranken Menschen praktische Erfahrungen über normale und abweichende Entwicklungen zu sammeln. Dabei kann Selbsterfahrung für junge adoleszente Menschen zu positiven Entwicklungen führen, auch mit Unterbrechungen, wie sie Franz Alexander empfahl. Wesentlicher als die Stundenzahl ist sicher, dass Analysen und Psychotherapien den Menschen zeitlich auf seiner Lebensstrecke begleiten, wenn er sie für sich selbst braucht und nutzen kann.

Die Verhaltenstherapeuten waren in Westdeutschland berufspolitisch 1987 herausgefordert, als zugelassene Kassenleistung die bisherige an den Universitäten vermittelte Praxis mit einer angemessenen Weiterbildung zu verbinden. Sie sind neue Wege gegangen und haben ihre Erfahrungen gesammelt. Verhaltenstherapeuten pflegten ja die Patienten zunächst über die Ursachen ihrer Leiden und die einzusetzenden Methoden zu informieren und schufen damit zunächst eine eher professionell sachliche und aufklärende Beziehung zwischen einem Fachmann und den Patienten, sie motivierend, in der Behandlung mitzuarbeiten. Dabei wurde zunehmend akzeptiert, dass die therapeutische Beziehung ein Wirkfaktor ist. Die Vorbereitung darauf wurde erst diskutiert, als sie in die Kassenversorgung eintraten und Ausbildungsrichtlinien vorlegen mussten. Neue Begriffe tauchten dabei auf wie Selbsterforschung, berufsorientierte Selbstreflexion, dann kam es auch zur Selbsterfahrung. Es ist aber keine, die in der Vergangenheit des Kandidaten forscht, und sie läuft in anderen Settings als bei Psychoanalytikern ab. Vor allem ist sie im Unterschied zur Psychoanalyse weniger vom Umgang mit den Patienten getrennt. In einer Publikation über Selbsterfahrung, ihre Konzepte und ihre Praxis wurde 1994 in fünfzehn Beiträgen über erworbene Erfahrungen berichtet und dabei auch offen eingestanden, dass überhaupt erst seit einigen Jahren damit begonnen wurde, ein Konzept zu entwickeln (21). Es wird dabei betont, Selbsterfahrung dürfe nicht durch Abhängigkeitsverhältnisse bestimmt werden, sie sei auch kein Selbstzweck, sondern solle zielorientiert die positiven und negativen Anteile vonseiten der Therapeuten erarbeiten und optimieren. Es werden patientennahe Gruppensettings empfohlen, wobei die Kandidaten etwa ihre Interviews von Patienten verbal, auf Tonträgern oder Videos vorstellen und vor den anderen diskutieren und reflektieren. Wenn *persönliche Fragen* des Stils zum Problem werden, gibt es Gelegenheit zu Zweiergesprächen zwischen einem auszubildenden und einem erfahrenen Therapeuten seiner Wahl. Nicht nur die kognitive, sondern auch die affektive Beteiligung werden behandelt, eine unterstützende Rollenfunktion in den verschiedenen Techniken mit Anregungen, Übungen, Konfrontationen anvisiert (40).

Im Vergleich mit der analytischen, ganz auf die individuelle Persönlichkeitsentwicklung der Kandidaten ausgerichteten Selbsterfahrung haben die Gruppen, wie sie hier von Verhaltenstherapeuten eingerichtet wurden, sicher manche Vorteile. Sie sind bemüht, eine weniger hierarchische und isolierende Situation in der Weiterbildung zu schaffen. Sich in Gruppen auszutauschen und mit anderen vergleichen zu können wirkt motivierend, kann im Lernen dazu bringen, sich anzugleichen, aber auch abzugrenzen, ist u. U. eine aktivierende und fördernde Konkurrenz. In der analytischen Selbsterfahrung ist man sehr allein mit dem Analytiker, so wie mit dem Patienten später in den Behandlungen. Deswegen wurden in den letzten Jahren auch in neuen Instituten für tiefenpsychologische Weiterbildung vor allem Intervisionsgruppen eingerichtet, in denen niedergelassene Therapeuten, erfahrene und auszubildende, ihre Beobachtungen an Patienten und Krankheitsbildern untereinander austauschen.

In Nordamerika ist Psychotherapie heute überwiegend von den früher eher ausgeschlossenen Psychologen vertreten.

Der als Schüler noch 1937 aus Frankfurt in die USA sich rettende Hans Strupp begleitete später als Psychologe die Psychoanalyse wissenschaftlich mit breit angelegten Beobachtungen, was von Franz Alexander in Chicago gefördert wurde. In einem großen Lebenswerk hat er nach den wirkenden positiven Elementen wie nach den etwa schädigenden gefragt und die Therapeuten aufgefordert, zu zeigen, dass und wie ihre Therapien wirksam seien. Im grundlegenden Denken psychoanalytisch orientiert, hat er 1977 in dem Buch »Psychotherapy in a New Key – A Guide to time-limit Dynamic Psychotherapy«, deutsch erschienen als »Kurzpsychotherapie« (34), darauf hingewiesen, die Suche allein nach früheren lebensgeschichtlichen Zusammenhängen sei weder durchführbar noch therapeutisch besonders vielversprechend. Es gehe darum, die subjektiven Verhaltensweisen des Patienten zu erfassen, in denen sich zwar die Kindheitserlebnisse auswirken, aber in den heutigen Beziehungen neu erscheinen. Die rekonstruierte Lebensgeschichte des Patienten sei nicht so wichtig, es sei vielmehr besonders darauf zu achten, inwieweit der Patient seine neurotischen Konflikte dann in der Therapiebeziehung inszeniere. Seine Auffassung war damals, dass die »Elternobjekte traumatisch schädigend waren und die Therapeutin besser als die Mutter sein müsse«. Er vertrat bei Patienten mit ängstlichen und depressiven Beschwerden bei Konflikten in ihrer Entwicklung u. a. eine psychodynamische Kurztherapie mit 25 bis 30 Sitzungen.

Als er aber 25 Jahre später in einem Vortrag in Weimar einen »zeitgemäßen Blick auf die psychodynamische Psychotherapie und deren Zukunft« (35) warf, bedauerte er, dass es jetzt in den USA wie in der Fast-Food-Industrie zu immer kürzeren Behandlungen gekommen sei. Er hoffe, sagte er den deutschen Psychiatern und Psychotherapeuten, dass Experten den abkürzenden Trend umkehren und das jetzt gegenüber dem »psychoanalytischem Establishment« auch vertreten, das gegenüber Verbesserungen ja in der Haltung verharre: »Don't disturb us with facts.« Psychotherapie sei sowohl Technologie wie menschliche Beziehung, sie müsse wissenschaftliche Grundlagen haben und ein Menschenbild in der Medizin vertreten, in dem die körperliche Natur des Menschen und seine seelische Entwicklung in der Welt erfasst würden.

In einigen europäischen Ländern ist es jetzt zu einer Konkurrenz um »Psychotherapie« als berufliche Bezeichnung gekommen, wie sie lange zwischen Ärzten und Psychologen bestand. Es gibt, wie oben erwähnt, in Deutschland den »Facharzt für Psychiatrie und Psychotherapie« und einen für »Psychotherapeutische Medizin«, daneben noch Zusatzbezeichnungen. Ähnliches besteht auch in der Schweiz und in Österreich, in den anderen Ländern Europas aber kaum. Die Methoden der mit Psychotherapie verbundenen Behandlungen sind gestreut, und es ist noch ungeklärt, ob und wie in psychiatrischen Universitätskliniken die optimale psychotherapeutische Weiterbildung stattfindet. Deutlich ist, dass die traditionellen Institute, in denen bisher der Zugang zur Psychoanalyse und zur Verhaltenstherapie vermittelt wurde, weniger mitwirken und auch selbst weniger Nachwuchs haben.

Sehr konkret ist seit Jahren in der Inneren Medizin versucht worden, mit einer Evidence-based Medicine, EBM, im Rahmen der Cochrane-Klassifikationen eine neue Wirksamkeitsforschung einzuführen. Es ist die von dem kanadischen Internisten Cochrane entwickelte Forschungsrichtung, in der mit randomisierten Methoden bestimmte körperliche Krankheitsformen mit bestimmten therapeutischen Behandlungen in Beziehung gesetzt werden. Dabei werden DSM-Klassifikationen in ihren verschiedenen Ebenen benutzt und in Doppelt-Blind-Versuchen bei medikamentösen Behandlungen internistischer Krankheiten eingesetzt und die Ergebnisse dann im Rahmen multizentrischer Untersuchungen verglichen. Seit 1990 wurde das von einzelnen Wissenschaftlern in der Klinik, dann in der Praxis in den USA und auch in Deutschland praktiziert und in der Methodik und in den Ergebnissen von Spezialisten ausgewertet. Aber beim Versuch, dies als »gewissenhafte und vernünftige Anwendung der besten zzt. vorhandenen wissenschaftlich-empirischen Belege« dann in die ärztliche Praxis einzuführen, haben sich schon in der Internistik Schwierigkeiten ergeben, nicht allein wegen des damit verbundenen Zeitaufwandes in der Aneignung der Methode. Die Akzeptanz war in internistischen Praxen sehr gering, kritisch wurde auf die eigene Erfahrung und die schulischer Autoritäten bei den diagnostisch und therapeutisch immer komplexen Gegebenheiten hingewiesen.

Der Standard der EBM-Behandlung wird jetzt auch für Behandlung psychiatrischer Erkrankungen in seinen Möglichkeiten und Grenzen für »eine rationalere Psychiatrie« reflektiert (2). Es sind dabei zunächst methodisch interessierte Wissenschaftler und Kliniker beteiligt, die eine »Evidence-based Medicine in Psychiatry« in ihren Grundannahmen reflektieren. Sie fordern eine gewissenhafte, vernünftige Anwendung der wissenschaftlich-empirischen Belege und diese in Kombination mit den individuellen klinischen Erfahrungen. In ihrem Fachgebiet finden Psychiater aber auch sachliche und psychologische Hindernisse, wobei dann von mehreren Seiten die Frage aufgeworfen wurde, wie der wissenschaftliche Charakter der Psychotherapien zu sichern und zu begründen sei.

Auf mehreren wissenschaftlichen Jahrestagungen der psychiatrischen Dachgesellschaft war Psychotherapieforschung das Thema (3). Dabei wurde nicht allein die zu sichernde Wirksamkeit behandelt, sondern die Ansätze und Wirkungsweisen des ablaufenden Geschehens sowie das Selbstverständnis der Psychotherapeuten diskutiert. Die wissenschaftliche Gültigkeit der angewendeten Krankheits- und Therapietheorien sei hier ebenso notwendig. Die jeweils behandelten Störungsformen in ihren körperlichen, sozialen und psychischen Zusammenhängen seien aufzuklären. Dazu wurden vier Phasen beschrieben und geplant, die Psychotherapieverfahren trotz begrenzter Vergleichbarkeit zu überprüfen.

Von psychiatrischer Seite werden differenziert und umfassend die *Perspektiven der Psychotherapieforschung* im Rahmen der EBM von Christoph Mundt dargestellt (24). Es wird zum Anlass genommen, die geisteswissenschaftlichen und neurobiologischen Grundlagen dieses Bereiches zu reflektieren. Der Vieldeutigkeit seelischer Entwicklungen könne in einer Kohärenz klinischer Teilaspekte begegnet werden, wobei auf die telemetrisch zerebral greifbaren Funktionsglieder bei Zwangskrankheiten hingewiesen wird, die bei medikamentösen wie psychotherapeutischen Behandlungen auftauchen. Die störungsspezifischen wie die schulischen Psychotherapien in ihrer Fokusbildung und Bewertung der Lebensereignisse und der Hierarchie pathogener Einflüsse werden angesprochen. Es gehe um gemeinsame Bedeutungssetzungen in einer immer wieder neu herzustellenden Balance von Schematismus und psychischer Forschung. Seelische Phänomene seien vieldeutig, es müssten sich Patient und Therapeut in einem gemeinsamen Fokus zusammenfinden. Einerseits wird am Modell randomisiert kontrollierter Studien als »Goldstandard« festgehalten. Zugleich werden dem als geisteswissenschaftlicher Pol der Psychotherapieforschung ein hermeneutischer Akt und eine anthropologische Phänomenologie gegenübergestellt. In einem kreativen Akt könne es zu einem *»Einschwingungsprozess«* in der Bewertung beider kommen. Die unterschiedlichen Faktoren werden angeführt und betont: einmal die im Patienten wie im Therapeuten liegenden, die in seiner Methode wirkenden Faktoren wie die Ziele in ihren komplexen Interaktionen mit der Umwelt.

Die Aufgabe, durch angemessene und objektivierende Untersuchungen die Psychotherapien auf ihre Wirksamkeit zu prüfen, besteht seit langem und sie soll auch hier nicht in Frage gestellt werden. Bei den verschiedenen Krankheitsformen geht es dabei um sehr unterschiedliche Therapieziele. Es sind bei klassischen, neurotisch adoleszenten Entwicklungsstörungen andere als bei einer Veränderung der Persönlichkeit im Rahmen einer Schizophrenie, bei einer anorektischen Entwicklung andere als bei der Begleitung einer nur noch palliativ zu behandelnden Krebserkrankung. Dass bei den gleichen Störungsformen, die aber individuell und lebenszeitlich unterschiedlich mit der Umwelt verbunden sind, mit unterschiedlichen Ausgängen zu rechnen ist, auch Wirksamkeiten sehr differenziert beurteilt werden müssen, ist unverkennbar. Die Fundierung der grundlegenden Theorien zu Ursachen und lebensgeschichtlichen Bedingungen seelischer Störungen und der Wirkfaktoren von Psychotherapien liegt heute sicher darin, lebenswissenschaftliche und geisteswissenschaftliche Aussagen zu verbinden.

Wenn Christoph Mundt dabei von *Phänomenologie* und von *Hermeneutik* spricht, so ist eine verstehende Perspektive gemeint. Es sind dabei sowohl lebenswissenschaftliche, prospektiv ausgerichtete zeitliche Dimensionen des gegenwärtigen Erlebens wie auch die retrospektiv auslegenden Perspektiven angesprochen. Es wurde in unserer Schrift bisher versucht, die in solchen Theorien verborgenen Menschenbilder zu thematisieren und zu zeigen, wie Aussagen über die naturgegebene körperliche und die seelisch-geistige Entwicklung in Aussagen der neuen Lebenswissenschaften zu fundieren sind. Es wird die zukünftige Aufgabe der Psychiatrie sein, einer wissenschaftlich sich begründenden Psychotherapie im Interesse ihrer Patienten und ihres Fachgebiets einen Platz zu geben.

Hermeneutik war im Mittelalter die Deutung von Schriftstücken und die Auslegung von religiösen Texten. Sie wurde dann eine verstehende Methode, die geschichtliche Ereignisse, Dichtung, Kunst und auch die menschliche Entwicklung in ihrem Sinn betraf. Dabei wurde sie von Dilthey in einen Gegensatz zur erklärenden Naturwissenschaft gestellt. Philosophisch wurde bei Heidegger von einem *hermeneutischen Zirkel* gesprochen, wobei der Verstehende in seiner eigenen Erfahrung ein Vorwissen von dem Gegenstand des Wissens hat. Bei Freud sahen wir, wie hermeneutische Auslegungen seelischer Entwicklungen zu seinen Theorien führten; vom erwachsenen Neurotiker im Rückblick konstruiert, hatten sie, die Störungen verstehend, auslegenden Charakter. Das lag bei ihm begründet in seiner Gewichtung der Sexualität bei Erwachsenen wie in der Kindheit und bei seinen detektivischen Neigungen im Traumakonzept. Es war bei ihm in subjektiv verstehenden Konstrukten begründet und nicht in der Wirklichkeit der beobachtbaren sinnlichen Welt. Es zeigte sich die Gefahr retrospektiver und einseitiger Auslegungen bei fehlender Konsensbildung mit einem allgemeinen Wissen über Entwicklungspsychologie und Lebensereignisse in der Hierarchie pathogener Einflüsse.

Von Mundt wird hier die Verbindung von *Hermeneutik* und *anthropologischer Phänomenologie* betont. Aber sind Patient und Therapeut auf gleicher Ebene bei einer verstehenden Hermeneutik seelischer und körperlicher Abläufe im psychotherapeutischen Dialog? Diese Auslegung fordert vom Therapeuten heute ein erweitertes Wissen über verursachende Bedingungen in der Natur und von dort eine Verständigung mit dem Patienten über dessen psychosozial verarbeitete und die ihm prospektiv zu erreichenden Lebensformen. Die subjektiven Erinnerungen der Patienten sind jeweils schon durch bestimmte persönliche und allgemeine Mentalitäten bestimmt. Es sind kollektive Werte seiner Generation, wie etwa an der Opfer- und Missbrauchmentalität des vergangenen Jahrhunderts deutlich wurde. Die Erwartungen vieler Patienten heute, das Opfer traumatischer Kindheitsursachen oder späterer Schäden zu sein, müssen erweitert werden durch mit ihm zu gewinnende neue Einsichten, was er selbst in seiner Umwelt sinnentnehmend realisierte und noch besser machen kann. Was er jetzt erlebt und was er bisher erfahren hat, ist in einem verstehenden Austausch neu als eigenes Tun zu bestimmen. Es geht um eine Hermeneutik, die entwicklungspsychologisches wie biogenetisches Wissen einschließt. Aussagen über die naturgegebene körperliche wie die seelisch-geistige Entwicklung sind in Aussagen der neuen Lebenswissenschaften zu fundieren. Der Hinweis auf die evolutionär begründeten bio-psycho-sozialen Verbindungen kann für das erforderliche Verstehen bei Psychotherapien eine Hilfe sein.

Es gibt unterschiedliche Formen von Hermeneutik, wie Norbert Groeben 1986 in »Handeln, Tun, Verhalten als Einheiten einer verstehend-erklärenden Psychologie« ausgeführt hat (17). Er sieht Psychologie als eine Sozialwissenschaft, die sich auf den Menschen in der Gesellschaft richtet, in der das erfasste Objekt und das Subjekt identisch seien. Er betont mit Dilthey noch die *Dichotomie* der Methoden verstehender Geisteswissenschaft und erklärender Naturwissenschaft, wobei aber er selbst schon von einer *verstehend-erklärenden Psychologie* schreibt.

Um das Erleben mit dem Handeln zu verbinden in einer empirisch-sozialwissenschaftlichen Psychologie, sollen naturwissenschaftliche wie geisteswissenschaftliche Ausrichtungen genutzt werden und bestimmend bleiben.

In der Hermeneutik der Psychotherapien findet er integrierte dialogische Verbindungen beider Methoden und monologische im Verstehen menschlichen Verhaltens. Die Psychoanalyse wird von Groeben dann als »*monologische Tiefenhermeneutik*« bezeichnet, die in verstehender Sinndimension in einem Ausschließlichkeitsanspruch verharre. Zu den dialogischen Hermeneutiken stellt er den Behaviorismus und auf ihn gründende Therapien, die ein verhaltenswissenschaftlich *ursächliches Wissen* mit einem *verstehenden Einfühlen* verbinden. Die Spannung zwischen dem subjektiven Erleben und Handeln und den ursächlich wirkenden Triebkräften ist nach Groeben bei Freud aufgehoben. Dies wird als der Versuch eines mechanistisch-organismischen Sprachspiels gesehen, das menschliches Handeln wie unwillkürliches triebhaftes Verhalten umfasse. Dies sei schon durch Habermas an der Psychoanalyse kritisiert worden, indem er ihr eine neue Sprache vorschlug.

Groeben spricht von verstehend beobachtender und erklärender Naturwissenschaft, wobei er die chemischen, physikalischen Abläufen nachgehende und experimentell forschende Wissenschaft des 19. Jahrhunderts meint. Es sind noch nicht die sie verbindenden, sie seelisch verstehenden und erklärenden *Lebenswissenschaften*, noch nicht die mit Darwins Beobachtungen und späteren Aussagen in die Welt getretenen chemisch-physikalischen Abläufe organisch integrierenden Aussagen. Eine verstehend-erklärende Verbindung triebhaft motivierten Erlebens und körperlichen Handelns und Verhaltens in ihrer situativen Abhängigkeit ist heute auch in verstehend beobachteten und ursächlich erklärend gefassten Lebensformen bei Menschen und Tieren zu finden. Das sahen wir am Beispiel der Exogamie, des Altruismus gegenüber Kindern und Nahestehenden, des Misstrauens gegenüber Fremden wie noch anderer Verhaltensformen. Man kann heute in den von den modernen Lebenswissenschaften beschriebenen Abläufen natürliches und verstehbares Geschehen finden, in denen an ihre jeweiligen Umwelten angepasstes Erleben und Verhalten der Arten genetisch verankert abläuft, beim Menschen in einer evolutionär zweckmäßigen interindividuellen Varianz.

Norbert Groeben ist nicht leicht zu lesen in seinen begrifflichen Verbindungen von Theorien und Anschauung, doch seine Werke verdienen in jedem Fall in ihrer differenzierten Originalität Aufmerksamkeit. Die Gefahr, sich in einem monologischen Wissen zu bewegen, ist wohl besonders groß in der klassischen Psychoanalyse, welche verstehend und erklärend über das aufzudeckende Unbewusste des Patienten und seine Triebkräfte verfügt. Im sprachlichen Austausch sich mit den Patienten über die individuellen Lebensinhalte, Zielsetzungen und Werte vertraut zu machen und mit allgemeinem lebenswissenschaftlichem Wissen zu verbinden bringt die erweiternde gemeinsame Basis für die Psychotherapien.

Die grundlegende Problematik der körperlichen und seelischen Entwicklungen und der breite Bereich therapeutischer Anwendungen legen den Psychotherapeuten nahe, sich nicht in traditionellen Schulen zu isolieren, sondern sich interdisziplinär zu orientieren. Nur eine mit Biologie und Entwicklungspsychologie, Verhaltensgenetik und Sozialwissenschaft verbundene Anthropologie kann die seelische Entwicklung vom ersten neugierigen bis zum exogamen Verhalten verstehen und erklären. Dann können die kindlichen und adoleszenten Reifungsstufen in ihren differenzierten Ausrichtungen und Akzentuierungen lebensbegleitend psychotherapeutisch hilfreich angegangen werden. Der Bearbeitung krankhafter seelischer Entwicklung und seelischer Lasten bei körperlichen Krankheiten wird zur weiteren Aufgabe.

Einige aktuelle Praxisfelder

7. Kapitel
Psychotherapie in der Allgemeinpraxis und bei Psychiatern

In den Behandlungen des weit gestreuten Kreises ihrer Patienten müssen Allgemeinpraktiker heute nicht nur vielfältiges Wissen über Krankheiten besitzen, sie können in räumlicher Nähe und zeitlicher Länge des Umgangs auch zu Menschen- und Weltkennern werden. Sie brauchen Kenntnisse über körperliche Ursachen wie auch über die subjektiven seelischen Entwicklungen und die Lebensbedingungen bei ihren Kranken. Zu ihrer Behandlung von körperlichen und seelischen Störungen gehört so ein Wissen über bio-psycho-soziale Verbindungen. Die lebenszeitlich sich manifestierenden individuellen Formen weisen auf die besonderen Lebenswege und die Persönlichkeit des Patienten hin, auf ihre einmalige Person in der gegenwärtig subjektiv erfahrenen Lebenslage und die sozial gegebenen Bedingungen. Das fordert vom praktischen Arzt den von Ludolf Krehl schon 1905 beschriebenen Schritt, neben der Diagnose sich ebenso der *psychosozialen Lage* des Kranken zuzuwenden.

Die in jeder ärztlichen Behandlung nützliche Einordnung des seelischen Elementes bedeutet zunächst, den Kranken mündlich über seine Krankheit zu informieren. Unverkennbar in unserer Zeit ist es, dass die Patienten in ihrer Mehrheit ein Bedürfnis nach Wissen und Partnerschaft mitbringen. Das kostet den Arzt etwas Zeit, erspart aber auch wieder Kräfte und beidseitige Enttäuschungen bei schlecht abgestimmten Behandlungen. Wenn die Hälfte der Diagnose für den Arzt schon in der Anamnese liegt, so ist es ebenso wichtig, den Patienten dann auch weiter an der Behandlung zu beteiligen: nicht allein die regelmäßige Einnahme der Medikamente zu sichern, sondern auch seine alltägliche Lebensführung in Bewegung, Arbeit, Essen, Trinken und Schlafen dem anzupassen. Das betrifft seine Kooperation in der Krankheit, sein Coping, es gilt auch für sein Gesundheitsverhalten danach und davor. Im gemeinsamen Wissen um diese Lebenslage und indem Ärzte in der »ersten Linie der Versorgung« Patienten über eine längere Zeitstrecke begleiten, kommt es zu einer persönlichen Beziehung. Manche Ärzte und Fachärzte machen noch Hausbesuche, was eine noch größere persönliche Vertrautheit schafft.

Wenn wir die epidemiologischen Untersuchungen über die Klientel ärztlicher Praxen in Großstädten zur Kenntnis nehmen, so findet man, wie oben gezeigt, dass in dieser Population 10 bis 15 Prozent eine seelisch-neurotische Störung haben und 15 Prozent Körperbeschwerden auf seelisch-funktioneller Grundlage mit großer Eigenbeteiligung durch Trinken, Rauchen und einseitige Lebensformen. Allein der selbstgefährdende *Alkoholabusus* mit oder ohne Abhängigkeit bei Männern wird auf 10 % bis 15 % angesetzt. Das weist wieder auf die lebenslenkenden Möglichkeiten von Ärzten hin, etwa zu versuchen, diese in eine der Selbsthilfegruppen hinzuleiten. Die Autorität des Arztes bei der Überweisung hat hier großes Gewicht, gewöhnlich geht es nicht beim ersten Gespräch, aber vielleicht beim zweiten oder dritten. Und den Angehörigen dabei Hilfen zu geben ist ebenso eine allgemeine ärztliche Aufgabe.

Von Psychotherapie in der Allgemeinpraxis zu sprechen ist ein großes Wort, weil damit eher verbunden wird, dass nur bestimmte seelische Störungen mit einem speziellen Verfahren behandelt werden. Aber man kann auch von praktischen Ärztinnen und Ärzten sagen, was seit Breuer die Psychotherapie charakterisiert: Sie teilen mit den Patienten eine Strecke ihres Lebensweges, und dabei miteinander sprechend, können sie ein wesentliches Wissen gemeinsam haben.

Eine heute häufige Störung liegt in *chronischen Schmerzzuständen*, bei denen lokal zunächst kein deutlicher Befund zu erheben und durch Behandlung zu beseitigen ist. Es sind vor allem Rückenschmerzen, die hier auftreten, die moderne bewegungsarme und sitzende Lebensweise ist eine, welche der artgemäßen körperlichen Ausstattung nicht mehr entspricht. Sie überfordert den modernen Menschen in seiner körperlichen Natur, von der man feststellte, sie entspreche stammesgeschichtlich noch der Stufe der Jäger und

Sammler. Daneben sind es Kopfschmerzen, Schmerzen im Oberbauch und im Bewegungsapparat liegende. Psychosomatisch steht nicht mehr die Psychogenese all dieser Schmerzformen im Mittelpunkt, sondern eine Wechselwirkung leichter und schwerer körperlicher Pathologie an Knochen, Muskeln und anderen Organen: Man spricht hier nicht mehr von psychosomatischen Krankheiten, sondern von einer fixierten psychischen *Komorbidität* in den chronischen Schmerzformen (2).

Andere Aktivitäten und gezielte verhaltenstherapeutische Übungen können auch chronifizierte körperliche und seelische Einstellungen bessern, das so erworbene und fixierte Schmerzgedächtnis günstig beeinflussen und löschen. Das Auftreten ist bei Nachfrage oft zeitlich und situativ mit einseitigen Lebensführungen, schwierigen Lebenslagen sowie mit psychosozialen Belastungen zu verbinden. Es führt zu affektiven Anspannungen, welche der Mensch körperlich verarbeitet und so gegen sich selbst richtet. Ebenso wichtig und nützlich, wie darüber sprechen und sich entlasten zu können, ist es, den Patienten in seinem weiteren Verhalten an der Behandlung zu beteiligen: Empfohlene Spaziergänge und Sport, aktive wie entspannende Bewegungsübungen, allein oder in Gruppen praktiziert, und dabei Einfluss zu nehmen auf das Ess- und Trinkverhalten verhelfen zu einer neuen Lebensführung im Alltag.

Es gibt Krankheiten, die Ärzte herausfordern, mehr mit dem Patienten über ihre äußere und innere Lebenslage zu sprechen, diese in die Behandlung einzubeziehen, mehr zu wissen, wie sie ihr Kranksein erleben und sich verhalten. Im Umgang mit *Krebskranken* ist ein Wandel sowohl vonseiten der Ärzte wie vor allem auch der Patienten zu verzeichnen. Wenn frühere Generationen als Studenten und junge Ärzte noch belehrt wurden, man dürfe einem betroffenen Krebskranken und möglichst auch den Angehörigen nie die Diagnose Krebs mitteilen, höchstens Andeutungen machen, so ist das heute anders geworden. Schon die Tatsache, dass nahezu die Hälfte der Krebsformen heute erfolgreich zu behandeln sind, hat die Lage verändert. Aber noch immer tun sich Ärzte schwer mit dieser Mitteilung, was mehrere Gründe hat: Sie spüren, dass sie den Patienten in seiner Person wie auch in seiner Lage kennen müssen, um zu wissen, wann und was er über seine Krankheit wirklich hören will und ertragen kann. Sie wissen auch, dass es ihre Situation gegenüber den Kranken verändert, wenn sie ihnen sagen müssen, dass ihre Krankheit nicht mehr vollständig heilbar ist oder zumindest diese Gefahr besteht.

Es kann dann nicht bei der Diagnose Krebs und einem Gespräch bleiben; die speziellen medizinischen Maßnahmen mit ihren Nebenwirkungen wie deren Aufnahme beim Patienten und in der weiteren Behandlung führen zu sehr unterschiedlichen Reaktionen bei den Betroffenen. Diese sind zur Kenntnis zu nehmen in weiteren Gesprächen, soll der Vorwurf einer »sprachlosen Medizin« nicht zu Recht bestehen. Hausärzte sind dazu herausgefordert, dem Kranken deutlich zu machen, dass man ihn nicht verlassen wird, sondern ihm auf seiner weiteren Lebensstrecke ärztlich und menschlich helfend beisteht. Selbst wenn manche Psychotherapeuten Menschen mit fortgeschrittener Krebserkrankung bis zu ihrem Tode begleiten (6), bleiben immer wesentliche Aufgaben beim »behandelnden Hausarzt«. Immer stellen sich dabei Fragen, die über die körperliche Behandlung mit Medikamenten, Schmerzmitteln, Eingriffen etc. hinausreichen, wenn der Patient nicht in der Klinik, sondern zu Hause sterben will, was bei vielen der Wunsch ist. Er kann bei den häufigen Konflikten mit Behörden und Krankenkassen helfen, er kann die noch immer zu hörenden und belastenden psychosomatischen Krebstheorien zurückweisen, was empirische Untersuchungen geklärt haben (7).

Er kann auch dabei helfen, die verbliebenen körperlichen und seelischen Kräften zu nutzen, mit den Einschränkungen umzugehen und ihm schmerzstillend, aber auch stärkend die Annäherung an das Sterben erleichtern. Es sind Aufgaben, die bei allen menschlichen Hilfen, die der Kranke braucht, beim behandelnden Hausarzt bleiben.

Aber nicht allein die Kranken bieten eine Aufgabe, auch die durch Pflege und Miterleben belasteten Angehörigen verdienen häufig diagnostische und therapeutische Aufmerksamkeit. Das wird den praktischen Ärzten, den »Hausärzten«, deutlich, nicht den Fachärzten und nicht den Psychotherapeuten, die ihre Patienten nur in ihrer Praxis sehen und nicht selten den Kontakt mit Angehörigen meiden. Es ist eine Tradition, die u. a. auf Sigmund Freuds

Urteil zurückgeht, dass Gespräche mit Angehörigen nur die analytische Behandlung komplizieren und abzulehnen seien. Es ist eine Einstellung und Schwäche, die gerade bei schweren Krankheiten und Persönlichkeitsstörungen, bei Suchtkranken und Suizidgefährdeten zu Schäden führen kann und nicht zu verantworten ist.

Wie die Lage von nahe stehenden Angehörigen bei schweren körperlich oder seelisch Kranken sich entwickeln kann, soll an einer nicht sehr häufigen, aber schweren Erkrankung anschaulich gemacht werden, dem *apallischen Syndrom* (3). Es ist eine nach Kopfverletzungen oder Blutungen auftretende zentralnervöse Gehirnstarre. Zentrale Hirnregionen für Willkürmotorik und Sinnesempfindungen, welche die Beziehung zur Umwelt herstellen, sind unterbrochen, nur die autonom funktionierenden inneren Organe und der Kreislauf bleiben in Funktion. Die Geschädigten liegen mit offenen Augen, aber bewegungslos im Bett, reagieren auf keinerlei Sinnesreize, hören und sprechen nicht. Nach Behandlungen auf Intensivstationen in neurologische oder andere Krankenabteilungen verlegt, können sie, mit einer Nasensonde ernährt, in diesem Zustand drei bis sechs Jahre bleiben, bis etwa durch eine Infektion, die nicht mehr akut behandelt wird, der Tod eintritt. Bis dahin fordern aber die mit offenen Augen im Bett liegenden Kranken ihre Ehepartner oder Eltern heraus, sich doch um sie zu kümmern, ziehen sie täglich an das Bett. Sie machen dann Versuche, sie zu wecken, mit ihnen zu sprechen, ihnen etwas vorzulesen, irgendwie mit ihnen zu kommunizieren. Sie besuchen die Kranken durchweg täglich in der Klinik, aber auch zu Hause können sie meist über nichts anderes denken und sprechen. Wenn sie träumen, so nicht selten von gemeinsamen Unternehmungen mit dem Kranken. Es kommt mit der Zeit bei ihnen zu schweren depressiven Verstimmungen und zu körperlichen Zuständen, die bis zur Kachexie gehen können, auch zu extratensiven Anfällen von Wut auf das Pflegepersonal und die Ärzte, die sich gewöhnlich weit von dem Kranken auf andere Aufgaben zurückziehen und die Angehörigen mit dem Patienten mehr oder weniger allein lassen. Jedenfalls erleben das die Angehörigen so, wenn nicht aktiv der Kontakt mit ihnen gesucht wird. Das kann durch Ärzte und Pfleger geschehen, die zumindest das Wissen um die inneren Nöte des Angehörigen mit ihnen teilen, zum »Container« werden.

Es haben sich jetzt in Deutschland in größeren Ballungsräumen für Angehörige dieser Kranken Selbsthilfegruppen gebildet. Hier können die Betroffenen sich wenigstens austauschen und dabei Gemeinsamkeiten finden. Das entlastet von den seelischen und nicht selten auch schweren finanziellen Belastungen, die häufig durch zusätzliche Pflegekosten und eigene Aufwendungen an Hilfen und Wegen entstehen. Die bis zur eigenen seelischen und körperlichen Schädigung führende Reaktionsweise der nahen Angehörigen zeigt die Macht der unwillkürlich erlebten Sinnenwelt, in der wir Menschen im alltäglichen Zusammensein leben. Es ist ein emotionales, leibliches Betroffensein, begründet im Aufforderungscharakter des Blickes eines nahe stehenden Menschen, der lebt und für die Angehörigen in unfassbarer Weise nicht mehr zu antworten vermag. Es ist die letzte Kraft und Macht des Blickes eines beinahe schon Toten, dem niemand die Augen zuzudrücken wagt.

Bei epidemiologischen Untersuchungen wird deutlich, wie gering der Anteil der Menschen auch in einer städtischen Bevölkerung ist, die bereit und motivierbar sind, bei seelischen und körperlichen Störungen in eine Psychotherapie einzutreten. Zeigt der behandelnde Hausarzt oder Facharzt in der ihm gegebenen Autorität Interesse dafür, wie der Patient lebt und sich gegenüber Risiken mehr oder weniger vorsorglich oder leichtsinnig verhält, so liegt auch darin eine Möglichkeit, ihm körperlich und seelisch zu helfen. Die allgemeine Lebensführung mit viel oder wenig Arbeit, viel oder wenig menschlichen Kontakten, die alltäglichen Konflikte und Möglichkeiten, sich körperlich und seelisch zu schädigen, sind hier von Gewicht.

Wenn von alltäglichem Stress gesprochen wird, gilt der Satz, dass man jemanden gut kennen muss, um zu wissen, was für ihn Stress ist: unter vielen Menschen zu leben oder eher allein zu sein, in eine höhere Stellung mit neuer Arbeit und Verantwortung befördert zu werden oder lange in der gleichen Stellung zu bleiben. Was für den einen befreiend ist, kann für andere eine Katastrophe sein. Eine solche Beratung zur Lebensführung ist nur individuell möglich, man muss etwas über die Person des Betroffenen wissen, etwas über seine Schwächen wie seine Stärken.

Manche Ärzte haben heute noch andere Wege gefunden, ihre Patienten zu beteiligen und sie in ihrem Gesundheitsverhalten wie beim Kranksein zu aktivieren. In den Wartezimmern, in denen sie mehr oder weniger lange warten müssen, finden sie dann nicht nur schöne Bilder an den Wänden und liegen zerstreuende Schriften auf den Tischen. An Postern, in Blättern und Heften werden sie über die hier behandelten Krankheiten informiert, ihre Ursachen und Erscheinungen wie die verschiedenen möglichen Behandlungen. Es gibt Fachgesellschaften, Firmen und auch Krankenkassen, die Ratgeber bereithalten, die sehr spezielle Themen verständlich machen. Sie reichen von gestörtem Schlaf bis zum Fatigue-Syndrom bei Krebserkrankungen, vom Grauen Star bis zur Osteoporose und deren Behandlungen. Auch damit erfüllen sie die ärztliche Aufgabe, den Kranken zum Partner werden zu lassen auf einer gemeinsamen Wegstrecke. In diesen Wartezimmern findet man informierende Schreiben darüber, dass sie manchmal länger warten müssen, etwa wenn der Arzt bei Notfällen sein Programm verändert. Manche Ärzte informieren ihre Patienten hier auch darüber, wie viel sie an jedem Patienten von den Krankenkassen für die Untersuchung und im Vierteljahr verdienen.

Psychotherapie in der Psychiatrie

Bei den großen psychiatrischen Krankheiten, den Psychosen, sind die bio-psycho-sozialen Zusammenhänge und ihre Gewichtung in der Lebenszeit ebenso deutlich geworden. Das Gewicht der genetischen Disposition zu diesen Erkrankungen, der *Schizophrenie und den affektiven Psychosen*, zeigt sich in den Zwillingsbefunden und hier bei genetischer Belastung vor allem darin, dass die Krankheiten bei fremdadoptierten Kindern ebenso häufig auftreten. Genauso deutlich ist jedoch, wie sich eine meist differenzierte und sensible Persönlichkeit mit sie belastenden prämorbiden Situationen verbinden kann. Die in der genetischen Natur liegenden ursächlichen

Faktoren sind anerkannt, die früheren psychoanalytischen und familiensystemischen Auffassungen über die Mutter und eine bei ihr oder in der Familie gegebene Double-bind-Bindungsambivalenz erwiesen sich als nicht haltbar. Die für andere normalen adoleszenten Wandlungen oder beruflichen Anforderungen werden hier aber zu Schwellensituationen. Aufgaben des Umgangs mit vielen Menschen und die üblichen Prüfungssituationen, der nähere Kontakt mit dem anderen Geschlecht oder auch im Alter allein leben zu müssen stellen Situationen dar, die zu Ängsten, zu Sinnestäuschungen, formalen Denkstörungen oder auch zu langsamem Versagen mit affektiver Verflachung führen können. Vor allem ist das Fremde bedrohlich, wenn sie in eine sprachfremde Umgebung reisen oder in einen neuen großen und fremden Arbeitskreis versetzt werden. Es sind jedenfalls kaum die Familiensituationen mit all ihren Konflikten, die auslösend sind, sondern die besondere subjektive Verarbeitung von für andere normalen Reifungsanforderungen. Wenn heute medikamentöse Therapien sehr erfolgreich und gerade in den akuten Stadien besonders wichtig sind, so erwies sich in der ebenso nützlichen und verbreiteten Sozialpsychiatrie die Einbettung in die Umwelt für den weiteren Verlauf mitbestimmend. In dieser kann eine ärztlich psychiatrische oder eine psychotherapeutisch zu nennende Beziehung immer supportiv und Halt gebend mitwirken. Die großen psychiatrischen, als Psychosen bezeichneten Leiden sind bei den Kranken meist für das ganze weitere Leben mitbestimmend und führen dann zu längeren und zu wiederholten stationären und ambulanten Behandlungen.

Erfahrene Behandler rieten im Umgang mit dem Kranken, auf sein besonders stark reagierendes Nervensystem hinzuweisen, das wieder zu beruhigen und auch zu stabilisieren sei, ihn damit auf die gemeinsame Aufgabe zu verweisen. Die besonderen individuell belastenden seelischen Vulnerabilitäten, Interessen und Schwächen, die in der Persönlichkeit liegen, sind zu finden.

Schizophrene in ihrer akuten, oft situativen Auslösung und ihren differenzierten Persönlichkeitsbildern haben in der Nachkriegszeit Psychotherapeuten zu großen Einsätzen herausgefordert. Ob dabei die psychotischen Verläufe entscheidend verändert wurden, ist bei der eigengesetzlichen und kaum prognostizierbaren psychotischen

Dynamik zahlenmäßig schwer nachweisbar. Die Beobachtungen machen aber deutlich, dass die individuelle Begleitung nach der akuten Phase ins weitere Leben und die Hilfe, dabei eine angemessene Lebenslage zu finden, ein mitentscheidendes Element der langjährigen Behandlungen sein können. Im Rückblick auf seine Erfahrungen mit psychiatrischen Erkrankungen und deren fachliche und psychotherapeutische Begleitung stellte der Psychiater Christian Müller (4) fest: »Nicht die initiale Symptomatologie, sondern die prämorbide Persönlichkeit, die soziale Anpassung, wie wir sie zu Beginn der Erkrankung festhalten können, sind für den weiteren Verlauf, d. h. für die Prognose, ausschlaggebend.« Dieser persönlichen Ausgangssituation sowie den durch die Krankheit selbst gegebenen Veränderungen in sozialen Anpassungen gerecht zu werden ist bei diesen meist chronischen Erkrankungen eine wesentliche therapeutische Aufgabe. Die psychosozial strukturierten Einstellungen haben lebenslang noch Gewicht und sind bei supportiven Hilfestellungen und bei Psychotherapien zu beachten (5).

Die verschiedenen Richtungen der Psychotherapie haben die vielseitigen und dabei sehr differenzierten psychosozial verbundenen therapeutischen Aufgaben deutlich gemacht. Wie eine situativ ausgelöste Krankheitsdynamik in einer engen und stabilisierten Lebensführung überwunden wird, aber auch festgefahrene Einstellungen nach Jahrzehnten bei einer veränderten Umwelt dynamisch befreit werden und schließlich auch, wie sie lebenslang bestimmend bleiben können, soll im Längsschnitt an drei Krankheitsverläufen anschaulich gemacht werden.

A. B.

Ein 23-jähriger Student der Mathematik kommt aus der Medizinischen Klinik 1963 nach einem ernsthaften Suizidversuch mit Tabletten und Aufschneiden der Pulsadern in eine psychiatrische Klinik. Er hatte sich schon in den letzten Wochen im Studium bei dem bevorstehenden Examen unsicher gefühlt, geglaubt, er schaffe es nicht, habe an sich selbst und allem gezweifelt, hatte Ängste, homosexuell zu sein. Es wird zunächst ein akut-paranoid-halluzinatorisches Zustandsbild angenommen und die Diagnose Schizophrenie gestellt, im weiteren Verlauf auch eine depressive Phase einer Zyklothymie diskutiert. In der väterlichen Familie finden sich bei hoher Begabung mehrere Personen, die schwermütig und depressiv waren, ebenso auch in der mütterlichen. Er selbst war immer ein Einzelgänger, dabei sehr begabt, ordentlich bis pedantisch, gewissenhaft, hatte von Verwandten sorgfältig ausgewählte Bücher geschenkt bekommen, die seine Studienwahl bestimmten. In seinem Studium hatte er intellektuell keine Schwierigkeiten, aber schon zwei Jahre vorher bei einem Schulpraktikum wurde er verstimmt und gehemmt, konnte mit den Schülern nicht umgehen.

Es findet eine mehrmonatige stationäre Behandlung zunächst mit Elektroschock, dann medikamentös statt, bei wechselvollem Verlauf, er wird schließlich bei medikamentöser Weiterbehandlung entlassen. Er meldet sich nach zwei Monaten wieder zur Aufnahme, wieder depressiv, hat Schlafstörungen, konnte nicht mehr sprechen. Er steht jetzt mitten im Examen, hat mehrere Fächer schon hinter sich, nach intensiver Examensvorbereitung, ist bei den Professoren wegen guter Leistungen angesehen. Er wird in eine ambulante psychotherapeutische Behandlung entlassen und kann dabei das Studium abschließen. Er heiratet und lebt mit seiner Frau in einem nahen Dorf, findet als Lehrer in einer Fachschule eine Stelle. Drei Monate später wird er von seiner Frau wieder gebracht: Sie hat ihn zu Hause bei einem Versuch, sich mit dem Messer zu schneiden und zu töten, angetroffen und abhalten können. Er hatte an diesem Tag vorher in der Schule nach einer Unterrichtsstunde in einer vertrauten Klasse den Auftrag bekommen, einen erkrankten Lehrer in einer anderen, ihm völlig fremden Klasse zu vertreten. Er stand vor der Klasse, fühlte sich überfordert, meinte danach, völlig versagt zu haben, und ging in verzweifeltem und aufgelöstem Zustand nach Hause, versuchte sich das Leben zu nehmen. Dort wurde er aber von der aufmerksamen Frau beobachtet und davon abgehalten, sich zu verletzen.

Er blieb in ambulanter Behandlung, entschloss sich dabei aus eigenem Antrieb, die Stelle an der Schule und den Lehrerberuf aufzugeben. Zunächst arbeitete er in einer Papierfabrik als Hilfsarbeiter, fand dann bei seinen Sprachkenntnissen in einem Verlag mit englischen Büchern als kleiner Angestellter eine Stelle, später in einer astronomischen Forschungsstelle einen Platz. Hier arbeitete er sich langsam ein, dabei immer allein in einem Zimmer sitzend und besonders für bestimmte, differenziertere Probleme zuständig. Im Laufe der nächsten Jahrzehnte wurde daraus eine selbstständige wissenschaftliche Forschungstätigkeit mit eigenen Publikationen, er wird zu einer festen Stütze der Einrichtung. Sein Leben ist dabei bis heute einfach, er wohnt in einem nahen Dorf mit Frau und Kindern bei täglichen Bahnfahrten in die Universitätsstadt und beschränkt auf einen vertrauten kleinen Lebenskreis im alltäglichen Leben, aber mit wachsendem Ansehen für sein wissenschaftliches Werk. (Eine große Beunruhigung bot ihm dann sein ihm sehr ähnlicher Sohn, der im Studium der Biologie die gleichen Ängste und Schwäche in Examensvorbereitungen entwickelte. Dieser fand danach aber mit psychotherapeutischer Hilfe in einer altruistischen und ebenso eigenen Entwicklung einen sicheren Platz im Beruf und im Leben.) Seit Jahren mit einem Herzleiden belastet, tritt er mit 65 Jahren in den Ruhestand, in Publikationen weiter bestimmte Felder bearbeitend, die ihm in den letzten vier Jahrzehnten zur Heimat wurden und ihm hohes Ansehen gaben.

In A. B. zeigt sich eine hochbegabte Persönlichkeit, die aber auf Halt gebende Grenzen, auf feste Wände angewiesen ist und auf gute Beziehungen zu wenigen Menschen. Nach den psychotischen Krisen sucht er sich zunächst selbst einfache Arbeit und findet dann einen neuen Anfang in einem begrenzten fachlichen Raum, wo er mit seiner sprachlichen Bildung eine seine Kreativität fördernde Arbeitswelt entdeckt und sich entfalten kann. Auf gute Beziehung zu wenigen Menschen in einem kleinen Lebenskreis angewiesen, hat er in einer fest zu ihm stehenden Frau in kranken und gesunden Tagen den Halt, den er braucht.

C. D.

Eine 28-jährige kaufmännische Angestellte aus der französischen Schweiz kommt 1960 zur Aufnahme in eine psychiatrische Landesklinik der deutschen Schweiz mit Ängsten und Schuldgefühlen. Sie hat, sehr religiös ausgerichtet und bisher immer allein lebend, in ihrer Arbeitsstelle das Verhalten eines dort neu eingetretenen Mannes in einem bedrohlichen Liebeswahn auf sich bezogen.

Sie stammt aus einer belasteten Familie, der Vater war mit 45 Jahren an schweren seelischen Störungen erkrankt, ein älterer Bruder mit 35 Jahren, sie haben beide ihrem Leben selbst ein Ende gesetzt. Bei der Diagnose Schizophrenie kommt es in sechs Monaten medikamentöser Behandlung und bei einer begleitenden Psychotherapie zu einer gewissen Stabilisierung. Sie bleibt aber in einem antriebsarmen, durch Ängste und religiöse Schuldgefühle bestimmten Dauerzustand. Da keine Familienangehörigen sie aufnehmen können, wird sie bei einer einfachen Bauernfamilie in der deutschsprachigen Schweiz am Rande der Stadt als Pflegefall untergebracht.

Sie wohnt hier die nächsten 30 Jahre in einem kleinen Zimmer, arbeitsunfähig, kann sprachlich mit der deutschsprachigen Familie nicht kommunizieren, ist dort isoliert und lebt in einem eingeschränkten, depressiven Zustand. Sie kommuniziert brieflich und wird gelegentlich noch besucht vom Psychotherapeuten, ist hoffnungslos, voller Ängste und Suizidgedanken. Einmal im Jahr wird sie zur Beobachtung von einem in der Stadt allein lebenden Bruder einem ärztlichen Psychoanalytiker vorgestellt.

Der Tod der sie mit Essen und Pflege versorgenden Bäuerin zwingt zu einer Veränderung. Sie wird jetzt in einem städtischen Pflegeheim aufgenommen, wo sie in den nächsten zehn Jahren aufblüht, ohne dass eine medikamentöse Behandlung erfolgte: Sie kann hier französisch sprechen, anderen kränkeren Personen in der Pflege helfen, bekommt im Haus einfache Aufgaben, bei denen sie sich nützlich machen kann. Sie geht im Garten spazieren, hört Musik und lebt emotional auf. Sie schreibt lebensfrohe Briefe und schildert ihren Alltag ohne suizidale Tendenzen. Bei Besuchen zeigt sie sich völlig verwandelt, kann trotz körperlicher Schwäche und einem Altersdiabetes sich mit den anderen austauschen, aktiv sein. Sie lebt ohne Ängste und Schuldgefühle, jetzt 75-jährig, eine körperlich schwache, aber emotional aufblühende Person.

C. D. war als junge Frau in eine wahnhafte und schleichend sie dynamisch einengende affektive psychotische Verfassung geraten, aus der sie in der sprachfremden Umgebung nicht herausfand. Sie lebte isoliert in einer Familienpflege ohne Kommunikation und Aufgaben, von Schuldgefühlen und Suizidgedanken geplagt, immer wissend, dass in ihrer Familie Vater und Geschwister diesen Weg gegangen waren. Aus religiösen Gründen und in einer therapeutischen Beziehung ermutigt, widerstand sie dem, lebte aber drei Jahrzehnte in einem hoffnungslos wirkenden »Defektzustand«. Als diese Familienpflege aufgegeben werden musste und sie in einem städtischen Heim Gesellschaft fand, in der sie sprachlich kommunizieren und anderen helfen konnte, erlebte sie mit 65 Jahren eine Wandlung. Ihre Freude am Leben, an Musik und an anderen Menschen führten sie noch einmal in eine neue Lebensphase, in der sich ihre affektive Verfassung entscheidend besserte. Trotz körperlicher Erkrankungen lebte sie wieder neu auf. Dieser Krankheitsverlauf verweist auf das Gewicht der psychosozialen Einpassung für den Verlauf bei scheinbar hoffnungslos chronifizierten psychotischen Entwicklungen.

Ein Psychoanalytiker, der sie seit Jahrzehnten einmal im Jahr sah, führte ihre Besserung darauf zurück, dass er bei einer der Vorstellungen ihr einmal einen Traum gedeutet habe. Dem Psychotherapeuten berichtet sie dazu, von ihm bei der jährlichen Vorstellung zwar nach Träumen gefragt worden zu sein, sich aber nie an einen Traum erinnert zu haben. Der Analytiker gibt jetzt dazu an, er habe ihr damals ja seinen eigenen Traum gedeutet und der habe gewirkt (1). Ob die Träume psychoanalytischer Therapeuten bei schizophrenen Psychosen ein Wirkfaktor sein können, ist noch zu klären.

E. F.
Ein 27-jähriger Volkswirt, kaufmännischer Angestellter in einem großen Unternehmen, wird 1962 nach seit zwei Jahren laufender analytischer Psychotherapie zur stationären Behandlung an eine psychiatrische Universitätsklinik überwiesen. Er hatte schon als Kind unter Errötungsfurcht gelitten, sich immer einsam gefühlt. Nach einem Studium der Volkswirtschaft arbeitete er in einem großen Betrieb, wo er jetzt auffiel und leistungsmäßig versagte. Gegenüber einer neu eingetretenen Kollegin in seiner Abteilung entwickelt er Liebesgedanken, meint, seine Briefe seien in dem ganzen Betrieb bekannt.

Er ist das einzige Kind seiner Eltern, eine Großmutter war schwermütig, die Mutter ließ sich von ihrem Mann scheiden, da sie sich nicht verstanden fühlte. Er selbst war immer ein scheuer Junge, hatte keine Freunde oder Freundinnen, dabei tadelloser Schüler, Einzelgänger. In einer viermonatigen Behandlung wird eine paranoide Entwicklung bei sensitiver Persönlichkeit diagnostiziert, wobei sich wahnhafte Entwicklungen auch in der Klinik abzeichnen. Bei der Diagnose paranoide Schizophrenie kommt es trotz Elektroschock, medikamentöser Therapie und Psychotherapie bei sieben weiteren stationären Behandlungen unter der gleichen Diagnose in den nächsten fünf Jahren zu immer wieder neu auftretenden Beziehungsideen. Versuche der arbeitstherapeutischen Rehabilitation, ihn mit einfachen Arbeiten in seinem früheren Betrieb oder in einem anderen zu integrieren, scheitern wiederholt an seinen utopischen Zielen und Größenideen. Weitere Versuche psychotherapeutischer Einzel- und Gruppentherapie bleiben erfolglos, auch einfachste kaufmännische Tätigkeit ist nicht mehr möglich, da er sie als unter seiner Würde erlebt. Seine Briefe seien in Theaterstücken in der Stadt erschienen, er findet in den Zeitungen wieder Anspielungen auf seine Person. Die nächsten Jahrzehnte lebt er in der Nähe seiner Mutter, dann in ihrer Wohnung, schließlich, nachdem diese wegen einer Depression selbst psychiatrisch behandelt werden muss, seit fünf Jahren in einem Pflegeheim mit ihr zusammen.

Er ist jetzt über 70 Jahre alt in einer paranoiden Verfassung, sehr aktiv in dem, was er noch vorhat, will wissenschaftliche Unternehmungen gründen und sucht telefonisch Kontakt mit allen ihn früher behandelnden Ärzten. Er macht Pläne, mit ihnen eine Enzyklopädie zu schreiben, bietet an, die Ärzte in seinem Heim unterzubringen und mit ihnen zusammen politische und wissenschaftliche Unternehmen zu schaffen, ein Wissenschaftszentrum zu gründen. Er spricht immer wieder davon, Sprachen zu lernen und Professor zu werden, sich zu habilitieren mit einer Arbeit über das Bewusstsein des Menschen. Die ihm vermittelten Arbeitstherapien kann er nicht ernst nehmen. »In der Arbeitstherapie, da fällt mir die Decke auf den Kopf.« Er müsse philosophische Probleme lösen. Er produziert immer neue inhaltlich wahnhafte Pläne von wissenschaftlichen Leistungen zusammen mit dem Therapeuten, den er regelmäßig anruft, unfähig für einfache Aufgaben, kann die sich immer wieder neu ihm aufdrängenden Größenideen nicht aufgeben.

Der Patient E. F. war ein wenig durchsetzungsfähiger und begabter Mann mit Schwierigkeiten schon in der Schule, dabei aber hohen Ansprüchen an sich selbst. Nach dem Studium versagte er in seinem Betrieb unter vielen Menschen, suchte psychotherapeutische Hilfe und es kam zu einer chronifizierenden Einstellung bei wahnhaften Größenideen. Auch über Jahre reichende psychiatrische Behandlungen und psychotherapeutische Stütze verhalfen ihm nicht dazu, sich in eine beruflich und menschlich angemessene Umwelt zu finden. Immer wieder fällt er zurück in die familiäre Welt, lebt jetzt seit langem arbeitsunfähig mit seiner Mutter in einem Heim.

Die drei über 40 Jahre reichenden Verläufe psychotischer Erkrankungen demonstrieren, wie sich bio-psycho-soziale Kräfte mit den individuellen Lebensbedingungen positiv und negativ verbinden. Bei allen bestand eine genetische Belastung, aber das Gewicht der prämorbiden Ausgangssituation im psychosozialen Vorfeld und die weiter gelingende oder misslingende psychosoziale Anpassung an die Umwelt für den weiteren Verlauf sind ebenso deutlich.

Es wird bei A. B. deutlich, wie eine begrenzte soziale und zwischenmenschliche Welt dann Halt gebend großes Gewicht besitzen kann. Die Verläufe zeigen aber auch die Macht situativer Bedingungen, in denen sich nach Jahrzehnten eine neue Persönlichkeitsentwicklung wie bei C. D. mit der jeweiligen Umwelt positiv strukturierend verbinden und wie das misslingen kann. Auch nach Jahrzehnten der Erkrankung kann es noch zu wesentlichen Besserungen, jedoch ebenso zu sich chronifizierenden Einstellungen kommen. Bei psychiatrischen Erkrankungen ist immer zu fragen, wie hier im letzten Fall von E. F., was die Wirkung endogener, nicht zu desaktualisierender Dynamik ist mit dadurch gegebenen Schwächen und wahnhaft fixierten Einstellungen.

8. Kapitel
Psychosomatische Medizin und das Beispiel der Anorexia nervosa

Die Geschichte der psychosomatischen Medizin vereinigt psychogenetische Theorien und die deutsche Geistesgeschichte ihrer Zeit. Die Verbindung ist keine zufällige, denn es gehört zur deutschen Geistesgeschichte, dass in ihr philosophisches Denken in Begriffen und eine in erdachten Zusammenhängen gefasste Wirklichkeit bestimmend waren, was in der Psychosomatik bis heute noch mitwirkt. In den im 19. Jahrhundert sich abzeichnenden organzentrierten und naturwissenschaftlich, d. h. damals chemisch und physikalisch begründeten Krankheitslehren sahen sich manche Ärzte herausgefordert, auch auf die soziale und psychische Lebenslage ihrer Kranken aufmerksam zu machen. Am Anfang des 20. Jahrhunderts geschah das, wie schon erwähnt, zunächst durch den Internisten Ludolf Krehl in Heidelberg, der aber keine psychogenetischen ursächlichen Theorien damit verband.

Dagegen versuchte dann sein Schüler Viktor von Weizsäcker biographische Krisen in der Umwelt als Existenzkrisen oder als »Wahrheitskrisen« mit den körperlichen Krankheiten in einer ursächlichen Einheit oder Ganzheit zu fassen (24): »Nichts Organisches hat keinen Sinn, nichts Psychisches hat keinen Leib.« Es gab für ihn nur psychosomatische Krankheiten, die wir in der Nachkriegszeit psychoanalytisch zu behandeln versuchten. Das reichte von der Angina tonsillaris bis zu den damals häufigen Magengeschwüren und zur Lungentuberkulose (4) (5). Es waren in der Lebensgeschichte in der Kindheit oder später immer belastende Erlebnisse und Traumen, Konflikte und Krisen zu finden. Mit der immer sinnsuchenden Kohärenz des Menschen in seiner Welt wurde dabei eine ethische Dimension in die Krankheitslehre eingeführt, die zu einer anthropologischen Medizin führte. Historisch für Psychoanalyse und Psychosomatik von Gewicht ist hier Georg Groddeck

(1886–1934), Leiter einer Klinik in Baden-Baden, von dem Freud den Begriff des Es übernahm und den Viktor von Weizsäcker als richtunggebend schätzte (9). Groddeck legte der Psychoanalyse eine absolutistisch vertretene Einheit von Körper und Seele nahe, denn es gebe im Es nicht nur keine Grenze zwischen Physischem und Psychischem, sondern es stünde geradezu für eine höhere Ordnung. Das Es suche und finde hier deutlich erkennbare irdische Strafen für den Menschen. Er beschrieb in den organischen Symptomen nicht nur seelische Verdrängungen, sondern moralische und religiöse: Der Herzfehler spreche von Liebesschuld, der Gebärmutterkrebs von den Sünden wider die versäumte Mutterpflicht etc. Bei ihm sprechen organische Symptome viel eindeutiger und leichter verständlich als seelische, aber auch dringlicher in ihren Mahnungen. Es war eine erdachte moralische und sehr grausame Lehre. Auch bei Viktor von Weizsäcker ist Gesundheit anthropologisch mit ethischen Werten, heiles Leben mit einer absoluten Wahrheit und Krankheit mit Unwahrheit, Lüge und Schuld verbunden worden. Die Heilung wurde in bipersonaler Begegnung von Therapeut und Patient auf einer höheren Ebene und nicht als ärztliche Aufgabe im alltäglichen Leben des Kranken beschrieben (23).

Entwicklungspsychologisch wurde ein Konzept von Thure von Uexküll entworfen, der die Auffassung vertritt, dass in der frühkindlichen Entwicklung durch mütterliche Defizite in den ersten Monaten eine Disposition für die psychosomatischen Krankheiten erworben wird (20). In Anlehnung an Winnicotts psychoanalytische Theorien von einer frühen symbiotischen Verbindung des Säuglings und einer ersten Polarisierung und Abgrenzung wurde in der Entwicklung von einem Funktionskreis zum Situationskreis ein positiver oder verpasster Schritt zu eigenen Vorstellungen und Bedeutungen angenommen. Mütterliches emotionales Erleben und mangelnde affektive Zuwendung sollen ursächlich sein für die dem Säugling im ersten Lebensjahr verliehene allgemeine und lebenslange Disposition für die späteren körperlichen Erkrankungen. Mit der Ideengeschichte des letzten Jahrhunderts wurden dann weitere Theorien verbunden, in denen die Ordnung der irdischen Materie und der Natur im Rahmen der Einstein'schen Relativitätstheorie in Frage gestellt wurde (21). Die Entwicklung des Menschen wird jetzt bei Thure von Uexküll als Schritt von der animalen egozentrischen Stufe im ersten Lebensjahr zum neuen humanen Zeichensystem gesehen, beschrieben als emotionale Inspiration durch die Mutter, in der die gesundheitliche Entwicklung gesichert ist bzw., wenn fehlend, zur späteren psychosomatischen Krankheit führt (22).

In den Fachgebieten des Lehrbuchs wird dann kasuistisch auf die kindlichen Traumatheorien hingewiesen. Das reicht von dominierenden Müttern und autoritären Vätern als Ursache bei magersüchtigen Töchtern bis zu Zahnschäden bei zähneknirschenden Männern, die Mütter hatten, die ihren Kindern beibrachten, im Leben die Zähne zusammenbeißen zu müssen. Die bio-psycho-soziale Frage nach dem evolutionären Warum und Nutzen einer solchen frühen und seelisch entscheidenden Weichenstellung für den Menschen wird auch hier nicht gestellt.

Zur psychomatischen Bewegung des 20. Jahrhunderts gehörten Versuche, auch die Krebserkrankungen als durch die seelische Befindlichkeit und die Persönlichkeit bestimmte aufzufassen, sowohl im Verlauf wie in der Entstehung. Es wurden im Rahmen der Alexithymietheorie bestimmte Persönlichkeitsformen, die Belastungen nicht seelisch und emotional verarbeiten können, postuliert. Dieser C-Typus wurde durch eine Untersuchung an Frauen mit Brustkrebs durch Reinhold Schwarz (19) empirisch widerlegt. Psychologische Erhebungen mit Tests vor den klärenden ersten histologischen Befunden der getasteten Knoten zeigten, dass die seelischen Einstellungen einem »Vorwissen« und den Erwartungen der Patientinnen aus den ersten ärztlichen Untersuchungen über eine Krebsdiagnose entsprachen und nicht dem erfolgten organischen Befund.

Die Evolutionstheorie von Charles Darwin taucht in den psychosomatischen Theorien und Lehrbüchern nicht auf, auch andere biologische und genetische Theorien in ihren Konsequenzen für die seelische und körperliche Varianz werden nicht erwähnt und reflektiert. Dabei hatte schon der romantische Dichter Novalis bemerkt, die Trennung des Menschen von der irdischen Welt sei wie die der Seele vom Körper, und hat damit die gemeinsame evolutionäre Anpassung des seelischen wie körperlichen Lebensgeschehens an die Umwelt vorweggenommen.

Am psychoanalytischen Denken orientiert waren die Versuche Alexander Mitscherlichs, die seelisch-leibliche Dynamik bei Körperkrankheiten als über Neurosen hinausgehende zweiphasige Verdrängung zu fassen (15). Es wurde in Frankreich und in den USA mit der Alexithymie dann eine infantile oder undifferenzierte Persönlichkeit beschrieben, die abgegrenzt von neurotisch-seelischen Reaktionsweisen eine Phantasieschwäche, sprachliche Ausdrucksunfähigkeit und Überanpassung zeigt. Das soll allgemein bei Konflikten und Belastungen eher zu Somatisierungen und Körperkrankheiten führen, eine Lehre, die in den seelischen Merkmalen und als Entwicklungsstörung bisher nicht zu begründen war.

Eine konkrete Verbindung von seelischen mit den körperlichen Funktionen war 1951 durch Franz Alexander (1) in einem großen Entwurf versucht worden, indem er seelische Konflikte funktionell mit den vegetativen Funktionsstörungen bei internistischen Krankheiten verband, mit Hypertonie, Ulcus, Colitis, Asthma, Hyperthyreose, Arthritis, aber auch Herzneurose, Migräne etc. Chronifizierte affektive Konflikte sollen spezifisch auf bestimmte vegetative, sympathisch oder parasympathisch ausgerichtete Nervensysteme im Körperbereich wirken, etwa im Kreislaufsystem oder Magen-Darm-Bereich. Seither sind aber bei den »heiligen Sieben« Alexanders wie bei anderen psychosomatisch interpretierten Krankheiten in genetischen Bedingungen, in allergischen Abwehrsystemen oder auf infektiöser Grundlage überzeugendere ursächliche Faktoren gefunden. Sie haben sich für die Therapie als so gewichtig herausgestellt, dass sie die gegenwärtige Diagnostik und auch die Behandlungen bestimmen. Neben den genetischen Bedingungen sind sicher noch andere ursächliche Faktoren bei diesen im letzten Jahrhundert häufiger beschriebenen Störungen mitwirkend. Bei den heute häufigeren allergischen Störungen können bei Kindern etwa durch die selteneren kindlichen Infektionskrankheiten die Abwehrkräfte nicht ausgelastet sein oder noch andere Einflüsse in den betroffenen Populationen eine Rolle spielen. Alexander vertrat lebenslang eine synthetische Ausrichtung, indem er psychologisch die Körperfunktionen mit der affektiven leibseelischen Lage und anderen Faktoren zu verbinden suchte.

Es bleibt als psychosomatischer Zusammenhang der große Bereich der *funktionellen Störungen* wie Oberbauchbeschwerden, Kopfschmerzen, Herzbeschwerden etc., bei denen sich die Persönlichkeit in ihrer vegetativen Einstellung und ihren Lebensweisen auswirken kann. Der Körper schwingt im Leben mehr oder weniger in der Seelenlage mit und kann dann in belastenden Lebenslagen ganz in den Vordergrund treten. Wie artgemäß verankertes körperliches Ausdrucksverhalten bei Tieren und bei den Menschen in interindividueller Varianz jeweils auftritt, hat Charles Darwin schon vor langer Zeit am affektiven Ausdrucksverhalten aufgezeigt. Im zeitlichen Vorfeld bestimmter funktioneller Störungen zeichnen sich schon morbustypische Formen des Erlebens und Verhaltens ab, meist auffällig akzentuiertes Sozialverhalten.

Funktionelle Körperbeschwerden sind häufiger als seelische und werden dann auch zu »Fällen«, die Krankheitswert haben, wie die epidemiologischem Untersuchungen Schepanks (18) über Körperbeschwerden in einer Großstadtbevölkerung in Mannheim aufzeigten. Bei ihrer einjährigen Prävalenz von über 10 % fand er am häufigsten Magen-Darm-Schmerzen, Rückenschmerzen, Herzbeschwerden etc. Hier zeigte sich etwa, dass ein sozialer Abstieg mit der aufgetretenen Symptomatik in Korrelation stehen kann. Schepank vermutet deswegen in diesem Fall auch eine Psychogenese und verbindet die häufigeren körperlichen wie auch seelischen Diagnosen mit der Schichtzugehörigkeit der Betroffenen. Aber er hat selbst auch festgestellt, dass Korrelationen ja noch keine Ursachen sind, und wir haben oben gesehen (s. S. 207), dass Persönlichkeitsfaktoren für diese Mobilität in den sozialen Schichten ein wesentliches Gewicht haben. Die ungleich gegebene Persönlichkeit ist mitbestimmend im schlechten Gesundheitsverhalten wie für den sozialen Abstieg. Die früher betonte Auffassung, dass die funktionellen Störungen in organische Krankheiten übergehen, etwa funktionelle Magenbeschwerden zum Ulcus werden, ist nicht haltbar und wird heute nicht mehr vertreten.

Es wird weiter in klinischen Einrichtungen an den Universitäten und in Fachkliniken der Begriff »Psychosomatische Medizin« benutzt, allerdings werden im Wesentlichen dabei emotionale Störungen und Lebensprobleme in ihren funktionellen Auswirkungen behandelt. Ebenso bemerkenswert ist aber, dass in medizinischen

Universitätskliniken arbeitende Abteilungen mit Psychotherapeuten sich von der Psychogenese bestimmter Erkrankungen wie Asthma, Colitis, Neurodermitis etc. freigemacht haben und keine ursächlichen psychosomatischen Ansprüche mehr auf diese Krankheitsformen anmelden. Sie leisten Kranken in der Bewältigung ihrer körperlichen, seelischen und situativen Lebenslage psychotherapeutisch Hilfe. Begriffe wie Coping werden erweitert zu einer die psychosoziale Lage des Patienten aufgreifenden inneren und äußeren Situationstherapie, die dann begleitend und stützend weitergeführt wird.

So ist gegenwärtig festzustellen, dass psychotherapeutische Hilfe bei körperlichen Erkrankungen, schweren und leichten, nicht von einer akzidentellen Psychogenese in der Kindheit abhängig gemacht wird. Der schon erwähnte Begriff der Komorbidität bei Schmerzstörungen und körperlichen Schwächen ist richtunggebend und es wird von *psychosozialen Hilfen* bei körperlichen Krankheiten gesprochen. Bei den verschiedenen Krankheitsformen den Kranken beizustehen, bei Tinnitus mit störenden Ohrgeräuschen wie bei Krebs, sie zu informieren über das Leiden und das gegenwärtige ärztliche Wissen, die Verantwortung, wie behandelt wird, mit ihnen zu teilen sind heute die therapeutische Aufgabe.

Es gibt jedoch eine körperliche Erkrankung, bei der im Vorfeld eine charakteristische Persönlichkeitsentwicklung zu finden ist, die zu schweren Schäden führen kann. Es ist eine in der Pubertät auftretende Erkrankung, die besondere Aufmerksamkeit verdient, weil sie die psychosomatische Ursachenfrage und ihre therapeutische Praxis neu und in differenzierter Weise aufwirft. Als letzte schwere und in einem neuen Sinne psychosomatische Erkrankung, häufig zu Chronifizierung und Tod führend, ist die Pubertätsmagersucht aufzufassen, die sich bei genetisch verankerten Persönlichkeitsentwicklungen manifestiert.

Anorexia nervosa – Pubertätsmagersucht

Junge Mädchen die sich bisher normal entwickelt hatten, können im Alter zwischen 14 und 18 Jahren, ohne Anlass und Mitteilung an andere, damit beginnen, weniger zu essen. Sie begründen ihr Verhalten nicht, auch nicht mit Appetitlosigkeit, sondern es erscheint ihnen einfach angemessen. Es wird meist von den Eltern dann besorgt zur Sprache gebracht, wenn sie auf unter 50 kg oder noch weniger abgemagert sind. Es ist der Anfang von dem, was heute als asketische Form der Anorexia nervosa bezeichnet wird, keine seltene, aber sehr ernst zu nehmende Entwicklung. Als Kinder werden diese Mädchen von den Eltern durchweg als nicht störend oder konkurrierend, dabei nicht besonders durchsetzungsfähig, eher selbstlos und altruistisch beschrieben. Im Kontakt mit anderen sind sie vorsichtig, aber nicht ohne eigene Initiativen und Ziele. Sie seien »auffällig unauffällig« meinte ein erfahrener Kinderpsychiater (8). Übereinstimmung besteht über ihre differenzierte Persönlichkeit und ein Intelligenzquotient IQ von 120 bis 125 wird durchweg festgestellt. Sie sind gute Schüler, viele beginnen später ein Studium, bis sich die Erkrankung durchweg sehr einschränkend auswirkt.

Als Ursache dieser seelischen Entwicklungen finden sich keine körperlichen Organkrankheiten, aber es besteht eine erhebliche genetische Gewichtung. Wie Untersuchungen von Holland und Schepank (13) (17) an zusammen mehr als 50 Zwillingspaaren zeigen, ist der Konkordanzabstand zwischen erbgleichen eineiigen und den zweieiigen deutlich (s. oben S. 93). Die daraus errechnete Heretabilität (h2), der Abstand in Korrelation bei EZ zu ZZ × 2, liegt bei .82 oder .92, was der von endogenen Psychosen, der Schizophrenie und affektiven Psychosen entspricht. Man muss also von einer bio-psycho-sozialen, d. h. körperlich verankerten seelischen Entwicklung und Verarbeitung der Umwelt ausgehen. Noch in der Verwandtschaft, z. B. bei Cousinen, entwickelt sie sich 10- bis 100-mal häufiger als in der durchschnittlichen Bevölkerung, wo man gegenwärtig mit einer Erkrankung auf 100.000 Mädchen in der Pubertätszeit rechnet. Das spricht für die endogene Emergenz einer akzentuierten genetischen Konfiguration.

Die *Prognose* wird, wie Untersuchungen nach Jahrzehnten zeigen, umso schlechter, je weiter die Katamnese dann reicht und je genauer die Frauen nachuntersucht werden. Gewöhnlich durchlaufen die meisten mehrere stationäre und ambulante Behandlungen, und viele Schulen mit ihren Therapeuten nehmen dabei Erfolge für sich in Anspruch, ohne sorgfältige und längere Nachbeobachtungen zu machen. Den realen Verlauf zeigt eine jetzt vorgelegte große katamnestische Untersuchung nach 21 Jahren an 84 Kranken mit Anorexia nervosa (25). Das mit nicht sehr auffälligen Nahrungseinschränkungen in der Adoleszenz beginnende Verhalten führt trotz der in Anspruch genommenen stationären und ambulanten Therapien bei jeder zweiten Frau im weiteren Verlauf zu dramatischen Entwicklungen: in 15,6 % der Fälle zum Tod; 10,4 % sind noch mit dem mehr oder weniger gleichen Essproblem beschäftigt und damit eingeschränkt; mehr als 22 % sind durch besondere Symptome, oft Selbstverletzungen, weiter sehr auffällig und behindert; nur 50,6 % sind nach 21 Jahren symptomfrei. Aber auch diese Gruppe verdient, wie zu zeigen ist, unsere Aufmerksamkeit im Hinblick auf ihre Lebensweisen.

Die asketischen Einstellungen beim Essen mit den deutlichen Gewichtsabnahmen führen meist zu einer kritischen Situation in der Familie. Die Mütter werden von Familientherapeuten als überbesorgt charakterisiert, die Väter als uninteressiert oder autoritär. Das geschieht betont auch von systemischen Richtungen, die hier pathologische, ambivalent verstärkte Bindungen in den Familien als Ursachen finden. Aber was ist hier als normales Elternverhalten zu bewerten und als verstehbare Reaktion auf das unbegründete, die eigene körperliche Gesundheit gefährdende Verhalten der asketischen Tochter?

Von Psychoanalytikern werden die Mütter häufig primär als auffällig, ihr Verhalten für die Erkrankung der Töchter als ursächlich bezeichnet. Sie sollen aus unglücklichen Familien stammen, mit ihrer Frauenrolle selbst unzufrieden sein. Ihr eigenes Versagen, wenn die Tochter krank werde, wollten sie sich aber nicht eingestehen. Sie seien es, die ihr Kind nicht erwachsen werden ließen. Es sind aber nur an Einzelfällen entworfene Konstrukte und kaum verantwortbare Vorwürfe, die nicht auf systematische Untersuchung der

Familie gestützt sind. In Lehrbüchern (20) werden heute familiäre Situation, Persönlichkeitsentwicklung und die angeborene Disposition erwähnt. Die Zwillingsbefunde werden dabei als »ungesichert« in Frage gestellt. Es wird im Ganzen damit als gegenwärtige psychosomatische Theorie an der familiären, durch mütterliches Verhalten vermittelten Disposition zur Krankheit festgehalten. Aber ist es bei diesen genetischen Befunde ethisch zu verantworten, die Mütter und Väter mit ihrem Erleben und Verhalten ursächlich zu belasten?

Wenn heute ethische Verantwortung in der Medizin und Psychotherapie diskutiert wird, werden die *biogenetischen Forschungen* in Verbindung mit den Rassen- und Erbtheorien des »Dritten Reiches« und damaligen Zwillingsuntersuchungen als Teil einer modernen und unethischen Medizin bezeichnet (16). Es wird von einer *biomedizinischen Wehrertüchtigung* der Menschen geschrieben, die an ihrem humanistischen Elan zweifeln lasse. Internationale Ärzteverbände in ethischer und sozialer Verantwortung wie die IPNNW behandeln heute auf Tagungen über »Medizin und Gewissen« differenziert bestimmte aktuelle Fragen von der Stammzellenforschung bis zur Sterbehilfe, der pränatalen Diagnostik bis zur Selbstbestimmung des Patienten in der modernen Intensivpflege, alles sehr zu reflektierende Möglichkeiten und Verantwortungen. Ist Biogenetik aber eine grundsätzlich und grenzenlos fortschreitende Medizin ohne soziale Verantwortung? Forscher in der genetischen Physiologie und Psychologie stellen dagegen bescheiden fest: »Wir wissen nicht, was wir in 20 Jahren wissen werden«, und weisen damit auf ein immer neu zu verantwortendes Wissen hin und damit verbundene Diagnostik, Theorien und Möglichkeiten der Behandlung. Ist es andererseits noch ethisch zu verantworten, bei den Anorexien und anderen psychischen Erkrankungen und diesen genetischen Daten die Mütter und die familiäre Umwelt verantwortlich zu machen? Ist es sozial vertretbar, das, was die biogenetische Zwillingsforschung seit Jahrzehnten zeigt, selbst nicht zur Kenntnis zu nehmen und auch den betroffenen Kranken und ihren Familien nicht zur Kenntnis zu bringen? Fehlendes Wissen heute mit dem Versagen der Ärzte im »Dritten Reich« zu begründen ist eine Selbstdisqualifizierung im erforderlichen Dialog und Austausch der Fachgebiete. Auch für den Umgang mit den Patienten in der Psychotherapie liegt ein wesentlicher Unterschied darin, seine Nöte aus ihm selbst kommend, seinem bisherigen und gegenwärtigen Erleben und Verhalten zu verstehen und nicht aus dem Erleben und Verhalten ihrer Mütter und der Familie.

Einfühlend ist der »Bedeutung der Schlankheit im Erleben Magersüchtiger« Tilmann Habermas (10) in systematischer Beobachtung nachgegangen. Magersucht ist für ihn kein neurotisches Phänomen, sondern er begründet das subjektiv-aktiv betriebene Streben nach Magerkeit zunächst in einer Varianz des Körpergefühls. Es sei ein fehlendes stabiles »Körper-Ich-Gefühl«, dem eine »Abgrenzungsmotivation« entspreche, ein Versuch, eine starke Barriere gegenüber den anderen aufzurichten. Eine gegebene zu geringe Festigkeit der Barriere mache den Körper anfällig und das führe zum sozialen Rückzug von der Welt. Aber er findet als Positivum auch den Versuch einer neuen idealen Lebensform. In Anlehnung an die schlanken Frauenplastiken von Alberto Giacometti spricht er von einer Meisterung, die sich in Größe und Standhaftigkeit zeige. Die Magersüchtige werde seelisch größer, indem sie wieder die Kontrolle über den ihr entfremdeten Körper erlange und ein ihr subjektiv besser entsprechendes Körper-Ich-Gefühl in einer körperlichen und geistigen Überaktivität. In der Abmagerung könne die Magersüchtige sich zunächst selbst intensiv und initiativ erleben und ein Selbstwertgefühl gewinnen. In ursächlicher Hinsicht weist Tilmann Habermas einerseits noch auf fehlende sexuelle Wünsche hin und auf den Versuch einer Selbstbehauptung, trotz ihrer depressiven Verstimmung und inneren Entfremdungen.

Eine der Besonderheiten der asketischen Magersucht ist die Altersbindung und deshalb ist die anschauliche Diagnose Pubertätsmagersucht für die Praxis besser als die internationale »Anorexia nervosa«, die mit einer Reihe von Kriterien im DSM nur als »Appetitstörung« beschrieben wird. Ihr Auftreten ist gebunden an die Pubertätsreifung, die im Laufe des letzten Jahrhunderts, jedenfalls bei den Frauen der westlichen Welt, immer früher einsetzte. Sie manifestiert sich als eine Zeit der drastischen Wandlungen des Körpers und damit auch des subjektiven Körper-Ichs. Es ist etwas, was unwillkürlich und naturgegeben geschieht. Scheinbar ist es eine selbstverständliche Sache, aber bei genauerem Hinsehen gerade für das Selbstgefühl von Mädchen und Frauen durchaus keine einfache. Die Geschlechter differenzieren sich, vor allem bei Frauen prägen sich neue Körperformen aus: eine Rundung des Oberkörpers mit hervortretenden Brüsten, von den meisten mit Stolz registriert und untereinander verglichen, dabei Fettansätze an den Hüften und am Leib. Die einsetzenden Blutungen weisen auf die weibliche Rolle hin, Schwangerschaft und Muttersein. Mutter als nahende Aufgabe ist als Vorbild in der eigenen Mutter präsent. Mit den sexuellen Gefühlen kommen neue affektive Einstellungen auf, in der Adoleszenz werden neue soziale Rollen in den Partnerschaften geprobt. Die bisherigen kindlichen und jugendlichen freundschaftlichen Beziehungen von gleich zu gleich zum anderen Geschlecht erhalten andere, besondere Qualitäten. Eine Polarisierung in den sexuellen Rollen zeichnet sich ab.

Die bisher entwickelten Interessen für Ausbildung, berufliche Aufgaben und Tätigkeiten, in denen eigene Begabungen sich entfalten konnten, die eine Selbstverwirklichung möglich erscheinen ließen, bekommen Konkurrenz. In einem neuen Selbstverständnis soll das innerlich sich entfaltende kindliche und jugendliche Interessen-Ich ergänzt oder ganz ersetzt werden durch ein erwachsenes, sexuell partnerschaftliches Frauen-Ich. Die eigene Mutter drängt sich als lebendes Modell für die Mädchen auf: Frau als Beruf, Schicksal und lebenslange Aufgabe, eine sich schon mit der Transformation des eigenen Körpers anzeigende Bestimmung. Eine eigene sexuelle Aktivität, in den Medien heute als früh erstrebenswert vorgestellt, liegt in einer Verbindung mit dem anderen, noch fremden Geschlecht. Das Sexuelle verbindet sich zudem mit der Gefahr ungewollter Gravidität. Man muss sich eigentlich wundern, dass es hier nicht noch mehr Krisen und Störungen gibt, gerade bei differenzierten Frauen.

In jeder Schulklasse gibt es in der Pubertät jetzt Mädchen, die für eine Zeit ihr Essen kontrollieren, einige Kilo abnehmen, ohne aber magersüchtig zu werden. Was kann in der gegenwärtigen psycho-sozio-kulturellen Welt die einsetzende Askese bis zur Magersucht erklären? Worauf sind sie appetitlos in unserer Gesellschaft? (7) Wer viele Magersüchtige begleitet hat, findet keine im Vordergrund stehenden sexuellen Bedürfnisse und auch keine darauf bezogenen Konflikte. Magersüchtige haben gegenüber dem Durchschnitt ihrer Altersgruppe deutlich weniger und spätere sexuelle Kontakte und feste Beziehungen (12). Das ist ein bemerkenswerter Zug bei unseren modernen, Sexuelles hoch bewertenden Lebensweisen. Er findet sich übrigens noch bei den vollständig Geheilten: Auch die haben im Vergleich zu dem Altersdurchschnitt weniger feste Beziehungen, wohnen allein oder bei Beziehungen häufiger getrennt. Als kulturell fördernde Bedingung wurde die Schlankheit als Mode angesehen, etwa das moderne Twiggy-Ideal der 70er-Jahre, welche sich auf die Mentalität bestimmter Frauen stärker auswirken soll. Sind Magersuchten nur in ihrer Mentalität gesellschaftlich angepasster und kommt es zu einer kulturbedingten Phobie vor Fettleibigkeit, die aus der Kontrolle gerät? Das scheint zu harmlos und kann die Frage nicht erklären, warum gerade diese intelligenten Frauen in diese endogen angelegte Entwicklung geraten.

Die ersten magersüchtigen Frauen wurden bereits im Mittelalter beschrieben (11), die Annahme, dass sie in den letzten Jahrhunderten zahlreicher wurden, ist noch nicht sicher. Deutlich ist nur, dass sie immer häufiger in ambulante und stationäre Behandlungen kommen, meist zu mehreren Therapieversuchen hintereinander und dabei oft nur mit kurzen Erfolgen. Häufiger geworden ist nur die Bulimie, also das Erbrechen von hastig verschlungener Nahrung, was auch bei Magersüchtigen vorkommt.

Sind es Probleme der Sozialisation in der westlichen modernen Gesellschaft, eine Soziose im Übergang von Kindheit und Jugend ins Erwachsenenalter, die den Wandel des eigenen Körpers nicht schafft? Dass die erste, die kindlich jugendliche Natur gerade der Mädchen hier eine lebensbestimmende Ausrichtung und eine neue gesellschaftliche Aufgabe und Bewertung erfährt, ist unverkennbar. Es wurde vor Jahrzehnten vom Psychiater W. von Baeyer (2) eine moderne Kluft zwischen einer hoch bewerteten und gelebten Kindheit und der späteren Frauenrolle vermutet, von einer asketischen Ideologie mit Verneinung und des Meidens der Gemeinsamkeit des Tisches und des erwachsenen Frauenlebens gesprochen.

Wie verbinden sich hier genetisch ursächliche Bedingungen mit einem psychodynamischen Verstehen und psychotherapeutischen Zugang? Müssen wir jetzt warten, bis im Genom die DNA-Daten gesichert sind, wir deren molekulare Umsetzungen kennen und chemisch zu beeinflussen vermögen, um den seelischen Zustand verändern zu können? Das könnte sicher einmal eine große Hilfe für die Mädchen in ihren depressiven und dynamischen Tiefs sein. Aber es bleibt ja, wie katamnestische Studien zeigen, die Frage, wie sie danach im Leben eine ihnen individuell angemessene Frauenrolle in unserer Gesellschaft finden, die ihrem Leben Sinn und ihnen ein Selbstbewusstsein gibt. Es hat sich gezeigt, dass auch bei den Psychosen neue medikamentöse Therapien weitere sozialpsychiatrische und psychotherapeutische Hilfen einschließen.

Die Lage der Magersüchtigen legt zunächst eine auf die körperliche Lage gerichtete verhaltenstherapeutische Behandlung nahe, die dann mit weiteren auf die psychosoziale Persönlichkeitsentwicklung gerichteten Behandlungen verbunden wird. Bei hochgradigen Abmagerungen ist es wichtig, ein Arbeitsbündnis herzustellen und damit gemeinsam die Zunahme des Körpergewichtes zu erreichen. Erzwungene und gewaltsame Formen von Gewichtszunahme durch Füttern oder Sondenernährung haben jedoch keine gute Prognose und sich nicht bewährt. Solange sie in einem kachektischen Zustand sind, sind die Magersüchtigen nur schwer ansprechbar und in ihrer Persönlichkeit eingeengt. Es ist immer damit zu rechnen, dass sie allein gelassen ihr Essen wegschaffen oder wieder erbrechen. Ist ein bestimmtes Zielgewicht erreicht, geht es darum, ihnen Aufgaben zu geben, die sie selbst als nützlich und angemessen für sich erleben, Neues zu lernen und zu gestalten, was ihnen Sicherheit und einen Platz auf der Welt gibt.

Im akuten Stadium ist so dem körperlichen Zustand entschieden Aufmerksamkeit zu schenken, sind die Patientinnen in ihrem Essverhalten für ein Arbeitsbündnis zu gewinnen, zu unmittelbaren Gewichtssteigerungen mit operanten Methoden. Verhaltenstherapeuten haben dem viel Aufmerksamkeit geschenkt in ihren Manualen. Unter Aufsicht, Kontrolle und Ermutigung sind Patienten stationär und auch ambulant Hilfen zu geben, sie zur Selbstkontrolle und Eigenverantwortung zu gewinnen. Das ist erfahrungsgemäß für sie in der Nähe und persönlichen Einwirkung eines Therapeuten, einer Krankenschwester oder einer Sozialarbeiterin leichter. Bei depressiver Verfassung ist mit Medikamenten zu helfen. Solange die Patienten in einer sehr schlechten Körperverfassung sind und nicht mindestens 40 Kilogramm Gewicht erreicht haben, sind sie kaum ansprechbar auf weitere und breitere Ausrichtungen der Therapie in psychosozialer Hinsicht.

Verhaltenstherapeuten sprechen im Zusammenhang mit der Magersucht auch von Leistungsorientierung, Selbstwertproblematik, weisen ursächlich auf individuelle Belastungsfaktoren oder Familienprobleme hin, wobei auch biologische Faktoren allgemein diskutiert werden wie Serotoninmangel, der Mangel geeigneter Medikamente aber auch hier registriert wird. Es wird auf überzeugende Hinweise für eine biologische Genese durch die Zwillingsbefunde hingewiesen, zugleich aber festgestellt, dass die Bedeutung dieser Befunde für Genese und Therapie noch völlig unklar sei. Nun weisen diese zumindest Therapeuten darauf hin, dass es sich um eine endogen verursachte Persönlichkeitsentwicklung handelt, keine fremdbestimmte, sondern eine subjektiv eigene und aktive Sinnentnahme der gegenwärtigen und bisherigen sozialen Umwelt, nicht durch Traumen oder familiäre Belastungen verursacht.

Es gibt Franz Kafkas Geschichte von einem männlichen »Hungerkünstler«, der zunächst behauptet, das Interesse an Hungerkünstlern sei leider zurückgegangen. Nun sind männliche Magersüchtige, die vereinzelt vorkommen, auch altruistisch, sehr aktiv und anspruchsvoll, sie enden aber kaum tödlich. Bei Kafka stirbt der Magersüchtige jedoch, und es heißt dort, dass er sterbend mitteilt, er hungere nicht, weil er bewundert werden wollte, sondern »weil ich nicht die Speise finden konnte, die mir schmeckt. Hätte ich sie gefunden, ich hätte kein Aufsehen gemacht«. Es ist schwer zu sagen, aus welchen Erfahrungen Kafka das erdacht und geschrieben hat. Er hatte in seiner Person selbst manche asketischen und altruistischen Züge, legte hohe ästhetische Ansprüche an das, was er schrieb, war nur mit Mühe abzuhalten, seine geschriebenen Werke selbst wieder zu vernichten, die heute in alle Sprachen übersetzt und bewundert werden. Er war selbst zu einem im Sexuellen Befriedigung findenden und nahen Zusammenleben mit Frauen nicht fähig und starb 40-jährig an einer Körperkrankheit, der seit zehn Jahren schwelenden Lungentuberkulose.

Wenn man seine Aussage für magersüchtige Frauen nutzt, geht

es für uns als Therapeuten darum, mit ihnen die Speise und das heißt wohl *die Inhalte und Lebensformen* zu finden, die ihnen angemessen sind. Der jetzt wesentliche und zweite Teil jeder Magersuchtsbehandlung liegt dann darin, die individuelle psychosoziale Entwicklung zu fördern.

Verhaltenstherapeuten sprechen von einem sozialen Kompetenztraining und einem neuen Selbstkonzept, aber es ist nicht leicht herauszufinden, wo dieses für die betroffenen Frauen liegen kann. Dabei wurden in den letzten fünfzig Jahren bei diesen Frauen vielfältige Beobachtungen gemacht. Die Verhaltenstherapie spricht seit Jahrzehnten von einer kognitiven Wende, nachdem A. T. Beck depressive Patienten dazu brachte, Bilder zu entwerfen, wie sie sich ihre zukünftige äußere Welt und ihr Leben darin vorstellen, welche Bilder sie davon haben. Kognitionen sind ja subjektive Entwürfe von Selbstbildern in der weiteren Welt. Es sind Kenntnisse darüber, nicht was andere in der Vergangenheit mit ihnen gemacht haben, sondern Selbstentwürfe für den weiteren Lebensgang. Wie kann der bei Magersüchtigen aussehen? Diese zu kennen und zu respektieren, die differenzierten Frauen nicht an allgemeinen Normen zu orientieren ist die Aufgabe des Therapeuten. Aber das bedeutet, den Begabungen, der idealen Lebensform, den Interessen und hohen Ansprüchen an sich selbst und auch an andere gerecht zu werden. Die Verlaufsuntersuchungen nach zwanzig Jahren zeigten einen geringen Anteil von Frauen, die ganz in einem engen Familienleben aufgehen und ohne Beruf leben, eher viele, die allein wohnen und distanzierte Beziehungen haben.

In den Psychotherapien ist bei den klugen Frauen nach den eigenen Interessen und Begabungen zu fragen. Was sind neben übereinstimmend festgestellter Intelligenz ihre spontanen Neigungen und lassen sie sich mit ihrem körperlichen Zustand und Wandlungen in der Pubertät verbinden? Vor fünfzig Jahren hat ein heute beinahe vergessener Psychiater, Jürg Zutt, einen *ästhetischen Erlebnisbereich* als Seinsweise der Pubertätsmagersüchtigen beschrieben (27). Er hatte sechs eigene Patientinnen über Jahre behandelt und sie in ihren subjektiven Seinsweisen und Wesensveränderungen geschildert, dabei sie in die Nähe der Psychosen gestellt (26).

»Aisthesis«, ist, vom Griechischen ins Deutsche übertragen, etwa mit wahrnehmen, erscheinen, aber auch fühlen und berührt werden, meist von visuellen und anderen sinnlichen Erscheinungen, gleichzusetzen. Ästhetik war die Wissenschaft und Lebenseinstellung, die sich mit dem Schönen in seinen Erscheinungsformen befasste und hier ihren höchsten Wert sah. Gegenüber dem »amoralischen Ästhetizismus«, der ungehemmten fleischlichen Sinnengenuss sucht, zielt wahrer Ästhetizismus darauf, das Wesen der Dinge in den künstlerischen Formen zu finden, Dichtungen und Bildwerken einen absoluten Wert zu geben, »l'art pour l'art«.

Bei Zutt ist die ästhetische Welt noch umfassender, nämlich als der Bereich der Erscheinungen schlechthin beschrieben, der Erlebnisse, die der verwirklichten Möglichkeit dienen, in *Erscheinung zu treten* und in ihnen zu stehen. Es offenbare sich in diesen Erscheinungen, in den Physiognomien, das Wesen der Dinge. Daneben gebe es die philosophisch bis in die Antike zurückreichende Schule, die im Wort, in den begrifflich gefassten Erscheinungen der Welt das Wesen der Dinge offenbart finde.

Psychiatrisch beschreibt Zutt Abwandlungen des ästhetischen Erlebnisbereichs, in denen »die natürliche Sicherheit der Erscheinung von vertraut, fremd, nah und fern« verloren gehe (27). Es könne dabei zu einem Verlust der eigenen Sicherheit kommen, selbst in Erscheinung zu treten, und der Sicherheit, fremde Erscheinungen zu durchschauen, was in wahnhaften Entwicklungen stattfinde. Er bezeichnet Magersucht ausdrücklich als ästhetische Störung, auch als eine »zentrale Appetitstörung«, die zu einer Verarmung eigenen Wesens und Verarmung ihrer Welt führe. Es wird bei Zutt dieser ästhetische Erlebnisbereich abgegrenzt vom intellektuellen und ethischen, später auch vom affektiven Erlebnisbereich (28). Eine Nähe zum Affektiven wird nur insofern erwähnt, als Hunger, Durst und Sexus als Triebregungen hier selbstständig auftreten und wieder vergehen, also selbstständig daneben bestehen.

Der ästhetische Erlebnisbereich wurde auch schon vom amerikanischen Psychologen Mark Baldwin (1861–1934) neben dem intellektuellen, kognitiven und moralischen beschrieben (3). Die *Natur ästhetischer Erfahrung* sieht er in bestimmten Formen des Erlebens: in ihrer »immediacy«, d. h. ihrer *Unmittelbarkeit*; ihrer

»semblance«, ihrer Bindung an *Erscheinungen* und Gestalten; im »personalysing«, dem *persönlichen Betroffensein* in subjektiver Einfühlung; in »idealisation«, einer *Idealisierung*; einer »identification«, einer spontanen *Identifizierung* mit dem Gegenstand. In diesen Merkmalen Baldwins wird die unwillkürlich bestimmende Macht und das subjektive Ergriffenwerden von den eigenen ästhetischen Wahrnehmungen deutlich gemacht.

Unterschiedliche ästhetische Ausrichtungen findet Baldwin schon bei Kindern in der Auswahl der Spielzeuge und Spiele, später in der Bevorzugung bestimmter Gegenstände, Tassen, Vasen und indem sie bestimmte Kleidung anziehen. Es sind dann lebenslang gesuchte und gefundene lustschaffende Gegenstände und Lebensinhalte in Kunst und Musik, Tanz und im Sport, in Berufen und Freizeit. Der Verbindung des ästhetischen Erlebnisbereichs mit dem affektiven in den sexuellen Beziehungen sind weder Zutt noch Baldwin nachgegangen. In der sexuellen Anziehung und im triebhaften Austausch des genitalen Aktes tritt aber das optisch-distanzierte ästhetische Erleben zumindest zurück, ja ihm wird widersprochen. Aber diese Nähe scheint häufig ein Problem gerade für magersüchtige Frauen zu werden, auch, wie schon erwähnt, im alltäglichen Zusammenleben im weiteren Lebenslauf. Sieht man die Lebensentwicklung, so geht sie ja darauf hinaus, dass sie sich von dem eigenen sexuell anziehenden Frauenkörper zu befreien suchen, der ihnen fremd und nicht angemessen scheint. Es ist mehr als eine Appetitstörung. Nicht als »Frauenzimmer« auf eine gute Partie warten zu müssen, sondern in besonderen Leistungen sich zu verwirklichen ist hier, wie wir schon bei Bertha Pappenheim sahen, das Ideal. Es manifestiert sich für die differenzierten Frauen hier altruistisch in der Sorge für andere, was sich schon im Essen unmittelbar zeigt. Magersüchtige kochen nicht nur gern, sie lieben es, dieses bereitete Essen schön auf dem Tisch anzurichten – selbst aber nichts davon zu essen. Sie sorgen gerne für Kinder anderer und für andere Patienten auf den Stationen, sie verlangen aber nicht nach eigenen Kindern. Man kann so die Vulnerabilität der Magersüchtigen in einer Diskrepanz zwischen den ästhetischen Ansprüchen und einer schwachen selbst getragenen affektiv-sinnlichen Dynamik sehen, die in der Pubertät zu einer bedrohlichen Entfremdung vom eigenen reifenden Körper führt. Dabei sind sie in einer besonderen Weise unbedingt und eigenwillig in ihrem Wollen, streng mit sich selbst wie auch mit anderen, mit denen sie arbeiten und umgehen müssen. Der große Anspruch, den sie an sich selbst und an ihr eigenes Leisten richten, betrifft die Welt überhaupt, in der sie leben. Der Verlauf der Psychotherapie ist davon abhängig, ob es gelingt, in einem Beruf Aufgaben und Stellungen zu finden, die ihnen angemessen sind. Das Sexuelle in Partnerschaften oder Selbstbefriedigung ist nicht bestimmend für magersüchtige Frauen, weder als antreibende noch als abgewehrte Motivation, ihr Selbstgefühl gewinnen sie auf anderen Ebenen. Ihr ästhetisches Ideal ist offenbar nicht die mütterliche runde Frau und sexuelle Partnerin, sondern die Frauen, wie sie der italienische Bildhauer Alberto Giacometti nicht in den frühen, sondern in seinen späten und berühmten Werken schuf (7).

In den Psychotherapien ist also hier bei Magersüchtigen nach den Bereichen zu suchen, die ihrem weiteren psychosozialen Lebenslauf in einem Beruf Sinn geben, der ihrem hohen Anspruch an sich selbst genügt. Das kann nach meinen Erfahrungen etwa als Designerin, Photographin oder als Gestaltungstherapeutin geschehen. Sie suchen und brauchen auch Freundinnen oder Freunde, können in einer guten Beziehung leben, wenn sie genug Abstand und gleichzeitig Halt und Bestätigung erfahren. Das Sexuelle steht aber in diesen Beziehungen nicht im Mittelpunkt und hat lebenslang kein erhebliches Gewicht. Wir haben junge Mädchen in stationären Behandlungen möglichst früh wieder in die Schule gehen lassen, manchmal schon während ihrer klinischen Zeit. In den stationären Behandlungen tun sie sich meist mit Gruppengesprächen und Körpertherapien schwer, aber in der Gestaltungstherapie finden sie häufig Aufgaben, die ihnen etwas geben; selbst etwas zu malen, formen oder auch schreiben kann zu einem Weg für sie werden. Es empfiehlt sich somit bei Magersüchtigen, in der Therapie nach dem zu suchen, wohin ihre eigenen Ansprüche und ihre Leistungen gehen, was für sie selbst an Aufgaben und Bildung interessant und wertvoll ist. Auf diesem Weg können sie einen eigenen Raum in der Welt finden.

Eine 17-jährige, auf 32 kg abgemagerte Patientin kommt zu stationärer Therapie. Sie ist das zweite von fünf Kindern eines Bahnbeamten in einer kleinen Stadt, sehr gute Schülerin, zunächst immer ganz unauffällig, wie die Mutter berichtet. In den letzten zwei Jahren habe sie sich aber immer mehr für die zweitjüngste Schwester eingesetzt. Sie meinte, die komme gegenüber der jüngsten, im Essen verwöhnten Tochter zu kurz. Sie begann sie bei Tisch mit ihrer eigenen Portion zu füttern und war nach zwei Jahren in dem jetzigen schlechten Zustand. In stationärer und ambulanter Nachbehandlung zunächst gut gebessert, sagte sie danach einmal bei einem katamnestischen Gespräch: »Geholfen hat mir damals auf der Station, als neue Patienten kamen und ich denen helfen konnte.« Angeregt durch die Gestaltungstherapie während der stationären Zeit hatte sie den Beruf Graphikerin ergriffen. Sie meldet sich nach 12 Jahren wieder aus Japan, wo sie seit einem Jahr in einem zenbuddhistischen Tempel lebt, meditiert, mit heftigen Rückenschmerzen und körperlicher Schwäche. Sie war zuvor in Deutschland mit einem fünf Jahre jüngeren Mann verheiratet gewesen, hatte aber nicht mit ihm zusammengelebt und dann Reisen nach Afrika und Asien unternommen. Ihre Abmagerung führte jetzt wieder zu dauernden Gedanken um das Essen und zwangen sie zur Rückkehr. Es kam dann noch einmal zu einer niederfrequenten ambulanten Behandlung, sie entdeckte einen Beruf, der ihrem Leben einen Inhalt gab, und machte sich als Designerin selbstständig. Jetzt lebt sie seit 15 Jahren mit einem Mann, auch Designer, in einer Beziehung, die ihr ein Zuhause gibt, sie haben ein Kind.

Das ist ein wechselvoller und erfreulicher Lebenslauf, der die ästhetischen Interessen und altruistischen Bedürfnisse zeigen kann. Es gibt die große Gruppe derer, die mit mehr oder weniger ausgeprägten seelischen Störungen chronifizieren, wie oben gezeigt, noch immer mit dem Essen oder mit anderen Störungen und inneren Konflikten belastet, dabei sich aber doch in bestimmten Leistungen profilieren können, nicht selten dann auch in künstlerisch anspruchsvollen malerischen Werken. Eine asketische, altruistische und anspruchsvolle Einstellung gegenüber sich selbst taucht dabei auf, auch eine gefährliche Neigung, sich selbst dabei zu verletzen oder zu schädigen.

Bei Nachuntersuchungen finden sich aber auch weniger positive Verläufe, Todesfälle, die hier nicht verschwiegen werden sollen.

Eine 23-jährige Medizinstudentin meldet sich zur Behandlung und berichtet selbst, mit 11 Jahren erkrankt zu sein. Sie ist das älteste von drei Kindern eines Lehrerehepaares, immer Klassenbeste, aber schüchtern, zurückhaltend, während ihre Schwestern schon lange Freunde hatten: »Ich kann meine Rolle als Frau nicht akzeptieren.« Weder zu Männern noch zu Frauen besteht eine sexuell triebhafte Anziehung. Sie hatte schon mehrere verhaltenstherapeutische und anthroposophische Behandlungen durchlaufen, kommt jetzt mit 37 kg zur Behandlung. Zunächst ambulant, dann stationär drei Monate in Einzeltherapie behandelt, nahm sie auf 43 kg zu. In der Gruppentherapie war sie immer freundlich, aber »konnte sich nicht einbringen«. Später von der Gruppentherapeutin ambulant weiter behandelt, kam es wie vorher zu keinen tieferen Bindungen bei verschiedenen Therapeuten und Therapeutinnen. Nach einem Jahr kehrte sie nach Hause zurück. Sie lebte dann, wie wir erfahren, mit einer anthroposophischen Freundin, die sie sehr schätzte, auf südlichen Inseln, dann mit dieser hier, versuchte auch wieder ins Studium zu finden. Wir hören lange nichts von ihr. Auf unser Schreiben nach drei Jahren kommt ein Brief der Mutter: Sie ist vor zwei Monaten mit 26 kg in einer Universitätsklinik, die sie selbst aufgesucht hatte, gestorben. Bei einem zwangsweisen Ernährungsprogramm kam es nach zwei Wochen zu einer Stoffwechselentgleisung und Lungenentzündung. In vielen Tagebüchern, die sie hinterlassen hat, schilderte sie ihren Kampf gegen die Krankheit. So schrieb sie dort: »Vom Verstand her kenne ich meine Krankheit und könnte sie bekämpfen, aber vom Gefühl her fehlt mir etwas.«

Solche Patientinnen können Hoffnungen wecken, einmal den offenbar elementar »fehlenden Gefühlen« und der affektiven Dynamik medikamentös eine Hilfe geben zu können. Sie zeigen auch, wie vorsichtig man bei zwangsweisen Essprogrammen sein muss, die früher sehr empfohlen wurden.

Aber wie kommt das zusammen, das ästhetische Schlankheitsideal, das Frauen bei sich selbst anlegen und in der Arbeitswelt verwirklichen, mit einer in der Persönlichkeit verankerten genetischen Anlage? Allgemein werden Schönheitsfragen ja der Kulturgeschichte zugeordnet und nicht der evolutionären Entwicklung und Anpassung. Wie konnte sich eine zufällige Variation und Mutation entwickeln und im Genotyp und im Phänotyp in den fünf Jahrhunderten halten, seitdem die Magersuchten überliefert sind? Der evolutionäre Egoismus der Gene in ihrer quantitativen Vermehrung, den manche Genetiker betonen und der allein bestimmend sein soll, kann hier nicht zutreffen. In den Zufällen der Variationen und den Mutationen ist offenbar noch anderes möglich. Es gibt genetisch emergierende profilierte Persönlichkeitsbilder, in denen besondere Fähigkeiten und Gaben mit zu krankheitswertig einseitigen Einstellungen und psychosozialen Schwächen auftreten. Schon bei den endogenen Psychosen fällt auf, wie sich hier im Vorfeld in den Persönlichkeiten große Begabungen entfalten können, bis sich bei ihnen, wie es etwa bei Hölderlin geschah, mit 30 Jahren die Erkrankung manifestierte.

9. Kapitel

Gewinne und Verluste bei jungen und bei alten Alten

Im Laufe des letzten Jahrhunderts ist der Anteil der über 60-jährigen jungen Alten und der über 75-jährigen, als alte Alte bezeichneten Frauen und Männer in vielen Ländern erheblich angewachsen. Er wird auch im laufenden Jahrhundert, zumindest in den nächsten 50 Jahren, noch größer werden. Die Menschen leben um Jahrzehnte länger als vor hundert Jahren, jedenfalls in der westlichen Welt. Sie sind dabei meist noch körperlich gesund und früher in den Ruhestand eingetreten, als es in früheren Generationen geschah.

Mit dem zunehmenden Alter wird allgemein zu selbstverständlich nur ein körperlicher und geistiger Abbau verbunden. Die Erfahrung, dass der körperliche Befund nicht gleich Befinden ist und die Lebenslage seelisch sehr unterschiedlich verarbeitet wird, ist auch im Alter gegeben.

Es gibt nicht nur die interindividuellen, sondern auch intraindividuelle Unterschiede: Menschen können geistig und seelisch sehr lebensfreudig und beweglich sein, auch bei körperlichen Behinderungen und Lähmungen. Weder als Kind noch als Greis ist der Mensch gänzlich durch die körperlichen Umbauprozesse bestimmt, allgemeine Aussagen über das Alter und die gegebenen körperlichen Befunde sind mit der Person und der sozialen Lage des Einzelnen zu verbinden.

Gibt es auch in dieser Lebenszeit Gewinne und Verluste, wie wir von früheren Altersphasen sagten? Es ist sicher gut, die Dinge nicht schönreden zu wollen, nur vom optimalen Altern zu sprechen, sondern die real gelebten und objektiv gegebenen Bedingungen der alten Menschen wie ihr subjektiv erlebtes Altern und Altsein sprechen zu lassen. Es könnte sein, dass epidemiologische Beobachter verallgemeinernd zu anderen Auffassungen kommen als die Betroffenen. Die Welt der Alten sieht aus Sicht der jüngeren Generationen vielleicht negativer aus, als sie erlebt wird.

Das Alter wird ja nicht ersehnt, wie das Ergebnis einer Umfrage in den USA zeigte (2): Fragt man 45-Jährige, welches Lebensalter sie gerne hätten, so ist ihr gewünschtes Alter das von 30 Jahren, von 55-Jährigen das von 40 Jahren, von 65-Jährigen das von 45, also immer ein wesentlich jüngeres. Jung zu sein ist ein modernes Ideal, nicht allein für Schauspieler, auch die meisten Politiker zeigen heute lächelnd vor der Kamera ihre intakten Zähne. Man kann sich hier also leicht in Vorurteilen bewegen, selbst dem Alter mehr oder weniger nahe.

Ab wann man alt ist, eine Alte oder ein Alter, ist nicht zu definieren und an Jahren abzugrenzen. Es unterliegt politischen, kulturellen und ökonomisch bestimmten Bedingungen wie den subjektiven Bewertungen. Wenn man es etwa mit dem Ende beruflicher Tätigkeit verbindet, so beginnt heute eine altersbedingte Teilzeitarbeit oft schon mit 55 Jahren, in manchen Berufen ab 60 Jahren mit einer Berentung, spätestens mit 65 oder 68 Jahren für Beamte. Bedenkt man heute die Länge von Ausbildungszeiten, die oft bis zum 30. Lebensjahr reichen, wird die Lebensphase der aktiv im Beruf stehenden Menschen immer schmaler, die der Alten gewinnt an Jahren und damit an Gewicht.

Wenn Menschen mittleren Alters vom Älterwerden reden und schreiben, so tauchen vor allem Schwächen auf, wenig Positives und Neues, von dem die jungen und alten Alten selbst dagegen nicht selten sprechen. Die allgemeinen Auffassungen sind in Vorurteilen begründet, etwa dass sich die Mehrzahl der Alten elend fühle, sozial isoliert und einsam sei, kein Interesse an Sexualität habe und Psychotherapie wenig Erfolg bei alten Menschen zeige.

Sicher sind alte Menschen durch bestimmte körperliche und seelische Veränderungen beeinflusst, es gibt Eigenschaften wie Gedächtnis und Schnelligkeit der Antworten, die im Durchschnitt bei den Menschen vom 60., deutlich vom 70. Jahr an bei Messungen abnehmen. Die Ergebnisse einer Berliner Altersstudie (1) ergab vor zehn Jahren jedoch, dass *subjektives Wohlbefinden und Zufriedenheit* im Mittelwert noch zwischen 70 und 80 Jahren kaum abnehmen müssen und sogar auch in noch folgenden Jahren nicht wesentlich.

Nur drei bis vier Prozent der Varianz in der Lebenszufriedenheit im höheren Alter sind durch das chronologische Alter aufgeklärt. Alte Menschen haben durchweg weniger Beziehungen zu anderen Menschen, aber dann engere. Die meisten können sich offenbar in ihrem veränderten Leben neu einrichten. Erfahrene Altersforscher beobachten bei dieser *neuen Selbstorganisation* meist erstaunliche Widerstandsfähigkeiten. Die Betroffenen passen sich an den jeweiligen Gesundheitszustand an und an sich verändernde geistige Leistungsfähigkeiten, orientieren sich vergleichend an Altersgenossen, senken ihre Ansprüche an sich selbst. Es geht auch in diesen Jahren für sie noch darum, ein Leben zu führen, welches ihnen sinnvolle Aufgaben gibt (11).

Mit wem haben sie es vor allem zu tun im Zusammenleben? In einer epidemiologischen Erhebung von 1978–1980 in Mannheim wurden 343 über 65 Jahre alte Menschen aus den Privathaushalten mit einem *Sozialinterview* untersucht (5). Über 90 % gaben einen Allgemeinmediziner als Hausarzt an, 77 % hatten ihn in den letzten drei Monaten konsultiert, Gemeindeschwestern hatten im letzten Jahr 10 % von ihnen besucht, davon 4 % regelmäßig. Nur 0,6 % hatten einen psychiatrischen Facharzt aufgesucht, obwohl leichte psychische Störungen bei 16 % (meist reaktive Depressionen), schwerere (meist hirnorganischer Altersabbau der Älteren) bei 7 % festgestellt wurden. Die Prävalenzrate psychischer Erkrankungen war bei Frauen deutlich höher als bei Männern, was auch mit dem höheren Anteil von Frauen bei den über 75 Jahre alten in der normalen Population zusammenhängt, die meisten verwitwet und allein lebend.

Diese allein lebenden älteren Menschen, die zum großen Teil unter ungünstigen Wohnverhältnissen lebten und denen eine Wohngemeinschaft, ein Heim oder eine sonstige neue bessere Wohnung angeboten war, wurden nach Gründen befragt, warum sie dieses Angebot mehrheitlich nicht annahmen. An erster Stelle nannten sie die Gewöhnung an die bisherige Wohnung, dann die Nähe von Verwandten und Bekannten. An dritter Stelle kam die Vertrautheit mit ihrem Hausarzt. Die häufigsten Aussagen zu ihm waren: »Er kennt mich und meine alten Leiden und ich kenne ihn. Er wird nichts Unwichtiges bei mir machen.« Die Ärzte begleiten die heute häufig früh aus dem Arbeitsleben Ausgeschiedenen noch über eine Lebensspanne von Jahrzehnten. Ob sie es wollen oder nicht, werden sie mit der Innenseite des Älterwerdens konfrontiert, sind in einer Helferfunktion, die weit über das Körperliche hinausgeht.

Auch den *allgemeinen gesundheitlichen Zustand* erfasste diese epidemiologische Untersuchung in Mannheim dann an diesen Probanden von über 65 Jahren, sie befragend und *psychiatrisch* untersuchend, darunter jetzt noch 146 in Heimen und 30 in psychiatrischen Einrichtungen lebende hinzuziehend. Sie fanden eine Gesamtprävalenz von 24,4 % psychiatrischen Fällen, darunter 6 % schwere und 5,4 % leichte organische Psychosyndrome, 2,2 % funktionelle Psychosen und 10,8 % Neurosen und Persönlichkeitsstörungen. Deutlich war der höhere Anteil körperlich Behinderter unter den Krankheitsfällen, also wenn das Hör- oder Sehvermögen und vor allem die Gehbeweglichkeit stärker behindert waren. Die Häufigkeit psychischer Erkrankungen korrelierte hoch mit diesen jeweils fehlenden, den mäßigen oder schweren körperlichen Beeinträchtigungen. Es bestand kein linearer und signifikanter Trend im Hinblick auf die Sozialschicht. Wenn man die Schichtzugehörigkeit ohne speziellen Bezug auf körperliche Beeinträchtigungen untersucht, ergibt sich in der Oberschicht ein geringerer Anteil von psychisch Kranken als in der unteren Mittel- und unteren Unterschicht. Als Erklärung werden bei den Unterschichtprobanden deren relativ schlechte allgemeine körperliche Verfassung und ihr *fehlendes Gesundheitsverhalten*, Alkohol, Übergewicht etc., genannt. Sie sind keine einfache und unmittelbare Altersfolge. Auffällig war es bei den hier angetroffenen psychiatrischen Krankheitsfällen, die in den Privathaushalten in der Gemeinde lebten, dass nur zwei Prozent im vergangenen Jahr eine psychiatrische Untersuchung oder Behandlung hatten. Sie wurden aber regelmäßig von Gemeindeschwestern und auch Sozialarbeitern besucht. Das war vor 25 Jahren, die Zahl der alten Menschen ist seither in den Städten und im Land sicher noch gestiegen. In der Praxis von manchen Allgemeinärzten machen über 60-jährige Patienten oft die Hälfte bis zwei Drittel der Patienten aus. Das fordert Allgemeinärzte, Psychiater und Psychotherapeuten heraus. Als »Psychosomatische Grundversorgung« ist ein Gespräch von mindestens zehn Minuten abzurechnen. Verfügen diese Ärzte über die Kenntnisse und die Zeit, um die hier gegebene psychosoziale Lage zu verbessern? Sie verfügen auf jeden Fall als aufgesuchte Praktiker über eine professionelle Autorität, welche ihrem Wissen und ihren Vorschlägen Gewicht gibt. Es geht meist um reaktive Depressionen, die mit der Lebenslage verbunden sind. Alte Menschen sind in den kassenärztlichen Psychotherapien nur noch selten zu finden, über 60-jährige machen kaum ein Prozent aus, über 70 Jahre alte tauchen dort nicht mehr auf.

Freud hatte schon früh von einer Psychoanalyse älterer Personen abgeraten, weil die Beweglichkeit der Libido zurückgehe, sie sei »klebrig« im Alter und der zeitliche Abstand zu den Ursachen in der Kindheit zu groß (6). So lägen besonders beim Weib, das seelisch rascher altere, masochistische Züge und Penisneid länger zurück und aus der phallischen Phase und dem Penisneid dominierende Eifersucht spielten eine größere Rolle in ihrem Leben. Sie werden dann im Alter zänkisch, quälerisch und rechthaberisch, kleinlich und geizig bei sadistischen Zügen. Häufig seien sie schon früh durch psychische Starrheit und Unveränderlichkeit charakterisiert (7). Als er dies feststellte, war er selbst 77 Jahre alt, noch immer aktiv und schreiblustig.

Nun haben junge und auch alte Frauen heute einen großen und aktiven Anteil an der Psychotherapie, sowohl als Patientinnen wie als Therapeutinnen. Zahlenmäßig machen sie zwei Drittel der Patienten in tiefenpsychologischen und analytischen Behandlungen aus. Sie sind auch als einfühlende Behandlerinnen in der Praxis in der Überzahl, dabei bis ins Alter meist eher die besseren und erfolgreicheren Therapeutinnen als ihre männlichen Kollegen.

Es gibt differenzierende Beobachtungen über das Alter und neues Wissen, das dabei helfen kann, zum Beispiel über die Intelligenz im Alter. Klärend und für nicht wenige alte Menschen erleichternd ist die vom Psychologen Cattell 1971 faktorenanalytisch festgehaltene Differenz zwischen *»fluider und kristalliner Intelligenz«*, auch als mechanische und pragmatische heute gegenübergestellt. Die fluide oder mechanische Intelligenz fällt im Laufe des Lebens bei den meisten Menschen schon vom 30. Lebensjahre an langsam ab, deutlich nach 80 Jahren. Sie betrifft die typischen Schwächen des Alters für neu herantretende Vorkommnisse. Namen, Daten und *Auf-*

gaben des alltäglichen Handelns werden nicht mehr selbstverständlich aufgenommen und memoriert, sie werden einfach vergessen. Erhalten, ja zu verbessern, sind dagegen im Alter die besonderen, im bisherigen Leben selbst aktiv erworbenen beruflichen Erfahrungen, die sach- und handlungsbezogenen Bereiche des Wissens, fachlich erworbene Kenntnisse und Fertigkeiten. Es sind die, welche man als kristalline oder pragmatische Intelligenz bezeichnet. Es zeigt sich im Ganzen zwischen 25 und 70 Jahren ein eher stetig steigender Verlauf und kein rapider Anstieg der pragmatischen Intelligenz bei langsamem Abfall der mechanischen. Diese erworbenen Fähigkeiten der kristallinen Intelligenz in ihrer besonderen Qualität exemplifizieren auch die *Gewinne im Alter* in der von Paul Baltes konzipierten Entwicklungspsychologie der Lebensspanne.

Es ist zunächst die Möglichkeit, eigene fachlich erarbeitete und erworbene Kenntnisse mit dem jetzt neuen Wissen und den bis ins Alter zu sammelnden Lebenserfahrungen mit Menschen und Ereignissen zu erweitern. Auch im Alter ist es im Rückblick und im Ausblick auf Wissen und Werte, die in der gegenwärtigen Generation auftauchen, möglich, sie positiv wie auch negativ bewertend zu vergleichen, sie verstehend zu verbinden.

Philosophen haben seit dem Altertum von der *Weisheit des Alters* gesprochen, etwa von einer Kardinaltugend, welche Lebenserfahrung mit größerem Abstand und Distanz verbinde. »Weisheit« ist ein großes Wort, wieder zunächst nur ein Substantiv. Es ist aber in den letzten Jahren differenziert beschrieben worden in bestimmten neu auftauchenden Eigenschaften, deren ursächliche Bedingungen man gesucht, in Untersuchungen dann an Gruppen von alten Menschen empirisch fundiert und abgegrenzt hat. Auch hier kann die differenzierende Unterscheidung zwischen den Formen der Intelligenz weiterhelfen. Wenn beruflich gesammeltes Fachwissen mit dem neu gewonnenen Wissen der folgenden Generationen verbunden und Eigenes relativierend erweitert wird, kann man von einer weiterführenden Lebenserfahrung sprechen.

Weisheitsähnliches Lebenswissen und Denken dieser Art wurde von Forschern um P. B. Baltes am Max-Planck-Institut für Bildungsforschung in Berlin untersucht. Weisheit wurde etwa gefasst als »fundamentales Wissen über Denken und Handeln von Menschen in schwierigen Lebenslagen« (1). Es ist nicht jedem Menschen im Älterwerden gegeben und hängt auch nicht allein von der Intelligenz, von guten Gedächtnisleistungen ab, sondern eher von Persönlichkeitseigenschaften und kognitiven Fähigkeiten. Es sind Lebenseinsichten über die bestimmenden Zusammenhänge, in denen Werte auftreten: individuelle und soziale Werte, ökonomische und ethische, politische und kulturelle, die in den verschiedenen Altersgruppen sehr unterschiedlich akzentuiert sind, auch relativiert werden in den Altersstufen und Kulturen und Subkulturen. Messungen zeigen, dass Nachdenken über das Leben und Fragen nach Lebenssinn erst vom späten Erwachsenenalter an wichtig und dominierend werden. Es sind Fähigkeiten, die bei bestimmten Menschen von 60 Jahren an deutlich werden, ihr gesammeltes Wissen im Lebensrückblick für andere und sich zu nutzen. Es zeigte sich, dass solche weisheitsbezogenen Fähigkeiten nicht abnehmen müssen, sondern sich steigern können zwischen dem 60. und 70. Jahr, um dann bis zum 80. Jahr zu bestehen, darüber hinaus dann seltener noch in individueller Varianz zu beobachten sind.

Es sind Methoden zur Erfassung von weisheitsbezogenen Leistungen entwickelt und Daten gesammelt worden (9). Sie reichen vom Faktenwissen zu den Perspektiven der unterschiedlichen Lebensverläufe, von höchsten Leistungen in der Pragmatik des Lebens zum begrenzt möglichen Handeln in diesen Bereichen, vom Wissen über die wesentlichen kulturellen Werte und deren Relativität für Menschen in anderen Kulturen. Schon der Umfang des hier Genannten wie die Relativierungen legen Bescheidenheit als wesentlich für einen Weisheitsanspruch nahe. Sie ist jedenfalls eher mit der Breite der Lebenserfahrungen verbunden als mit einer messbaren Intelligenz (10).

Wie konkret Weisheit sein kann und Wissen immer mehr als die Psychologie des einzelnen Menschen war, zeigt ein klassisches Fallbeispiel. Berühmt sind die Weisheitsurteile von Salomo I, der 900 Jahre vor Christus über 40 Jahre König von Juda war. Sie lagen nicht allein in seiner Diplomatie und Handelspolitik, die das Reich sicherten. Die von ihm geförderten Künste und Wissenschaften wie die ihm zugeschriebenen Urteile zeigen mehr, wie eine berichtete Begebenheit zeigt. Zwei Frauen wurden vor ihn als höchsten Richter des Landes gebracht mit einem Kind und jede behauptete, die leibliche Mutter zu sein. Er hörte ihre gleichen Ansprüche, ließ sich ein Schwert bringen und entschied: Dann müsse das Kind jetzt eben geteilt werden. Das wurde von der einen Frau angenommen, sofort entschieden von der anderen abgelehnt – und ihr das Kind dann zugesprochen. In diesem legendären Richterspruch zeigt sich, dass Weisheit auch in einem Wissen über die altruistischen Gefühle der leiblichen Mütter und über die Natur des Menschen gründet.

Die Auffassungen und auch Taten von Adoleszenten mit ihren umwälzenden sozialen und politischen Idealen sind oft sehr eindrucksvoll, man spürt die dynamische Kraft, hier engagiert etwas Neues schaffen zu müssen. Aber man sollte uns bis zum 30. Jahr und oft darüber hinaus ein Generalpardon geben für das, was wir in diesen Jahren entschieden bejaht und verehrt wie ebenso entschieden einseitig verneint und verfolgt haben.

Es gibt die Bücher großer und alter Schriftsteller wie Theodor Fontane, der Apotheker lernte, dann Journalist in Berlin war, seine Perspektive aber in London in den folgenden Jahren wesentlich erweitern konnte. Seine großen Romane erschienen alle nach seinem 60. Lebensjahr. Sein letztes und größtes Werk, »Der Stechlin«, wurde in seinem letzten Lebensjahr mit 79 Jahren abgeschlossen. Er setzte sich in seinen Spät- und Hauptwerken mit Ereignissen aus dem Gesellschaftsleben seiner Zeit auseinander, dem wilhelminischen Berlin und Preußen, zeichnete die adelige Welt wie die der einfachen Menschen. Bei im Ganzen eher konservativer Gesinnung waren seine Bücher Werke der sozialen und gesellschaftlichen Kritik an seiner Zeit.

Der Maler Francisco Goya (1746–1828) erreichte durch Heirat mit 30 Jahren Zugang zum Hof in Madrid. Kunstfertig, aber unerbittlich in Ölgemälden die Charaktere der Menschen, auch die der königlichen Familie, festhaltend, distanzierte er sich von der Malerei seiner Zeit und ihrem herrschenden klassizistischen, die Menschen und die Welt verschönernden Stil. Mit 45 Jahren erkrankte er, ertaubte und schuf dann neben seinen Ölgemälden als Hofmaler in vier großen Serien bis ins hohe Alter seine graphischen Blätter, die seiner Zeit verschlossen blieben, ein Werk, das nur ihm selbst und einigen Freunden bekannt war (3). Nach illegalen Lebensjahren am Rande von Madrid sah er sich mit 78 Jahren zur Emigration nach Bordeaux gezwungen. Bis in die letzten Jahre hielt er dort noch die menschliche Welt in großen und einfachen Zeichnungen fest: aun aprendo, noch immer lerne ich, steht unter einem großen Blatt, auf dem ein alter, hinkender Mann, sich auf Krücken aufstützend, neu gehen lernt. Goya war selbst noch gut zu Fuß und reiselustig, aber vor allem in seinem Menschen- und Weltbild seiner Zeit voraus. Erst die Generationen in Frankreich, die nach seinem Tod dort geboren wurden, entdeckten seine Graphik und späten Zeichnungen, das folgende Jahrhundert erkannte den zeitlosen Wert seines Gesamtwerkes.

Es ist nicht leicht und nicht selbstverständlich, dass alte Menschen noch eine ihnen individuell angemessene Arbeit haben. In den USA spricht man von der »disused hypothesis«, dem verbreiteten Vorurteil, »nicht mehr gebraucht zu werden«, dem mit dem »Gefühl, benötigt zu werden«, begegnet werden soll, dem »feeling to be needed«. Es gibt heute viele Frauen bei uns, die keinen Beruf hatten und nach dem Auszug der Kinder dann eine allgemeinnützige Aufgabe suchen und finden. Es sind ehrenamtlich soziale und erzieherische Aufgaben, indem sie etwa Flüchtlingskinder in die eigene Landessprache einführen. Sie zeigen, dass es möglich ist, selbst noch einmal neu tätig zu werden und flexibel zu bleiben, dabei noch zu lernen. Die ärztliche Autorität kann ermutigen, kann Richtung geben und stützen bei dem Versuch, aktiv mit dem Alter umzugehen. Denn Ärzte, gerade Allgemeinärzte, sehen die vielen alten Menschen in ihrer Region und gerade auch die Hilfsbedürftigen. Es gibt soziale Organisationen in vielen städtischen und ländlichen Gemeinden, die allein lebende alte Menschen aufsuchen, stützen und zu einem Austausch anregen.

Auch mit schweren Krankheiten wie Krebs und Diabetes können alte Menschen heute bei modernen Behandlungen länger und besser leben. Es gibt Medikamente, die das Ende jedenfalls um Jahre verschieben können. Und der Hausarzt wird bei den verschiedensten Beschwerden eine gewichtige Anlaufstelle. Mit ihm sprechen zu können, schon den Namen der Krankheit zu wissen, fragen zu können ist notwendig für den Patienten, um ihn zur Kooperation bei der medikamentösen Behandlung wie bei seiner Lebensweise mit der Krankheit zu bringen. Nicht sparsam zu sein mit Schmerzmitteln und eine familiäre oder soziale Fürsorge zu sichern wird zum Teil der ärztlichen Aufgabe. Bei den meisten Erkrankungen gibt es heute Selbsthilfegruppen, die dafür sorgen, dass Menschen nicht allein sind mit der Erkrankung. Sie können dort viele gute Ratschläge empfangen, Stärkungen erfahren und auch geben.

Der soziale Kontakt, ob es für den einzelnen alten Menschen normal ist, viele Menschen um sich zu haben, Aufmerksamkeit und Anerkennung zu genießen oder nur mit wenigen umzugehen, und die Formen des Austauschs bleiben auch in dieser Lebenszeit unterschiedlich. Wie eigenes Antriebsgeschehen sich mit der äußeren Lebenslage alter Menschen verbinden und dabei zu ganz neuen Störungsformen führen kann, zeigt sich in manchen krankhaften Abweichungen, die nur im Alter auftreten.

Auf einem elektrisch betriebenen Sitzwagen mit Anhänger fährt eine kleine, kräftig gebaute, aber offenbar gehbehinderte Frau von etwa 70 Jahren zweimal in der Woche auf den Wochenmarkt unseres Stadtteils. Sie holt dort bei den Gemüsehändlern, die sie alle kennen, Grünzeug für ihre Kaninchen ab, die sie im Garten hält. Mit ihrer lebhaften und redefreudigen Art scheint sie mit vielen Menschen des Wohnviertels vertraut, immer auf der Suche nach neuen Bekanntschaften, aber immer allein. Wenn sie jemanden ein paar Mal gesehen hat, redet sie dann gerne und lange mit ihm über ihre Tiere und ihre körperlichen Leiden. Das geschieht auch bald mit mir, dem hier neu eingezogenem Nachbarn, und sie schildert dann, wie sie als allein lebende Frau in ihrer Wohnung von den Nachbarn neben und über ihr dauernd in der Nacht durch Geräusche gestört werde, durch Klopfen, vor allem durch Stimmen, die sie bedrohen. Sie könne wegen des Lärms, den die machen, nicht mehr schlafen, sei schon mehrfach, aber ohne Erfolg, bei den Behörden und der Polizei vorstellig geworden. Bei weiteren Begegnungen auf der Straße in den nächsten Wochen bringt sie immer neue Einzelheiten dazu.

Rückfragen in der Nachbarschaft zeigen, dass alle Hausbewohner und Nachbarn über sie und ihre Lebenslage nur lachen: Die Frau sei alt, seit langem als verrückt bekannt und gemieden. In den nächsten Monaten bestätigt sie dann in vielen Einzelheiten auf der Straße immer wieder diese Darstellung von den nächtlichen akustischen Belästigungen und Beeinflussungen. Sie war nie in einer Klinik, nie in Behandlung deswegen, sucht aber in der Zeit immer wieder auf der Straße das Gespräch mit ganz bestimmten, ihr dort vertrauten anderen Menschen. Sie erzählt über die nächtlichen Annäherungen, auch gerne von ihren verschiedenen körperlichen Krankheiten und Behandlungen, nie spricht sie von Familienangehörigen, über Freundinnen oder Freunde, die zu ihr kommen. Bei einem Besuch in ihrer Untergeschosswohnung, die nur hinten vom Garten erreichbar ist, hat sie dort vielerlei Tiere um sich. Die Wohnung selbst ist durch Papiere, Kisten und Pakete bis zur Tür verrammelt und nicht begehbar. Ihr Verhalten hat sich dann in den nächsten fünf Jahren bei weiter regelmäßigem Kontakt nicht verändert, an der Realität ihrer nächtlichen Erlebnisse war nicht zu rütteln.

In psychiatrischen Kliniken sehen Nervenärzte diese wahnhafte Störung nicht, sie bleibt ihnen fremd. Das hier beschriebene *Kontaktmangelparanoid* ist eine Störungsform, die nicht in der Klinik entdeckt und beschrieben wurde.

Ein Psychiater, der als Arzt an einem Gesundheitsamt arbeitete, Werner Janzarik, beschrieb sie 1973 aus 10-jähriger Erfahrung an 60 Fällen (8). Er bezeichnet diese Störung nicht nur als eine häufige, sondern als das prägnanteste paranoide Syndrom. Die Frauen landen beim Gesundheitsamt oder bei der Polizei, wenn sie sich über nächtliche Ruhestörungen beschweren oder die Hausbewohner sich Hilfe suchend dort melden, weil die Frauen sie nachts durch Selbstgespräche oder Schreien ihrerseits stören. Es ist eine relativ gutartige chronische Entwicklung eines schizophrenen Syndroms, das praktisch nur bei allein lebenden, gewöhnlich vitalen und nach Kontakt suchenden Frauen vorkommt. Es handelt sich um eine nun seit Jahrzehnten beschriebene, aber wenig bekannte chronische und isolierte wahnhafte Entwicklung mit akustischen, vereinzelt auch sexuellen Beeinflussungen, die sich bei Nachuntersuchungen nicht als prozesshafte schizophrene Psychose erweist. In strukturdynamischer Sicht verbinde es die besondere Voraussetzung eines lebhaften Temperaments mit bestimmten strukturell-charakterlichen Bedingungen und situativen Altersgegebenheiten des Allein-leben-Müssens. Bei diesen Frauen finden sich in der Verwandtschaft psychotische Erkrankungen, was auf die genetische Disposition verweist. Es sind keine vorgealterten Frauen, ohne hirnorganischen Abbau. Im Durchschnitt mit 68 Jahren auftretend, dann meist über fünf Jahre unverändert zu verfolgen, ist der Zustand medikamentös oder psychotherapeutisch kaum zu mildern. Erst eine andere Wohnungssituation, etwa indem die Frauen zu ihren Töchtern ziehen oder in ein Heim kommen, bringt die Stimmen zum Verstummen. Diese paranoide Erscheinung ist als bedrohlich erlebte Imagination zu interpretieren, in der ein Mangel an Kontakt und die verloren gegangenen Beziehungen nächtlich restituiert werden, dem nach Janzarik dabei eine entlastende und stabilisierende Funktion zugesprochen werden kann, was den gutartigen und chronischen Verlauf erklärt.

Aber warum kommt sie in einem Verhältnis 30:1 beinahe nur bei Frauen und nicht ebenso häufig bei Männern vor? Dass es häufiger allein lebende alte Frauen gibt, kann diese Zahlenrelation nicht erklären. Frauen sind aber von Natur aus wohl doch kommunikativer, an Austausch in jeder Form mehr interessiert und mehr auf ihn angewiesen als Männer, die sich eher in Arbeit und Leistung, Sport und Spiel ausleben. Deutlich ist bei diesen sehr vitalen Frauen die Diskrepanz zwischen elementarem Kontaktbedürfnis und einer autistischen Leere des zwischenmenschlichen Beziehungsfeldes, das einer selbst geschaffenen seelischen wie sozialen Isolierung entspricht, erlitten und provoziert. Die hier gestörte Wohnordnung demonstriert aber auch den Wert des Zu-Hause-Seins als Ort der Ruhe und Sicherheit.

Für die Frage, wie Geist und Gehirn in dieser Lebenslage zusammenarbeiten, ist an die oben erwähnten Untersuchungen bei diesen Frauen zu erinnern: Sie hören diese Stimmen tatsächlich, sowohl in den Bereichen, die bei phantasierten Vorstellungen, wie bei denen, die im akustischen Hören beteiligt sind.

Aber nicht nur an Menschen, auch an die Gegenstände in unserer alltäglichen Umwelt sind wir gebunden, an Tassen, an Lampen auf dem Tisch und Bilder an den Wänden. Wenn Menschen im Alter in ein Heim verlegt werden müssen, so zeigt sich bei ihnen eine bessere emotionale Entwicklung, wenn sie dort nicht nur ein Bett haben, sondern Gegenstände aus ihrer Wohnung, die ihnen seit langem vertraut sind, dorthin mitnehmen können. Das Besitzthema kann im Alter in den Mittelpunkt treten, es kann zur Last, aber auch zum Angstthema werden. Besitz gibt im Alter Halt und Ruhe, die Wohnung, Tisch, Bett, Gebrauchsgegenstände sind vertraut, jeder Schritt auf der Treppe, die Bücher im Regal gehören zum eigenen Leben. An Verluste, schon wenn Gegenstände durch Verlegen aus den Augen geraten, knüpfen sich Ängste, auch Phantasien, bestohlen zu werden. Der bewohnte Raum wird für Sicherheit und Selbstgefühl zur letzten und wichtigsten Rückzugsposition. Die Angst, auch diesen zu verlieren, und der Drang, sich durch einen konkreten sinnlich greifbaren Besitz, der einen symbolischen Wert hat, zu sichern, kann im Alter groteske Formen annehmen. Vor allem, wenn der Sicherheit gebende emotionale Austausch mit anderen Menschen nicht mehr gegeben ist, kann es zu Entwicklungen kommen, die in überakzentuierter Form darstellen, was angesammelter materieller Besitz als Letztes bedeuten kann.

Es sind dann meist allein lebende Frauen, etwas weniger häufig Männer, die nichts mehr wegwerfen können und beginnen, in ihrem Zimmer große Stapel von alten Zeitungen, Kleidern, leeren Flaschen und Konservendosen zu sammeln. Essensreste bedecken den Tisch und den Boden. Die Wände werden von allem möglichen wertlosen Müll bedeckt und der Wohnraum wird immer kleiner. Dabei sammeln sie dann auch auf der Straße diese Gegenstände und beginnen bei sich, die Wände und den Boden damit zu bedecken, bis auch Herd, Bad und Toilette nicht mehr zu benutzen sind. Gewöhnlich werden die Hausbewohner als Erste durch die eintretende Geruchsbelästigung und das sich einstellende Ungeziefer aufmerksam. Wenn Amtspersonen oder sozialpsychiatrische Helfer kommen, sind die Wohnung und der Zugang zu ihr so eingeengt und voll gepackt, dass sie kaum eintreten und sie inspizieren können. Diese alte Menschen sind nicht geistig abgebaut oder psychiatrisch grob auffällig, auch nicht verarmt und völlig mittellos, teilweise haben sie Guthaben auf der Bank. Bei einer langjährig einseitigen Lebensweise sind sie aber oft unterernährt und blutarm. Sie wehren Helfer, die aufräumen und wegwerfen wollen, entschieden ab, sind meist sehr eigensinnig und menschenscheu, erleben die Umwelt als feindlich und bedrohlich in ihrem zur Festung gewordenen Heim.

Diese nicht ganz seltene Entwicklung wurde in England als Diogenes-Syndrom beschrieben, was dem bedürfnislosen und nicht sammelwütigen alten Weisen gewiss Unrecht tut, bei uns wird es als *Vermüllungssyndrom* bezeichnet. Sachen um sich aufzustapeln wird hier zu einer Triebhandlung, die in phylogenetischer Verankerung an das »Hamstern« des sich zur Winterruhe zurückziehenden und mit Getreidevorräten im Bau sichernden Nagetiers denken lässt. Sie ist auch von einer einfachen Verwahrlosung in den Wohnverhältnissen abzugrenzen, die man bei jüngeren drogen- oder alkoholkranken, bei psychotischen und schwer abnormen Persönlichkeiten findet. Eine Behandlung wird regelmäßig abgelehnt, auch jede Veränderung der Wohnung, so dass nicht selten durch gerichtliche Entscheidungen eine Heimeinweisung verfügt werden muss, wenn der Zustand für die Umgebung nicht mehr erträglich ist. Und es zeigt sich dann, wie schon weiter oben bei der psychotischen Patientin geschildert, dass in einer anderen und Kommunikation bietenden neuen Umwelt mit anderen Menschen nach Jahrzehnten noch ein neues Leben begonnen werden kann.

Für die meisten alten Menschen kommt es darauf an, Ja zu sagen, auch zum Altern, die neuen Grenzen anzuerkennen und aktiv mit den Lasten und den Möglichkeiten, den Verlusten und Gewinnen umzugehen. Gibt es wirklich Gewinne in dieser Zeit?

Eine 70-jährige Frau steht wegen organisch nicht begründbaren Körperbeschwerden, Kraftlosigkeit, Schlaflosigkeit sowie Ängsten, auf die Straße zu gehen, in klinisch-internistischer Behandlung, bisher ohne Erfolg. Sie wird zum Psychotherapeuten überwiesen. Im ersten eingehenden Gespräch zeigt sich, dass die Beschwerden seit dem Tode ihres Mannes vor einigen Monaten datieren, den sie zuvor drei Jahre zu Hause gepflegt hatte. Nur langsam wird aber ihre innere Lage in den nächsten Wochen deutlich: Sie macht sich zunächst Vorwürfe, ihn nicht selbst bis zu seinem Tod versorgt zu haben, die ärztliche Überweisung in das Krankenhaus zugelassen zu haben, wo er nach einigen Wochen starb. Sie war früher eine lebenslustige Kunststudentin mit vielen Begabungen und Freunden, hatte aber ihre Studien nie abgeschlossen und einen Beruf ausgeübt, weil in der früh geschlossenen Ehe bald die Kinder kamen. Lebenslang stand sie im Schatten ihres Mannes und seines Berufes, war für Haus und Kinder zuständig, die jetzt seit langem aus dem Hause sind. Sie lebte aber weiter nur für den Haushalt bei ihrem Mann.

Langsam wird in den weiteren Gesprächen ihre Ambivalenz zwischen Bindung an den Mann und Erleichterung nach seinem Tode deutlich. Sie kann über die einseitig gewichteten Interessen und Freiheiten in ihrer Ehe sprechen und über die Scheu, sich einzugestehen, dass sein Tod auch eine Befreiung war. Die körperliche und seelische Symptomatik resultierte hier aus Schuldgefühlen bei einer fehlenden Trauerarbeit. Diese konnte dann in einer niederfrequenten tiefenpsychologischen Therapie nachgeholt werden, in der es ihr gelang, sich zu entlasten und Mut zu fassen. Seit langem zurückgestellte eigene Interessen für Malerei werden wieder wach und im Austausch mit anderen aktiviert. Sie nimmt noch einmal Malunterricht, hat Erfolg, stellt ihre Bilder aus, gibt selbst Unterricht, entfaltet große Vitalität und viele Interessen, die sie in ihrem früheren Leben zurückstellen musste. Mit Freunden und Freundinnen aus der Jugendzeit nimmt sie Verbindung auf, macht Reisen in andere Länder. Sie bekommt eine neue Beziehung zu den Kindern und Enkeln, die sie gerne besuchen. Fünf Jahre später bei einem Treffen auf dem Markt ist sie zwar durch eine sich schon lange abzeichnende körperliche Erkrankung in ihrer Gehfähigkeit behindert, braucht jetzt Medikamente, kann sich aber noch selbst versorgen, andere Menschen besuchen und weiter malend ihre eigene Welt festhalten.

Über-60-Jährige sind durchschnittlich mit etwa 30 % die stärkste Altersgruppe in ärztlichen Allgemeinpraxen, wobei zunächst leichte seelische Störungen im Vordergrund stehen. Frauen sind auch hier durchweg häufiger zu finden, sie leben ja auch durchschnittlich sieben Jahre länger. Ein Gespräch über die Lage zu Hause, Einblick in die Lebensgeschichte lassen die Persönlichkeit und das Lebensthema besser verstehen und stiften eine Gemeinsamkeit zwischen Arzt und Patient, eine vertiefte Beziehung, die auch die körperliche Behandlung positiv begleitet. Der »niedergelassene Arzt« in den Wohngebieten, der auch in Notlagen gerufen werden kann, ist hier gefordert. Aber das kostet Kraft und Zeit, und Zeit ist auch hier oft Geld.

Franz Kafka hat im Landarzt einen Arzt beschrieben, welcher der Gefahr erlag, »von seinen Patienten verbraucht zu werden«. Auch hier liegt eine Aufgabe der Beziehung darin, persönliche Nähe mit der professionellen Rolle zu verbinden, eine »participant observation«.

Dabei wird für viele im Alter die eigene Kindheit noch einmal zum neuen Thema, gerade nicht als einfache Wiederholung, sondern in einer ganz besonderen Umbewertung. In Pubertät und Adoleszenz standen die ambivalenten Bindungen und konflikthaften Ablösungen von den Eltern im Vordergrund, in den nächsten Jahren die eigene Beziehungsfindung zu anderen Menschen, später die Selbstfindung im Erfolg in der Arbeitswelt, oft noch im Vergleich mit dem Stand und den Leistungen der Eltern, aber mit einer schon distanzierten zurückschauenden Sicht auf den Lebensgang und die Ursprungsfamilie. In der Altersrückschau treten gewöhnlich wieder neue Erinnerungen und szenische Erlebnisse von repräsentativem Charakter auf. Dass jedes Erinnern eine Neubearbeitung darstellt, wird, wie Jean Piaget bemerkte, gerade in der Alterssicht noch einmal deutlich. Man hat die im Alter noch einmal neu einsetzende Rückschau auf die Kindheit und das Elternhaus als »Versöhnungsarbeit« bezeichnet. Sie hat ein besonderes Gesicht, indem sie eine sich abrundende eigene Welt mit dem abgeschlossenen Leben der Eltern verbindet. Man darf und kann im Alter in einer sich heute wandelnden Gesellschaft und Wissenschaft noch lernen und die eigene Spannweite der Lebenserfahrung nutzen. Die Distanz zu den bisherigen Aufgaben macht es möglich, sich weiter umzuschauen, über den eigenen Bereich hinaus auf das, was neu aus anderen Lebensbereichen auftaucht, die größeren Zusammenhänge zu sehen, die wesentlichen Konturen in größerer Distanz zu erkennen und auch selbstkritisch auf das zurückzuschauen, was man in jungen Jahren geglaubt hat in der Dynamik jugendlichen Suchens, Forderns und Idealisierens. In einem Gedicht von Marie-Luise Kaschnitz wird das Altern als ein aus dem Haus auf einen Balkon Hinaustreten beschrieben, in Distanz und mit weitem Blick in die Welt schauend, weniger die Einzelheiten als die großen Linien, Konturen der Erde und menschlichen Tuns erkennend.

Eine häufige Altersschwäche ist die, dass bestimmte Erinnerungen und Vorstellungen im Bewusstsein haften und die Beweglichkeit im Denken und nicht nur im Körperlichen verloren geht. Es kann wie bei Psychosen eine »Desaktualisierungsschwäche« auftreten, was zu schwerer Schlaflosigkeit führt. Die »Macht des Irrelevanten« macht sich dann im Bewusstsein breit. Der nicht mehr selbstverständliche Schlaf wird zu einem Geschenk im Alter, welches man sich durch die alltägliche Lebensweise selbst mitverdienen muss. Man kann es in der körperlichen Bewegung, Nahrungsaufnahme und bestimmten entspannenden abendlichen Vorbereitungen herausfinden, was individuell angemessen ist, und sich hier auch Rat holen in Informationsblättern, die im Wartezimmer bei manchen Ärzten und in Gesundheitszentren ausliegen. Ein nur sparsamer Gebrauch von Schlafmitteln gehört auch zu dieser selbstbestimmten Lebensweise.

Ein Schatz von Erinnerungen, die man im Laufe seines Lebens gesammelt hat und die man wachrufen kann, gehört jedoch zu dem Gewinn des Alters. Die Vergangenheit kann im Alter ja rückläufig neu gefasst und bewertet oder auch einfach zum freudigen Nachdenken benutzt werden. Es können vertraute Orte und Häuser, Wege und Landschaften sein, durch die man in der Kindheit oder später in Ferienzeiten gegangen ist, die als Bilder wachgerufen werden. Das kann auch in guter Verbindung mit Menschen geschehen, die dort lebten und einem noch nahe sind. Diese vertrauten aufgesuchten Bilder können in Zeiten der Sorgen und Nöte, aber auch, wenn der Schlaf nicht kommen will, zu Inseln seelischer und körperlicher Entspannung werden.

Eine große Möglichkeit ist es, sich diese Erinnerung an einzelne Menschen wachzurufen, aus der Familie und dem Kreis von Freunden und Freundinnen, an gemeinsame Tage und Erlebnisse. Es können auch Lehrer und Menschen sein, die einem zu Vorbildern wurden und die das eigene Denken und Leben mitbestimmten. Sie können schon lange tot sein, aber indem man dankbar ihr Bild wachruft, sind sie noch unvergessen hier auf der Erde. An diese Erinnerungen hat Natalia Ginzburg wohl gedacht, als sie von »der Treue zu den Dingen, die gewesen sind«, sprach.

Der alte Mensch ist jedoch ebenso auch nach vorne gerichtet, auf die nächsten Schritte, auf die Zukunft. Er kann ohne Zukunft nicht leben. Das zeigt sich auch am Ende noch bei »den Krankheiten zum Tode«. Beim alten, an Krebs leidenden Menschen, der um seine Krankheit weiß, um die Nähe des unvorstellbaren, aber unausbleiblichen Todes, ist es dann noch die Zukunft dieses oder des nächsten Tages. Er kann hoffen, dass der oder jener Besuch noch einmal zu ihm kommt, der ihm in Gesprächen über die gegenwärtige Lage hinausführende Erinnerungen wachruft oder, wie es gezielt bestimmte psychologische Verfahren jetzt unternehmen, dass in Visualisierungen »Orte von Ruhe und Kraft« aufgesucht werden, die Angst und Schmerzen für eine Weile zurücktreten lassen. Er muss wissen, dass der Arzt heute und morgen jedenfalls wieder da sein wird, am Tag und in der Nacht präsent ist oder vertreten wird, dass er die Schmerzen erleichtern, etwas Entspannung und Schlaf verschaffen kann.

Es ist eine alte ärztliche Aufgabe, seine Patienten als »Hausarzt« bis an die Grenze des Lebens zu begleiten. Heute sterben jedoch die alten und chronisch Kranken häufig in den Kliniken, etwa indem sie auf Intensivstationen aus langer Bewusstlosigkeit in den Tod gleiten. Die Ärzte stehen dort in einer öffentlichen Funktion, wenn ihre Kranken sterben. Sie sind weniger als einzelne Person tätig, sie kennen das Zuhause und die Familie, die Welt und den Willen des einzelnen Kranken nicht oder nur wenig. Es ist in der heutigen Welt, die immer unpersönlicher wird und von Fortschritten in der Technik bestimmt, ein häufiger Wunsch von alten und kranken Menschen wie von ihren Angehörigen, *zu Hause sterben* zu dürfen. Das bedeutet im Umgang die Nähe einer vertrauten Welt und Aufgaben der Pflege für die Angehörigen. Zur letzten Zukunftseinstellung des alten und kranken Menschen kann der Wille gehören, sein Ende mitbestimmen zu können. Die Situation des Hausarztes bei dem Kranken, der in seiner Wohnung allein oder bei Angehörigen zu sterben hat, ist sehr verschieden von der eines Arztes in den großen Kliniken. Seine ärztlichen Entscheidungen sind auch persönliche, wenn er mit dem todkranken und leidenden Menschen eine Beziehung hat, er um dessen Willen weiß, wie lange weiter zu leben, zu leiden und wann nicht mehr. Ob der Arzt es will oder nicht, er bestimmt den Übergang durch seine Handlungen mit, durch die Medikamente, die er gibt, wie lange er sie verabreicht und wann er es nicht mehr tut.

Es gehört zum größeren Gewicht, welches heute der Stimme des einzelnen Menschen gegeben wird, auch der des alten Menschen noch, wenn in mehreren europäischen Ländern dem Kranken schon ein Recht zugesprochen wird, mitzuentscheiden über die weitere medizinische Verlängerung seines todkranken Lebens und den Zeitpunkt des Todes in der letzten Krankheit. Dann kann es nicht allein darum gehen, keine das Leben verlängernden Maßnahmen mehr zu treffen, sondern auch das Wiederaufwachen zu verhindern und ein Ende herbeizuführen. Das hat die Frage aufgeworfen, ob Ärzte nur für die körperliche und seelische Gesundheit und Lebensverlängerung zuständig sind oder bei bestimmten Lebensnöten den Willen eines Menschen um sein zeitliches Ende erfüllen dürfen.

Rückblick und Ausblick: Menschenbilder in der Psychotherapie und die Lebenswissenschaften

Nach den vielen Einzelheiten über die bis ins Alter reichenden unterschiedlichen seelischen Entwicklungen ist es angebracht, einen letzten Blick auf das Unternehmen Psychotherapie im Ganzen zu werfen. Die differenzierten Behandlungen mit den darin vorherrschenden Menschenbildern wie die Theorien, in denen sie sich wissenschaftlich begründen, verdienen noch einmal unsere Aufmerksamkeit.

Im Zeitraum, in dem Psychotherapie seit ihren Anfängen bis in die Gegenwart praktiziert wird, hat sich mit neuem Wissen die scheinbar einfache Frage immer wieder neu gestellt: Wie verbinden sich mit dem körperlichen Wachstum des Menschen seine seelische Entwicklung und Stellung in der Welt? Seit ihren Anfängen haben sich die Psychotherapien dazu bestimmter entwicklungspsychologischer Auffassungen bedient, die zu Krankheitstheorien hinführten, in die auch jeweils persönliche Erfahrungen eingingen. Das entsprechende Ziel der Behandlung war also stets auch mit sozialen und kulturellen Werten verbunden – Bilder vom »Wesen des Menschen« werden zu bewegenden Kräften und Motivationen gemacht.

Die allgemeine Frage nach der Natur des Menschen und seiner seelischen Entwicklung wird in der Psychotherapie in einem sehr konkreten Bezug aufgeworfen: Es ist die seelische und körperliche Not eines Menschen, die wir als Krankheit bezeichnen. Der Patient kann Hilfe erwarten und dass er von uns für das vor ihm liegende weitere Leben eine Behandlung erfährt, die dem gegenwärtigen Wissensstand der grundlegenden Fachgebiete entspricht. In interdisziplinärer Orientierung liegen die für Entwicklungspsychologie zuständigen Fachgebiete heute vor allem in der Biologie und Verhaltensgenetik, in der Neurophysiologie und der Psychosoziologie.

Der Mensch ist ein Lebewesen eigener Art, in seiner *Natur* finden sich aber evolutionär angelegte Körperstrukturen wie Formen des Erlebens und Verhaltens in der Umwelt, die ebenso bei Tieren zu finden sind. Sie haben sich für das Überleben sehr verschiedener Arten als nützlich erwiesen. Die Forschungen sagen uns, dass wir viele Gene mit ihnen teilen, auch mit den meisten Wirbeltieren die Form eines bei uns größeren, differenzierteren und mit anderen Faltungen geteilten Gehirns. Zu den psychosozialen Gemeinsamkeiten gehören u. a. neben den sexuell exogamen Einstellungen und den filial altruistischen zum eigenen Nachwuchs eine affektiv einfühlende und schützende gegenüber vertrauten Artgenossen sowie abwehrende gegenüber fremden. Mit allen pflanzlichen und tierischen Lebewesen teilt der Mensch, dass er als einzelne und einmalige Lebensform entsteht, geboren wird, sich fortpflanzen kann und als Einzelner sterben muss.

Dabei hat der Mensch *die Besonderheit* einer über zwei Jahrzehnte reichenden körperlichen Reifungszeit, die seine seelischen und geistigen Entwicklungen möglich macht. Bei der ihm eigenen Neugier und einem dann bleibenden Gedächtnis über eine Welt differenzierter Gegebenheiten und Möglichkeiten wird das zu einer Zeitstrecke intensiver Erfahrungen, in der er wahrnehmend, handelnd und lernend sich in einer Welt der Gemeinschaften und Kulturen entfalten kann, erste eigene Fähigkeiten und ein Selbstbewusstsein dabei findend.

Wenn es eine Zeitstrecke *selbstbildender Lernerfahrungen* und aktiv sinnentnehmender Verarbeitungen der menschlichen Unwelt gibt, so liegen sie nicht in den mythischen ersten drei oder fünf Jahren, sondern in den zwei folgenden Jahrzehnten, die noch durch eine Pubertät und endgültige zerebrale Reifungen körperlich begleitet sind. Mit weiter folgenden körperlichen sowie seelischen und geistigen Wandlungen ist heute eine Entwicklungspsychologie der gesamten Lebenszeit zu vertreten, mit Gewinnen und Verlusten in den unterschiedlichen Lebensphasen.

Dabei ist der Mensch das einzige Lebewesen, das über die *sprachlichen Mittel* der Kommunikation und der Einfühlung in Meinungen anderer Menschen verfügt, was der Psychotherapie als »talking cure« ihre Chance gab. Psychotherapie ist dabei konfrontiert mit der Ungleichheit des Menschen, seiner Einmaligkeit gerade im Seelischen, die in seiner Persönlichkeit und in seinem bisherigen Lebensweg begründet ist. Eine Besonderheit der Psychotherapie ist, dass der Patient hier selbst mitwirkt, nicht nur in der Behandlungsstunde, sondern auch in seinem alltäglichen Leben draußen. Es ist eine Behandlung, welche die seelische Lebenslage und die Person der Patienten betrifft, damit auch Person und ein besonderes Wissen seiner Therapeuten herausfordert.

In den Gründerjahren der Psychotherapie waren die damaligen Naturwissenschaften erfolgreich, bei Krankheiten physikalisch-chemische und körperliche Zusammenhänge erforschend, wobei sie den Folgen fremder, etwa bakterieller Schädigungen nachgingen. Es wurden in der Psychoanalyse dann suchend und entdeckend auch akzidentelle und traumatische prägende Kindheitserlebnisse, später affektive Defizite als Ursachen seelischer Krankheiten beschrieben. An einem ursächlich *fremdbestimmten Menschenbild* wird bis heute in dieser Schule festgehalten. In der Verhaltenstherapie waren zunächst auch äußere Einflüsse wie belastender Stress oder negative Lernerfahrungen für seelische Krankheiten bestimmend, später hat sie sich auf die innere gegenwärtige Welt und zukünftige Entwicklung ausgerichtet.

In der zweiten Hälfte des letzten Jahrhunderts sind die *Lebenswissenschaften* aufgetreten, die Medizin und die Psychologie mit neuen biologischen und genetischen Aussagen bereichernd. Die naturgegeben im Menschen selbst liegenden und sich manifestierenden affektiven und emotionalen Kräfte in ihrer innerseelischen Dynamik und in den vielseitigen Verbindungen mit der Umwelt wurden beschrieben. Es zeigte sich, dass dabei in der Varianz normaler Persönlichkeiten wie in krankhaften seelischen Abweichungen komplexe genetische Einflüsse zu finden sind. Als im Menschen liegende Motivationen sind sie in der seelischen Entwicklung wie in sozialen Verhaltensformen dann bewegend, sie wirken als tragende, sinnentnehmende und provozierende Einflüsse. Es ist ein subjektiv aktives Geschehen, in dem die Umwelt gesucht, gefunden und lebenslang in ihrer Varianz wahrgenommen und verarbeitet wird.

Mit den Lebenswissenschaften, der Biologie, der Verhaltensgenetik und der modernen Entwicklungspsychologie wurden von uns die dynamisch bewegenden *bio-psycho-sozialen Verbindungen* als formende Kräfte der Persönlichkeitsentwicklung betont. Die in ihnen gegebene affektive und emotionale Dynamik des Erlebens und Handelns des Menschen wirkt aktiv sinnentnehmend in seiner Umwelt. Sie geben ihm mit Interessen und Begabungen, mit Sensibilitäten und Vulnerabilitäten jeweils eigene Möglichkeiten und Grenzen, die in seiner inneren und äußeren Lebensentwicklung seine Gesundheit und Krankheit mitbestimmen.

Für Psychotherapie ist es grundlegend, dass sie die *seelisch Kranken* als subjektiv-aktiv ihre Umwelt erlebende, diese selektiv wahrnehmende und gestaltende Wesen erkennt, auf ihrer bisherigen wie auf ihrer zukünftigen Lebensstrecke. Dem stehen die Theorien und ein Menschenbild gegenüber, welche die Patienten als Opfer äußerer Einflüsse und ihrer Umwelt sehen, der Kindheit, der Eltern oder späterer seelischer Belastungen. Die unterschiedlichen Auffassungen wirken sich ebenso in der Rolle der Therapeuten aus. Sie können den Patienten ein ermutigender Partner werden auf der weiteren von ihnen selbst mitbestimmten Lebensstrecke. In den psychoanalytischen Schulen sind sie für die Kranken wissende und deutende Experten, in denen sie früher prägende Personen korrigierend wiedererleben.

Seit einigen Jahren ist es jetzt möglich, seelisches Geschehen nicht allein im Erleben und Verhalten des Menschen, sondern auch in seinen *Gehirnabläufen* zu begleiten, die jeweils aktiven Regionen sind bildlich darzustellen. Das hat neue und wieder alte Fragen aufgeworfen, auch für die Psychotherapie. Ist der seelisch kranke und auch der gesunde Mensch in seinem bewussten Dasein überhaupt frei genug und in der Lage, in subjektiven Vorstellungen seine Verhaltensformen zu entwerfen und eine ihm eigene Welt zu schaffen? Wird der Mensch in seinem Bewusstsein und auch in seinen seelischen Zügen und Verhaltensweisen von bestimmten Hirnregionen bestimmt, in denen etwa auch kindliche Schädigungen nachwirken? Damit werden die zerebralen Funktionsglieder im Gehirn ursächlich lenkende Zentren.

Neurophysiologen konnten jetzt zeigen, dass schon in der Größe, den Formen und differenzierten Funktionen des menschlichen Gehirns Bereiche entstanden sind, die über die aufgenommenen und verarbeiteten sinnlichen Repräsentationen weit hinausreichen. Es gibt hier unabhängige, selbstbeschäftigte Netzwerke, die für ein denkendes und fühlendes Bewusstsein und geistige und seelische Lenkung stehen. *Der Mensch bewegt sein Gehirn* wie seine Beine und Hände und seine individuell gegebenen affektiven und intellektuellen Fähigkeiten. Gerade die neuen Hirnbeobachtungen bei gesunden wie bei kranken Menschen demonstrieren die mitwirkende Macht subjektiver Vorstellungen und neuer Einstellungen in den zerebralen Abläufen.

Die modernen wissenschaftlichen Entwicklungen lassen heute Biogenetiker und Neurophysiologen bescheiden sagen, dass sie nicht wissen, was wir in zwanzig Jahren alles wissen werden. Eine Psychotherapie, die sich an den Lebenswissenschaften orientiert, wird auch dann ihre Aufgaben und eine Zukunft haben.

LITERATUR

Einführung und 1. Kapitel

1. Alexander, F., French, T. M. (1946): Psychoanalytic Therapy. Principles and Application. New York: Ronald Press.
2. Al-Khalaf, B. et al. (1999): Stufenplan zur Behandlung der essentiellen Trigeminusneuralgie. *Deutsches Ärzteblatt, 96*, 3177–3181.
3. Bernheim, H. (1888): Die Suggestion und ihre Heilwirkung. Leipzig: Deuticke.
4. Berthelsen, D. (1987): Alltag bei Familie Freud. Hamburg: Hoffmann und Campe.
5. Blankenburg, W. (1974): Hysterie in anthropologischer Sicht. *Prax. psychoth.*, 262–273.
6. Bräutigam, W. (1961): Genetisch-deterministische oder präsentisch-offene Einstellung in der Psychotherapie. *Jahrb. f. Psychol. Psychoth. med. Anthrop., 8*, 262–274.
7. Breuer, J., Freud, S. (1893): Über den psychischen Mechanismus hysterischer Phänomene. *Neurol. Zentralblatt, 12*, 4–47.
8. Breuer, J., Freud, S. (1895): Studien zur Hysterie. Leipzig: Deuticke.
9. Buber, M. (1963): Nachruf. In: Edinger, D. (1963).
10. Cohen, R. (1984): Verhaltenstherapie zu Beginn der achtziger Jahre. In: Heimann, H. u. Foerster, K.: Psychogene Reaktionen und Entwicklungen. Stuttgart: Fischer.
11. Dickinson, E. (1992): Guten Morgen, Mitternacht. Gedichte und Briefe. Ausgewählt, übersetzt und Nachwort von L. Gruenthal. Berlin: Henssel.
12. Dührssen, A. (1962): Katamnestische Ergebnisse bei 1004 Patienten nach analytischer Psychotherapie. *Z. psychosomat. Med., 8*, 94–113.
13. Edinger, D. (1963): Bertha Pappenheim (Leben und Schriften). Frankfurt/M.: New Tamid.
14. Engel, G. L. (1977): The Need for a New Medical Model: a Challenge for Biomedicine. *Science, 196*, 129–136.
15. Eysenck, H. J. (1967): The biological basis of Personality. Springfield: Charles C. Thomas Pub. Ltd.
16. Freud, S. (1952): Studien über Hysterie. Gesammelte Werke I, S. 75–312. London: Imago Publishing.
17. Freud, S. (1896): Zur Ätiologie der Hysterie. Ges. Werke I, S. 425–459.
18. Freud, S. (1905): Drei Abhandlungen zur Sexualtheorie. Ges. Werke V, S. 29–145.

19. Freud, S. (1920): Über die Psychogenese eines Falles von weiblicher Homosexualität. Ges. Werke, XII, S. 271.
20. Freud, S. (1938): Ergebnisse, Ideen, Probleme. Ges. Werke XVII, S. 151f.
21. Fürstenau, P. (1992): Progressionsorientierte psychoanalytisch-systemische Therapie. *Forum Psychoanalyse, 8*, 17–31.
22. Ginzburg, C. (1983): Spurensicherungen. Berlin: Wagenbach.
23. Griesinger, W. (1876): Die Pathologie und Therapie der psychischen Krankheiten für Ärzte und Studierende. 4. Auflage, Wroden Verlag.
24. Gruenthal, M. (1955): Testing the Limits in Active Psychotherapy. Acta Psychotherapeutica. S. 401–409. Basel: Karger.
25. Gruenthal, M. (1958): Aims and Limitations of Psychotherapy with Schizophrenics and Borderline Cases in Private Practice. *Amer. J. Psychotherapy, 12*, 465–472.
26. Heimann, P. (1957): Zur Dynamik der Übertragungsinterpretation. *Psyche, 11*, 401–415.
27. Heimann, P. (1978): Über die Notwendigkeit für den Psychoanalytiker, mit seinen Patienten natürlich zu sein. In: S. Drews et al.: Provokation und Toleranz. Frankfurt/M.: Suhrkamp.
28. Hirschmüller, A. (1987): Psychologie und Psychoanalyse in Leben und Werk Josef Breuers. Bern: Hans Huber Verlag.
29. Jensen, E. (1984): Streifzüge durch das Leben von Anna O./Bertha Pappenheim. Dreieich: ZTV Verlag.
30. Jones, E. (1960): Das Leben und Werk von Sigmund Freud. I, 267. Bern: Huber.
31. Kavaler-Adler, S. (1991): Some more speculations on Anna O. *Am. J. Psychoanal., 51*, 161–171.
32. Kernberg, Otto (1994): Der gegenwärtige Stand der Psychoanalyse. *Psyche, 48*, 483–508.
33. Kunz, H. (1956): Über die latente Anthropologie der Psychoanalyse. *Schweiz. Zeitschr. für Psychologie und ihre Anwendungen, 15*, 84–102.
34. Kunz, H. (1964): Zur Frage nach der Natur des Menschen. *Psyche, 27*, 685–720.
35. Mayr, E. (1998): Das ist Biologie. Die Wissenschaft des Lebens. Heidelberg: Spektrum
36. Nitzschke, B. (1990): Prostitutionswünsche und Rettungsphantasien – auf der Flucht vor dem Vater. *Psyche, 44*, 788–825.
37. Propping, P. (1989): Psychiatrische Genetik. Heidelberg: Springer.
38. Raimy, V. (1950): Training in Clinical Psychology. New York: Prentice-Hall.
39. Riemann, F. (1975): Grundformen der Angst. 9. Auflage. Stuttgart: Enke.
40. Schonbar, R., Beatus, H. (1990): The mysterious metamorphosis of Bertha Pappenheim. *Psychoanalytic Psychology, 7*, 59–78.
41. Schott, H. (2001): Vom Fluidum zur Suggestion: Über die Entstehung der

psychosomatischen Medizin im 19. Jahrhundert. In: H. C. Deter: Psychosomatik am Beginn des 21. Jahrhunderts. Bern: Huber.
42. Spehlmann, R. (1953): Sigmund Freuds neurologische Schriften. Berlin: Springer.
43. Spence, D. P. (1982): Narrative Truth and Historical Truth. Mit einem Vorwort von R. S. Wallerstein. Boston, New York.
44. Wallerstein, R. S. (1989): The Psychotherapy Research Project of the Menninger Foundation: An Overview. *Journal of Consulting and Clinical Psychology, 37*, 195–205.
45. Wiese, L. v. Kaisers-Waldau (1981): Kindheit, Erinnerungen an meine Kadettenjahre.
46. Zerssen, D. (1976): Der Typus melancholicus in psychometrischer Sicht. *Z. klin. Psychol. Psychoth., 24*, 200–220.

2. Kapitel

1. Baltes, P. (1990): Entwicklungspsychologie der Lebensspanne: Theoretische Leitsätze. *Psychologische Rundschau, 41*, 1–24.
2. Carey, G., Gottesman, H. (1981): Defining cases by genetic criteria. In: J. K. Wing et al.: What is a case. S. 29–41. London: Grant Mc Intyre.
3. Clark, R. W. (1985): Charles Darwin. Biographie eines Mannes und einer Idee. Frankfurt: Fischer.
4. Darwin, Ch. (1901): Der Ausdruck der Gemütsbewegungen bei den Menschen und den Tieren. Stuttgart: Schweizerbart.
5. Darwin, Ch. (1998): Biographische Skizze eines Kindes. In: Sind Affen Rechtshänder? Berlin: Friedenau Presse.
6. Darwin, Ch. (1986): Über die Entstehung der Arten durch natürliche Zuchtwahl. Köln: Parkland Verlag.
7. Diamond, J. (1999): Arm und reich. Die Schicksale menschlicher Gesellschaften. Frankfurt: Fischer.
8. Freud, S. (1909): Analyse der Phobie eines fünfjährigen Knaben. Ges. Werke VII, S. 243–377. London: Imago Publishing.
9. Freud, S. (1913): Das Interesse an der Psychoanalyse. Ges. Werke VIII, S. 412.
10. Freud, S. (1913): Totem und Tabu. Ges. Werke IX, S. 124ff.
11. Goodman, R. J., Stevenson, J. (1889): A twin study of Hyperactivity. *J. Child Psychiatry, Psychol., 30*, 691–701.
12. Gottesman, I. l., Shields, J. (1972): Schizophrenia and genetics. A twin study vantage point. New York: Academic Press.
13. Hamer, D. (1999): Mit den Genen leben. Berlin: Ullstein.
14. Hamer, D. (2002): Rethinking Behavior Genetics. *Science, 298*, 71/72.
15. Holland et al. (1988): Anorexia nervosa. Evidence for a Genetic Basis. *J. Psychosomatic Res., 32*, 561–571.

16. Leonhard, K. (1982): Aufteilung der endogenen Psychosen. Berlin: Akademie Verlag.
17. Lykken, D. T., McGue, M., Tellegrem, T., Bouchard, T. J. (1992): Genetic traits that may not run in families. *American Psychologist, 47*, 1556–1577.
18. Mayr, E. (1998): Das ist Biologie. Die Wissenschaft des Lebens. Heidelberg: Spektrum.
19. Montada, L. (1995): Fragen. Konzepte, Perspektiven. In: R. Oerter und L. Montada: Entwicklungspsychologie. Weinheim, Basel, Berlin: Beltz.
20. Montada, L. (2002): Fragen, Konzepte, Perspektiven. In: R. Oerter und L. Montada: Entwicklungspsychologie. Weinheim, Basel, Berlin: Beltz.
21. Neubauer, P. B., Neubauer, A. (1990): Nature's thumbprint. Reading MA: Addison-Wesley.
22. Peterfreund, E. (1978): Some critical comments on psychoanalytic conceptualisation of infancy. *Int. J. Psycho-Anal., 59*, 427–439.
23. Piaget, J. (1970): Probleme der Entwicklungspsychologie. Frankfurt/M.: Syndikat.
24. Plomin, R. (1994): Genetics and Experience. Thousand Oaks: Sage.
25. Rowe, D. (1983): A biometrical analysis of perception of family environment. *Child Development Psychology, 54*, 416–423.
26. Schepank, H. (1974): Erb- und Umwelteinflüsse bei Neurosen. Berlin: Springer.
27. Schepank, H. (1991): Erbdeterminanten bei Anorexia nervosa. *Z. psychosom. Med., 37*, 256–281.
28. Sulloway, F. J. (1999): Der Rebell der Familie. Berlin: Siedler.
29. Thomae, H. (1996): Das Individuum und seine Welt. Bern: Hogrefe.
30. Torgersen, S. (1985): Hereditary differentiation of anxiety and affective neuroses. *Br. J. Psychiatry, 146*, 222–226.
31. Weizsäcker, V. v. (1934): Ärztliche Aufgaben. Volk und Werden. 2. Ges. Schriften 8, S. 143–157.
32. Wilson, E. O. (1998): Die Einheit des Wissens. München: Goldmann.

3. Kapitel

1. Baker, L. A., Daniels, D. (1990): Nonshared environmental influences and personality differences in adult twins. *J. Personality Social Psychology, 58*, 103–110.
2. Bischof, N. (1985): Das Rätsel Ödipus. München: Piper.
3. Bischof-Köhler, D. (1989): Spiegelbild und Empathie. Bern: Huber.
4. Bischof-Köhler, D. (1994): Selbstobjektivierung und Empathieentwicklung. *Z. Psychol., 202*, 347–349.
5. Buss, A. H., Plomin, R. (1984): Temperament: Early Developing Traits. Mahwah, NJ: Lawrence Erlbaum.

6. Caspi, A. et al. (1996): Behavioral observation at age 3 years predict adult psychiatric disorders. *Arch. Gen. Psychiatry, 53*, 1033–1039.
7. Caspi, A. et al. (1996): Temperamental Origins of Child Behavioral and Adolescent Behavior Problems: From Age 3 to Age 15. *Child Development, 66*, 55–68.
8. Ernst, C., Luckner, N. V. (1985): Stellt die Frühkindheit die Weichen? Stuttgart: Enke.
9. Ernst, C. (1993): Frühe Lebensbedingungen und spätere psychische Störungen. *Nervenarzt, 64*, 553–561.
10. Freud, A., Dann, S. (1962): Gemeinschaftsleben im frühen Kindesalter. *Jahrbuch für Psychoanalyse 2,* S. 20–248. Köln: Westdeutscher Verlag.
11. Goodman, R., Stevenson, J. (1989): A Twin study of hyperactivity. *Journal of Child Psychology, 30*, 691–709.
12. Habermas, T. (2001): Die Entwicklung biographischen Verstehens in der erzählten Lebensgeschichte Jugendlicher. In: Behnken et al.: Kinder, Kindheit, Lebensgeschichte. Seelze: Kallmeyer Verlag.
13. Hallowell, E. M., Ratey, J. (1998): Zwanghaft zerstreut. Reinbek: Rowohlt.
14. Harris, J. R. (1995): Where is the child's environment? A group socialization theory of development. *Psychological Review, 102*, 458–489.
15. Harris, J. R. (1998): The nurture assumption: Why children turn out the way they do. New York: Free Press. Deutsch (2000): Ist Erziehung sinnlos? Die Ohnmacht der Eltern: Reinbek: Rowohlt.
16. Harris, J. R. (2000): Socialisation, Personality Development and the Childs Environment. *Developmental Psychology, 36*, 711–723.
17. Janzarik, W. (1988): Strukturdynamische Grundlagen der Psychiatrie. Stuttgart: Enke.
18. Kagan, J. (1987): Die Natur des Kindes. München: Piper. Neuausgabe 2001: Weinheim, Basel, Berlin: Beltz.
19. Kummer, H. (1971): Primate societies: Group techniques of ecological adaptation. Chicago, Aldine.
20. Lacan, J. (1949): Le stade du miroir. In: Ecrits (1960) Paris: Seuil.
21. Loehlin, J. C. (1992): Genes and environment, personality development. Newbury Park, Sage.
22. Loehlin, J. C., Rowe, D. (1992): Genes, Environment in personality development. In: Caprara. Modern personality psychology. New York: Harvester.
23. Papousek, M. (1983): Wurzeln der kindlichen Bindung an Personen und Dinge. In: Ch. Eggers: Bindungen und Besitzdenken beim Kleinkind. München: Urban & Schwarzenberg.
24. Papousek, H., Papousek, M. (1995): Persistent crying and parenting: Search for a butterfly in a dynamic system. *Early Developmental Parenting, 4*, 209–224.

25. Plomin, R., de Fries, J. (1985): Origin of Individual Differences in Infancy. The Colorado Adoption Project. Orlando: Academic Press.
26. Plomin, R. (1994): Genetics and experience. Thousands Oaks: Sage.
27. Premack, D. (1983): The codes of man and beast. *Behav. and Brain Sciences, 6*, 125–167.
28. Propping, P. (1989): Psychiatrische Genetik. Heidelberg: Springer.
29. Rabin, J. (1958): Infants and children under condition of intermittent mothering in the kibbutz. *Amer. J. Orthopsychiat., 25*, 577–584.
30. Rowe, D. (1981): Environmental and genetic influences on perceived parenting. A twin study. *Developmental Psychology, 17*, 203–208.
31. Rowe, D. (1983): A biometrical analysis of perception of family environment. *Child Development Psychology, 54*, 416–423.
32. Rowe, D. (1994): The Limits of Family Influence, Genes, Experiences and Behavior. New York: Guilford Press. Deutsch: Rowe, D. (1997): Genetik und Sozialisation. Weinheim, Berlin, Basel: Beltz PVU.
33. Scarr, S., McCartney, K. (1983): How people make their own environment. *Child Development, 54*, 424–435.
34. Scarr, S. (1993): Developmental theories in the 1990s. *Child Development, 63*, 1–19.
35. Schepank, H. (1974): Erb- und Umweltfaktoren bei Neurosen. Tiefenpsychologische Untersuchung an 50 Zwillingspaaren. Berlin, Heidelberg: Springer.
36. Schepank, H. (1996): Zwillingsschicksale. Stuttgart: Enke.
37. Silbereisen, R. (1997): Einführung. In: D. Rowe: Genetik und Sozialisation. Weinheim, Basel, Berlin: Beltz PVU.
38. Stern, D. (1992): Die Lebensentfaltung des Säuglings. Stuttgart: Klett.
39. Straus, Erwin (1930): Geschehnis und Erlebnis. Berlin: Springer.
40. Tomasello, Michael (2002): Die kulturelle Entwicklung des Denkens. Frankfurt: Suhrkamp.
41. Vandell, D. L. (2000): Parents, peer groups, and other socializing influences. *Developmental Psychology, 36*, 699–710.
42. Zerssen, D. (1976): Der Typus melancholicus in psychometrischer Sicht. *Z. klin. Psychol. Psychoth., 24*, 200–220.

4. Kapitel

1. Arendt, H. (1976): Die verborgene Tradition. Frankfurt: Suhrkamp.
2. Baddeley, A. (1999): Essentials of Human Memory. Hove: Psychology Press.
3. Baeyer, W. von (1959): Metabletica. *Nervenarzt, 30*, 81–85.
4. Baeyer, W. von, Häfner, H., Kisker, K. P. (1964): Psychiatrie der Verfolgten. Berlin: Springer.

5. Berg, J. H. van den (1960): Metabletica – Über die Wandlung der Menschen. Göttingen: Vandenhoek & Ruprecht.
6. Bischof, N. (1985): Das Rätsel Ödipus. München: Piper.
7. Bischof, N. (1996): Das Kraftfeld der Mythen. München: Piper.
8. Bischof-Köhler, D., Bischof, N. (1996): Die »ödipale Phase« im Lichte empirischer Forschung. In: H. Kretz: Lebendige Psychohygiene. München: Eberhard Verlag.
9. Bowlby, J. (1969): Attachment and Loss. London: Hogarth. Deutsch (1975): Bindung. Berlin: Kindler.
10. Bowlby, Ch. (1990): Charles Darwin. A biography. London: Hutchinson.
11. Bräutigam, W. (1997): Positivismus und Phänomenologie. Denken und Handeln bei Sigmund Freud und Erwin Straus. In: *Schriften Dt. Ges. Nervenheilkunde, 3,* 51–66.
12. Bruer, J. T. (1999): The Myth of the first three Years. A new Understanding of early Brain Development and Lifelong Learning. The Free Press: New York. Deutsch (2000): Der Mythos der ersten drei Jahre. Weinheim, Basel, Berlin: Beltz.
13. Brunner, R., Parzer, B., Richter-Appelt, H., Meyer, A.-E., Resch, F. (1999): Sexuelle Phantasien, Gewaltphantasien und Übertragungsphänomene bei Patienten mit sexuellen Mißbrauchserfahrungen. Eine empirische Untersuchung psychoanalytischer Fallberichte. *Psychotherapeut, 44,* 307–312.
14. Buss, A., Plomin, R. (1984): Temperament, Early developing personality traits. Hillsdale: Erlbaum.
15. Egle, U., Hoffmann, S. O., Steffens, M. (1997): Psychosoziale Risiko- und Schutzfaktoren in Kindheit und Jugend als Disposition für psychische Störungen im Erwachsenenalter. *Nervenarzt, 68,* 683ff.
16. Ellerbrok, E., Heuft, G., Senf, W. (1995): Zur Prävalenz sexuellen Mißbrauchs in der Vorgeschichte stationärer Psychotherapie-Patienten. *Psychotherapeut, 40,* 9–16.
17. Freud, A. (1968): Wege und Irrwege in der Kinderentwicklung. Stuttgart: Klett.
18. Freud, S. (1932): Neue Folge der Vorlesungen zur Einführung in die Psychoanalyse. Ges. Werke 15, S. 170–197 (Straus: Über eine Weltanschauung).
19. Grossmann, K., (1995): Frühkindliche Bindung und Entwicklung individueller Psychodynamik über die Lebenszeit. *Familiendynamik, 20,* 171–182
20. Habermas, T. (1996): Geliebte Objekte. Berlin: de Gruyter.
21. Hartmann, H. (1964): Ich-Psychologie und Anpassungsprobleme. *Int. Z. Psa., 24,* 119–144.
22. Hetherington, M. E. (2002): Scheidung, die Perspektiven der Kinder, Weinheim, Basel, Berlin: Beltz.
23. Hinde, R. A., Stevenson-Hinde, I. (1991): Perspectives of attachment. In:

C. M. Parkers et al.: Attachment across the life cycle. S. 179–190. London: Routledge.
24. Hoffmann, S. O. (1986): Die sogenannte frühe Störung. *Prax. Psychoth. Psychosom. 31.*
25. Hoffmann, S. O. (2000): Psychodynamische Therapie und Psychodynamische Verfahren. *Psychotherapeut, 45*, 52–54.
26. Hüttenlocher, P. R., Abolkar, A. S. (1997): Regional Differences in Synaptogenesis in Human Cerebral Cortex. *J. Comparative Neurology, 387*, 167–178.
27. Janus, L. (1993): Die Psychoanalyse der vorgeburtlichen Lebenszeit. Pfaffenweier: Centaurus.
28. Kandel, E. (1999): Biology and the Future of Psychoanalysis: a New Intellectual Framework for Psychiatry Revisited. *Am. J. Psychiatry, 56.4.*, 505–524.
29. Kohut, H. (1966): Formen und Umformungen des Narzissmus. *Psyche, 20*, 561–687.
30. Leuchter, A. F. et al. (2002): Changes in brain function of Depressed Subjects During Treatment with Placebos. *Am. J. Psychiatry, 159*, 122–129.
31. Mahler, M. (1975): Symbiose und Individuation. *Psyche, 29*, 609–625.
32. Moos, J., Greve, W. (1996): Die empirische Prüfung des Ödipuskomplexes. *Zt. Entwicklungspsych. Päd. Psychologie, XXVIII*, 295–315.
33. Richter-Appelt, H. (1995): Psychotherapie nach sexuellem Mißbrauch in der Kindheit. *Psychotherapeut, 40*, 2–8.
34. Roth, G. (2001): Fühlen, Denken, Handeln. Wie das Gehirn unser Verhalten steuert. Frankfurt/M.: Suhrkamp.
35. Rutter, M. (1972): Maternal Deprivation Reassessed. Harmondsworth: Penguin Books. Deutsch (1978): Bindung und Trennung in der frühen Kindheit. München: Juventa.
36. Schottländer, F. (1947): Die Mutter als Schicksal. Stuttgart: Klett.
37. Schütze, Y. (1991): Die gute Mutter. Zur Geschichte des normativen Musters »Mutterliebe«. Bielefeld: Kleine Verlag.
38. Schultz-Henke, H. (1981): Lehrbuch der analytischen Psychotherapie. Stuttgart: Thieme.
39. Singer, W. (2003): Ein neues Menschenbild. Frankfurt: Suhrkamp.
40. Singer, W. (2003): Gehirn und Geist, Kosmos im Kopf. Vortrag in den »Berliner Lektionen«.
41. Spock, B. (1968): Baby and child care. New York: Pocket Books.
42. Stern, D. N. (1979): Mutter und Kind. Die erste Beziehung. Stuttgart: Klett.
43. Straus, E. (1930): Geschehnis und Erlebnis. Berlin: Springer.
44. Straus, E. (1954): Vom Sinn der Sinne. 2. Aufl. Berlin: Springer.
45. Strupp, H. (2000): Ein zeitgemäßer Blick auf die psychodynamische Psychotherapie und deren Zukunft. *Psychotherapeut, 45*, 1–9.

46. Uexküll, Th. v. (1986): Psychosomatische Medizin. 3. Auflage. München: Urban u. Schwarzenberg.
47. Waller, J. H. (1971): Achievement and social mobility; Relationship among IQ score, Education and Occupation in Two Generations. *Social Biology, 18*, 252–259.
48. Widom, C. S. (1989): The cycle of violence. *Science, 244*, 160–166.
49. Winnicott, D. W. (1960): Über die emotionale Entwicklung im ersten Lebensjahr. *Psyche, 14*, 25–37.
50. Winnicott, D. W. (1960): Primäre Mütterlichkeit. *Psyche, 14*, 393–399.

5. Kapitel

1. Bohleber, H. G. (1996): Adoleszenz und Identität. Stuttgart: Verlag Int. Psychoanalyse.
2. Bräutigam, W. (1980): Aus der Krankengeschichte von Franz Kafka. In: *Medizinisch-psychologische Anthropologie, Band 28.* Darmstadt: Wissenschaftliche Buchgesellschaft.
3. Dahrendorf, R. (1985): Lebenschancen. Frankfurt: Suhrkamp.
4. Erikson, E. H. (1951): Childhood and Society. New York: Norton. Deutsch: (1999): Kindheit und Gesellschaft. Stuttgart: Klett-Cotta.
5. Erikson, E. H. (1956): Das Problem der Identität. *Psyche, 10*, 114–176.
6. Freud, S. (1926): Die Frage der Laienanalyse. Ges. Werke 14, S. 244. London: Imago Publishing.
7. Gray, N. et al. (1993): Violence viewed by psychopathic murders. *Nature, 423*, 497.
8. Habermas, J. (1973): Erkenntnis und Interesse. Frankfurt: Suhrkamp.
9. Hetherington, E. M. (2003): Scheidung. Die Perspektiven der Kinder. Weinheim, Basel, Berlin: Beltz.
10. Janzarik, W. (1982): Skatophile Phantasien in der Vorpubertät und die Lehre von den Stadien der sexuellen Entwicklung. *Nervenarzt, 53*, 25–32.
11. Kossellek, R. C. (1982): Vortrag in Heidelberg über »Konstanten in der Geschichte«.
12. Kroeber, H. L., Lau, St., Wendt, F. (2002): Rechtsradikale Straftäter als Begutachtungsfälle. *Rechtsmedizin, 12*, 214ff.
13. Löwith, K. (1969): Zu Heideggers Seinsfrage: Die Natur des Menschen und die Welt der Natur. In: K. Löwith (1990): Der Mensch inmitten der Geschichte. Stuttgart: Metzler.
14. Löwith, K. (1960): Bemerkungen zum Unterschied von Orient und Okzident. In: K. Löwith (1990): Der Mensch inmitten der Geschichte. Stuttgart: Metzler.
15. McGue, M. et al. (1991): Genetic influences on risk of divorce. *Psychol. Science, 3*, 368–373.

16. Pfeiffer, Ch., Wetzels, P. (2000): Junge Türken als Täter und Opfer von Gewalt. KFN Forschungsbericht 81.
17. Rodgers, J. L., Rowe, D. C., Li, C. (1994): Beyond nature versus nurture: DF analysis of nonshared influences on problem behaviors. *Develop. Psych, 30*, 374–384.
18. Rowe, D. (1983): Biometrical Genetic Models of Self-Reported Delinquent Behavior. A Twin Study. *Behavior genetics, 13*, 191–201.
19. Rowe, D. (1994): The Limits of Family Influence, Genes, Experiences and Behavior. New York: Guilford Press. Deutsch: Rowe, D. (1997): Genetik und Sozialisation. Weinheim, Berlin, Basel: Beltz PVU.
20. Silbereisen, R. K. (1994): Vorwort in D. Rowe: Genetik und Sozialisation. Weinheim, Basel, Berlin: Beltz.
21. Süllwold, L. (1981): Stationen in der Entwicklung von Terroristen. S. 80–116. In: H. Jäger, G. Schmidtchen, L. Süllwold: Lebenslaufanalysen. Wiesbaden: Westdeutscher Verlag.
22. Wyss, R (1967): Pädophile Handlungen. Berlin: Springer.

6. Kapitel

1. Antonovsky, A. (1987): Unraveling the mystery of health. San Francisco: Jossey Bass.
2. Berner, M. M. et al. (2000): Das Konzept der »Evidence-based Medicine« in der Psychiatrie. *Nervenarzt, 71*, 173–180.
3. Buchkremer, G., Klingberg, S. (2001): Was ist wissenschaftlich fundierte Psychotherapie. *Nervenarzt, 72*, 20–30.
4. Bräutigam, W. (1984): Rückblick auf das Jahr 1942. *Psyche, 1984*, 905–914.
5. Bräutigam, W. (1987): John Rittmeister – Leben und Sterben. Ebenhausen: Langewiesche.
6. Bräutigam, W., Rad, M. v., Engel, K. (1980): Erfolgs- und Therapieforschung bei psychoanalytischen Behandlungen. *Zeitschrift für Psychosom. Med. und Psychoth., 26*, 101–118.
7. Bräutigam, W., Rad, M. v., Kordy, H. (1990): Wirkfaktoren psychoanalytischer Therapien aus der Sicht des Heidelberger Katamneseprojektes. In: H. Lang (Hrsg.) (1990): Wirkfaktoren in der Psychotherapie. Berlin: Springer.
8. Dührssen, A. (1972): Analytische Psychotherapie in Theorie, Praxis und Ergebnissen. Göttingen: Vandenhoek u. Ruprecht.
9. Dührssen, A. (1992): Dynamische Psychotherapie. Göttingen: Vandenhoek und Ruprecht.
10. Dührssen, A. (1994): Ein Jahrhundert psychoanalytische Bewegung. Göttingen: Vandenhoek und Ruprecht.
11. Fiedler, P. (1981): Psychotherapieziel Selbstbehandlung. Grundlagen kooperativer Psychotherapie. Weinheim, Basel, Berlin: Beltz PVU.
12. Fiedler, P. (1997): Therapieplanung in der modernen Verhaltenstherapie:

von der allgemeinen zur phänomen- und störungsspezifischen Behandlung. *Verhaltenstherapie, 18*, 7–39.
13. Frame, J. (1987): Autobiography. London: The Woman Press. Deutsch: Ein Engel an meiner Tafel (1994). München: Piper.
14. Görres, A. (1958): Methode und Erfahrungen in der Psychoanalyse. München: Kösel.
15. Grawe, K., Donati, R., Bernauer, F. (1994): Psychotherapie im Wandel. Göttingen: Hogrefe.
16. Greenson, R. (1967): The technique and practice of Psychoanalysis. New York: International University Press.
17. Groeben, N. (1986): Handeln, Tun, Verhalten als Einheiten einer verstehend-erklärenden Psychologie. Tübingen: Franke.
18. Hoffmann, S. O. (1983): Die niederfrequente psychoanalytische Langzeittherapie. In: S. O. Hoffmann (Hrsg.): Deutung und Beziehung. Frankfurt: Fischer.
19. Kallinke, D. et al. (1979): Die Behandlung von Zwängen. München: Urban u. Schwarzenberg.
20. König, K. (1993): Kleine psychoanalytische Charakterkunde. Göttingen: Vandenhoek und Ruprecht.
21. Laireiter, A., Elke, G. (1994): Selbsterfahrung in der Verhaltenstherapie. Tübingen: DGVT Verlag.
22. Linden, M., Hautzinger, M. (1981): Psychotherapie-Manual. Berlin: Springer.
23. Maoz, B. (1968): Salutogenese – Geschichte und Wirkung einer Idee. In: W. Schüffel et al.: Handbuch der Salutogenese. Wiesbaden: Ullstein-Medical.
24. Mundt, Ch., Backenstraß, M. (2001): Perspektiven der Psychotherapieforschung. *Nervenarzt, 72*, 11–19.
25. Pfeiffer, W. (1987): Übertragung und Realbeziehung in der Sicht klientenzentrierter Psychotherapie. *Zeitschr. Pschol. Psychoth., 6*, 347–352.
26. Rad, M. v., Senf, W., Bräutigam, W. (1998): Psychotherapie und Psychoanalyse in der Krankenversorgung: Ergebnisse des Heidelberger Katamneseprojektes. *Zeitschrift für Psychosom. Med. und Psychoth., 48*, 88–100.
27. Riemann, F. (1975): Grundformen der Angst und die Antinomien des Lebens. 9. Auflage. München: Reinhardt Verlag.
28. Rüger, U., Leibig, E. (1999): Bildungsstand und Psychotherapieindikation *Psychotherapeut, 44*, 214–219.
29. Rüger, U. (2002): Tiefenpsychologisch fundierte Psychotherapie. *Zeitschrift für Psychosom. Med. und Psychoth.*
30. Sandler, J., Sandler, A. (1985): Vergangenheits-Unbewusstes, Gegenwarts-Unbewusstes und die Deutung der Übertragung. *Psyche, 39*, 800–829.
31. Schlömer-Doll, U. (1998): Psychotherapeutische Begleitung von Menschen

mit fortgeschrittener Krebserkrankung. In: Meerwein, F., Bräutigam, W. (Hrsg.): Einführung in die Onkologie. Bern: Huber.
32. Senf, W., Broda, M. (1996): Praxis der Psychotherapie, Ein integratives Lehrbuch für Psychoanalyse und Verhaltenstherapie. Stuttgart: Thieme.
33. Strotzka, H. (1978): Neurose, Charakter, soziale Umwelt. Stuttgart: Klett.
34. Strupp, H., Binder, J. L. (1991): Kurzpsychotherapie. Stuttgart: Klett.
35. Strupp, H. (2000): Ein zeitgemäßer Blick auf die psychodynamische Psychotherapie und deren Zukunft. *Psychotherapeut, 45*, 1–9.
36. Süllwold, L. (1983): Schizophrenie. Stuttgart: Kohlhammer.
37. Süllwold, L., Herrlich, J. (1990): Psychologische Behandlung schizophren Erkrankter. Stuttgart: Kohlhammer.
38. Süllwold, L., Herrlich, J., Volk, S. (2001): Zwangskrankheiten. 2. Auflage. Stuttgart: Kohlhammer.
39. Teller, Ch. (Hrsg.) (1996): John Rittmeister – Hier brennt doch die Welt. Aufzeichnungen aus dem Gefängnis 1942–1943. Gütersloh: Jakob van Hoddis.
40. Wahl, R., Hautzinger, M. (1989): Verhaltensmedizin: Konzepte, Anwendungsgebiete, Perspektiven. Köln: Deutscher Ärzteverlag.

7. Kapitel

1. Benedetti, G. (1998): Der therapeutische Traum. In: Reiff, H. (Hrsg.): Quo vadis Psychoanalyse. Freiburg: Kore Verlag.
2. Hoffmann, S. O. et al. (1998): Psychotherapeutische Kombinationsbehandlung. *Psychotherapeut, 43*, 282–287.
3. Lüdeke, H. (1985): Der unerwartete und ungewisse Abschied. Problematik von Angehörigen mit apallischen Patienten. *Nervenarzt, 56*, 641–644.
4. Müller, Ch. (1981): Psychische Erkrankungen. Verlauf und Beeinflussung durch das Alter. Bern: Huber.
5. Mundt, Ch., Linden, M., Barnett, W. (Hrsg.) (1997): Psychotherapie in der Psychiatrie. Wien, New York: Springer.
6. Schlömer-Doll, U. (1998): Psychotherapeutische Begleitung von Menschen mit fortgeschrittener Krebserkrankung. In: Meerwein, F., Bräutigam, W. (Hrsg.): Einführung in die Onkologie. Bern: Huber.
7. Schwarz, R. (1991): Die Krebspersönlichkeit. Mythos und klinische Realität. Stuttgart: Schattauer.

8. Kapitel

1. Alexander, F. (1951): Psychosomatische Medizin. Berlin: de Gruyter.
2. Baeyer, W. v. (1959): Metabletica. *Nervenarzt, 30*, 81–86.
3. Baldwin, J. M. (1982): The cognitive developmental psychology of James

Mark Baldwin. Edited by J. M. Broughten. New Jersey: J. F. Freeman-Moit Ablex Publishing.
4. Bräutigam, W. (1957): Beobachtungen zur Erkrankungssituation und zur Psychotherapie bei Lungentuberkulosen. *Z. Psychoth. med. Psychol, 7*, 104–109.
5. Bräutigam, W. (1996): Die Anerkennung des Subjektes in Neurologie und Psychosomat. Medizin bei Viktor von Weizsäcker. In: Schriften Dt. Gesellschaft für Geschichte der Nervenheilkunde. 1. S. 67–80.
6. Bräutigam, W. (2002): Theorien und Praxis der psychosomatischen Medizin in 100 Jahren ihrer Geschichte. In: H. C. Deter: Psychosomatik am Beginn des 21. Jahrhunderts. Bern: Huber.
7. Bräutigam, W. (2002): Persönlichkeitsstörung und Psychotherapie der Magersucht. In: G. Nissen: Psychosomatische Störungen. Stuttgart: Kohlhammer.
8. Crisp, A. H. (1980): Let me be. New York: Grune Stratton.
9. Groddeck, G. (1923): Das Buch vom Es. Wien.
10. Habermas, T. (1986): Die Bedeutung der Schlankheit im Erleben Magersüchtiger. *Psychoth. Med. Psychol, 36*, 69–74.
11. Habermas, T. (1994): Zur Geschichte der Magersucht. Eine medizingeschichtliche Rekonstruktion. Frankfurt: Fischer.
12. Herzog, W., Deter, H. C., Vandereycken, W. (Eds.) (1992): The course of Eating Disorders. Long-Term Follow-up Studies of Anorexia and Bulimia Nervosa. Berlin: Springer.
13. Holland et al. (1988): Anorexia nervosa. Evidence for a Genetic Basis. *J. Psychosomatic Res., 32*, 561–571.
14. Köhle, K. et al. (1995): Anorexia nervosa. In: Th. v. Uexküll (1995).
15. Mitscherlich, A. (1954): Zur psychoanalytischen Auffassung psychosomatischer Krankheitsentstehung. *Psyche, 7*, 561–578.
16. Richter, H. E. (2002): Medizin und Gewissen. In: S. Kolb et al.: Medizin und Gewissen. Frankfurt: Mabuse.
17. Schepank, H. (1991): Erbdeterminanten bei Anorexia nervosa. Ergebnisse von Zwillingsuntersuchungen. *Z. psychosomat. Med., 37*, 256–281.
18. Schepank, H. (1987): Psychogene Erkrankungen der Stadtbevölkerung. Berlin-Heidelberg-New York: Springer.
19. Schwarz, R. (1994): Die Krebspersönlichkeit. Mythos und klinische Realität. Stuttgart: Schattauer.
20. Uexküll, Th. v. (1995): Psychosomatische Medizin. Ein Lehrbuch. 5. Aufl. München: Urban u. Schwarzenberg.
21. Uexküll, Th. v. (2001): Von der psychosomatischen zur integrierten Medizin. In: H. Deter: Psychosomatik des 21. Jahrhunderts. Bern: Huber.
22. Uexküll, Th. v. (2003): Psychosomatische Medizin, Modelle ärztlichen Denkens und Handelns. München: Urban und Fischer.

23. Weizsäcker, V. v. (1934): Ärztliche Aufgaben. Volk und Werden 2. 80–90. Ges. Schr. 8, 143–157.
24. Weizsäcker, V. v. (1954): Natur und Geist. Ges. Schr. 6. 314.
25. Zipfel, S., Lowe, B., Reas, B. I., Deter, H. C., Herzog, W. (2001): Long term prognosis in anorexia nervosa. *Lancet, 355*, 721–722.
26. Zutt, J. (1948): Das psychiatrische Krankheitsbild der Pubertätsmagersucht. *Arch. Psychiatr. Z. Neur., 180*, 776–849.
27. Zutt, J. (1952): Der ästhetische Erlebnisbereich und seine krankhaften Abwandlungen. *Nervenarzt, 23*, 163–169.
28. Zutt, J. (1955): Vom ästhetischen im Unterschied zum affektiven Erlebnisbereich. Wien: *Z. Nervenheilk., 102*, 85–92.

9. Kapitel

1. Baltes, P., Mittelstrach, J., Staudinger, U. M. (1994): Alter und Altern: ein interdisziplinärer Studientext zur Gerontologie. Berlin: de Gruyter.
2. Baltes, P., Staudinger, U. (1996): Über die Gegenwart und Zukunft des Alterns. In: Hoppe, H., Wulf, C.: Altern braucht Zukunft. S. 318–354. Hamburg: Europ. Verlag.
3. Bräutigam, W. (1995): Vorzeichnung und Graphik von Disparate 17. In: Papenbrock et al. (Hrsg.): Kunst und Sozialgeschichte. Pfaffenweiler.
4. Bräutigam, W. (1996): Älterwerden von außen und von innen bei uns jungen und alten Alten. In: B. Hoppe, C. Wulf: Altern braucht Zukunft, S. 175–200. Hamburg: Europ. Verlag.
5. Cooper, B., Sosna, U. (1983): Psychische Erkrankung in der Altenbevölkerung. Eine epidemiologische Feldstudie in Mannheim. *Nervenarzt, 54*, 239–249.
6. Freud, S. (1913): Die Disposition zur Zwangsneurose. Ges. Werke 8. London: Imago Publishing.
7. Freud, S. (1933): Neue Folge der Vorlesungen zur Einführung in die Psychoanalyse. Ges. Werke 15.
8. Janzarik, W. (1973): Über das Kontaktmangelparanoid des höheren Alters und den Syndromcharakter des schizophrenen Krankseins. *Nervenarzt, 44*, 515–526.
9. Staudinger, U. (1996): Psychologische Produktivität im Alter. In: M. Baltes, L. Montada: Produktives Leben im Alter. Frankfurt: Campus.
10. Staudinger, U., Dittmann-Kohli, F. (1994): Lebenserfahrung und Lebenssinn. In: Staudinger, U., Maciel, A., Smith, J., Baltes, P. (1998): What predicts wisdom-related performance? *Europ. J. Personality, 12*, 1–17.
11. Staudinger, U., Greve, W. (1999): Resilienz im Alter. Eine Expertise aus der Sicht der Lebensspannen-Psychologie. Manuskript für Altenbericht an Bundesregierung.

Personenverzeichnis

Sachverzeichnis